GSAT
5급 고졸채용
온라인 삼성직무적성검사

통합기본서

시대에듀

2026 최신판 시대에듀 All-New
삼성 온라인 GSAT 5급 고졸채용 통합기본서

Always with you

사람의 인연은 길에서 우연하게 만나거나 함께 살아가는 것만을 의미하지는 않습니다.
책을 펴내는 출판사와 그 책을 읽는 독자의 만남도 소중한 인연입니다.
시대에듀는 항상 독자의 마음을 헤아리기 위해 노력하고 있습니다. 늘 독자와 함께하겠습니다.

자격증 · 공무원 · 금융/보험 · 면허증 · 언어/외국어 · 검정고시/독학사 · 기업체/취업
이 시대의 모든 합격! 시대에듀에서 합격하세요!
www.youtube.com ➔ 시대에듀 ➔ 구독

머리말 PREFACE

삼성 경영철학의 최우선순위는 '인간존중' 이념이다. 이를 구현하기 위해 삼성은 1995년에 개인의 능력과 무관한 학력, 성별 등의 모든 차별을 배제한 '열린채용'을 실시함으로써 채용문화에 변화의 바람을 일으켰다. 이때 삼성직무적성검사(SSAT; SamSung Aptitude Test)를 도입, 단편적 지식과 학력 위주의 평가 방식에서 과감히 탈피했다.

20년 동안 채용을 진행하면서 입사 후 우수 직원들의 업무성과 요인 등을 분석한 결과, 직군별 성과요인에 차이가 있었다. 또한 미래 경영환경의 변화와 글로벌 주요 기업들의 사례를 통해 창의적이고 우수한 인재를 효과적으로 확보할 필요성이 생겼다. 이에 삼성은 2015년 하반기 공채부터 시험 위주의 획일적 채용방식을 직군별로 다양화하는 방향으로 채용제도를 개편했다. 이와 더불어 SSAT(국내)와 GSAT(해외)로 혼재되어 사용하던 삼성직무적성검사의 명칭을 GSAT(Global Samsung Aptitude Test)로 통일시켰다.

실제 삼성직무적성검사 기출문제를 살펴보면 평소 꾸준히 준비하지 않는 이상 쉽게 통과할 수 없도록 구성되어 있다. 더군다나 입사 경쟁이 날이 갈수록 치열해지는 요즘과 같은 상황에서는 더욱 철저한 준비가 요구된다. '철저한 준비'는 단지 입사를 위해서뿐만 아니라 성공적인 직장생활을 위해서도 필수적이다.

이에 시대에듀는 수험생들이 GSAT에 대한 '철저한 준비'를 할 수 있도록 다음과 같이 본서를 구성하였으며, 이를 통해 단기에 성적을 올릴 수 있는 학습법을 제시하였다.

도서의 특징

❶ 2025~2019년에 출제된 7개년 기출복원문제를 수록하여 최근 출제경향을 파악할 수 있도록 하였다.
❷ 온라인 삼성직무적성검사에 맞춰 영역과 문항을 구성하고, 영역별 핵심이론과 적중예상문제를 통해 체계적인 학습이 가능하도록 하였다.
❸ 최종점검 모의고사 2회와 도서 동형 온라인 실전연습 서비스를 제공하여 실제와 같이 연습할 수 있도록 하였다.
❹ 인성검사와 실제 면접 기출 질문을 수록하여 한 권으로 채용 전반에 대비할 수 있도록 하였다.

끝으로 본서를 통해 GSAT 5급 채용을 준비하는 여러분 모두에게 합격의 기쁨이 있기를 진심으로 기원한다.

SDC(Sidae Data Center) 씀

삼성그룹 기업분석 INTRODUCE

◇ **경영철학과 목표**

1. 인재와 기술을 바탕으로
- 인재 육성과 기술 우위 확보를 경영 원칙으로 삼는다.
- 인재와 기술의 조화를 통하여 경영 시스템 전반에 시너지 효과를 증대한다.

2. 최고의 제품과 서비스를 창출하여
- 고객에게 최고의 만족을 줄 수 있는 제품과 서비스를 창출한다.
- 동종업계에서 세계 1군의 위치를 유지한다.

3. 인류사회에 공헌한다.
- 인류의 공동 이익과 풍요로운 삶을 위해 기여한다.
- 인류 공동체 일원으로서의 사명을 다한다.

◇ **핵심가치**

인재제일	'기업은 사람이다.'라는 신념을 바탕으로 인재를 소중히 여기고 마음껏 능력을 발휘할 수 있는 기회의 장을 만들어 간다.
최고지향	끊임없는 열정과 도전정신으로 모든 면에서 세계 최고가 되기 위해 최선을 다한다.
변화선도	변화하지 않으면 살아남을 수 없다는 위기의식을 가지고 신속하고 주도적으로 변화와 혁신을 실행한다.
정도경영	곧은 마음과 진실되고 바른 행동으로 명예와 품위를 지키며 모든 일에 있어서 항상 정도를 추구한다.
상생추구	우리는 사회의 일원으로서 더불어 살아간다는 마음을 가지고 지역사회, 국가, 인류의 공동 번영을 위해 노력한다.

합격의 공식 Formula of pass | 시대에듀 www.sdedu.co.kr

◇ 경영원칙

법과 윤리적 기준을 준수한다.
- 개인의 존엄성과 다양성을 존중한다.
- 법과 상도의에 따라 공정하게 경쟁한다.
- 정확한 회계기록을 통해 회계의 투명성을 유지한다.
- 정치에 개입하지 않으며 중립을 유지한다.

깨끗한 조직 문화를 유지한다.
- 모든 업무활동에서 공과 사를 엄격히 구분한다.
- 회사와 타인의 지적 재산을 보호하고 존중한다.
- 건전한 조직 분위기를 조성한다.

고객, 주주, 종업원을 존중한다.
- 고객만족을 경영활동의 우선적 가치로 삼는다.
- 주주가치 중심의 경영을 추구한다.
- 종업원의 '삶의 질' 향상을 위해 노력한다.

환경·안전·건강을 중시한다.
- 환경친화적 경영을 추구한다.
- 인류의 안전과 건강을 중시한다.

기업 시민으로서 사회적 책임을 다한다.
- 기업 시민으로서 지켜야 할 기본적 책무를 성실히 수행한다.
- 사업 파트너와 공존공영의 관계를 구축한다.
- 현지의 사회·문화적 특성을 존중하고 공동 경영(상생/협력)을 실천한다.

신입사원 채용 안내 INFORMATION

◇ **모집시기**
  연 1~2회 공채 및 수시 채용(시기 미정)

◇ **지원자격**
  ① 고등학교 · 전문대 졸업 또는 졸업예정자
  ② 군복무 중인 자는 당해년도 전역 가능한 자
  ③ 해외여행에 결격사유가 없는 자

◇ **채용절차**

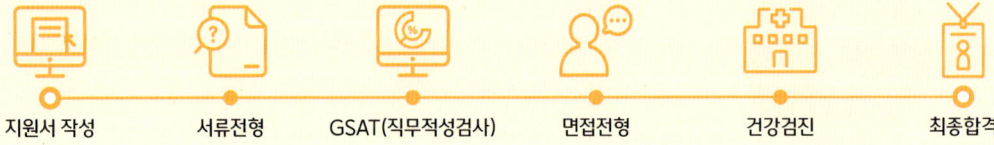

지원서 작성 → 서류전형 → GSAT(직무적성검사) → 면접전형 → 건강검진 → 최종합격

◇ **시험진행**

구분	영역	문항 수	제한시간
기초능력검사	수리능력검사	40문항	15분
	추리능력검사	40문항	20분
	지각능력검사	40문항	10분

❖ 채용절차는 채용유형과 직무, 시기 등에 따라 변동될 수 있으므로 반드시 채용공고를 확인하기 바랍니다.

2025년 기출분석 ANALYSIS

총평

2025년 치러진 GSAT 5급은 예년과 동일한 문항 수와 시간으로 진행되었다. 최근 수리능력검사뿐 아니라 추리 영역에서도 계산이 필요한 문제가 출제되고 있다. 어려운 편은 아니지만, 계산기 사용이 금지되므로 평소 빠르고 정확한 암산을 훈련하는 과정이 필요하다. 지각 영역의 경우 기존과 같이 오름차순, 내림차순으로 문자를 나열하는 문제가 출제되었고, 쉬웠다는 평이다. 특히 지각 영역에는 블록 문제가 자주 출제되는데, 이번 시험의 경우 기존과 달리 블록의 크기가 서로 다른 형식이 제시되었다. 따라서 당황하지 않고 그동안 익힌 문제풀이 방법을 활용하는 것이 중요했으리라 본다.

◆ **영역별 출제비중**

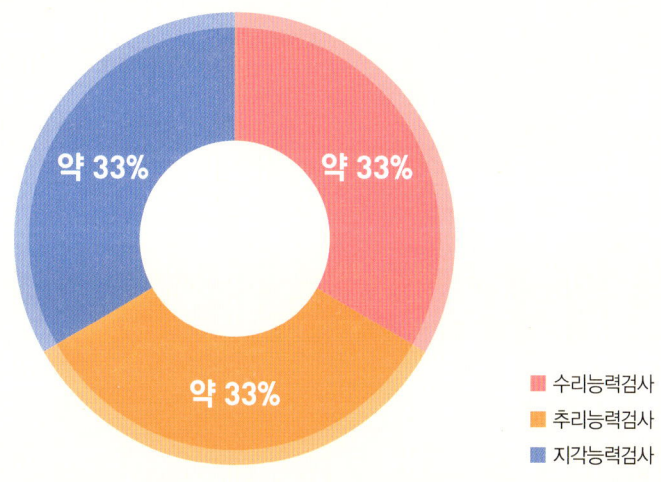

■ 수리능력검사
■ 추리능력검사
■ 지각능력검사

◆ **영역별 출제특징**

구분	영역	출제특징
기초능력검사	수리능력검사	• 사칙연산 등을 활용하여 제시된 식을 계산하는 문제 • 제시된 자료를 해석한 내용으로 옳은 것을 고르는 문제
	추리능력검사	• 제시된 수의 규칙을 파악하여 값을 구하는 문제 • 제시문을 읽고 주어진 명제가 참인지, 거짓인지, 알 수 없는지 고르는 문제
	지각능력검사	• 제시된 문자 또는 도형과 일치하는 것을 고르는 문제 • 제시된 도형을 만들기 위해 필요한 블록의 개수를 구하는 문제 • 오름차순 · 내림차순으로 나열했을 때 순서를 구하는 문제

이 책의 차례 CONTENTS

PART 1 7개년 기출복원문제

CHAPTER 01 2025년 하반기 기출복원문제	2
CHAPTER 02 2025년 상반기 기출복원문제	10
CHAPTER 03 2024년 기출복원문제	18
CHAPTER 04 2023년 하반기 기출복원문제	26
CHAPTER 05 2023년 상반기 기출복원문제	34
CHAPTER 06 2022년 하반기 기출복원문제	43
CHAPTER 07 2022년 상반기 기출복원문제	51
CHAPTER 08 2021년 하반기 기출복원문제	58
CHAPTER 09 2021년 상반기 기출복원문제	64
CHAPTER 10 2020년 하반기 기출복원문제	75
CHAPTER 11 2020년 상반기 기출복원문제	83
CHAPTER 12 2019년 하반기 기출복원문제	90
CHAPTER 13 2019년 상반기 기출복원문제	97

PART 2 기초능력검사

CHAPTER 01 수리능력검사	104
CHAPTER 02 추리능력검사	138
CHAPTER 03 지각능력검사	169

PART 3 최종점검 모의고사

| 제1회 최종점검 모의고사 | 200 |
| 제2회 최종점검 모의고사 | 242 |

PART 4 인성검사

CHAPTER 01 인성검사	286
CHAPTER 02 UK작업태도검사	298
CHAPTER 03 인성검사 결과로 예상 면접 준비하기	307

PART 5 면접

CHAPTER 01 이력서 및 자기소개서 작성요령	316
CHAPTER 02 면접 유형 및 실전 대책	324
CHAPTER 03 삼성그룹 실제 면접	326

별 책 정답 및 해설

PART 1 7개년 기출복원문제	2
PART 2 기초능력검사	40
PART 3 최종점검 모의고사	58

PART 1

7개년 기출복원문제

CHAPTER 01	2025년 하반기 기출복원문제	**CHAPTER 08**	2021년 하반기 기출복원문제
CHAPTER 02	2025년 상반기 기출복원문제	**CHAPTER 09**	2021년 상반기 기출복원문제
CHAPTER 03	2024년 기출복원문제	**CHAPTER 10**	2020년 하반기 기출복원문제
CHAPTER 04	2023년 하반기 기출복원문제	**CHAPTER 11**	2020년 상반기 기출복원문제
CHAPTER 05	2023년 상반기 기출복원문제	**CHAPTER 12**	2019년 하반기 기출복원문제
CHAPTER 06	2022년 하반기 기출복원문제	**CHAPTER 13**	2019년 상반기 기출복원문제
CHAPTER 07	2022년 상반기 기출복원문제		

CHAPTER 01 | 2025년 하반기 기출복원문제

정답 및 해설 p.002

01 ▶ 수리능력검사

※ 다음 식을 계산한 값으로 옳은 것을 고르시오. [1~2]

01

$$41\times3+24\div4+41\times4$$

① 291　　　　　　　　　② 292
③ 293　　　　　　　　　④ 294

02

$$13\times3+63\div3+23\times4$$

① 102　　　　　　　　　② 132
③ 152　　　　　　　　　④ 164

03 혜영이는 서울에 살고 준호는 부산에 산다. 두 사람이 만나기 위해 혜영이는 85km/h, 준호는 86.2km/h의 속력으로 자동차를 타고 서로를 향해 출발했다. 두 사람이 동시에 출발하여 2시간 30분 후에 만났다면 서울과 부산 간의 거리는?

① 410km
② 416km
③ 422km
④ 428km

04 숫자 0, 1, 2, 3, 4가 적힌 5장의 카드에서 2장을 뽑아 두 자리 정수를 만들 때 그 수가 짝수일 확률은?

① $\frac{3}{8}$
② $\frac{5}{8}$
③ $\frac{6}{8}$
④ $\frac{7}{8}$

05 농도가 $x\%$ 식염수 100g과 농도 20% 식염수 400g을 섞었더니 농도 17% 식염수가 되었다. x는 얼마인가?

① 4
② 5
③ 6
④ 7

06 다음은 전통사찰 지정등록 현황에 관한 표이다. 이에 대한 설명으로 옳은 것은?

〈연도별 전통사찰 지정등록 현황〉

(단위 : 개소)

구분	2016년	2017년	2018년	2019년	2020년	2021년	2022년	2023년	2024년
지정등록	17	15	12	7	4	4	2	1	2

① 전통사찰로 지정 등록되는 수는 계속 감소하고 있다.
② 2016년부터 2020년까지 전통사찰로 지정 등록된 수의 평균은 11개소이다.
③ 2018년과 2022년에 지정 등록된 전통사찰 수의 전년 대비 감소폭은 같다.
④ 위의 자료를 통해 2024년 전통사찰 총등록현황을 파악할 수 있다.

02 ▶ 추리능력검사

※ 일정한 규칙으로 수를 나열할 때, 빈칸에 들어갈 알맞은 수를 고르시오. [1~3]

01 16 14 28 26 52 50 (   )

① 23 ② 46
③ 84 ④ 100

02 4 9 8 1 16 −7 32 (   )

① 26 ② 34
③ −3 ④ −15

03 $\dfrac{6}{15}$ $\dfrac{18}{15}$ $\dfrac{18}{45}$ (   ) $\dfrac{54}{135}$

① $\dfrac{36}{135}$ ② $\dfrac{54}{135}$
③ $\dfrac{54}{68}$ ④ $\dfrac{54}{45}$

※ 다음 〈조건〉을 보고 ?에 들어갈 문자를 고르시오. [4~5]

조건

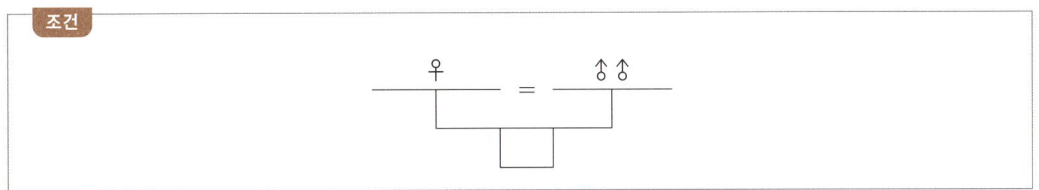

04

① ℃℃℃ ② ℃
③ ♀ ④ ♀℃

05

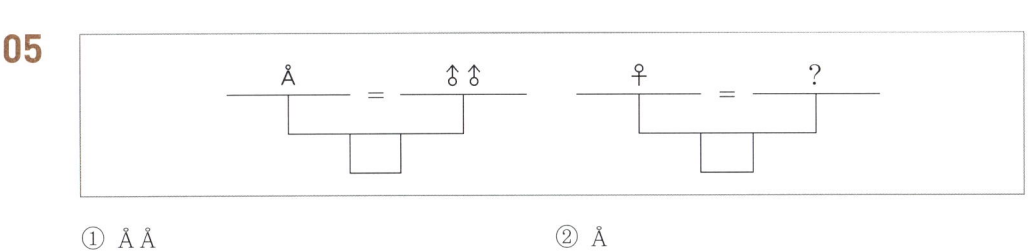

① ÅÅ ② Å
③ ÅÅÅ ④ Å♂

06 제시된 명제가 모두 참일 때, 다음 중 반드시 참인 것은?

- 빵을 좋아하는 사람은 우유를 좋아한다.
- 주스를 좋아하는 사람은 우유를 좋아하지 않는다.
- 주스를 좋아하지 않는 사람은 치즈를 좋아한다.

① 주스를 좋아하는 사람은 치즈를 좋아한다.
② 치즈를 좋아하는 사람은 빵을 좋아하지 않는다.
③ 빵을 좋아하는 사람은 치즈를 좋아하지 않는다.
④ 빵을 좋아하는 사람은 치즈를 좋아한다.

※ 다음 제시문을 읽고 각 문제가 항상 참이면 ①, 거짓이면 ②, 알 수 없으면 ③을 고르시오. **[7~8]**

- 지난주 월요일부터 금요일까지의 평균 낮 기온은 20°C였다.
- 지난주 화요일의 낮 기온은 수요일보다 3°C 낮았다.
- 지난주 수요일의 낮 기온은 22°C로 월요일보다 1°C 높았다.
- 지난주 목요일의 낮 기온은 지난주 평균 낮 기온과 같았다.

07 지난주 낮 기온이 가장 높은 요일은 수요일이다.

① 참　　　　　② 거짓　　　　　③ 알 수 없음

08 지난주 금요일의 낮 기온은 20°C 이상이다.

① 참　　　　　② 거짓　　　　　③ 알 수 없음

03 ▶ 지각능력검사

01 다음 제시된 문자나 수를 오름차순으로 나열하였을 때, 5번째에 오는 문자나 수는?

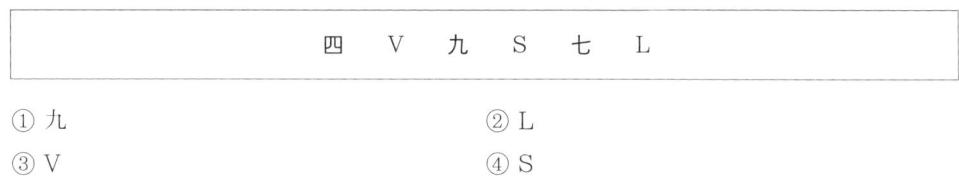

① 九　　　　　　　　　　② L
③ V　　　　　　　　　　④ S

02 다음 제시된 문자를 오름차순으로 나열하였을 때, 2번째에 오는 문자는?(단, 모음은 일반 모음 10개만 세는 것을 기준으로 한다)

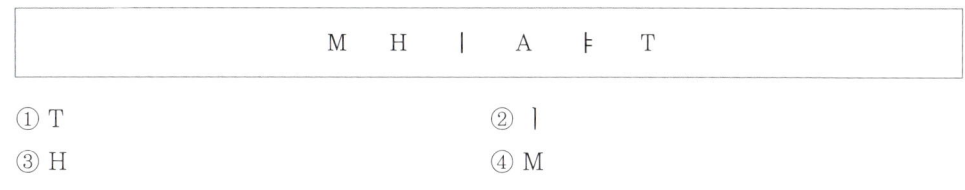

① T　　　　　　　　　　② ㅣ
③ H　　　　　　　　　　④ M

03 다음 제시된 문자를 내림차순으로 나열하였을 때, 4번째에 오는 문자는?(단, 모음은 일반 모음 10개만 세는 것을 기준으로 한다)

N　ㅜ　I　ㅣ　E　P　S

① E　　　　　　　　　　② ㅣ
③ ㅜ　　　　　　　　　　④ S

04 다음 제시된 문자를 내림차순으로 나열하였을 때, 3번째에 오는 문자는?

① G　　　　　　　　　　② F
③ E　　　　　　　　　　④ ㄹ

※ 제시된 문자와 동일한 문자를 〈보기〉에서 찾아 고르시오(단, 가장 왼쪽 문자를 시작 지점으로 한다).
   [5~8]

보기

ξ   Ж   tc   ⍟   Ŧ   ťb   α   ƒ

05

ťb

① 2번째 ② 3번째
③ 4번째 ④ 6번째

06

ƒ

① 1번째 ② 3번째
③ 5번째 ④ 8번째

07

tc

① 1번째 ② 3번째
③ 7번째 ④ 8번째

08

⍟

① 1번째 ② 2번째
③ 3번째 ④ 4번째

09 다음 중 제시된 도형과 같은 것은?(단, 도형은 회전이 가능하다)

①    ②

③    ④

10 다음 블록의 개수는 모두 몇 개인가?(단, 보이지 않는 곳의 블록은 있다고 가정한다)

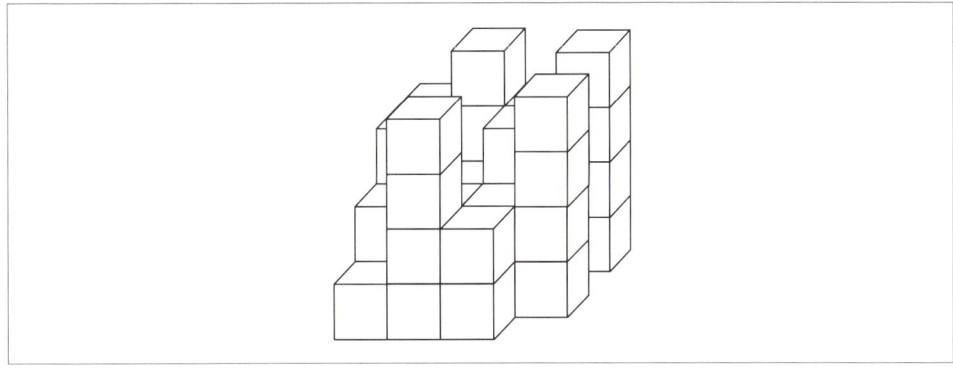

① 42개   ② 41개
③ 40개   ④ 39개

CHAPTER 02 | 2025년 상반기 기출복원문제

정답 및 해설 p.005

01 ▶ 수리능력검사

※ 다음 식을 계산한 값으로 옳은 것을 고르시오. [1~2]

01

$$2\times(520+153)+675$$

① 1,921
② 2,021
③ 2,121
④ 2,221

02

$$4,534+2,240\div4$$

① 5,092
② 5,093
③ 5,094
④ 5,095

03 같은 거리를 갈 때는 60m/min의 속력으로, 올 때는 55m/min의 속력으로 걸을 때, 갈 때가 올 때보다 7분 더 적게 걸리려면 거리는 몇 m여야 하는가?

① 4,600m
② 4,620m
③ 4,640m
④ 4,660m

04 주사위와 100원짜리 동전을 동시에 던졌을 때, 주사위는 4보다 큰 수가 나오고 동전은 앞면이 나올 확률은?

① $\dfrac{1}{3}$
② $\dfrac{1}{5}$
③ $\dfrac{2}{5}$
④ $\dfrac{1}{6}$

05 농도 x%의 소금물 400g에 농도 12% 소금물 200g을 넣었다. 이때, 녹아있는 소금의 양을 yg이라 하면 y는 얼마인가?

① $3x+12$
② $3x+24$
③ $4x+12$
④ $4x+24$

06 다음은 기업 집중도 현황에 대한 자료이다. 이에 대한 설명으로 옳지 않은 것은?

〈기업 집중도 현황〉

구분	2022년	2023년	2024년	전년 대비
상위 10대 기업	25.0%	26.9%	25.6%	▽ 1.3%p
상위 50대 기업	42.2%	44.7%	44.7%	−
상위 100대 기업	48.7%	51.2%	51.0%	▽ 0.2%p
상위 200대 기업	54.5%	56.9%	56.7%	▽ 0.2%p

① 2024년의 상위 10대 기업의 점유율은 전년도에 비해 낮아졌다.
② 2022년 상위 101 ~ 200대 기업이 차지하고 있는 비율은 5% 미만이다.
③ 전년 대비 2024년에는 상위 50대 기업을 제외하고 모두 점유율이 감소했다.
④ 전년 대비 2024년의 상위 100대 기업이 차지하고 있는 점유율은 약간 하락했다.

02 ▶ 추리능력검사

※ 일정한 규칙으로 수를 나열할 때, 빈칸에 들어갈 알맞은 수를 고르시오. [1~3]

01

4 2 6 −2 14 −18 (   )

① 46
② −46
③ 52
④ −52

02

4 8 1 2 −5 −10 −17 (   )

① 27
② −27
③ 33
④ −34

03

2,400 1,200 600 300 150 75 37.5 18.75 (   )

① 7.245
② 8.175
③ 9.375
④ 10.265

※ 다음 〈조건〉을 보고 ?에 들어갈 문자를 고르시오. [4~5]

조건

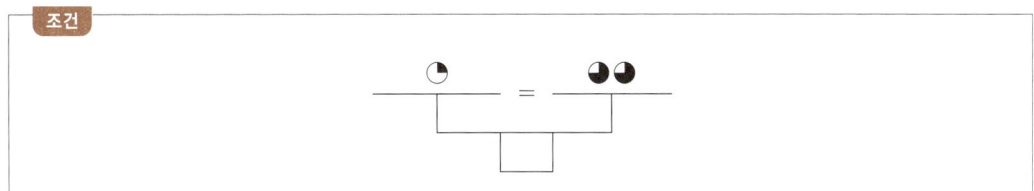

04

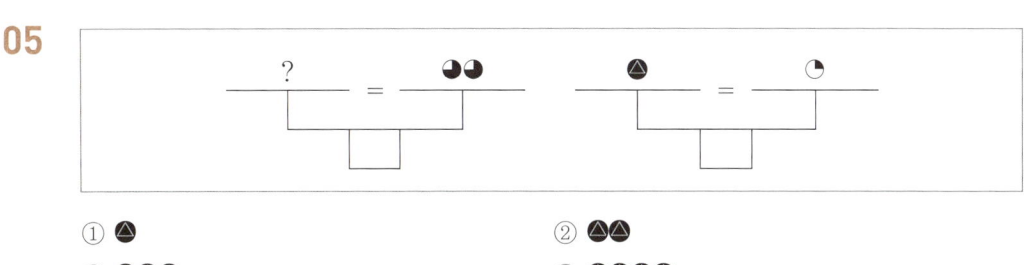

① ●○○　　　　② ○○
③ ○○○○　　　④ ○○●

05

① ▲　　　　　　② ▲▲
③ ▲▲▲　　　　④ ▲▲▲▲

06 제시된 명제가 모두 참일 때, 다음 중 반드시 참인 것은?

> • 현수는 주현이보다 일찍 일어난다.
> • 주현이는 수현이보다 늦게 일어난다.

① 현수가 가장 먼저 일어난다.
② 수현이가 가장 먼저 일어난다.
③ 주현이가 가장 늦게 일어난다.
④ 수현이는 현수보다 먼저 일어난다.

※ 다음 제시문을 읽고 각 문제가 항상 참이면 ①, 거짓이면 ②, 알 수 없으면 ③을 고르시오. **[7~8]**

> • 수연이는 사탕을 3개 가지고 있다.
> • 수정이는 사탕을 7개 가지고 있다.
> • 미영이는 수연이보다는 사탕이 많고, 수정이보다는 사탕이 적다.

07 미영이의 사탕은 5개 이하이다.

① 참   ② 거짓   ③ 알 수 없음

08 미영이가 사탕을 4개 가지고 있다면, 미영이의 사탕이 수연이와 수정이의 사탕의 평균 개수보다 많다.

① 참   ② 거짓   ③ 알 수 없음

03 ▶ 지각능력검사

01 다음 제시된 문자나 수를 오름차순으로 나열하였을 때, 4번째에 오는 문자나 수는?(단, 모음은 일반 모음 10개만 세는 것을 기준으로 한다)

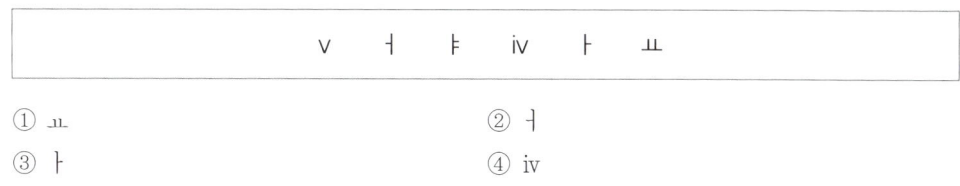

① ㅛ ② ㅓ
③ ㅏ ④ iv

02 다음 제시된 문자나 수를 오름차순으로 나열하였을 때, 4번째에 오는 문자나 수는?

viii ㄴ ㅍ vi ㅌ ix

① ㄴ ② viii
③ ix ④ ㅌ

03 다음 제시된 문자나 수를 내림차순으로 나열하였을 때, 4번째에 오는 문자나 수는?

20 V 18 S Q 23

① V ② 18
③ S ④ Q

04 다음 제시된 문자나 수를 내림차순으로 나열하였을 때, 2번째에 오는 문자나 수는?

M 六 E A 四

① 四 ② E
③ M ④ 六

※ 제시된 문자와 동일한 문자를 〈보기〉에서 찾아 고르시오(단, 가장 왼쪽 문자를 시작 지점으로 한다).
   [5~8]

보기

Â   Ä   Ç   Ì   Í   Î   Ó   Ø

05

Ì

① 2번째   ② 3번째
③ 4번째   ④ 5번째

06

Ó

① 1번째   ② 3번째
③ 5번째   ④ 7번째

07

Î

① 5번째   ② 6번째
③ 7번째   ④ 8번째

08

Ä

① 1번째   ② 2번째
③ 3번째   ④ 4번째

09 다음 중 제시된 도형과 같은 것은?(단, 도형은 회전이 가능하다)

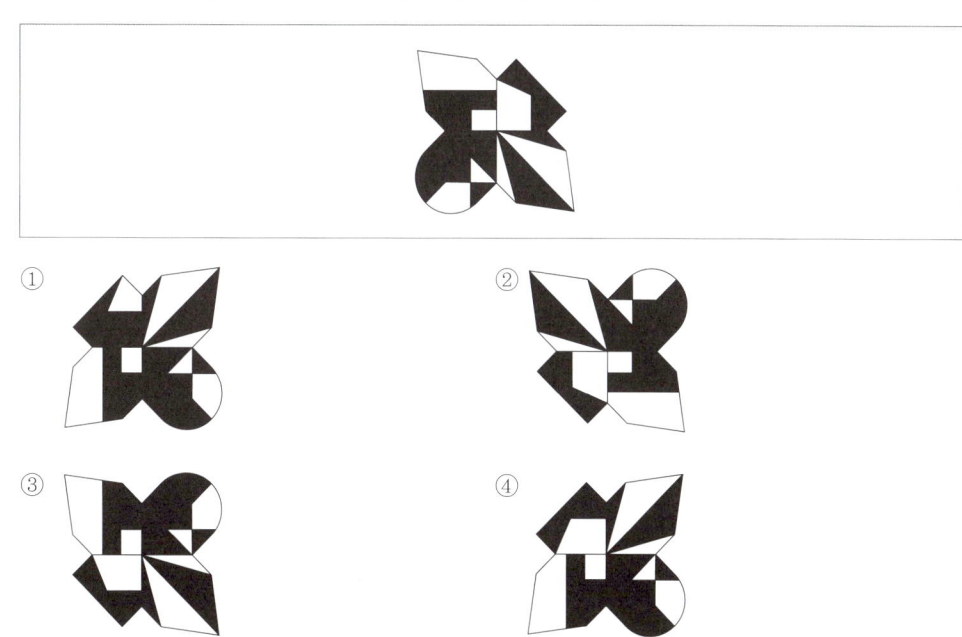

10 다음 두 블록을 합쳤을 때, 나올 수 있는 형태로 알맞은 것은?(단, 도형은 회전이 가능하다)

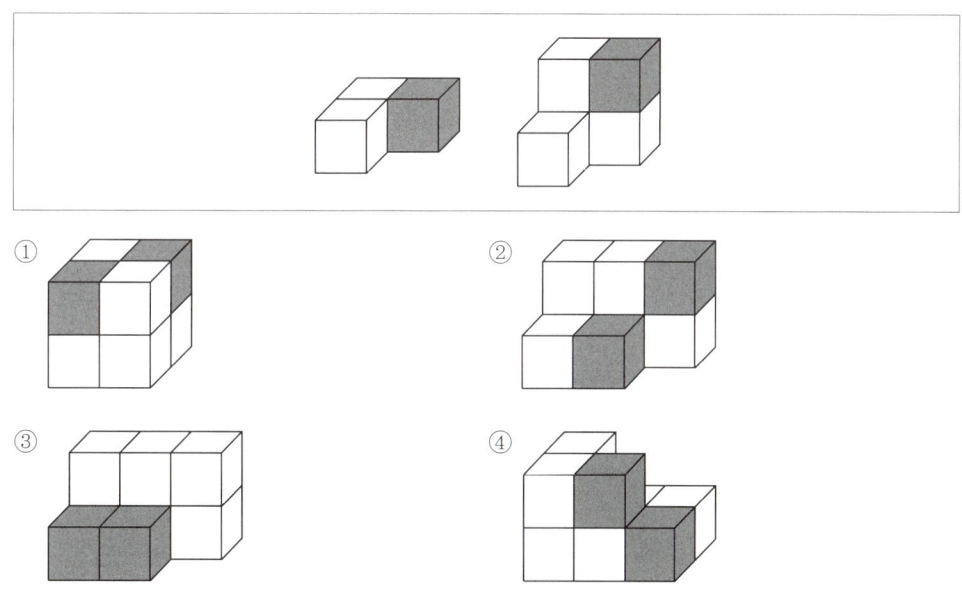

03 | 2024년 기출복원문제

01 ▶ 수리능력검사

※ 다음 식을 계산한 값으로 옳은 것을 고르시오. [1~3]

01

$$24 + 24 \div 3 \div 2^2 + 10$$

① 33   ② 34
③ 35   ④ 36

02

$$65 \times 2 - 34 \times 3$$

① 27   ② 28
③ 29   ④ 30

03

$$4 \times 34 + 6 \times 22$$

① 238   ② 248
③ 258   ④ 268

04 민기는 영수네 집에 4km/h의 속력으로 걸어갔다가 2km/h의 속력으로 걸어서 돌아왔다. 민기가 영수네 집에 가서 1시간 동안 놀고 집으로 돌아오는 데 걸린 시간이 4시간이라면 민기네 집과 영수네 집 사이의 거리는?(단, 민기는 같은 길을 왕복했다)

① 3km
② 4km
③ 5km
④ 6km

05 주사위 1개와 동전 1개를 동시에 던질 때, 주사위는 홀수의 눈이 나오고 동전은 앞면이 나올 확률은?

① $\frac{1}{12}$
② $\frac{1}{8}$
③ $\frac{1}{6}$
④ $\frac{1}{4}$

06 농도 9%의 소금물에 물을 200g 더 넣었더니 농도 6%의 소금물이 되었다. 처음 농도 9%의 소금물의 양은?

① 250g
② 300g
③ 350g
④ 400g

07 다음은 우편 매출액에 대한 자료이다. 이에 대한 설명으로 옳지 않은 것은?

〈우편 매출액〉
(단위 : 백만 원)

구분	2019년	2020년	2021년	2022년	2023년				
					소계	1분기	2분기	3분기	4분기
일반통상	113	105	101	104	102	28	22	25	27
특수통상	52	57	58	56	52	12	15	15	10
소포우편	30	35	37	40	42	10	12	12	8
합계	195	197	196	200	196	50	49	52	45

① 매년 매출액이 가장 높은 분야는 일반통상 분야이다.
② 2023년 소포우편 분야의 2019년 대비 매출액 증가율은 60% 이상이다.
③ 1년 집계를 기준으로 매년 매출액이 증가하고 있는 분야는 소포우편 분야뿐이다.
④ 2023년 1분기 매출액에서 특수통상 분야의 매출액이 차지하는 비중은 20% 이상이다.

02 ▶ 추리능력검사

※ 일정한 규칙으로 수를 나열할 때, 빈칸에 들어갈 알맞은 수를 고르시오. **[1~3]**

01

| 5 7 10 14 19 25 ( ) |

① 27   ② 30
③ 32   ④ 35

02

| 27 81 9 27 3 ( ) |

① 6   ② 7
③ 8   ④ 9

03

| $\frac{4}{3}$ $\frac{4}{3}$ ( ) 8 32 160 |

① $\frac{1}{3}$ ② $\frac{8}{3}$
③ 1   ④ 2

※ 다음 〈조건〉을 보고 ?에 들어갈 문자를 고르시오. [4~5]

조건

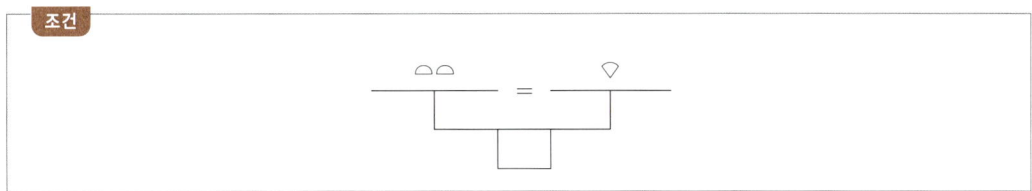

04

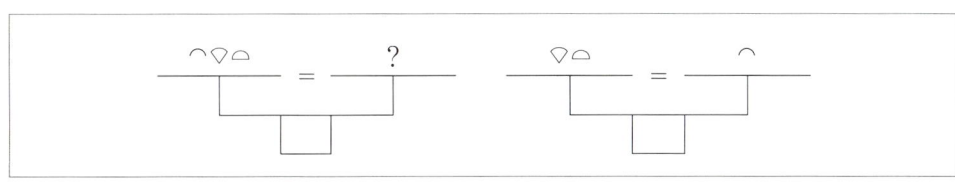

① ♡♡♡ ② ⌒⌒⌒
③ ⌒⌒⌒⌒ ④ ⌒⌒⌒⌒⌒

05

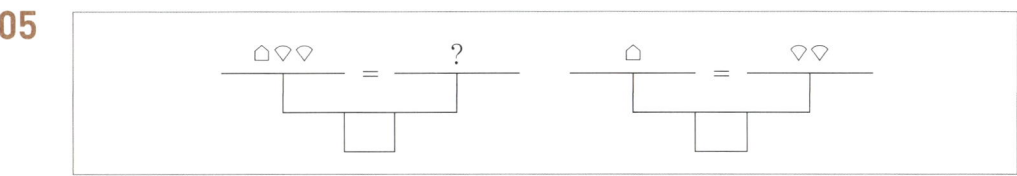

① ⌒⌒⌒⌒⌒♡ ② ⌒⌒⌒⌒♡♡
③ ⌒⌒⌒⌒♡♡♡ ④ ⌒⌒⌒⌒♡♡♡

※ 다음 〈조건〉을 보고 ?에 들어갈 문자를 고르시오. [6~7]

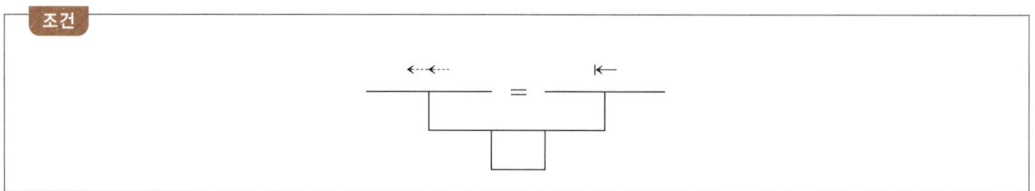

06

① ⋯▶⋯▶◀⋯ ② ◀⋯◀⋯⋯▶
③ ◀⋯◀⋯⋯▶⋯▶ ④ ◀⋯◀⋯⋯▶⋯▶

07

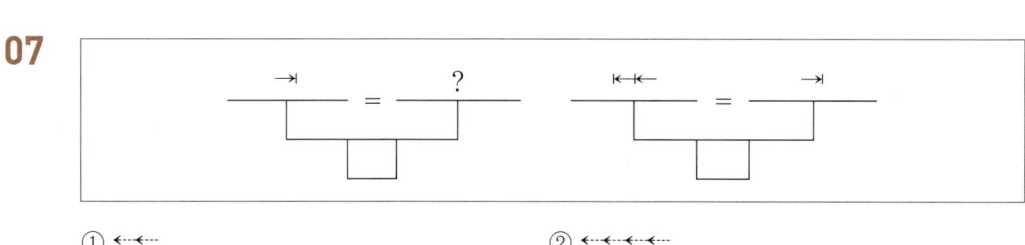

① ◀⋯◀⋯ ② ◀⋯◀⋯◀⋯
③ ◀⋯◀⋯◀⋯◀⋯ ④ ◀⋯◀⋯◀⋯◀⋯◀⋯

08 제시된 명제가 모두 참일 때, 다음 중 반드시 참인 것은?

> • 정직한 사람은 이웃이 많을 것이다.
> • 성실한 사람은 외롭지 않을 것이다.
> • 이웃이 많은 사람은 외롭지 않을 것이다.

① 성실한 사람은 정직할 것이다.
② 정직한 사람은 외롭지 않을 것이다.
③ 외롭지 않은 사람은 정직할 것이다.
④ 외로운 사람은 이웃이 많지 않지만 성실하다.

※ 다음 제시문을 읽고 각 문제가 항상 참이면 ①, 거짓이면 ②, 알 수 없으면 ③을 고르시오. **[9~10]**

> • 갑, 을, 병, 정 네 사람이 달리기 시합을 했다.
> • 네 사람 중 똑같은 시간에 결승점에 들어온 사람은 없다.
> • 을은 병 바로 뒤에 결승점에 들어왔다.
> • 을보다 늦은 사람은 두 명이다.
> • 정은 갑보다 빨랐다.

09 결승점에 가장 빨리 들어온 사람은 병이다.

① 참   ② 거짓   ③ 알 수 없음

10 결승점에 가장 늦게 들어온 사람은 정이다.

① 참   ② 거짓   ③ 알 수 없음

03 ▶ 지각능력검사

※ 제시된 문자와 동일한 문자를 〈보기〉에서 찾아 고르시오(단, 가장 왼쪽 문자를 시작 지점으로 한다). [1~4]

보기

∈ ∉ ⋶ ⊃ ⊅ ⋹ ∈ ⊃

01

⊃

① 2번째 ② 3번째
③ 4번째 ④ 5번째

02

∈

① 1번째 ② 3번째
③ 5번째 ④ 7번째

03

⋹

① 5번째 ② 6번째
③ 7번째 ④ 8번째

04

∉

① 1번째 ② 2번째
③ 3번째 ④ 4번째

05 다음 중 제시된 도형과 같은 것은?(단, 도형은 회전이 가능하다)

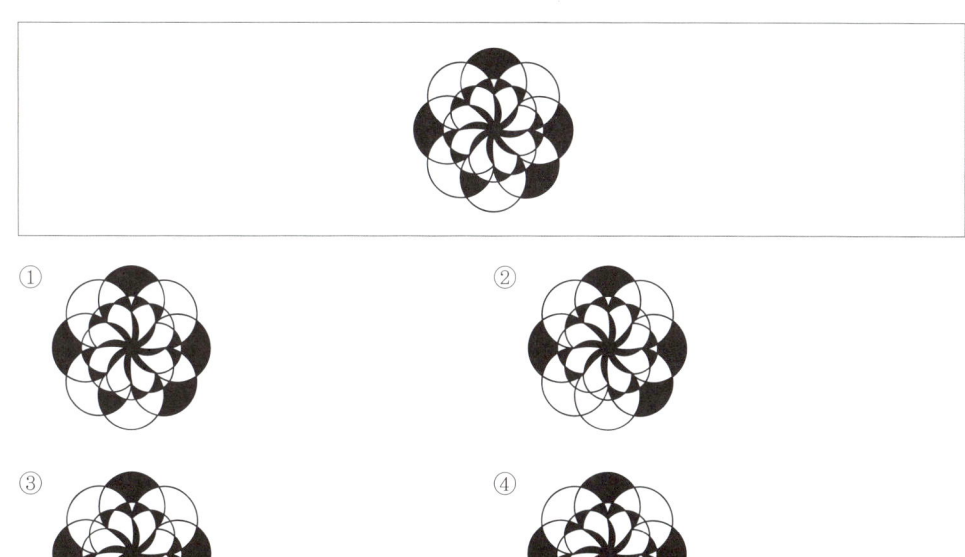

06 다음 중 나머지 도형과 다른 것은?

CHAPTER 04 | 2023년 하반기 기출복원문제

정답 및 해설 p.011

01 ▶ 수리능력검사

※ 다음 식을 계산한 값으로 옳은 것을 고르시오. **[1~3]**

01

$$11+222+3,333+44,444$$

① 48,000　　　　　　　　② 48,010
③ 48,020　　　　　　　　④ 48,030

02

$$2,310 \div 3 \times 3 \times 5$$

① 11,250　　　　　　　　② 11,350
③ 11,450　　　　　　　　④ 11,550

03

$$1,525 \div 5 + 504 \div 7$$

① 357　　　　　　　　　② 367
③ 377　　　　　　　　　④ 387

04 소금 30g으로 농도 20%의 소금물을 만들기 위해 필요한 순수한 물의 양은?

① 80g
② 100g
③ 120g
④ 140g

05 높이가 각각 8cm, 10cm, 6cm인 벽돌 3종류가 있다. 되도록 적은 벽돌을 사용하여 같은 종류의 벽돌끼리 쌓아 올리고자 한다. 이때 필요한 벽돌의 개수는?(단, 쌓아 올린 높이는 모두 같다)

① 35개
② 38개
③ 43개
④ 47개

06 어머니와 딸의 나이의 합은 55세이고 16년 후 어머니의 나이는 딸의 나이의 2배보다 3세 많을 때 현재 딸의 나이는?

① 12세
② 13세
③ 14세
④ 15세

07 다음은 국내 스포츠 경기 4종목의 경기 수에 대한 자료이다. 이에 대한 설명으로 옳지 않은 것은?

〈국내 스포츠 경기 수〉

(단위 : 회)

구분	2019년	2020년	2021년	2022년	2023년
농구	400	408	410	400	404
야구	470	475	478	474	478
배구	220	225	228	230	225
축구	230	232	236	240	235

① 2020년부터 2022년까지 경기 수가 증가하는 스포츠는 1종목이다.
② 2021년부터 2022년까지의 야구 평균 경기 수는 축구 평균 경기 수의 2배이다.
③ 농구의 2020년 전년 대비 경기 수 증가율은 2023년 전년 대비 경기 수 증가율보다 높다.
④ 2023년 경기 수가 2021년부터 2022년까지의 종목별 평균 경기 수보다 많은 스포츠는 1종목이다.

02 ▶ 추리능력검사

※ 일정한 규칙으로 수를 나열할 때, 빈칸에 들어갈 알맞은 수를 고르시오. **[1~3]**

01

<u>2 2 8</u>   <u>−1 3 4</u>   <u>2 3 10</u>   <u>2 4 (   )</u>

① 11 ② 12
③ 13 ④ 14

02

<u>4 5 19</u>   <u>8 7 55</u>   <u>10 2 (   )</u>

① 19 ② 20
③ 21 ④ 22

03

1   (   )   −5   44   25   22   −125   11

① 64 ② 66
③ 88 ④ 122

※ 다음 〈조건〉을 보고 ?에 들어갈 문자를 고르시오. [4~5]

조건

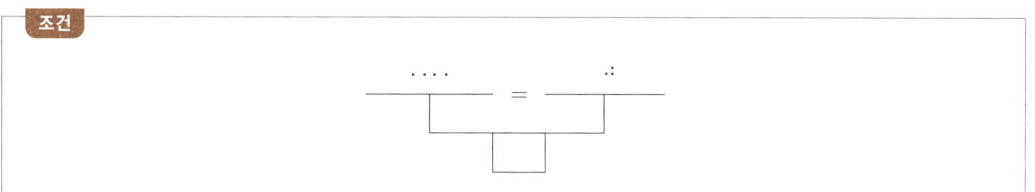

04

① ⠄⠄⠄⠠⠄
② ⠄⠄⠄⠄⠄⠄
③ ⠠⠄⠠⠄⠐⠐
④ ⠄⠄⠄⠄⠄⠠⠄

05

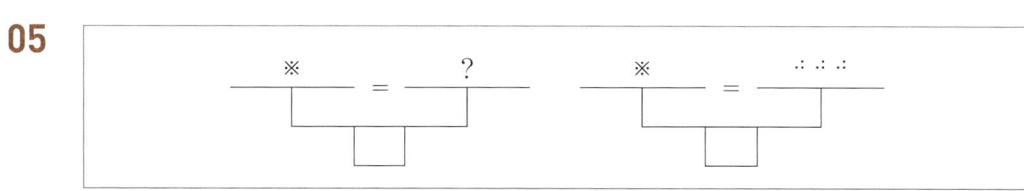

① ⠄⠄⠄⠄⠄⠄
② ⠄⠄⠄⠄⠄⠄⠄⠄
③ ⠄⠄⠄⠄⠄⠄⠄⠄
④ ⠄⠄⠄⠄⠄⠄⠄⠄⠄⠄

※ 다음 〈조건〉을 보고 ?에 들어갈 문자를 고르시오. [6~7]

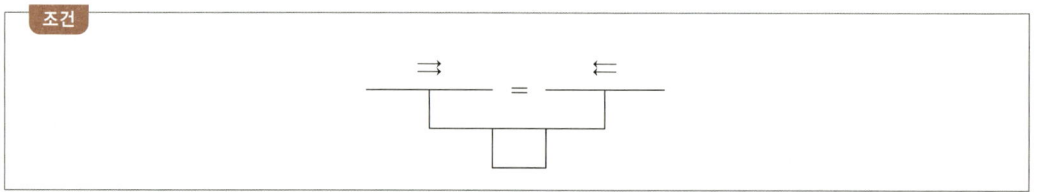

06

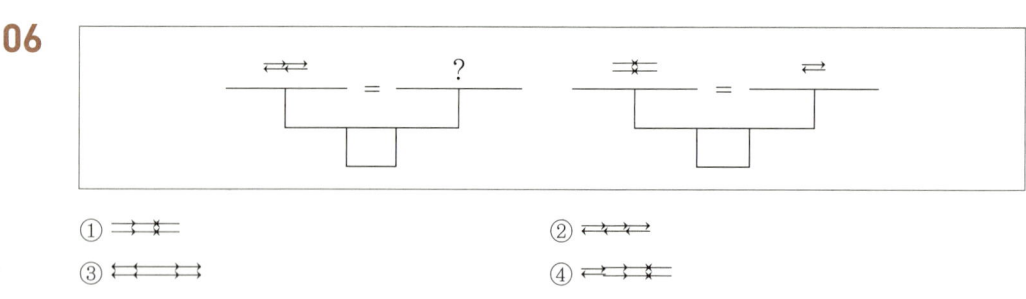

07

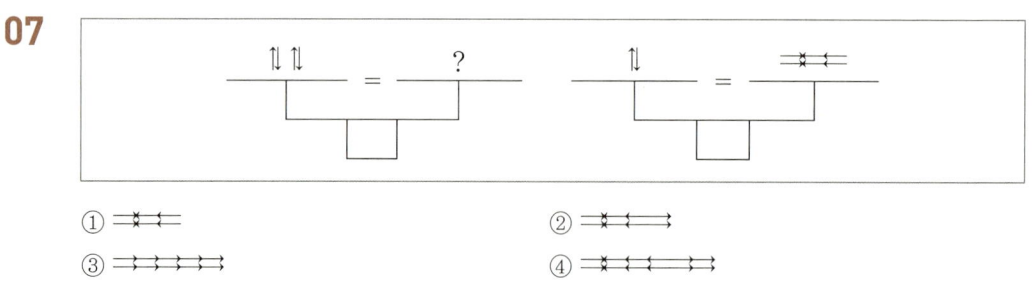

08 제시된 명제가 모두 참일 때, 다음 중 빈칸에 들어갈 내용으로 가장 적절한 것은?

> • 홍보실은 워크숍에 간다.
> • _____
> • 출장을 가지 않으면 워크숍에 간다.

① 홍보실이 아니면 출장을 간다.
② 출장을 가면 워크숍에 가지 않는다.
③ 홍보실이 아니면 워크숍에 가지 않는다.
④ 워크숍에 가지 않으면 출장을 가지 않는다.

09 A~F 6명이 다음 〈조건〉에 따라 6층짜리 주택에 층별로 각각 입주할 때, 항상 참인 것은?

> **조건**
> • B와 D 중 높은 층에서 낮은 층의 수를 빼면 4이다.
> • B와 F는 인접한 층에 살 수 없다.
> • A는 E보다 밑에 산다.
> • D는 A보다 밑에 산다.
> • A는 3층에 산다.

① A는 D보다 낮은 곳에 산다.
② B는 F보다 높은 곳에 산다.
③ C는 B보다 높은 곳에 산다.
④ C는 5층에 산다.

10 제시문 A를 읽고, 제시문 B가 참인지 거짓인지 혹은 알 수 없는지 고르면?

> [제시문 A]
> • 침묵을 좋아하는 사람은 명상을 좋아한다.
> • 여유를 좋아하는 사람은 산책을 좋아한다.
> • 명상을 좋아하지 않는 사람은 산책을 좋아하지 않는다.
>
> [제시문 B]
> 여유를 좋아하는 사람은 명상을 좋아한다.

① 참　　　　　　　　② 거짓　　　　　　　　③ 알 수 없음

03 ▶ 지각능력검사

※ 제시된 문자와 동일한 문자를 〈보기〉에서 찾아 고르시오(단, 가장 왼쪽 문자를 시작 지점으로 한다).
[1~4]

보기

01

① 1번째　　　　② 2번째
③ 3번째　　　　④ 4번째

02

① 5번째　　　　② 6번째
③ 7번째　　　　④ 8번째

03

① 1번째　　　　② 2번째
③ 3번째　　　　④ 4번째

04

① 5번째　　　　② 6번째
③ 7번째　　　　④ 8번째

05 다음 중 나머지 도형과 다른 것은?

① 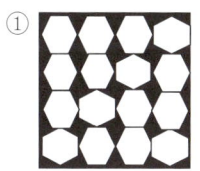 ②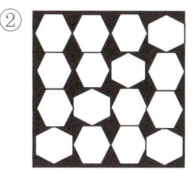

③ 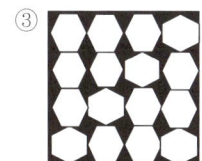 ④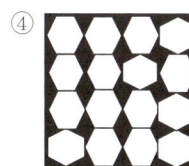

06 다음과 같은 모양을 만드는 데 사용된 블록의 개수는?(단, 보이지 않는 곳의 블록은 있다고 가정한다)

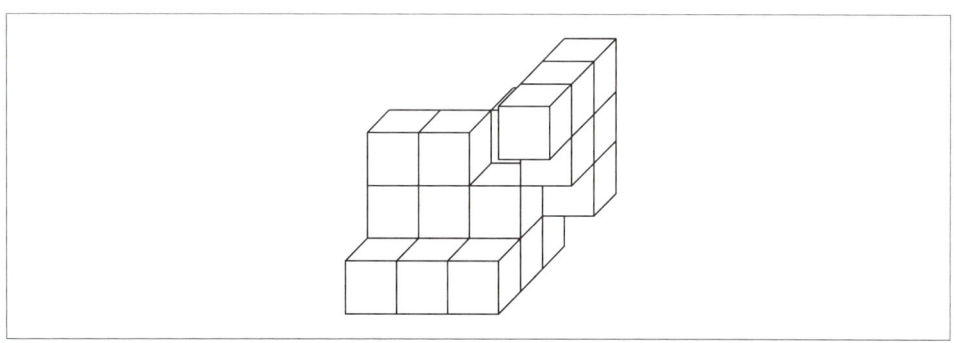

① 24개 ② 25개
③ 26개 ④ 27개

CHAPTER 05 | 2023년 상반기 기출복원문제

정답 및 해설 p.014

01 ▶ 수리능력검사

※ 다음 식을 계산한 값으로 옳은 것을 고르시오. [1~3]

01

$$5{,}322 \times 2 + 3{,}190 \times 3$$

① 20,014
② 20,114
③ 20,214
④ 20,314

02

$$5^3 - 4^3 - 2^2 + 7^3$$

① 370
② 380
③ 390
④ 400

03

$$654{,}321 - 123{,}456 + 456{,}456 - 136{,}321$$

① 831,000
② 841,000
③ 851,000
④ 861,000

04 A사원이 세미나에 다녀왔는데 갈 때는 70km/h의 속력으로 달리는 버스를 탔고, 올 때는 120km/h의 속력으로 달리는 기차를 탔더니 총 5시간이 걸렸다. 기차를 타고 온 거리가 버스를 타고 간 거리보다 30km만큼 멀다고 할 때, 기차를 타고 온 거리는?(단, 세미나에 머문 시간은 무시한다)

① 210km ② 220km
③ 230km ④ 240km

05 철호는 50만 원으로 S가구점에서 식탁 1개와 의자 2개를 사고, 남은 돈을 모두 장미꽃을 구매하는 데 쓰려고 한다. S가구점의 판매 가격이 다음과 같을 때, 구매할 수 있는 장미꽃의 수는?(단, 장미꽃은 1송이당 6,500원이다)

〈S가구점 가격표〉

구분	책상	식탁	침대	의자	옷장
가격	25만 원	20만 원	30만 원	10만 원	40만 원

※ 30만 원 이상 구매 시 10% 할인

① 20송이 ② 21송이
③ 22송이 ④ 23송이

06 3개의 공 A~C를 포함하여 총 공 7개가 들어 있는 주머니에서 공 3개를 동시에 꺼낼 때, 꺼낸 공 중에 A를 포함하는 모든 경우의 수를 a, B를 포함하지 않으면서 C를 포함하는 모든 경우의 수를 b라고 하자. 이때 $a+b$의 값은?

① 10 ② 15
③ 20 ④ 25

07 S사 공장에는 대수를 늘리면 생산량이 조금씩 증가하는 기계가 있다. 기계가 다음과 같은 생산량의 변화를 보일 때, 기계가 30대로 생산할 수 있는 제품의 개수는?

〈기계 대수에 따른 생산 가능 제품 현황〉

기계 수(대)	1	2	3	4	5
제품 개수(개)	5	7	9	11	13

① 59개 ② 61개
③ 63개 ④ 65개

08 다음은 지난달 봉사 장소의 연령대별 봉사자 수에 대한 표이다. 이에 대한 설명으로 옳은 것을 〈보기〉에서 모두 고르면?(단, 소수점 둘째 자리에서 반올림한다)

〈봉사 장소의 연령대별 봉사자 수〉

(단위 : 명)

구분	10대	20대	30대	40대	50대	합계
보육원	148	197	405	674	576	2,000
요양원	65	42	33	298	296	734
무료급식소	121	201	138	274	381	1,115
노숙자쉼터	0	93	118	242	347	800
유기견보호소	166	117	56	12	0	351
합계	500	650	750	1,500	1,600	5,000

보기

㉠ 전체 보육원 봉사자 중 30대 이하가 차지하는 비율은 36%이다.
㉡ 전체 무료급식소 봉사자 중 40・50대는 절반 이상이다.
㉢ 전체 봉사자 중 50대의 비율은 20대의 3배이다.
㉣ 전체 노숙자쉼터 봉사자 중 30대는 15% 미만이다.

① ㉠, ㉢
② ㉠, ㉣
③ ㉡, ㉢
④ ㉡, ㉣

02 ▶ 추리능력검사

※ 일정한 규칙으로 수를 나열할 때, 빈칸에 들어갈 알맞은 수를 고르시오. **[1~3]**

01

| 0.7　0.9　1.15　1.45　1.8　( ) |

① 2.0　　　　　　　　② 2.1
③ 2.15　　　　　　　 ④ 2.2

02

| 12　6　3　8　( )　2　4　12　36 |

① 1　　　　　　　　② 2
③ 3　　　　　　　　④ 4

03

| 9　( )　18　108　36　216 |

① 24　　　　　　　　② 44
③ 54　　　　　　　　④ 64

※ 다음 〈조건〉을 보고 ?에 들어갈 문자를 고르시오. [4~5]

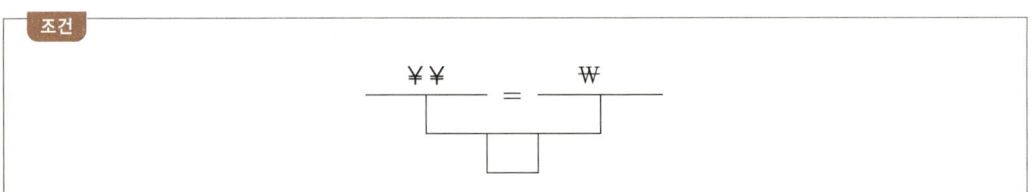

04

① ₩₩₩₩¥¥
② ¥¥¥¥¥¥
③ ₩₩¥¥¥¥
④ ₩¥¥¥¥¥

05

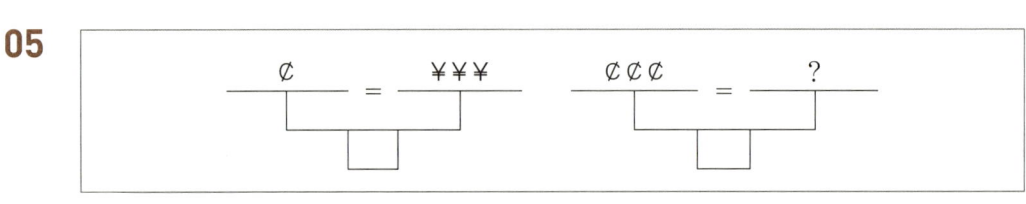

① ₩₩₩₩
② ₩₩¥¥¥
③ ₩₩₩¥¥
④ ¥¥¥¥¥

※ 다음 〈조건〉을 보고 ?에 들어갈 문자를 고르시오. [6~7]

조건

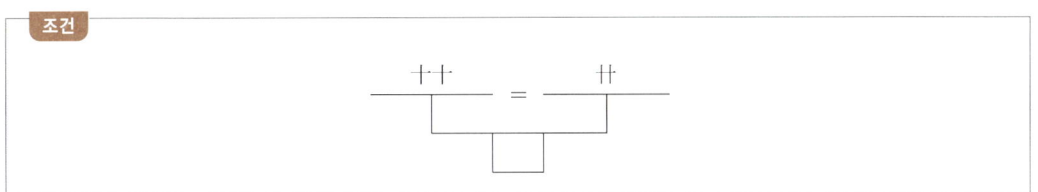

06

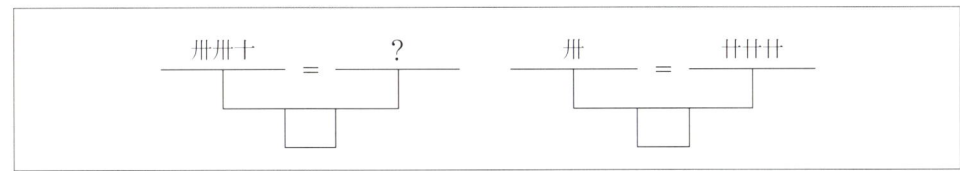

① 卄卄卄卄卄卄十十十
② 卄卄卄卄卄十十十十
③ 卅卄卄卄十十十
④ 卅卅卄卄卄卄

07

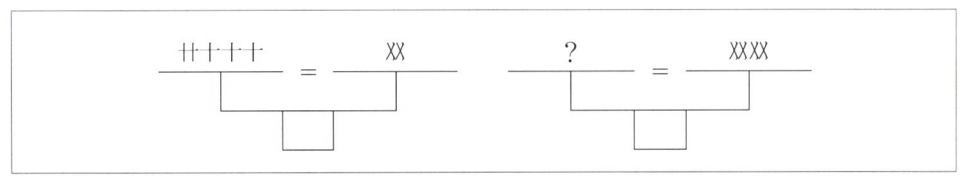

① 十十十十十十十十
② 卄卄卄十十十十
③ 卄卄卄卄十
④ 十十十十十十十十十十

08 다음은 이번 주 기상예보이다. 이에 근거하여 바르게 추론한 것은?

- 주말을 제외한 이번 주 월요일부터 금요일까지의 평균 낮 기온은 25°C로 예상됩니다.
- 화요일의 낮 기온은 26°C로 월요일보다 1°C 높을 것으로 예상됩니다.
- 수요일 낮에는 많은 양의 비가 내리면서 전일보다 3°C 낮은 기온이 예상됩니다.
- 금요일의 낮 기온은 이번 주 평균 낮 기온으로 예상됩니다.

① 월요일과 목요일의 낮 기온은 같을 것이다.
② 목요일의 낮 기온은 26°C로 예상할 수 있다.
③ 화요일의 낮 기온이 주말보다 높을 것이다.
④ 목요일의 낮 기온은 월~금요일의 평균 기온보다 낮을 것이다.

09 다음을 바탕으로 추론할 수 있는 것은?

- 지후의 키는 178cm이다.
- 시후는 지후보다 3cm 더 크다.
- 재호는 시후보다 5cm 더 작다.

① 지후의 키가 가장 크다.
② 재호의 키가 가장 크다.
③ 시후의 키가 가장 작다.
④ 재호의 키는 176cm이다.

03 ▶ 지각능력검사

※ 제시된 문자와 동일한 문자를 〈보기〉에서 찾아 고르시오(단, 가장 왼쪽 문자를 시작 지점으로 한다).
   [1~4]

> **보기**
>
> ¢   ♆   ⌘   ⚄   △   Ⅱ   ♩   ♏

01

♆

① 2번째 ② 5번째
③ 6번째 ④ 8번째

02

¢

① 1번째 ② 2번째
③ 5번째 ④ 6번째

03

△

① 2번째 ② 3번째
③ 4번째 ④ 5번째

04

Ⅱ

① 4번째 ② 5번째
③ 6번째 ④ 7번째

05 다음 중 제시된 도형과 같은 것은?(단, 도형은 회전이 가능하다)

① 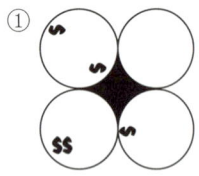   ②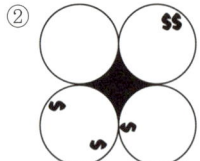

③ 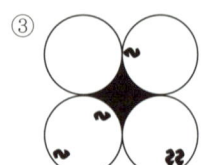   ④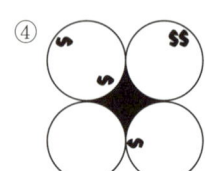

06 다음 중 나머지 도형과 다른 것은?

① 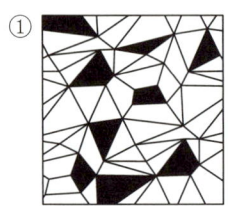   ②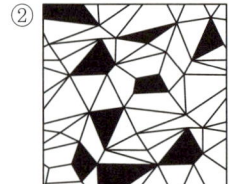

③ 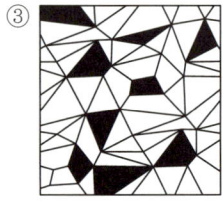   ④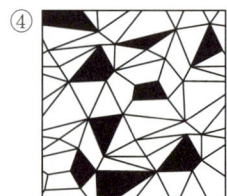

CHAPTER 06 | 2022년 하반기 기출복원문제

정답 및 해설 p.017

01 ▶ 수리능력검사

※ 다음 식을 계산한 값으로 옳은 것을 고르시오. [1~2]

01

$$15 \times 108 - 303 \div 3 + 7$$

① 1,526　　　　　② 1,626
③ 1,536　　　　　④ 1,636

02

$$0.28 + 2.4682 - 0.9681$$

① 1.8701　　　　② 1.5601
③ 1.7601　　　　④ 1.7801

03 다음 빈칸에 들어갈 숫자를 고르면?

$$\frac{1}{7} < (\ ) < \frac{4}{21}$$

① $\frac{1}{28}$　　　　② $\frac{1}{6}$
③ $\frac{1}{3}$　　　　④ $\frac{3}{7}$

04 A와 B가 운동장을 돌 때, 서로 반대 방향으로 돌면 12분 후에 다시 만난다. A의 속력은 100m/min, B의 속력은 80m/min이라면 운동장의 둘레는 몇 m인가?

① 1,960m　　　　② 2,060m
③ 2,100m　　　　④ 2,160m

05 50원짜리 동전 X개, 100원짜리 동전 Y개, 500원짜리 동전 Z개를 가지고 750원을 지불하는 방법은 총 몇 가지인가?

① 10가지　　　　　　　　　　　② 11가지
③ 12가지　　　　　　　　　　　④ 13가지

06 A사원은 엘리베이터를 이용하여 A4용지가 들어있는 박스를 사무실로 옮기고 있다. 이 엘리베이터는 적재용량이 305kg이며, 엘리베이터에는 이미 몸무게가 60kg인 B사원이 80kg의 사무용품을 싣고 타 있는 상태이다. 50kg인 A사원이 1박스당 10kg의 A4용지를 최대 몇 박스까지 엘리베이터에 가지고 탈 수 있는가?

① 9박스　　　　　　　　　　　② 10박스
③ 11박스　　　　　　　　　　　④ 12박스

07 S반도체 부품 회사에서 근무하는 A사원은 월별 매출현황에 대한 보고서를 작성 중이었다. 그런데 실수로 파일이 삭제되어 기억나는 매출액만 다시 작성하게 되었다. A사원이 기억하는 월평균 매출액은 35억 원이고, 상반기의 월평균 매출액은 26억 원이었다. 다음과 같이 남아 있는 매출현황을 통해 상반기 평균 매출 대비 하반기 평균 매출의 증감액을 구하면?

〈월별 매출현황〉

(단위 : 억 원)

1월	2월	3월	4월	5월	6월	7월	8월	9월	10월	11월	12월	평균
-	10	18	36	-	-	-	35	20	19	-	-	35

① 12억 원 증가　　　　　　　　② 12억 원 감소
③ 18억 원 증가　　　　　　　　④ 18억 원 감소

08 다음 자료를 근거로 할 때, 하루 동안 고용할 수 있는 최대 인원은?

총예산	본예산	500,000원
	예비비	100,000원
인건비	1인당 수당	50,000원
	산재보험료	(수당)×0.504%
	고용보험료	(수당)×1.3%

① 10명　　　　　　　　　　　② 11명
③ 12명　　　　　　　　　　　④ 13명

02 ▶ 추리능력검사

※ 일정한 규칙으로 수를 나열할 때, 빈칸에 들어갈 알맞은 수를 고르시오. [1~3]

01

| 1 | 2 | 12 | 12 | 34 | 32 | 78 | 72 | ( ) | 152 | 342 |

① 150
② 158
③ 166
④ 169

02

| 2 | -6 | 18 | ( ) | 162 | -486 |

① -32
② -36
③ -48
④ -54

03

| 1 | 16 | 31 | 46 | ( ) | 76 | 91 | 106 | 121 |

① 59
② 60
③ 61
④ 62

※ 다음 〈조건〉을 보고 ?에 들어갈 문자를 고르시오. **[4~5]**

조건

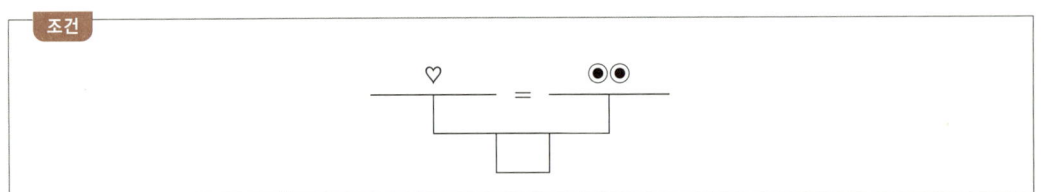

04

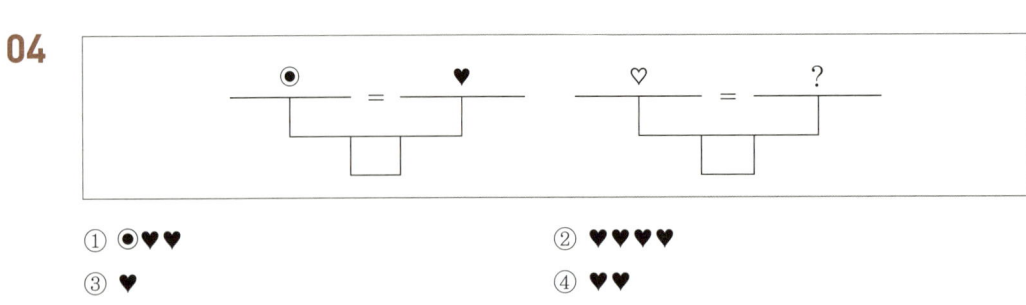

① ◉♥♥   ② ♥♥♥♥
③ ♥   ④ ♥♥

05

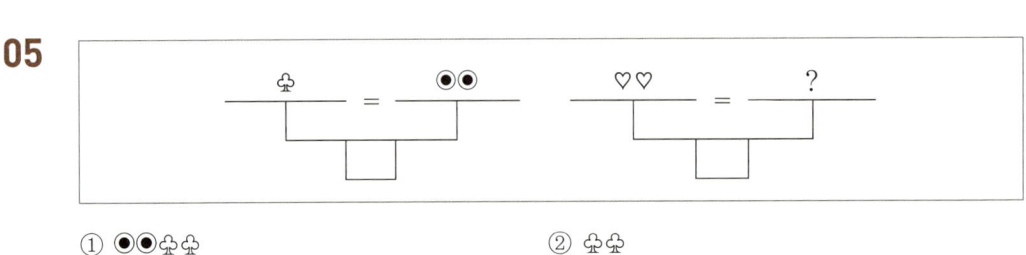

① ◉◉♣♣   ② ♣
③ ♣♣◉♡   ④ ♣♣♣♣

※ 다음 〈조건〉을 보고 ?에 들어갈 문자를 고르시오. [6~7]

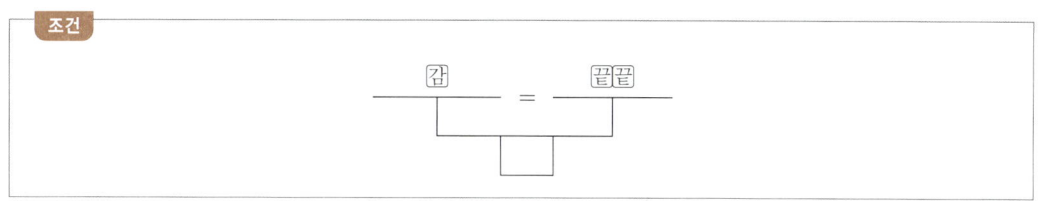

06

① 감끝끝끝끝
② 말끝끝감
③ 끝끝말
④ 끝끝끝

07

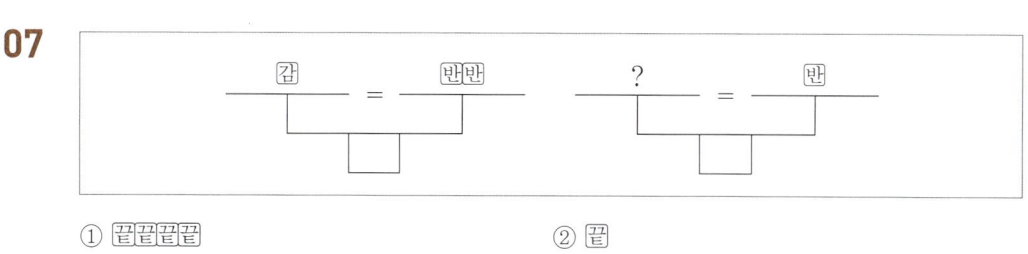

① 끝끝끝끝
② 끝
③ 끝끝
④ 감끝끝

08 민정, 준수, 영재, 세희, 성은 5명은 항상 진실만을 말하거나 거짓만 말한다. 다음 진술을 토대로 추론할 때, 거짓을 말하는 사람을 모두 고르면?

> - 민정 : 영재는 거짓만 말한다.
> - 준수 : 성은이는 거짓만 말한다.
> - 영재 : 세희는 거짓만 말한다.
> - 세희 : 준수는 거짓만 말한다.
> - 성은 : 민정이와 영재 중 1명만 진실만 말한다.

① 민정, 세희
② 영재, 준수
③ 영재, 성은
④ 영재, 세희

09 제시된 명제가 모두 참일 때, 빈칸에 들어갈 명제로 가장 적절한 것은?

> - 삶의 목표가 분명한 사람은 편안한 삶을 산다.
> - 적극적인 사람은 삶의 목표가 분명하다.
> - 그러므로 _____

① 적극적인 사람은 편안한 삶을 산다.
② 편안한 삶을 사는 사람은 적극적인 사람이다.
③ 삶의 목표가 분명한 사람은 적극적인 사람이다.
④ 적극적이지 않은 사람은 삶의 목표가 분명하지 않다.

03 ▶ 지각능력검사

※ 제시된 문자와 동일한 문자를 〈보기〉에서 찾아 고르시오(단, 가장 왼쪽 문자를 시작 지점으로 한다).
[1~4]

01

♤

① 1번째　　　② 2번째
③ 3번째　　　④ 4번째

02

♣

① 5번째　　　② 4번째
③ 3번째　　　④ 2번째

03

♡

① 5번째　　　② 2번째
③ 4번째　　　④ 1번째

04

♥

① 1번째　　　② 2번째
③ 3번째　　　④ 4번째

05 다음 블록을 좌측에서 봤을 때, 보이는 블록의 개수는 몇 개인가?(단, 보이지 않는 곳의 블록은 있다고 가정한다)

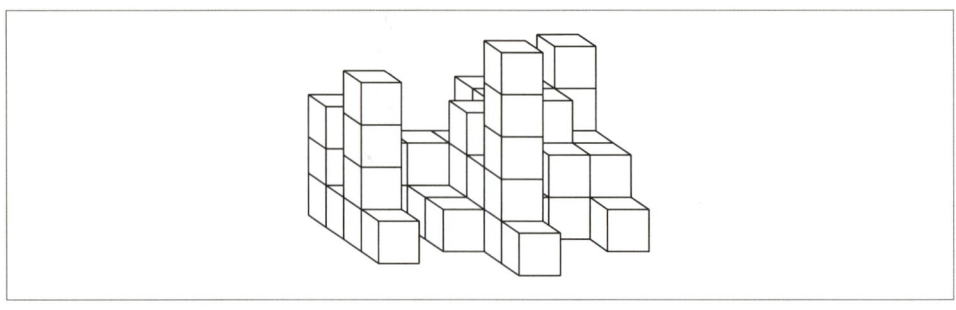

① 15개　　　　　　　　　　② 16개
③ 17개　　　　　　　　　　④ 18개

06 다음과 같이 쌓여 있는 블록에 최소한 몇 개의 블록을 더 쌓아야 직육면체 모양의 블록이 되겠는가?(단, 보이지 않는 곳의 블록은 있다고 가정한다)

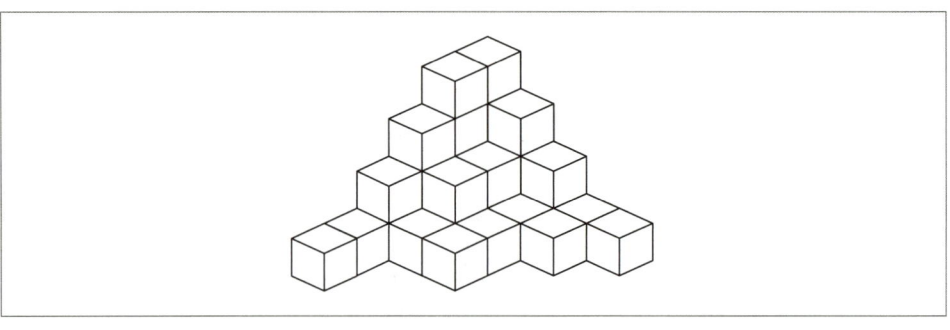

① 85개　　　　　　　　　　② 89개
③ 95개　　　　　　　　　　④ 99개

CHAPTER 07 | 2022년 상반기 기출복원문제

정답 및 해설 p.020

01 ▶ 수리능력검사

※ 다음 식을 계산한 값으로 옳은 것을 고르시오. [1~3]

01

$$655 \div 5 \times 3 + 27$$

① 420 ② 430
③ 440 ④ 450

02

$$1,320 \div 20 - 427 \div 7$$

① 3 ② 4
③ 5 ④ 6

03

$$45 + 54 \times 3 \times 2 + 35$$

① 404 ② 414
③ 424 ④ 434

04 다음은 병역자원 현황에 대한 표이다. 총 병역자원의 2014 ~ 2015년 평균과 2020 ~ 2021년 평균의 차이를 구하면?

〈병역자원 현황〉
(단위 : 만 명)

구분	2014년	2015년	2016년	2017년	2018년	2019년	2020년	2021년
합계	826.9	806.9	783.9	819.2	830.8	826.2	796.3	813.0
징·소집대상	135.3	128.6	126.2	122.7	127.2	130.2	133.2	127.7
보충역 복무자 등	16.0	14.3	11.6	9.5	8.9	8.6	8.6	8.9
병력동원 대상	675.6	664	646.1	687	694.7	687.4	654.5	676.4

① 11.25만 명
② 11.75만 명
③ 12.25만 명
④ 12.75만 명

05 황대리는 자동차업계 매출현황에 대한 보고서를 작성 중이었다. 그런데 실수로 커피를 쏟아 매출평균 부분이 얼룩지게 되었다. 황대리가 기억하는 총매출은 246억 원이고, 3분기까지의 평균은 22억 원이었다. 남아있는 매출현황을 보고 4분기의 평균을 구하면?

〈월별 매출현황〉
(단위 : 억 원)

1월	2월	3월	4월	5월	6월	7월	8월	9월	10월	11월	12월
–	–	–	16	–	–	12	–	18	–	20	–

① 14억 원
② 16억 원
③ 18억 원
④ 20억 원

02 ▶ 추리능력검사

※ 다음 〈조건〉을 보고 ?에 들어갈 문자를 고르시오. [1~2]

조건

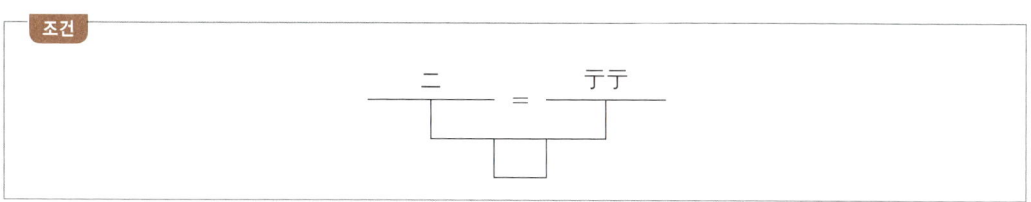

01

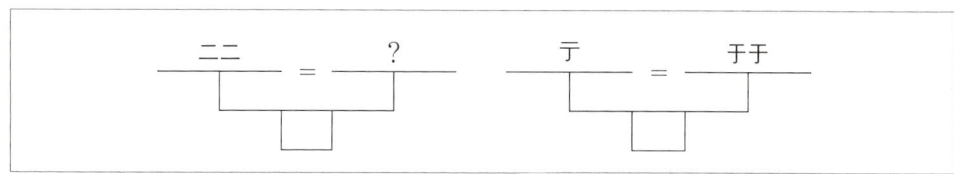

① 于于于于
② 于于于于于于
③ 于于丁丁
④ 于于丁丁丁

02

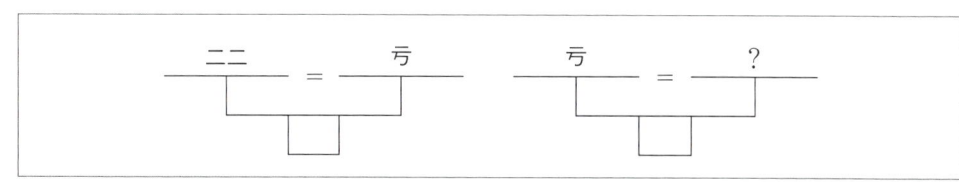

① 丁丁丁
② 丁丁丁丁
③ 丁丁丁丁丁
④ 丁丁丁丁丁丁

※ 다음 〈조건〉을 보고 ?에 들어갈 문자를 고르시오. [3~4]

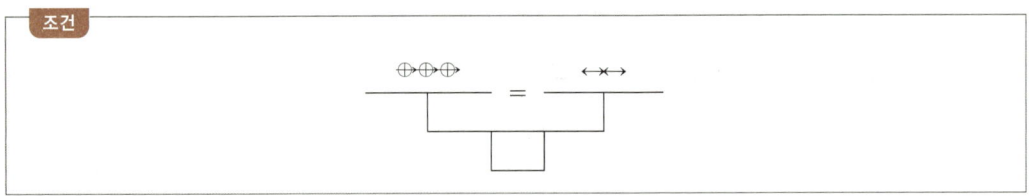

03

① ⊕
② ⊕⊕⊕
③ ⊕⊕⊕⊕⊕
④ ⊕⊕⊕⊕⊕⊕⊕

04

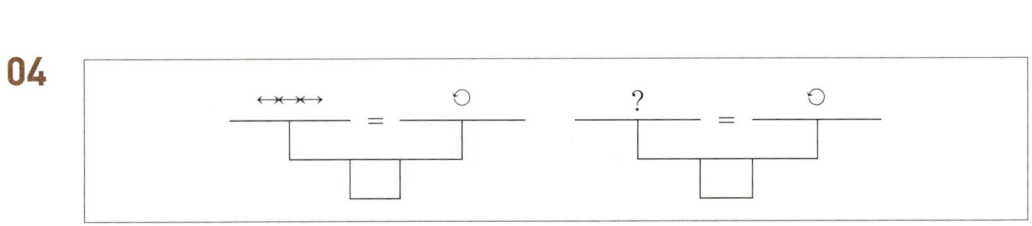

① ⊕⊕⊕⊕⊕⊕
② ⊕⊕⊕↔
③ ⊕⊕⊕↔↔
④ ⊕⊕⊕⊕⊕⊕⊕

05 제시된 명제가 모두 참일 때, 참인 명제는?

> - A대학교에 다니기 위해서는 B시에 거주해야 한다.
> - 빨간 머리인 사람은 B시에 거주하면 안 된다.
> - 한나는 A대학교에 다닌다.

① 한나는 B시가 아닌 곳에 거주한다.
② A대학교에 다니는 사람 중에 한나는 없다.
③ B시에 거주하지 않으면 빨간머리가 아니다.
④ 한나는 빨간머리가 아니다.

06 여덟 조각의 피자를 A, B, C, D가 나눠 먹는다고 할 때, 다음 중 참이 아닌 것은?

> - 네 사람 중 피자를 한 조각도 먹지 않은 사람은 없다.
> - A는 피자 두 조각을 먹었다.
> - 피자를 가장 적게 먹은 사람은 B이다.
> - C는 D보다 피자 한 조각을 더 많이 먹었다.

① 피자 한 조각이 남는다.
② 두 명이 짝수 조각의 피자를 먹었다.
③ A와 D가 먹은 피자 조각 수는 같다.
④ C가 가장 많은 조각의 피자를 먹었다.

03 ▶ 지각능력검사

※ 제시된 문자와 동일한 문자를 〈보기〉에서 찾아 고르시오(단, 가장 왼쪽 문자를 시작 지점으로 한다).
[1~4]

보기

Å   ☿   ∠   ∀   ♣   †   ：   √

01

√

① 5번째 ② 6번째
③ 7번째 ④ 8번째

02

☿

① 1번째 ② 2번째
③ 7번째 ④ 8번째

03

∀

① 2번째 ② 4번째
③ 5번째 ④ 8번째

04

†

① 3번째 ② 4번째
③ 6번째 ④ 7번째

※ 다음 블록의 개수는 모두 몇 개인지 고르시오(단, 보이지 않는 곳의 블록은 있다고 가정한다). [5~6]

05

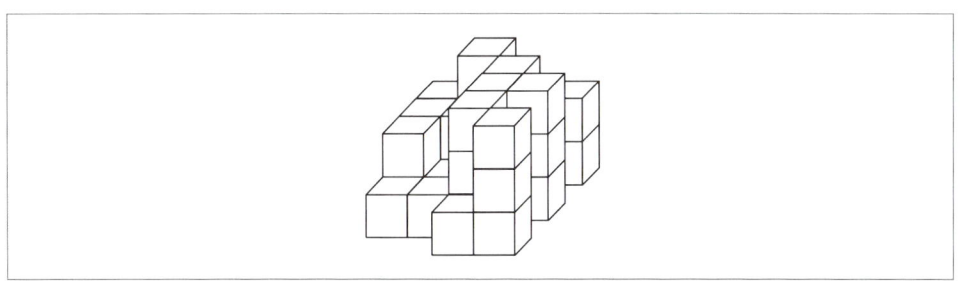

① 34개　　　　　　　　　② 35개
③ 36개　　　　　　　　　④ 37개

06

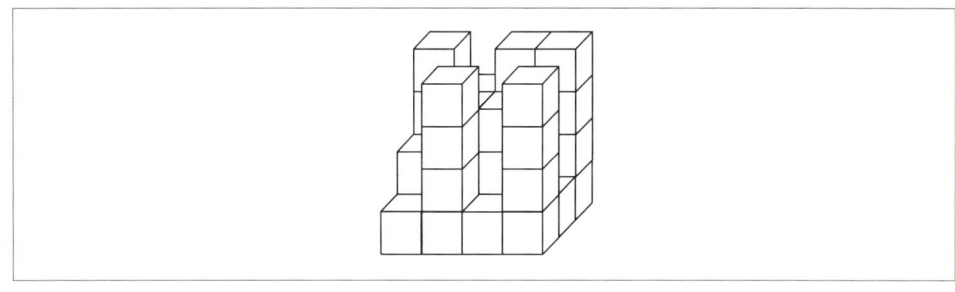

① 34개　　　　　　　　　② 33개
③ 32개　　　　　　　　　④ 31개

CHAPTER 08 | 2021년 하반기 기출복원문제

01 ▶ 수리능력검사

01 다음 식을 계산한 값을 구하면?

$$0.32+0.45\times2\times4$$

① 3.62 ② 3.72
③ 3.82 ④ 3.92

02 수영이와 여동생의 나이 차는 5살이고, 언니의 나이는 수영이와 여동생 나이의 합의 2배이다. 세 자매의 나이의 합이 39일 때, 3년 뒤 언니의 나이는 몇 살인가?

① 22살 ② 24살
③ 27살 ④ 29살

03 길이가 50cm인 빵이 있다. 이 빵을 두 조각으로 나누었더니 긴 빵의 길이는 짧은 빵의 길이의 2배보다 5cm가 더 길었다. 이때 긴 빵의 길이는?

① 32cm ② 33cm
③ 34cm ④ 35cm

04 다음은 2020년에 가구주들이 노후준비방법에 대해 응답한 자료를 반영한 그래프이다. 이를 토대로 가장 구성비가 큰 항목의 구성비 대비 네 번째로 구성비가 큰 항목의 구성비의 비율을 구하면?(단, 소수점 둘째 자리에서 반올림한다)

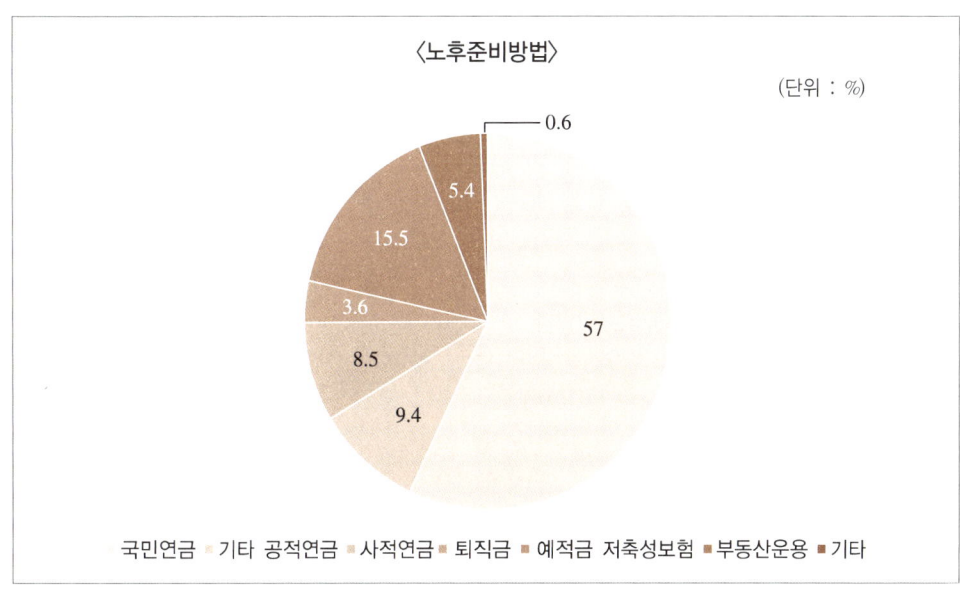

① 11.2% ② 14.9%
③ 17.4% ④ 19.1%

05 A와 B는 3번의 탁구 시합을 하여 총점이 높은 사람이 이기는 것으로 하였다. 다음 A, B의 점수 현황 표를 참고하여 B의 총점이 A보다 4점 낮을 때, A가 첫 번째 경기에서 획득한 점수는 몇 점인가?

〈탁구경기 점수표〉
(단위 : 점)

구분	1회	2회	3회
A	x	$x+3$	6
B	8	5	6

① 10점 ② 9점
③ 8점 ④ 7점

02 ▶ 추리능력검사

※ 제시문 A를 읽고, 제시문 B가 참인지 거짓인지 혹은 알 수 없는지 고르시오. [1~2]

01

[제시문 A]
- A~D는 각각 수리 영역에서 1~4등급을 받았고, 등급이 같은 사람은 없다.
- D보다 등급이 높은 사람은 2명 이상이다.
- D는 B보다 한 등급 높고, A는 C보다 한 등급 높다.

[제시문 B]
C는 수리 영역에서 3등급을 받았다.

① 참　　　　　② 거짓　　　　　③ 알 수 없음

02

[제시문 A]
- 일본으로 출장을 간다면 중국으로는 출장을 가지 않는다.
- 중국으로 출장을 간다면 홍콩으로도 출장을 가야 한다.

[제시문 B]
홍콩으로 출장을 간 김대리는 일본으로 출장을 가지 않는다.

① 참　　　　　② 거짓　　　　　③ 알 수 없음

03 진영이가 다니는 유치원에는 서로 다른 크기의 토끼, 곰, 공룡, 기린, 돼지 인형이 있다. 다음에 근거하여 바르게 추론한 것은?

- 진영이가 좋아하는 인형의 크기가 가장 크다.
- 토끼 인형은 곰 인형보다 크다.
- 공룡 인형은 기린 인형보다 작다.
- 곰 인형은 기린 인형보다는 크지만 돼지 인형보다는 작다.

① 곰 인형의 크기가 가장 작다.
② 기린 인형의 크기가 가장 작다.
③ 돼지 인형은 토끼 인형보다 작다.
④ 진영이가 좋아하는 인형은 알 수 없다.

※ 다음 〈조건〉을 보고 ?에 들어갈 문자를 고르시오. [4~5]

조건

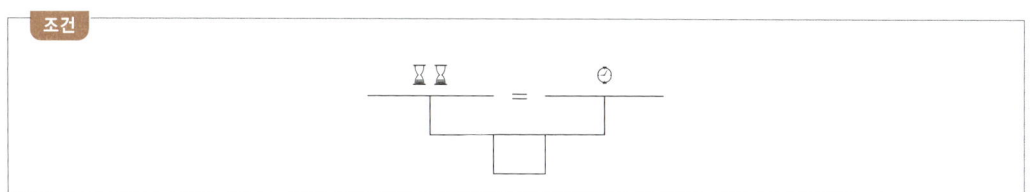

04

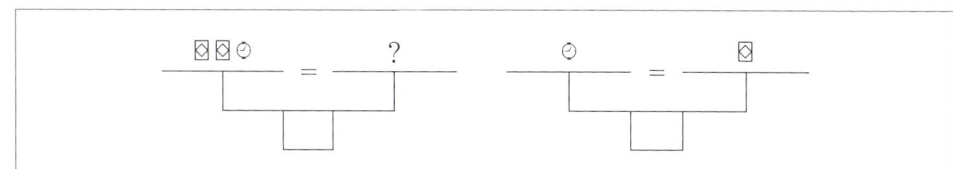

① ⊠⊙⊠⊠ ② ⊠⊙⊠⊠
③ ⊠⊠⊠⊠⊠ ④ ⊠⊠⊠⊠

05

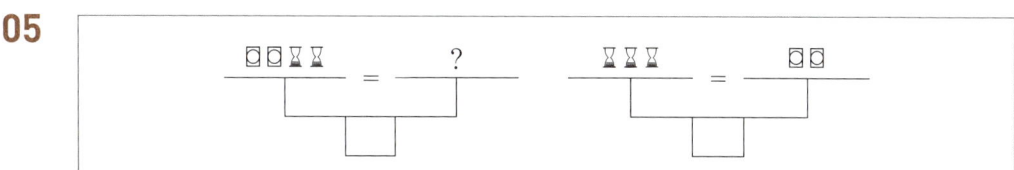

① ⊙⊙⊠ ② ⊙⊙⊙⊠
③ ⊙⊙⊙⊙⊠ ④ ⊙⊙⊙⊙⊙⊠

03 ▶ 지각능력검사

01 다음과 같이 쌓여진 블록의 면의 개수를 구하면?(단, 밑면은 제외한다)

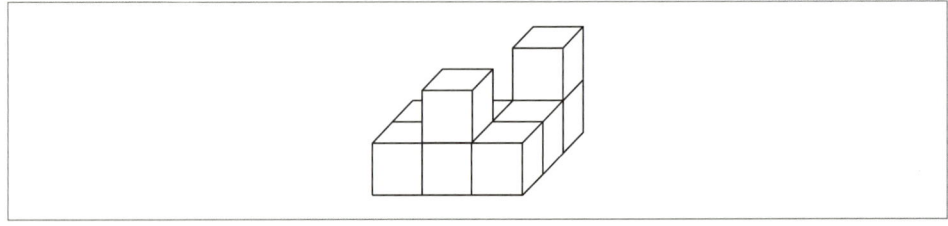

① 24개 ② 25개
③ 26개 ④ 27개

02 다음과 같은 모양을 만드는 데 사용된 블록의 개수를 구하면?(단, 보이지 않는 곳의 블록은 있다고 가정한다)

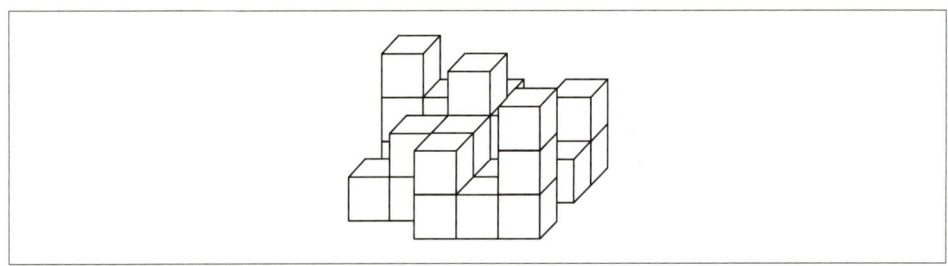

① 29개 ② 30개
③ 31개 ④ 32개

※ 제시된 문자와 동일한 문자를 〈보기〉에서 찾아 고르시오(단, 가장 왼쪽 문자를 시작 지점으로 한다).
[3~6]

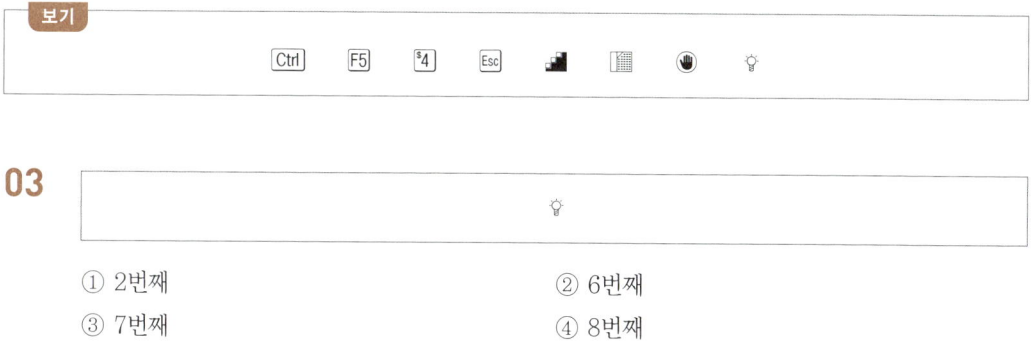

03

① 2번째 ② 6번째
③ 7번째 ④ 8번째

04

① 2번째 ② 3번째
③ 5번째 ④ 6번째

05

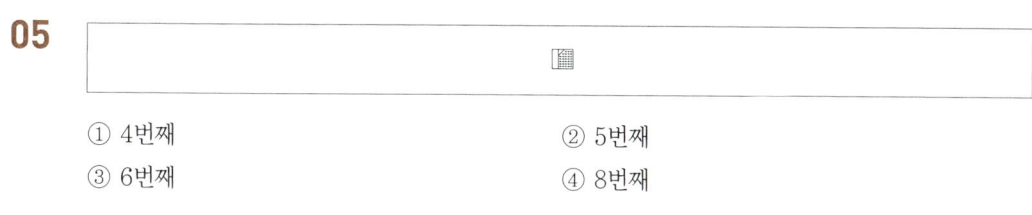

① 4번째 ② 5번째
③ 6번째 ④ 8번째

06

① 1번째 ② 2번째
③ 3번째 ④ 5번째

09 | 2021년 상반기 기출복원문제

01 ▶ 수리능력검사

※ 다음 식을 계산한 값으로 옳은 것을 고르시오. [1~10]

01

$$\frac{10}{37} \div 5 + 2$$

① $\frac{62}{37}$ ② $\frac{69}{37}$
③ $\frac{76}{37}$ ④ $\frac{81}{37}$

02

$$493 - 24 \times 5$$

① 373 ② 390
③ 874 ④ 276

03

$$9.4 \times 4.8 \div 1.2$$

① 36
② 37.6
③ 38
④ 39.2

04

$$\frac{2}{3} \div 5 + \frac{2}{5} \times 2$$

① $\frac{14}{15}$
② $\frac{4}{5}$
③ $\frac{2}{3}$
④ $\frac{8}{15}$

05

$$1{,}462 + 1{,}305 \times 24$$

① 32,682
② 32,762
③ 32,772
④ 32,782

06

$$(3{,}000 - 1{,}008) \div 664$$

① 1 ② 2
③ 3 ④ 4

07

$$454{,}469 \div 709 + 879$$

① 1,471 ② 1,492
③ 1,520 ④ 1,573

08

$$(48+48+48+48) \times \frac{11}{6} \div \frac{16}{13}$$

① 286 ② 289
③ 314 ④ 332

09

$$5.5 \times 4 + 3.6 \times 5$$

① 40
② 40.5
③ 48.5
④ 50

10

$$746 \times 650 \div 25$$

① 18,211
② 18,621
③ 19,396
④ 19,826

02 ▶ 추리능력검사

※ 다음 〈조건〉을 보고 ?에 들어갈 문자를 고르시오. [1~2]

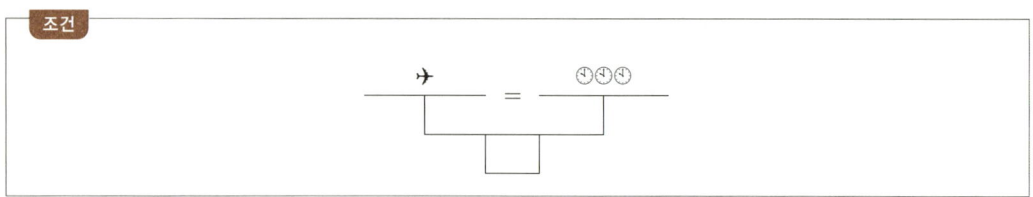

01

① ✈✈✈🕐🕐🕐🕐
② 🕐🕐🕐🕐🕐🕐✈
③ 🕐🕐🕐🕐✈✈
④ 🕐🕐🕐🕐🕐✈✈

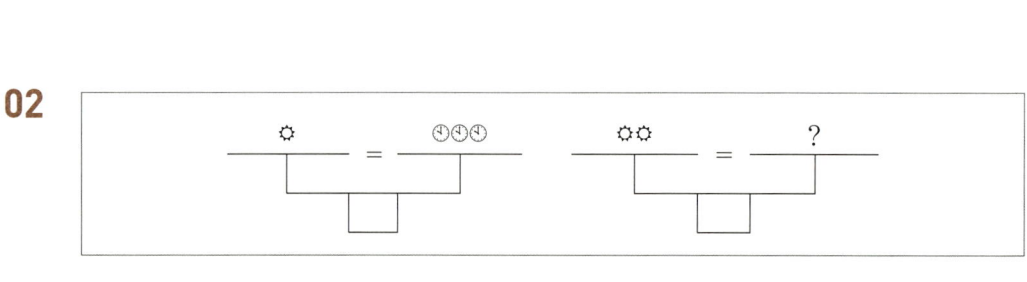

① ✈🕐🕐🕐
② ✈🕐🕐
③ ✈🕐🕐🕐🕐
④ ✈✈🕐🕐

※ 다음 〈조건〉을 보고 ?에 들어갈 문자를 고르시오. [3~4]

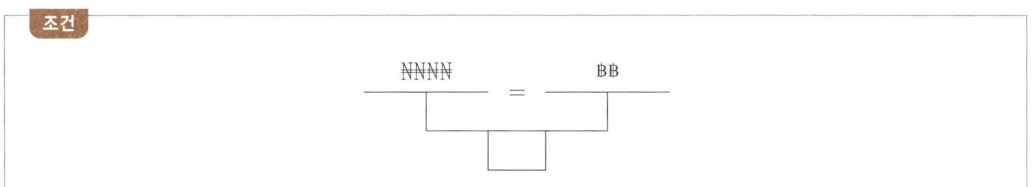

03

① BBNNNN
② BBNNN
③ NNNNNN
④ NNNNNNN

04

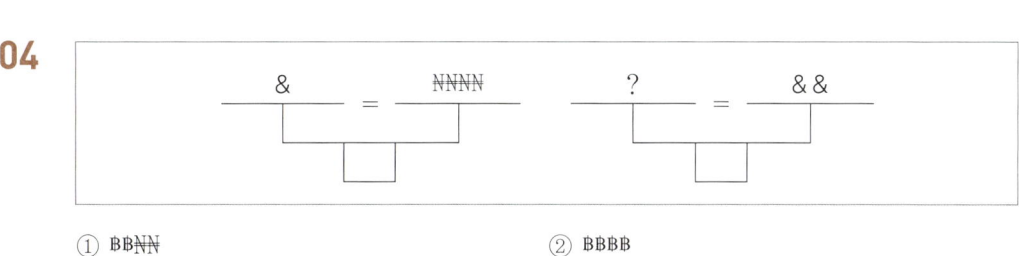

① BBNN
② BBBB
③ NNNN
④ NNNBB

※ 다음 〈조건〉을 보고 ?에 들어갈 문자를 고르시오. [5~6]

조건

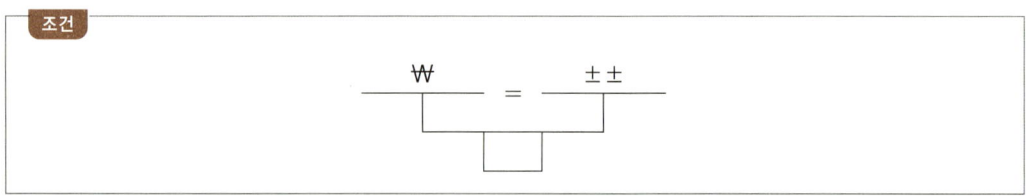

05

① ±₩± ② ₩±₩
③ ±±± ④ ±±±₩

06

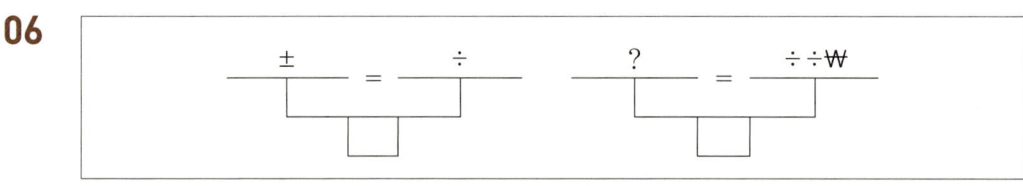

① ±±± ② ±±±±
③ ±±±₩ ④ ₩₩±

※ 다음 〈조건〉을 보고 ?에 들어갈 문자를 고르시오. [7~8]

조건

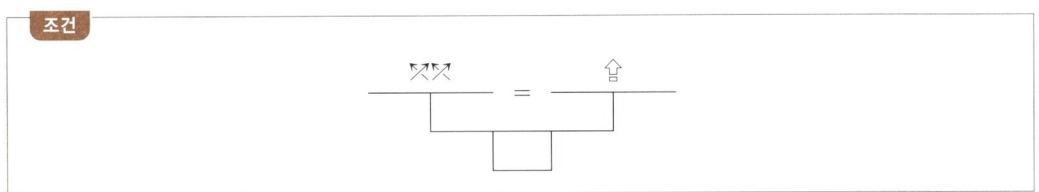

07

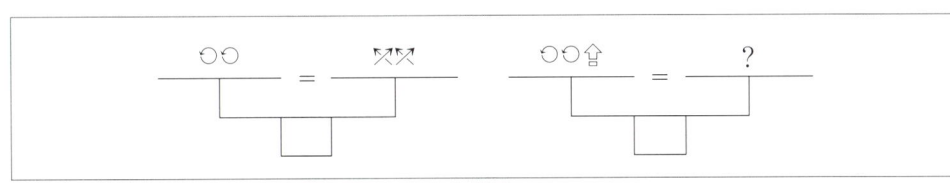

① ↘습
② ↘↘↘
③ ↘↘↘↘
④ ↘↘↘습

08

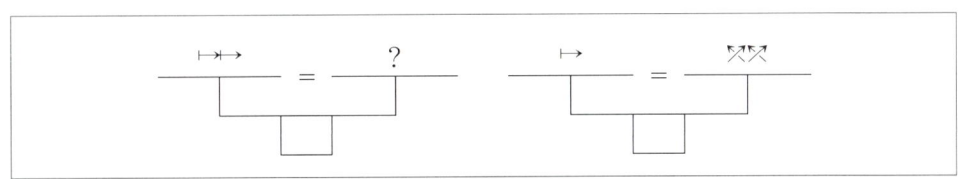

① ↘↘↘습
② ↘↘↘↘
③ ↘습습↘
④ 습↘↘↘↘

※ 다음 〈조건〉을 보고 ?에 들어갈 문자를 고르시오. [9~10]

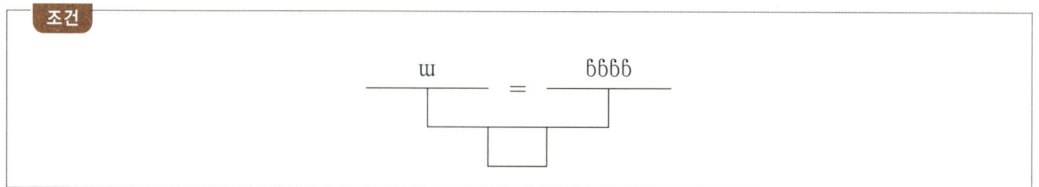

09

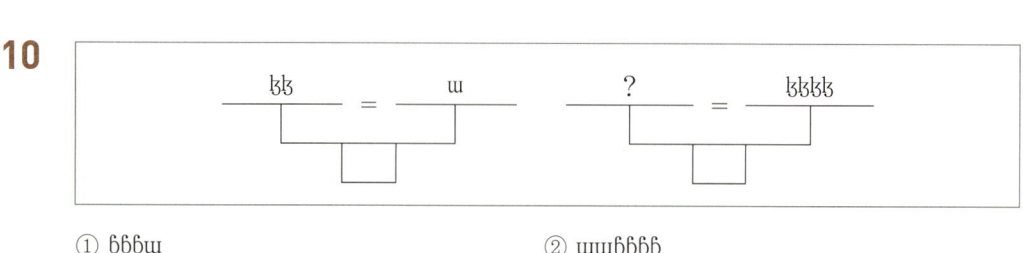

① ɯɯƃƃ
② ƃƃƃƃᾶ
③ ƃƃƃƃᾶᾶ
④ ɯƃƃƃƃ

10

① ƃƃƃɯ
② ɯɯƃƃƃƃ
③ ɯƃƃɯ
④ ƃƃƃƃƃƃƃƃ

03 ▶ 지각능력검사

※ 제시된 문자와 동일한 문자를 〈보기〉에서 찾아 고르시오(단, 가장 왼쪽 문자를 시작 지점으로 한다).
   [1~4]

보기
♤   ♠   ♡   ♥

01

♤

① 1번째 ② 2번째
③ 3번째 ④ 4번째

02

♡

① 1번째 ② 2번째
③ 3번째 ④ 4번째

03

♥

① 1번째 ② 2번째
③ 3번째 ④ 4번째

04

♠

① 1번째 ② 2번째
③ 3번째 ④ 4번째

※ 제시된 문자와 동일한 문자를 〈보기〉에서 찾아 고르시오(단, 가장 왼쪽 문자를 시작 지점으로 한다).
[5~8]

> **보기**
> ▷　▹　△　⌂

05
> ▹

① 1번째　　　　② 2번째
③ 3번째　　　　④ 4번째

06
> ▷

① 1번째　　　　② 2번째
③ 3번째　　　　④ 4번째

07
> △

① 1번째　　　　② 2번째
③ 3번째　　　　④ 4번째

08
> ⌂

① 1번째　　　　② 2번째
③ 3번째　　　　④ 4번째

CHAPTER 10 2020년 하반기 기출복원문제

01 ▶ 수리능력검사

※ 다음 식을 계산한 값으로 옳은 것을 고르시오. [1~3]

01

$$(984-216) \div 48$$

① 16 ② 17
③ 18 ④ 19

02

$$27 \times 36 + 438$$

① 1,210 ② 1,310
③ 1,410 ④ 1,510

03

$$1,113 \div 371 + 175$$

① 178 ② 188
③ 189 ④ 199

04 길이가 40m인 열차가 200m의 터널을 통과하는 데 10초가 걸렸다. 이 열차가 320m인 터널을 통과하는 데 걸리는 시간은?

① 15초 ② 16초
③ 17초 ④ 18초

05 학교에 갈 때 버스를 타고 갈 확률이 $\frac{1}{3}$, 걸어 갈 확률이 $\frac{2}{3}$이다. 3일 중 첫날은 버스를 타고, 남은 2일은 순서에 상관없이 버스 한 번, 걸어서 한 번 갈 확률은?

① $\frac{1}{27}$ ② $\frac{2}{27}$
③ $\frac{1}{9}$ ④ $\frac{4}{27}$

06 다음은 2015년부터 2020년까지 우리나라 인구성장률과 합계출산율에 대한 자료이다. 이에 대한 설명으로 적절하지 않은 것은?

〈인구성장률〉
(단위 : %)

구분	2015년	2016년	2017년	2018년	2019년	2020년
인구성장률	0.53	0.46	0.63	0.53	0.45	0.39

〈합계출산율〉
(단위 : 명)

구분	2015년	2016년	2017년	2018년	2019년	2020년
합계출산율	1.297	1.187	1.205	1.239	1.172	1.052

※ 합계출산율 : 가임여성 1명이 평생 낳을 것으로 예상되는 평균 출생아 수

① 우리나라 인구성장률은 2017년 이후로 계속해서 감소하고 있다.
② 2016년부터 2017년까지 합계출산율과 인구성장률의 전년 대비 증감추이는 동일하다.
③ 2015년부터 2020년까지 인구성장률과 합계출산율이 두 번째로 높은 해는 2018년이다.
④ 2020년 인구성장률은 2017년 대비 40% 이상 감소하였다.

02 ▶ 추리능력검사

※ 일정한 규칙으로 수 또는 문자를 나열할 때, 빈칸에 들어갈 알맞은 수 또는 문자를 고르시오. [1~4]

01

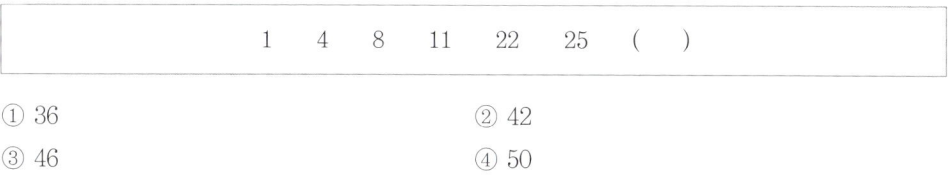
      1 4 8 11 22 25 ( )

① 36
② 42
③ 46
④ 50

02

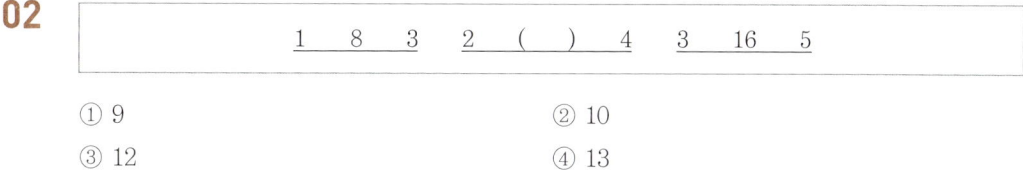
     1 8 3   2 ( ) 4   3 16 5

① 9
② 10
③ 12
④ 13

03

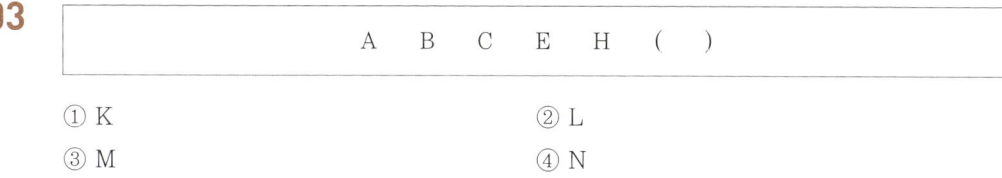
      A B C E H ( )

① K
② L
③ M
④ N

04

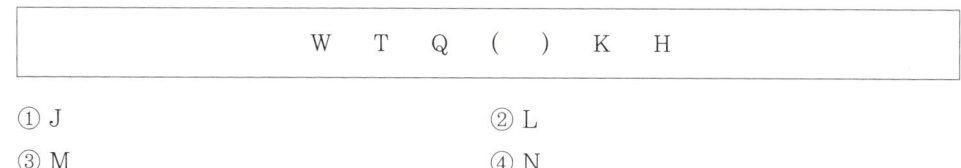
      W T Q ( ) K H

① J
② L
③ M
④ N

05 다음을 바탕으로 추론할 수 있는 것은?

- A회사는 고객만족도 조사에서 90점을 받았다.
- B회사의 고객만족도 점수는 A회사보다 5점 높다.
- C회사의 고객만족도 점수는 A회사와 B회사의 평균 점수이다.

① A회사의 점수가 가장 높다.
② A회사의 점수가 C회사의 점수보다 높다.
③ B회사의 점수가 C회사의 점수보다 낮다.
④ A회사의 점수가 가장 낮다.

※ 다음 〈조건〉을 보고 ?에 들어갈 문자를 고르시오. **[6~7]**

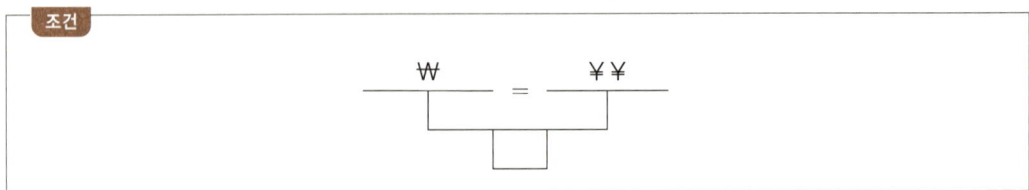

06

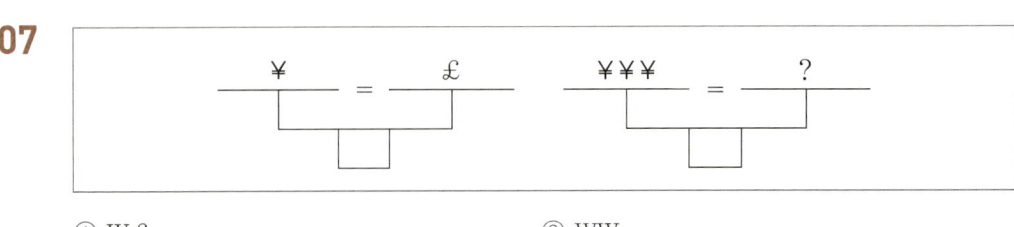

① ₩₩₩
② $$₩
③ $₩
④ ₩¥¥$

07

① ₩£
② ₩₩
③ ₩££
④ ££££

03 ▶ 지각능력검사

01 다음 제시된 문자를 오름차순으로 나열하였을 때 2번째에 오는 문자는?

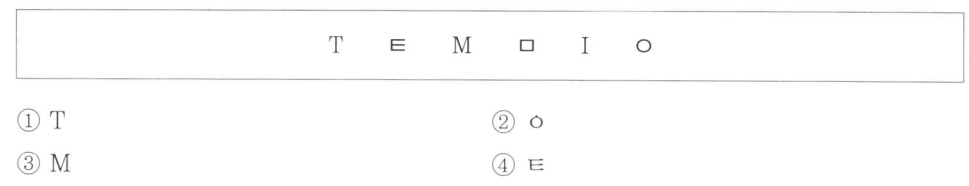

① T
② ㅇ
③ M
④ ㅌ

02 다음 제시된 문자를 내림차순으로 나열하였을 때 1번째에 오는 문자는?

ㄱ ㅈ ㄹ ㅠ ㅋ ㅣ

① ㅈ
② ㅠ
③ ㅣ
④ ㅋ

03 다음 제시된 문자를 내림차순으로 나열하였을 때 3번째에 오는 문자는?

① 아
② 하
③ 다
④ 자

※ 다음은 자동차 회사인 S사가 자동차 엔진에 시리얼 번호를 부여하는 방식이다. 이어지는 질문에 답하시오. **[4~5]**

첫째 자리 수=제조년												
1997년	1998년	1999년	2000년	2001년	2002년	2003년	2004년	2005년	2006년	2007년	2008년	2009년
V	W	X	Y	1	2	3	4	5	6	7	8	9
2010년	2011년	2012년	2013년	2014년	2015년	2016년	2017년	2018년	2019년	2020년	2021년	2022년
A	B	C	D	E	F	G	H	J	K	L	M	N

둘째 자리 수=제조월											
1월	2월	3월	4월	5월	6월	7월	8월	9월	10월	11월	12월
A	C	E	G	J	L	N	Q	S	U	W	Y
B	D	F	H	K	M	P	R	T	V	X	Z

※ 셋째 자리 수부터 여섯째 자리 수까지는 엔진이 생산된 순서의 번호이다.

04 다음 중 시리얼 번호가 적절하게 표시된 것은?

① OQ3258
② LI2316
③ SU3216
④ HS1245

05 1997 ~ 2000년, 2014 ~ 2018년에 생산된 엔진을 분류하려 할 때 해당되지 않는 엔진의 시리얼 번호는?

① FN4568
② HH2314
③ WS2356
④ DU6548

※ 다음과 같은 모양을 만드는 데 사용된 블록의 개수를 고르시오(단, 보이지 않는 곳의 블록은 있다고 가정한다). [6~7]

06

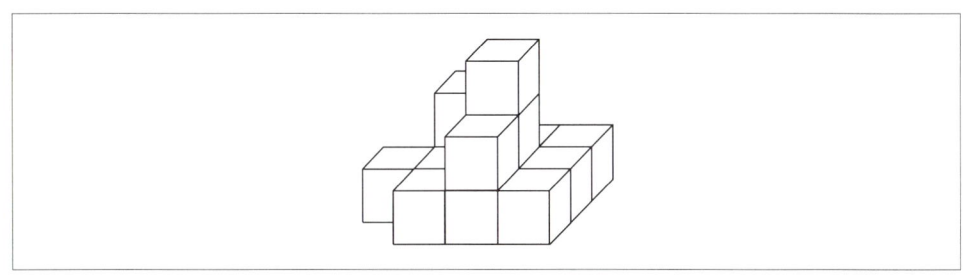

① 14개　　　　　　　　② 13개
③ 12개　　　　　　　　④ 11개

07

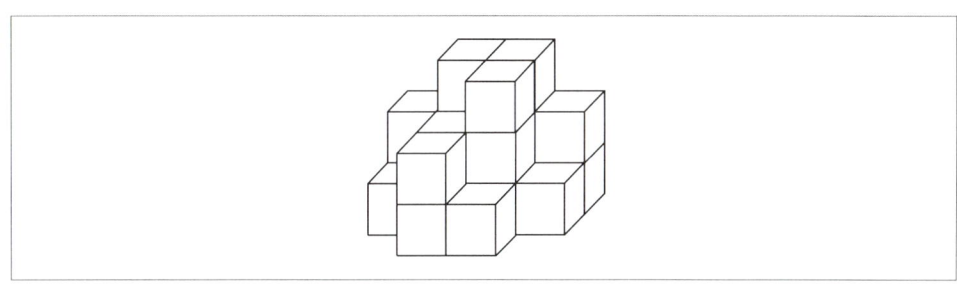

① 23개　　　　　　　　② 22개
③ 21개　　　　　　　　④ 20개

※ 제시된 문자와 동일한 문자를 〈보기〉에서 찾아 고르시오(단, 가장 왼쪽 문자를 시작 지점으로 한다).
[8~9]

보기

♯　♡　☾　♪

08

♡

① 1번째　　　　　　　　　　② 2번째
③ 3번째　　　　　　　　　　④ 4번째

09

♪

① 1번째　　　　　　　　　　② 2번째
③ 3번째　　　　　　　　　　④ 4번째

CHAPTER 11 | 2020년 상반기 기출복원문제

정답 및 해설 p.030

01 ▶ 수리능력검사

※ 다음 식을 계산한 값으로 옳은 것을 고르시오. [1~3]

01

$$14.9 \times (3.56 - 0.24)$$

① 46.417
② 47.427
③ 48.492
④ 49.468

02

$$342 \div 6 \times 9 - 120$$

① 313
② 326
③ 330
④ 393

03

$$211 \times 5 - 75 \div 15 + 30$$

① 1,080
② 1,295
③ 1,400
④ 1,525

04 어느 과수원에서 작년에 생산된 사과와 배의 개수를 모두 합하면 500개였다. 올해는 작년보다 사과의 생산량은 절반으로 감소하고 배의 생산량은 두 배로 증가하였다. 올해 사과와 배의 개수를 합하여 모두 700개를 생산했을 때, 올해 생산한 사과의 개수는?

① 100개   ② 200개
③ 300개   ④ 400개

05 A와 B의 집 사이의 거리는 24km이다. A는 3km/h, B는 5km/h의 속력으로 각자의 집에서 서로에게 동시에 출발하였을 때, 두 사람은 출발한 지 몇 시간 후에 만나게 되는가?

① 1시간   ② 2시간
③ 3시간   ④ 4시간

06 다음은 A, B, C 세 사람의 신장과 체중을 비교한 자료이다. 이에 대한 설명으로 옳은 것은?

〈A, B, C 세 사람의 신장·체중 비교표〉

(단위 : cm, kg)

구분	2011년		2015년		2019년	
	신장	체중	신장	체중	신장	체중
A	136	41	152	47	158	52
B	142	45	155	51	163	49
C	138	42	153	48	166	55

① 세 사람 모두 신장과 체중이 계속 증가하였다.
② 세 사람의 연도별 신장 순위와 체중 순위는 동일하다.
③ 2011년 대비 2015년 체중이 가장 많이 증가한 사람은 B이다.
④ 2011년 대비 2019년 신장이 가장 많이 증가한 사람은 C이다.

02 ▶ 추리능력검사

※ 일정한 규칙으로 수 또는 문자를 나열할 때, 빈칸에 들어갈 알맞은 수 또는 문자를 고르시오. [1~2]

01

| 23 56 27 49 ( ) 42 35 35 |

① 21
② 31
③ 41
④ 51

02

| C E I Q G ( ) |

① B
② K
③ M
④ U

03 현수는 가전제품을 구매하기 위해 S사 제품 판매점을 둘러보았다. 다음 명제로부터 현수가 추론할 수 있는 것은?

- 냉장고 A/S 기간은 세탁기 A/S 기간보다 길다.
- 에어컨의 A/S 기간은 냉장고의 A/S 기간보다 길다.
- 컴퓨터의 A/S 기간은 3년으로 세탁기의 A/S 기간보다 짧다.

① 세탁기의 A/S 기간은 3년 이하이다.
② 세탁기의 A/S 기간이 가장 짧다.
③ 컴퓨터의 A/S 기간이 가장 짧다.
④ 냉장고의 A/S 기간이 가장 길다.

04 제시문 A를 읽고 제시문 B가 항상 참이면 ①, 거짓이면 ②, 알 수 없으면 ③을 고르면?

[제시문 A]
- 계획을 세우면 시간을 단축할 수 있다.
- 야식을 먹지 못했다면 공연을 못 봤다.
- 일을 빨리 끝마치면 공연을 볼 수 있다.
- 일을 빨리 마치지 못했다면 시간을 단축하지 못한 것이다.

[제시문 B]
계획을 세웠어도 야식을 먹지 못할 수 있다.

① 참　　　　　　　② 거짓　　　　　　　③ 알 수 없음

※ 다음 〈조건〉을 보고 ?에 들어갈 문자를 고르시오. [5~6]

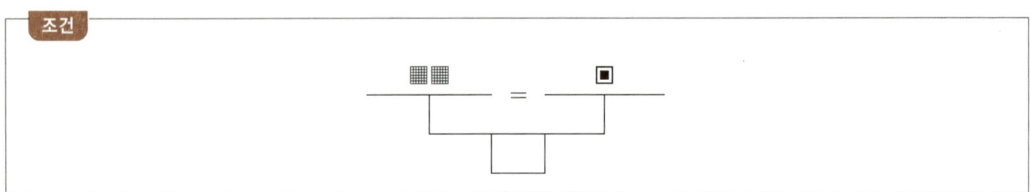

05

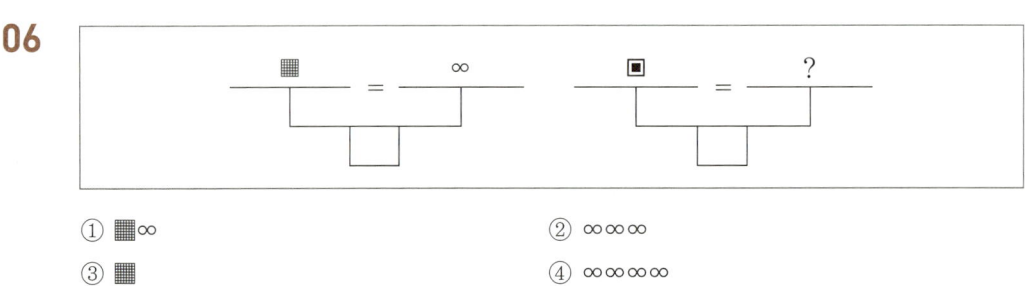

03 ▶ 지각능력검사

※ 다음 제시된 좌우의 문자를 비교하여 같으면 ①을, 다르면 ②를 고르시오. **[1~2]**

01

AutumnCrisp － AutummCrisp

① 같음 ② 다름

02

㉮㉰㉲㉱㉴㉵㉲㉱ － ㉮㉰㉲㉱㉴㉵㉲㉱

① 같음 ② 다름

※ 어느 도서관은 원서책의 코드를 다음과 같은 일정한 규칙에 따라 부여한다. 이어지는 질문에 답하시오.
[3~6]

<규칙>
- 책 제목을 다음의 규칙으로 변환한다.
- 알파벳 모음 a, e, i, o, u를 쌍자음 ㄲ, ㄸ, ㅃ, ㅆ, ㅉ 순서로 변환한다.
- 알파벳 자음의 경우 앞의 14개는 한글 자음 ㄱ, ㄴ, ㄷ …으로, 뒤의 7개는 숫자 1, 2, 3 …으로 변환한다.
- 책 제목의 띄어쓰기한 부분에는 0을 적는다.
  [예] summer vacation을 변환할 경우 summer와 vacation을 변환한 코드 사이에 0을 붙여준다.
  → 1ㅉㅊㅊㄸㅎ03ㄲㄴㄲ2ㅃㅆㅋ
- 한글 자음과 쌍자음으로 변환된 알파벳의 각각 뒤에 ㅏ, ㅑ, ㅓ, ㅕ, ㅗ, ㅛ, ㅜ, ㅠ, ㅡ, ㅣ를 뒤에 붙여주며 9개를 초과할 경우 다시 ㅏ, ㅑ, ㅓ … 순서로 계속하여 붙여준다.
  [예] summer vacation → 1짜챠처뗘호03꾜누뀨2쁘씨카

03 어느 책의 제목은 'find me'이다. 이 책의 코드는?

① 라버코두츠디 ② 라버코두0츠디
③ 라뱌커뎌0초됴 ④ 라뺘커뎌0초됴

04 책 제목이 각각 봄, 여름, 가을, 겨울인 계절 이름의 책들에 코드를 부여한다고 할 때, 코드가 될 수 없는 것은?(단, 가을을 나타내는 영어는 fall로 한다)

① 1따꺄1써켜 ② 1타햐뻐켜모
③ 1짜챠처뗘호 ④ 라꺄저져

05 부여받은 책 코드가 '까0랴뻐켜또0됴꾸6'인 책의 제목은?

① a long time ago ② once upon a time
③ a fine day ④ in the past

06 숫자로 변환되는 알파벳 자음 s부터 z까지를 영어 그대로 표기하기로 했을 때, Disney Frozen을 변환한 코드는?

① 다빠s커떠y로효쑤z뜌크
② 다빠s커떠y0로효쑤z뜌크
③ 다빠1커떠6로효쑤7뜌크
④ 다빠1커떠60로효쑤7뜌크

※ 제시된 문자와 동일한 문자를 〈보기〉에서 찾아 고르시오(단, 가장 왼쪽 문자를 시작 지점으로 한다).
[7~8]

보기

◎　▶　□　◐

07

□

① 1번째　② 2번째
③ 3번째　④ 4번째

08

◐

① 1번째　② 2번째
③ 3번째　④ 4번째

CHAPTER 12 | 2019년 하반기 기출복원문제

정답 및 해설 p.033

01 ▶ 수리능력검사

※ 다음 식을 계산한 값으로 옳은 것을 고르시오. [1~3]

01

$$(156-13) \div 11$$

① 10 ② 11
③ 12 ④ 13

02

$$46 \times 51 - 63$$

① 2,283 ② 2,346
③ 2,435 ④ 2,561

03

$$0.46 \times 1.5 + 4.46$$

① 4.04 ② 4.96
③ 5.15 ④ 5.44

04 서울에서 부산까지의 거리는 400km이고 서울에서 부산까지 가는 기차는 120km/h의 속력으로 달리며, 역마다 10분씩 정차한다. 서울에서 9시에 출발하여 부산에 13시 10분에 도착했다면, 기차는 가는 도중 몇 개의 역에 정차하였는가?

① 4개　　　　　　　　　　　　② 5개
③ 6개　　　　　　　　　　　　④ 7개

05 주머니 속에 흰 공 5개, 검은 공 4개가 들어 있다. 여기에서 2개의 공을 꺼낼 때, 모두 흰 공이거나 또는 모두 검은 공일 확률은?(단, 꺼낸 공은 다시 넣지 않는다)

① $\dfrac{2}{5}$　　　　　　　　　　　② $\dfrac{4}{9}$
③ $\dfrac{3}{5}$　　　　　　　　　　　④ $\dfrac{5}{9}$

06 다음은 연도별 근로자 수 변화 추이에 대한 자료이다. 이에 대한 설명으로 옳지 않은 것은?

〈연도별 근로자 수 변화 추이〉

(단위 : 천 명)

구분	합계	남성	비중	여성	비중
2014년	14,290	9,061	63.4%	5,229	36.6%
2015년	15,172	9,467	62.4%	5,705	37.6%
2016년	15,536	9,633	62.0%	5,902	38.0%
2017년	15,763	9,660	61.3%	6,103	38.7%
2018년	16,355	9,925	60.7%	6,430	39.3%

① 매년 남성 근로자 수가 여성 근로자 수보다 많다.
② 2014년 대비 2018년 근로자 수의 증가율은 여성이 남성보다 높다.
③ 2014 ~ 2018년 남성 근로자 수와 여성 근로자 수의 차이는 매년 증가한다.
④ 전체 근로자 중 여성 근로자 수의 비중이 가장 큰 해는 2018년이다.

02 ▶ 추리능력검사

※ 일정한 규칙으로 수 또는 문자를 나열할 때, 빈칸에 들어갈 알맞은 수 또는 문자를 고르시오(단, 모음은 일반 모음 10개만 세는 것을 기준으로 한다). [1~4]

01

| 3 16 9 13 15 10 21 ( ) |

① 4
② 5
③ 6
④ 7

02

| 3 5 2 6 12 6 4 9 ( ) |

① 2
② 3
③ 4
④ 5

03

| A ㄴ B 三 ㄷ C ⅳ 四 ( ) D |

① ㅈ　　　　　　　　　② 7
③ ㄹ　　　　　　　　　④ 9

04

| ㅜ ㄷ ( ) ㅅ ㅓ ㅋ |

① ㅠ　　　　　　　　　② ㅂ
③ ㅅ　　　　　　　　　④ ㅗ

05 다음 명제로부터 추론할 수 있는 것은?

- 독수리, 멧돼지, 곰, 노루가 달리기 시합을 했다.
- 독수리는 멧돼지보다 빠르다.
- 곰은 독수리보다 느리지만 노루보다 빠르다.
- 노루는 멧돼지보다 빠르다.

① 노루가 가장 빠르다.
② 노루가 두 번째로 빠르다.
③ 멧돼지가 세 번째로 빠르다.
④ 멧돼지가 가장 느리다.

03 ▶ 지각능력검사

01 다음 제시된 문자를 오름차순으로 나열하였을 때 6번째에 오는 문자는?

F L Q C G W

① Q ② C
③ G ④ W

02 다음 제시된 문자를 내림차순으로 나열하였을 때 4번째에 오는 문자는?(단, 모음은 일반 모음 10개만 세는 것을 기준으로 한다)

a ㅕ e ㅓ m ㅡ

① ㅕ ② e
③ m ④ ㅡ

03 다음 제시된 문자를 내림차순으로 나열하였을 때 2번째에 오는 문자는?

호 코 보 로 도 모

① 호 ② 코
③ 보 ④ 로

※ 다음은 화장품 회사인 S사가 제품에 제조번호를 부여하는 방식이다. 이어지는 질문에 답하시오(단, 한 달은 30일로 계산한다). **[4~5]**

〈화장품 제조번호 표기방식〉

S 1 3 0 3 5 2 0

- 제조년도(2013년)
- 제조일자(35번째 날)
- 생산라인 번호(20번)

[해석] 2013년 2월 5일 20번 생산라인에서 제조한 화장품

04 S사의 로션의 사용기한은 제조일로부터 3년이다. S사의 로션 제품을 조사하여 사용 가능한 기한이 지난 상품은 처분하려고 할 때, 다음 로션의 제조번호 중 처분대상이 아닌 것은?(단, 처분일은 2019년 10월 31일을 기준으로 한다)

① S1725030 ② S1320030
③ S1423010 ④ S1312040

05 S사의 생산라인 중 30번 생산라인에 문제가 생겼다. 이 생산라인에서 제조된 상품 모두 불량품으로 판정되어 처분하려고 할 때 처분대상인 제조번호는?

① S1530050 ② S1516040
③ S1320030 ④ S1423010

※ 다음과 같은 모양을 만드는 데 사용된 블록의 개수를 고르시오(단, 보이지 않는 곳의 블록은 있다고 가정한다). **[6~7]**

06

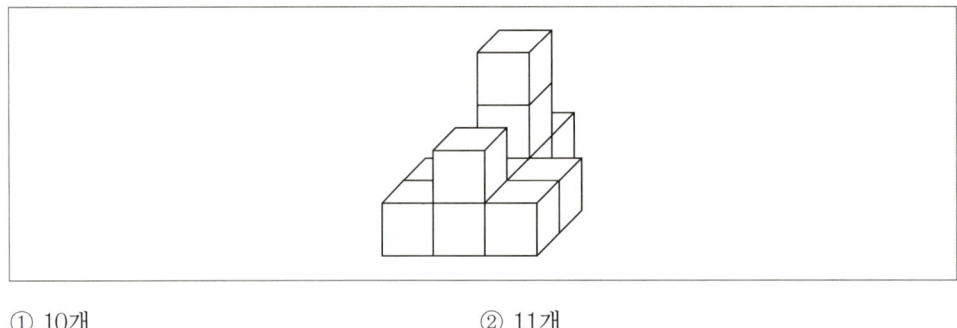

① 10개 ② 11개
③ 12개 ④ 13개

07

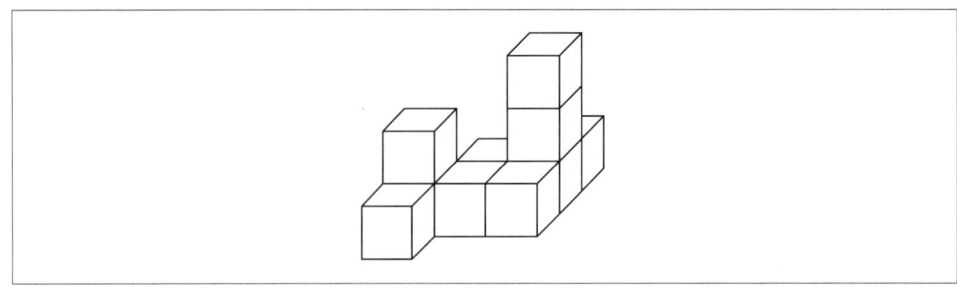

① 10개 ② 11개
③ 12개 ④ 13개

CHAPTER 13 | 2019년 상반기 기출복원문제

정답 및 해설 p.035

01 ▶ 수리능력검사

※ 다음 식을 계산한 값으로 옳은 것을 고르시오. [1~3]

01

$$33+42÷3$$

① 34 ② 41
③ 47 ④ 52

02

$$76-16×3$$

① 28 ② 31
③ 34 ④ 37

03

$$0.6×0.24÷3$$

① 0.039 ② 0.39
③ 0.048 ④ 0.48

04 5명으로 이루어진 남성 신인 아이돌 그룹의 모든 멤버 나이의 합은 105살이다. 5명 중 3명의 나이는 5명의 평균 나이와 같고 가장 큰 형의 나이가 24살일 때, 막내의 나이는?

① 18살 ② 19살
③ 20살 ④ 21살

05 두 지점 A, B 사이를 오토바이로 왕복하는데 갈 때는 80km/h, 올 때는 60km/h의 속력으로 달렸더니 올 때는 갈 때보다 시간이 30분 더 걸렸다. 이때, 두 지점 A, B 사이의 거리는?

① 100km ② 110km
③ 120km ④ 130km

06 다음은 2014년부터 2018년까지의 생활 폐기물 처리 현황에 대한 자료이다. 이에 대한 설명으로 옳지 않은 것은?(단, 소수점 둘째 자리에서 반올림한다)

〈생활 폐기물 처리 현황〉

(단위 : 톤)

구분	2014년	2015년	2016년	2017년	2018년
매립	9,471	8,797	8,391	7,613	7,813
소각	10,309	10,609	11,604	12,331	12,648
재활용	31,126	29,753	28,939	29,784	30,454
합계	50,906	49,159	48,934	49,728	50,915

① 매년 생활 폐기물 처리량 중 재활용량 비율이 가장 높다.
② 전년 대비 소각량 증가율은 2016년도가 2017년도의 2배 이상이다.
③ 2014 ~ 2018년 소각량 대비 매립량은 60% 이상이다.
④ 생활 폐기물 처리방법 중 매립량은 2014년과 2017년 사이에 계속 감소하고 있다.

02 ▶ 추리능력검사

※ 일정한 규칙으로 수를 나열할 때, 빈칸에 들어갈 알맞은 수를 고르시오. [1~3]

01
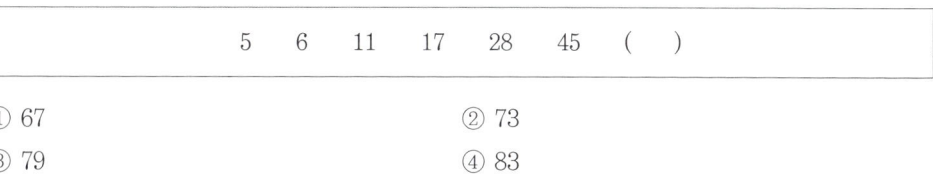
5   6   11   17   28   45   (   )

① 67
② 73
③ 79
④ 83

02

3   9   7   21   19   57   (   )

① 55
② 59
③ 169
④ 171

03
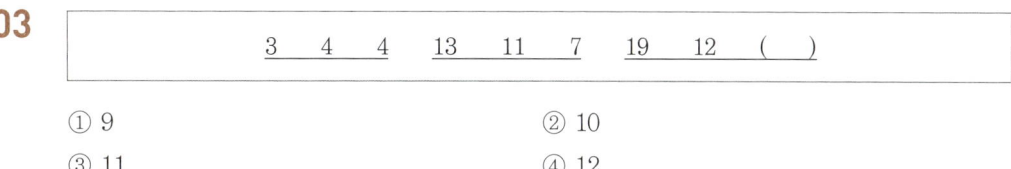
3   4   4   13   11   7   19   12   (   )

① 9
② 10
③ 11
④ 12

04 다음 명제들이 참일 때 옳은 추론이 아닌 것은?

- 낚시를 좋아하면 회를 좋아한다.
- 매운탕을 좋아하지 않으면 낚시를 좋아하지 않는다.
- 생선구이를 좋아하면 술을 좋아하지 않는다.
- 회를 좋아하면 생선구이를 좋아한다.

① 회를 좋아하지 않으면 낚시를 좋아하지 않는다.
② 낚시를 좋아하면 매운탕을 좋아한다.
③ 술을 좋아하면 회를 좋아하지 않는다.
④ 매운탕을 좋아하지 않으면 술을 좋아하지 않는다.

05 제시문 A를 읽고, 제시문 B가 참인지 거짓인지 혹은 알 수 없는지 고르면?

[제시문 A]
- 만약 B서점이 문을 열지 않으면, A서점은 문을 연다.
- 만약 B서점이 문을 열면, D서점은 문을 열지 않는다.
- 만약 A서점이 문을 열면, C서점은 문을 열지 않는다.
- 만약 C서점이 문을 열지 않으면, E서점이 문을 연다.

[제시문 B]
E서점이 공휴일에 문을 열지 않는다면, 공휴일에 문을 여는 서점은 3곳이다.

① 참   ② 거짓   ③ 알 수 없음

06 다음 명제들이 참이라 할 때 옳은 추론은?

- 커피를 마시면 치즈케이크도 먹는다.
- 마카롱을 먹으면 요거트를 먹지 않는다.
- 요거트를 먹지 않으면 커피를 마신다.
- 치즈케이크를 먹으면 초코케이크를 먹지 않는다.
- 아이스크림을 먹지 않으면 초코케이크를 먹는다.

① 마카롱을 먹으면 아이스크림을 먹는다.
② 요거트를 먹지 않으면 초코케이크를 먹는다.
③ 아이스크림을 먹으면 치즈케이크를 먹는다.
④ 커피를 마시지 않으면 초코케이크를 먹는다.

03 ▶ 지각능력검사

※ 다음 제시된 좌우의 문자를 비교하여 같으면 ①을, 다르면 ②를 고르시오. **[1~3]**

01

| ARIXISQOUER – ARIXISQOUER |

① 같음   ② 다름

02

| ♩♫♪♩♭♪♭♪ – ♩♫♩♪♭♪♭♪ |

① 같음   ② 다름

03

| あかさだなぷゆるんだ – あかざたなぷゆるんだ |

① 같음   ② 다름

※ 다음 제시된 문자와 다른 것을 고르시오. [4~6]

04

> GKQRUdDLrMFQN

① GKQRUdDLrMFQN   ② GKQRUdDLrMFQN
③ GKQRUdDLrMFQN   ④ GKQRUbDLnMFQN

05

> 위이우어잉외이윙옹윙

① 위이우어잉외이윙옹윙   ② 위이우어잉외이윙옹윙
③ 위이우이잉외이윙옹윙   ④ 위이우어잉외이윙옹윙

06

> ⅧⅨⅢⅡⅣⅡⅥⅦ

① ⅧⅨⅢⅡⅣⅡⅥⅦ   ② ⅧⅨⅢⅡⅤⅡⅥⅦ
③ ⅧⅨⅢⅡⅣⅡⅥⅦ   ④ ⅧⅨⅢⅡⅣⅡⅥⅦ

PART 2

기초능력검사

CHAPTER 01 수리능력검사

CHAPTER 02 추리능력검사

CHAPTER 03 지각능력검사

CHAPTER 01 수리능력검사 핵심이론

01 ▶ 기본계산

1. 기본연산

(1) 사칙연산

① 사칙연산 $+$, $-$, $\times$, $\div$
   왼쪽을 기준으로 순서대로 계산하되 $\times$와 $\div$를 먼저 계산한 뒤 $+$와 $-$를 계산한다.
   예) $1+2-3\times4\div2=1+2-12\div2=1+2-6=3-6=-3$

② 괄호연산 ( ), { }, [ ]
   소괄호 ( ) → 중괄호 { } → 대괄호 [ ]의 순서대로 계산한다.
   예) $[\{(1+2)\times3-4\}\div5]\times6=\{(3\times3-4)\div5\}\times6$
   $=\{(9-4)\div5\}\times6=(5\div5)\times6=1\times6=6$

(2) 연산 규칙

크고 복잡한 수들의 연산에는 반드시 쉽게 해결할 수 있는 특성이 있다. 지수법칙, 곱셈공식 등 연산 규칙을 활용하여 문제 내에 숨어 있는 수의 연결고리를 찾아야 한다.

> **자주 출제되는 곱셈공식**
> - $a^b \times a^c \div a^d = a^{b+c-d}$
> - $ab \times cd = ac \times bd = ad \times bc$
> - $a^2 - b^2 = (a+b)(a-b)$
> - $(a+b)(a^2-ab+b^2) = a^3+b^3$
> - $(a-b)(a^2+ab+b^2) = a^3-b^3$

2. 식의 계산

(1) 약수・소수

① 약수 : 0이 아닌 어떤 정수를 나누어떨어지게 하는 정수
② 소수 : 1과 자기 자신으로만 나누어지는 1보다 큰 양의 정수
　예 10 이하의 소수는 2, 3, 5, 7이 있다.
③ 소인수분해 : 주어진 합성수를 소수의 곱의 형태로 나타내는 것
　예 $12 = 2^2 \times 3$
④ 약수의 개수 : 양의 정수 $N = a^\alpha b^\beta$ (a, b는 서로 다른 소수)일 때, N의 약수의 개수는 $(\alpha+1)(\beta+1)$개다.
⑤ 최대공약수 : 2개 이상의 자연수의 공통된 약수 중에서 가장 큰 수
　예 GCD(4, 8) = 4
⑥ 최소공배수 : 2개 이상의 자연수의 공통된 배수 중에서 가장 작은 수
　예 LCM(4, 8) = 8
⑦ 서로소 : 1 이외에 공약수를 갖지 않는 두 자연수
　예 GCD(3, 7) = 1이므로, 3과 7은 서로소이다.

(2) 수의 크기

분수, 지수함수, 로그함수 등 다양한 형태의 문제들이 출제된다. 분모의 통일, 지수의 통일 등 제시된 수를 일정한 형식으로 정리해 해결해야 한다. 연습을 통해 여러 가지 문제의 풀이방법을 익혀 두자.

예 $\sqrt[3]{2}$, $\sqrt[4]{4}$, $\sqrt[5]{8}$ 의 크기 비교

$\sqrt[3]{2} = 2^{\frac{1}{3}}$, $\sqrt[4]{4} = 4^{\frac{1}{4}} = (2^2)^{\frac{1}{4}} = 2^{\frac{1}{2}}$, $\sqrt[5]{8} = 8^{\frac{1}{5}} = (2^3)^{\frac{1}{5}} = 2^{\frac{3}{5}}$ 이므로

지수의 크기에 따라 $\sqrt[3]{2} < \sqrt[4]{4} < \sqrt[5]{8}$ 임을 알 수 있다.

(3) 수의 특징

주어진 수들의 공통점 찾기, 짝수 및 홀수 연산, 자릿수 등 위에서 다루지 않았거나 복합적인 여러 가지 수의 특징을 가지고 풀이하는 문제들을 모아 놓았다. 주어진 상황에서 제시된 수들의 공통된 특징을 찾는 것이 중요한 만큼 혼동하기 쉬운 수의 자릿수별 개수와 홀수, 짝수의 개수는 꼼꼼하게 체크해가면서 풀어야 한다.

02 ▶ 응용계산

1. 날짜·요일·시계에 관한 문제

(1) 날짜, 요일
① 1일=24시간=1,440분=86,400초
② 날짜, 요일 관련 문제는 대부분 나머지를 이용해 계산한다.

(2) 시계
① 시침이 1시간 동안 이동하는 각도 : 30°
② 시침이 1분 동안 이동하는 각도 : 0.5°
③ 분침이 1분 동안 이동하는 각도 : 6°

2. 거리·속력·시간에 관한 문제

(1) (거리)=(속력)×(시간)

(2) (속력)=$\dfrac{(거리)}{(시간)}$

(3) (시간)=$\dfrac{(거리)}{(속력)}$

3. 나이·개수에 관한 문제

구하고자 하는 것을 미지수로 놓고 식을 세운다. 동물의 경우 다리의 개수에 유의해야 한다.

4. 원가·정가에 관한 문제

(1) (정가)=(원가)+(이익), (이익)=(정가)-(원가)

(2) a원에서 $b\%$ 할인한 가격 : $a \times \left(1 - \dfrac{b}{100}\right)$

5. 일 · 톱니바퀴에 관한 문제

(1) 일

전체 일의 양을 1로 놓고, 시간 동안 한 일의 양을 미지수로 놓고 식을 세운다.

① (일률) = $\dfrac{(작업량)}{(작업기간)}$

② (작업기간) = $\dfrac{(작업량)}{(일률)}$

③ (작업량) = (일률) × (작업기간)

(2) 톱니바퀴

(톱니 수) × (회전수) = (총 톱니 수)

즉, A, B 두 톱니에 대하여, (A의 톱니 수) × (A의 회전수) = (B의 톱니 수) × (B의 회전수)가 성립한다.

6. 농도에 관한 문제

(1) (농도) = $\dfrac{(용질의 양)}{(용액의 양)} \times 100$

(2) (용질의 양) = $\dfrac{(농도)}{100} \times$ (용액의 양)

7. 수에 관한 문제(I)

(1) 연속하는 세 자연수 : $x-1$, x, $x+1$

(2) 연속하는 세 짝수(홀수) : $x-2$, x, $x+2$

8. 수에 관한 문제(II)

(1) 십의 자릿수가 x, 일의 자릿수가 y인 두 자리 자연수 : $10x+y$

이 수에 대해, 십의 자리와 일의 자리를 바꾼 수 : $10y+x$

(2) 백의 자릿수가 x, 십의 자릿수가 y, 일의 자릿수가 z인 세 자리 자연수 : $100x+10y+z$

9. 열차 · 터널에 관한 문제

(열차가 이동한 거리)=(터널의 길이)+(열차의 길이)

10. 증가 · 감소에 관한 문제

(1) x가 $a\%$ 증가하면, $\left(1+\dfrac{a}{100}\right)x$

(2) x가 $a\%$ 감소하면, $\left(1-\dfrac{a}{100}\right)x$

11. 부등식의 활용

문제에 '이상', '이하', '최대', '최소' 등이 들어간 경우로, 방정식의 활용과 해법이 비슷하다.

12. 경우의 수

(1) 경우의 수

어떤 사건이 일어날 수 있는 모든 가짓수
예 주사위 한 개를 던졌을 때, 나올 수 있는 모든 경우의 수는 6가지이다.

(2) 합의 법칙

① 두 사건 A, B가 동시에 일어나지 않을 때, A가 일어나는 경우의 수를 m, B가 일어나는 경우의 수를 n이라고 하면, 사건 A 또는 B가 일어나는 경우의 수는 $m+n$이다.
② '또는', '~이거나'라는 말이 나오면 합의 법칙을 사용한다.
   예 한 식당의 점심 메뉴는 김밥 3종류, 라면 2종류, 우동 1종류가 있다. 이 중 한 가지의 메뉴를 고르는 경우의 수는 3+2+1=6가지이다.

(3) 곱의 법칙

① A가 일어나는 경우의 수를 m, B가 일어나는 경우의 수를 n이라고 하면, 사건 A와 B가 동시에 일어나는 경우의 수는 $m \times n$이다.
② '그리고', '동시에'라는 말이 나오면 곱의 법칙을 사용한다.
   예 집에서 학교를 가는 방법 수는 2가지, 학교에서 집으로 오는 방법 수는 3가지이다. 집에서 학교까지 갔다가 오는 경우의 수는 2×3=6가지이다.

(4) 여러 가지 경우의 수

① 동전 n개를 던졌을 때, 경우의 수 : 2^n
② 주사위 n개를 던졌을 때, 경우의 수 : 6^n
③ 동전 n개와 주사위 m개를 던졌을 때, 경우의 수 : $2^n \times 6^m$
  예 동전 3개와 주사위 2개를 던졌을 때, 나올 수 있는 경우의 수는 $2^3 \times 6^2 = 288$가지이다.
④ n명을 한 줄로 세우는 경우의 수 : $n! = n \times (n-1) \times (n-2) \times \cdots \times 2 \times 1$
⑤ n명 중, m명을 뽑아 한 줄로 세우는 경우의 수 : $_n\mathrm{P}_m = n \times (n-1) \times \cdots \times (n-m+1)$
  예 5명을 한 줄로 세우는 경우의 수는 $5 \times 4 \times 3 \times 2 \times 1 = 120$가지, 5명 중 3명을 뽑아 한 줄로 세우는 경우의 수는 $5 \times 4 \times 3 = 60$가지이다.
⑥ n명을 한 줄로 세울 때, m명을 이웃하여 세우는 경우의 수 : $(n-m+1)! \times m!$
  예 갑, 을, 병, 정, 무 5명을 한 줄로 세우는데, 을, 병이 이웃하여 서는 경우의 수는 $4! \times 2! = 4 \times 3 \times 2 \times 1 \times 2 \times 1 = 48$가지이다.
⑦ 0이 아닌 서로 다른 한 자리 숫자가 적힌 n장의 카드에서, m장을 뽑아 만들 수 있는 m자리 정수의 개수 : $_n\mathrm{P}_m$
  예 0이 아닌 서로 다른 한 자리 숫자가 적힌 4장의 카드에서, 3장을 뽑아 만들 수 있는 3자리 정수의 개수는 $_4\mathrm{P}_3 = 4 \times 3 \times 2 = 24$가지이다.
⑧ 0을 포함한 서로 다른 한 자리 숫자가 적힌 n장의 카드에서, m장을 뽑아 만들 수 있는 m자리 정수의 개수 : $(n-1) \times {_{n-1}\mathrm{P}_{m-1}}$
  예 0을 포함한 서로 다른 한 자리 숫자가 적힌 6장의 카드에서, 3장을 뽑아 만들 수 있는 3자리 정수의 개수는 $5 \times {_5\mathrm{P}_2} = 5 \times 5 \times 4 = 100$가지이다.
⑨ n명 중 자격이 다른 m명을 뽑는 경우의 수 : $_n\mathrm{P}_m$
  예 5명의 학생 중 반장 1명, 부반장 1명을 뽑는 경우의 수는 $_5\mathrm{P}_2 = 5 \times 4 = 20$가지이다.
⑩ n명 중 자격이 같은 m명을 뽑는 경우의 수 : $_n\mathrm{C}_m = \dfrac{_n\mathrm{P}_m}{m!}$
  예 5명의 학생 중 부반장 2명을 뽑는 경우의 수는 $_5\mathrm{C}_2 = \dfrac{_5\mathrm{P}_2}{2!} = \dfrac{5 \times 4}{2 \times 1} = 10$가지이다.
⑪ 원형 모양의 탁자에 n명을 앉히는 경우의 수 : $(n-1)!$
  예 원형 모양의 탁자에 5명을 앉히는 경우의 수는 $4! = 4 \times 3 \times 2 \times 1 = 24$가지이다.

(5) 최단거리 문제

A에서 B 사이에 P가 주어져 있다면, A와 P의 거리, B와 P의 거리를 각각 구하여 곱한다.

13. 확률

(1) (사건 A가 일어날 확률)= $\dfrac{(\text{사건 A가 일어나는 경우의 수})}{(\text{모든 경우의 수})}$

  예 주사위 1개를 던졌을 때, 3 또는 5가 나올 확률은 $\dfrac{2}{6}=\dfrac{1}{3}$이다.

(2) **여사건의 확률**
  ① 사건 A가 일어날 확률이 p일 때, 사건 A가 일어나지 않을 확률은 $(1-p)$이다.
  ② '적어도'라는 말이 나오면 주로 사용한다.

(3) **확률의 계산**
  ① 확률의 덧셈
    두 사건 A, B가 동시에 일어나지 않을 때, A가 일어날 확률을 p, B가 일어날 확률을 q라고 하면, 사건 A 또는 B가 일어날 확률은 $(p+q)$이다.
  ② 확률의 곱셈
    A가 일어날 확률을 p, B가 일어날 확률을 q라고 하면, 사건 A와 B가 동시에 일어날 확률은 $(p \times q)$이다.

(4) **여러 가지 확률**
  ① **연속하여 뽑을 때, 꺼낸 것을 다시 넣고 뽑는 경우** : 처음과 나중의 모든 경우의 수는 같다.
    예 자루에 흰 구슬 4개와 검은 구슬 5개가 들어 있다. 연속하여 2번을 뽑을 때, 처음에는 흰 구슬, 두 번째는 검은 구슬을 뽑을 확률은?(단, 꺼낸 것은 다시 넣는다)
    → 처음에 흰 구슬을 뽑을 확률은 $\dfrac{4}{9}$이고, 꺼낸 것은 다시 넣는다고 하였으므로 두 번째에 검은 구슬을 뽑을 확률은 $\dfrac{5}{9}$이다. 즉, $\dfrac{4}{9} \times \dfrac{5}{9} = \dfrac{20}{81}$이다.
  ② **연속하여 뽑을 때, 꺼낸 것을 다시 넣지 않고 뽑는 경우** : 나중의 모든 경우의 수는 처음의 모든 경우의 수보다 1만큼 작다.
    예 자루에 흰 구슬 4개와 검은 구슬 5개가 들어 있다. 연속하여 2번을 뽑을 때, 처음에는 흰 구슬, 두 번째는 검은 구슬을 뽑을 확률은?(단, 꺼낸 것은 다시 넣지 않는다)
    → 처음에 흰 구슬을 뽑을 확률은 $\dfrac{4}{9}$이고, 꺼낸 것은 다시 넣지 않는다고 하였으므로 자루에는 흰 구슬 3개, 검은 구슬 5개가 남아 있다. 따라서 두 번째에 검은 구슬을 뽑을 확률은 $\dfrac{5}{8}$이므로, $\dfrac{4}{9} \times \dfrac{5}{8} = \dfrac{5}{18}$이다.
  ③ (도형에서의 확률)= $\dfrac{(\text{해당하는 부분의 넓이})}{(\text{전체 넓이})}$

03 ▶ 자료해석

(1) 꺾은선(절선)그래프
① 시간적 추이(시계열 변화)를 표시하는 데 적합하다.
   예 연도별 매출액 추이 변화 등
② 경과·비교·분포를 비롯하여 상관관계 등을 나타낼 때 사용한다.

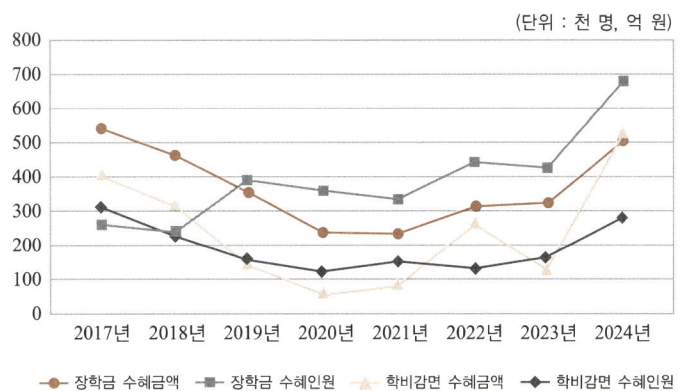

〈중학교 장학금, 학비감면 수혜현황〉

(2) 막대그래프
① 비교하고자 하는 수량을 막대 길이로 표시하고, 그 길이를 비교하여 각 수량 간의 대소 관계를 나타내는 데 적합하다.
   예 영업소별 매출액, 성적별 인원분포 등
② 가장 간단한 형태로 내역·비교·경과·도수 등을 표시하는 용도로 사용한다.

〈연도별 암 발생 추이〉

연도	2020년	2021년	2022년	2023년	2024년
값	276.2	300.2	314.2	337.8	361.9

(3) 원그래프

　① 내역이나 내용의 구성비를 분할하여 나타내는 데 적합하다.
　　예 제품별 매출액 구성비 등
　② 원그래프를 정교하게 작성할 때는 수치를 각도로 환산해야 한다.

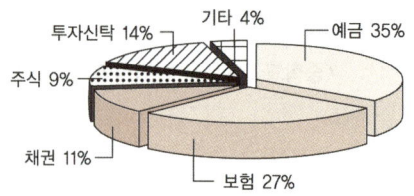

〈S국의 가계 금융자산 구성비〉

(4) 점그래프

　① 지역분포를 비롯하여 도시, 지방, 기업, 상품 등의 평가나 위치, 성격을 표시하는 데 적합하다.
　　예 광고비율과 이익률의 관계 등
　② 종축과 횡축에 두 요소를 두고, 보고자 하는 것이 어떤 위치에 있는가를 알고자 할 때 사용한다.

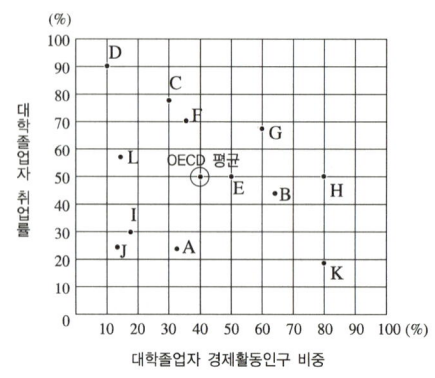

〈OECD 국가의 대학졸업자 취업률 및 경제활동인구 비중〉

(5) 층별그래프

① 합계와 각 부분의 크기를 백분율로 나타내고 시간적 변화를 보는 데 적합하다.
② 합계와 각 부분의 크기를 실수로 나타내고 시간적 변화를 보는 데 적합하다.
　예 상품별 매출액 추이 등
③ 선의 움직임보다는 선과 선 사이의 크기로써 데이터 변화를 나타내는 그래프이다.

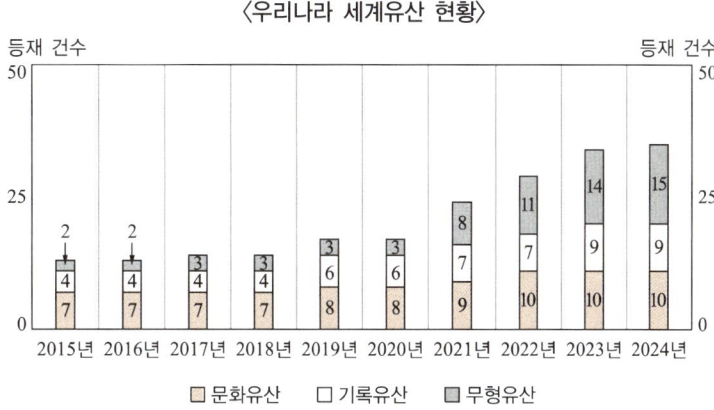

〈우리나라 세계유산 현황〉

(6) 레이더 차트(거미줄그래프)

① 다양한 요소를 비교할 때, 경과를 나타내는 데 적합하다.
　예 매출액의 계절변동 등
② 비교하는 수량을 직경, 또는 반경으로 나누어 원의 중심에서의 거리에 따라 각 수량의 관계를 나타내는 그래프이다.

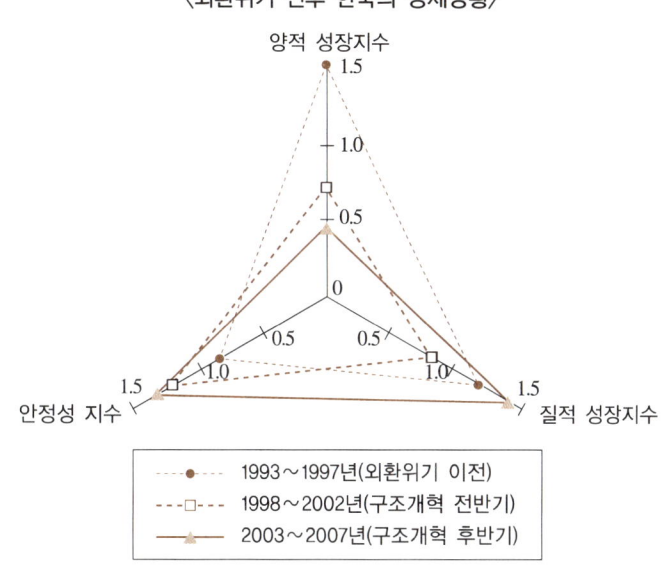

〈외환위기 전후 한국의 경제상황〉

CHAPTER 01 수리능력검사 적중예상문제

정답 및 해설 p.040

01 ▶ 기본계산

대표유형 　**사칙연산**

다음 식을 계산한 값으로 옳은 것은?

$$21.6531 - 4.1231 + 5.1249$$

① 12.0335　　② 16.0635
③ 20.1280　　④ 22.6549

| 해설 |　$21.6531 - 4.1231 + 5.1249 = 22.6549$

정답 ④

※ 다음 식을 계산한 값으로 적절한 것을 고르시오. [1~30]

01

$$20.5 \times 0.13 + 1.185$$

① 1.23　　② 2.21
③ 2.42　　④ 3.85

02

$$27 \times \frac{12}{9} \times \frac{1}{3} \times \frac{3}{2}$$

① 8　　② 14
③ 18　　④ 20

03

$$14,465-3,354+1,989-878+1$$

① 11,123 ② 12,233
③ 11,223 ④ 12,223

04

$$4\times9\times16\times25\times36\div100$$

① 5,972 ② 5,184
③ 5,299 ④ 5,165

05

$$3,684-62.48\div0.55$$

① 6,584.6 ② 6,574.4
③ 3,560.6 ④ 3,570.4

06

$$206+644+677$$

① 1,447 ② 1,467
③ 1,517 ④ 1,527

07

$$(182,100-86,616)\div 146$$

① 624 ② 654
③ 687 ④ 691

08

$$(984-216)\div 48$$

① 16 ② 17
③ 18 ④ 19

09

$$(200{,}000 - 15{,}140) \div 237$$

① 780　　　② 830
③ 880　　　④ 910

10

$$15 \times 108 - 303 \div 3 + 7$$

① 1,526　　　② 1,626
③ 1,536　　　④ 1,636

11

$$4{,}355 - 23{.}85 \div 0{.}15$$

① 1,901　　　② 2,190
③ 3,856　　　④ 4,196

12

$$206+310+214$$

① 720 ② 730
③ 740 ④ 750

13

$$0.28+2.4682-0.9681$$

① 1.8701 ② 1.7801
③ 1.7601 ④ 1.5601

14

$$315\times69\div5$$

① 3,215 ② 4,007
③ 4,155 ④ 4,347

15

$$572 \div 4 + 33 - 8$$

① 144　　　　　　　　　② 158
③ 164　　　　　　　　　④ 168

16

$$7 - \left(\frac{5}{3} \div \frac{15}{21} \times \frac{9}{4} \right)$$

① $\frac{3}{5}$　　　　　　　　　② $\frac{5}{4}$
③ $\frac{7}{4}$　　　　　　　　　④ $\frac{7}{5}$

17

$$491 \times 64 - (2^6 \times 5^3)$$

① 23,424　　　　　　　　② 23,914
③ 24,013　　　　　　　　④ 25,919

18

$$4.7+22\times5.4-2$$

① 121.5　　　　　② 120
③ 132.4　　　　　④ 136

19

$$0.35\times3.12-0.5\div4$$

① 0.823　　　　　② 0.891
③ 0.927　　　　　④ 0.967

20

$$2,620+1,600\div80$$

① 26.40　　　　　② 28.20
③ 2,640　　　　　④ 2,820

21

$$7{,}832 \div 44 \times 6 - 1{,}060$$

① 5　　　　　　　　　② 6
③ 7　　　　　　　　　④ 8

22

$$679 \div 7 \times 5$$

① 465　　　　　　　　② 475
③ 485　　　　　　　　④ 495

23

$$\frac{4}{13} - \frac{6}{26} - \frac{3}{39} + \frac{8}{52}$$

① $\frac{5}{13}$　　　　　　　　② $\frac{4}{13}$
③ $\frac{3}{13}$　　　　　　　　④ $\frac{2}{13}$

24

$$212-978\div 6-3^3$$

① 22   ② 24
③ 26   ④ 28

25

$$4\times 4\times 3\times 3$$

① 134   ② 144
③ 154   ④ 164

26

$$214-675+811-302$$

① 48   ② 49
③ 50   ④ 51

27

$$1{,}244+7{,}812-9{,}785+3{,}371$$

① 2,542　　　② 2,642
③ 2,742　　　④ 2,842

28

$$\frac{4}{5}+\frac{6}{20}+\frac{7}{15}$$

① $\frac{43}{30}$　　　② $\frac{45}{30}$
③ $\frac{47}{30}$　　　④ $\frac{49}{30}$

29

$$8^2+5^2-80$$

① 6　　　② 7
③ 8　　　④ 9

30

$$23{,}128\div 56+27{,}589\div 47$$

① 800　　　② 900
③ 1,000　　　④ 1,100

02 ▶ 응용수리

대표유형 1 | 날짜·요일·시계

어느 해의 3월 1일이 금요일이라면, 그해의 5월 25일은 무슨 요일인가?

① 목요일 ② 금요일
③ 토요일 ④ 일요일

| 해설 | 3월 1일에서 5월 25일까지 일수는 30+30+25=85일
$85 \div 7 = 12 \cdots 1$
따라서 5월 25일은 토요일이다.

정답 ③

01 시계가 4시 20분을 가리킬 때, 시침과 분침이 이루는 작은 각의 각도는?

① 5° ② 10°
③ 15° ④ 20°

02 S사는 신입사원들을 대상으로 3개월 동안 의무적으로 강연을 듣게 하였다. 강연은 월요일과 수요일에 1회씩 열리고 금요일에는 격주로 1회씩 열린다고 할 때, 8월 1일 월요일에 처음 강연을 들은 신입사원이 13번째 강연을 듣는 날은 언제인가?(단, 첫 주 금요일 강연은 열리지 않았다)

① 8월 31일 ② 9월 2일
③ 9월 5일 ④ 9월 7일

03 S사는 창립일을 맞이하여 초대장을 준비하려고 한다. VIP 초대장을 완성하는 데 혼자서 만들 경우 A대리는 6일, B사원은 12일이 걸린다. A대리와 B사원이 함께 VIP 초대장을 만들 경우, 완료할 때까지 며칠이 걸리는가?

① 9일 ② 8일
③ 6일 ④ 4일

대표유형 2 | 거리·속력·시간

석훈이와 소영이는 운동장에 있는 원형 트랙에서 같은 지점에서 동시에 출발해 서로 반대방향으로 달리기 시작했다. 석훈이는 평균 6m/s의 속력으로, 소영이는 평균 4m/s의 속력으로 달렸는데 출발할 때를 제외하고 두 번째 만날 때까지 걸린 시간이 1분 15초일 때, 트랙의 둘레는 얼마인가?

① 315m ② 325m
③ 355m ④ 375m

| 해설 | 석훈이는 평균 6m/s로 소영이는 4m/s의 속도로 달리기 때문에 1초에 10m씩 가까워진다.
점점 가까워지다가 만나게 되고 그 과정을 한 번 더 반복하게 되는데, 두 번째 만날 때까지 둘이 달린 거리는 트랙 둘레의 2배와 같다.
따라서 1분 15초 동안 달린 거리는 10m/s×75sec=750m이며 트랙의 둘레는 그 절반인 375m이다.

정답 ④

04 용민이와 효린이가 호수 어느 지점에서 동시에 출발하여 같은 방향으로 도는데 용민이는 7km/h, 효린이는 3km/h로 걷는다고 한다. 두 사람이 다시 만났을 때, 7시간이 지나 있었다면 호수의 둘레는 몇 km인가?

① 24km ② 26km
③ 28km ④ 30km

05 민석이는 기숙사에서 회사까지 2km 거리를 자전거를 타고 4km/h의 속력으로 출근한다. 민석이는 회사에 도착하는 데 얼마나 걸리겠는가?

① 10분 ② 20분
③ 30분 ④ 40분

06 슬기와 경서는 꽁꽁 언 강 위에서 각각 다른 일정한 속력으로 썰매를 타고 있다. 슬기는 경서의 출발선보다 1.2m 뒤에서 동시에 출발하여 경서를 따라잡기로 하였다. 경서의 속력은 0.6m/s이며, 슬기가 출발하고 6초 후에 경서를 따라잡았다고 할 때, 슬기의 속력은 몇 m/s인가?

① 0.8m/s ② 1.0m/s
③ 1.2m/s ④ 1.4m/s

대표유형 3 나이·수

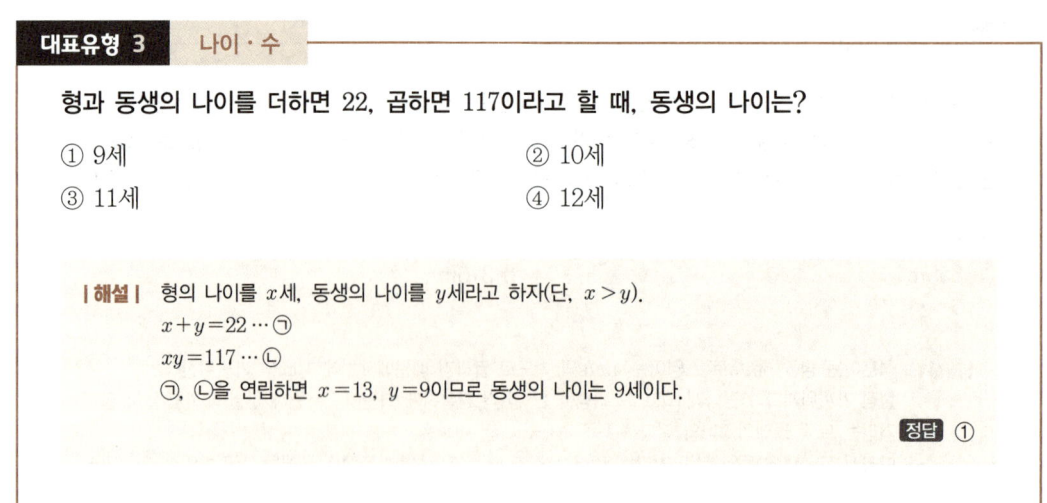

07 가로 240m, 세로 400m인 부지에 정사각형으로 구역을 나누어 경작을 하려고 한다. 구역을 최소로 나눈다고 할 때 구역은 총 몇 개가 되는가?(단, 남겨지는 땅은 없다)

① 14개　　　　　　　　　　② 15개
③ 16개　　　　　　　　　　④ 17개

08 올해 S사 지원부서원 25명의 평균 나이가 38세이다. 다음 달에 52세의 팀원이 퇴사하고 27세의 신입사원이 입사할 예정일 때, 내년 지원부서원 25명의 평균 나이는?(단, 주어진 조건 외에 다른 인사이동은 없다)

① 35세　　　　　　　　　　② 36세
③ 37세　　　　　　　　　　④ 38세

09 올해 아버지의 나이는 은서 나이의 2배이고, 지은이 나이의 7배이다. 은서와 지은이의 나이 차이가 15살이라면, 아버지의 나이는?

① 39세　　　　　　　　　　② 40세
③ 41세　　　　　　　　　　④ 42세

대표유형 4 금액

원가가 5,000원인 물건을 25% 인상한 가격으로 판매하였으나, 잘 판매되지 않아 다시 10%를 인하하여 팔았다. 물건 4개를 판매하였을 때, 이익은 얼마인가?

① 2,000원
② 2,500원
③ 3,000원
④ 3,500원

|해설| • 인상 가격 : 5,000×1.25=6,250원
• 인하 가격 : 6,250×(1−0.1)=5,625원
• 제품 1개당 이익 : 5,625−5,000=625원
∴ 625×4=2,500원
따라서 이익은 2,500원이다.

정답 ②

10 어느 가정의 1월과 6월의 난방요금 비율이 7 : 3이다. 1월의 난방요금에서 2만 원을 뺄 경우에 그 비율이 2 : 1이면, 1월의 난방요금은?

① 10만 원
② 12만 원
③ 14만 원
④ 16만 원

11 새롭게 오픈한 S게임방은 1인당 입장료가 5,000원이며, 5명이 입장하면 추가 1명이 무료로 입장할 수 있는 이벤트를 진행하려고 한다. A씨가 친구들 53명과 함께 게임방에 들어가고자 할 때, 할인금액은 총 얼마인가?

① 2만 원
② 3만 원
③ 4만 원
④ 5만 원

12 원가의 20%를 추가한 금액을 정가로 하는 제품을 15% 할인해서 50개를 판매한 금액이 127,500원일 때, 이 제품의 원가는?

① 1,500원
② 2,000원
③ 2,500원
④ 3,000원

대표유형 5 일률·톱니바퀴

A, B는 오후 1시부터 오후 6시까지 근무를 한다. A는 310개의 제품을 포장하는 데 1시간이 걸리고, B는 작업속도가 1시간마다 바로 전 시간의 2배가 된다. 두 사람이 받는 하루 임금이 같다고 할 때, B는 처음 시작하는 1시간 동안에 몇 개의 제품을 포장하는가?(단, 일급은 그날 포장한 제품의 개수에 비례한다)

① 25개 ② 50개
③ 75개 ④ 100개

| 해설 | A, B의 일급이 같으므로 하루에 포장한 제품의 개수는 A의 작업량인 310×5=1,550개로 서로 같다.
B가 처음 시작하는 1시간 동안 x개의 제품을 포장한다고 하면
$x+2x+4x+8x+16x=1,550 \rightarrow 31x=1,550$
∴ $x=50$
따라서 B는 처음 시작하는 1시간 동안 50개의 제품을 포장한다.

정답 ②

13 지름이 15cm인 톱니바퀴와 지름이 27cm인 톱니바퀴가 서로 맞물려 돌아가고 있다. 큰 톱니바퀴가 분당 10바퀴를 돌았다면, 작은 톱니바퀴는 분당 몇 바퀴를 돌았겠는가?

① 16바퀴 ② 17바퀴
③ 18바퀴 ④ 19바퀴

14 A가 혼자하면 4일, B가 혼자하면 6일 걸리는 일이 있다. A가 먼저 2일 동안 일을 하고 남은 양을 B가 끝마치려 한다. B는 며칠 동안 일을 해야 하는가?

① 2일 ② 3일
③ 4일 ④ 5일

15 서로 맞물려 도는 두 톱니바퀴 A, B가 있다. A의 톱니 수는 54개, B의 톱니 수는 78개이다. 두 톱니바퀴가 같은 톱니에서 출발하여 다시 처음으로 같은 톱니끼리 맞물리는 것은 B톱니바퀴가 몇 회전한 후인가?

① 8회전 ② 9회전
③ 10회전 ④ 11회전

대표유형 6 　 농도

농도가 4%인 소금물 300g에 소금 100g을 추가로 넣었을 때, 소금물의 농도는?

① 24% ② 26%
③ 28% ④ 30%
⑤ 32%

|해설| 농도가 4%인 소금물 300g에 들어있는 소금의 양은 $300 \times \frac{4}{100} = 12g$이다.

따라서 소금 100g을 추가로 넣었을 때 소금물의 농도는 $\frac{12+100}{300+100} \times 100 = 28\%$이다.

정답 ③

16 농도가 5%인 100g의 설탕물을 증발시켜 농도가 10%인 설탕물이 되게 하려고 한다. 한 시간에 2g씩 증발된다고 할 때, 몇 시간이 걸리겠는가?

① 22시간 ② 23시간
③ 24시간 ④ 25시간

17 농도 6%의 설탕물 100g을 농도 10%의 설탕물이 되게 하려면 몇 g의 설탕을 더 넣어야 하는가?

① $\frac{35}{9}$g ② $\frac{37}{9}$g
③ $\frac{39}{9}$g ④ $\frac{40}{9}$g

18 농도 4%의 설탕물 400g이 들어있는 컵을 방에 두고 자고 일어나서 보니 물이 증발하여 농도가 8%가 되었다. 남아있는 물의 양은 몇 g인가?

① 100g ② 200g
③ 300g ④ 400g

대표유형 7 경우의 수·확률

성표를 포함한 6명이 식당에서 식사를 마치고 계산을 하려고 한다. 72,000원이 찍혀있는 계산서를 가지고 계산대에 있는 식당 아르바이트생에게 6명의 카드를 모두 주면서 이 중 하나의 카드를 골라 계산해주든지 더치페이로 계산해주든지 알아서 해달라고 부탁을 했다. 성표가 12,000원 이상 결제할 확률은?(단, 아르바이트생이 하나의 카드로 계산할 확률은 80%, 더치페이로 계산할 확률은 20%이다)

① $\dfrac{1}{7}$ ② $\dfrac{1}{6}$

③ $\dfrac{1}{5}$ ④ $\dfrac{1}{3}$

|해설| 성표의 카드로 12,000원 이상 결제할 확률은 성표의 카드로만 모두 계산할 확률과 더치페이로 12,000원을 계산할 확률의 합이다.
따라서 $\dfrac{1}{6} \times \dfrac{8}{10} + \dfrac{2}{10} = \dfrac{1}{3}$ 이다.

정답 ④

19 주머니 A, B가 있는데 A주머니에는 흰 공 3개, 검은 공 2개가 들어있고, B주머니에는 흰 공 1개, 검은 공 4개가 들어있다. A, B주머니에서 각각 한 개의 공을 꺼낼 때, 검은 공을 한 개 이상 뽑을 확률은?

① $\dfrac{3}{10}$ ② $\dfrac{2}{5}$

③ $\dfrac{18}{25}$ ④ $\dfrac{22}{25}$

20 A, B 두 명이 호텔에 묵으려고 한다. 선택할 수 있는 호텔 방이 301, 302, 303호 3개일 때, 호텔 방을 선택할 수 있는 경우의 수는?(단, 한 명당 한 방만 선택할 수 있고, 둘 중 한 명이 방을 선택을 하지 않거나 두 명 모두 방을 선택하지 않을 수도 있다)

① 10가지   ② 11가지
③ 12가지   ④ 13가지

03 ▸ 자료해석

대표유형 1   자료해석

다음은 S전자에서 최근 5년간 생산한 가전 제품의 원가 정보를 연도별로 정리한 표이다. 이에 대한 설명으로 옳지 않은 것은?

〈S전자 가전 제품 원가 정보〉

(단위 : 만 원)

구분	2019년	2020년	2021년	2022년	2023년
가격	200	230	215	250	270
재료비	105	107	99	110	115
인건비	55	64	72	85	90
수익	40	59	44	55	65

① 제품의 가격 증가율은 2023년에 가장 크다.
② 재료비의 상승폭이 가장 큰 해에는 가격의 상승폭도 가장 크다.
③ 제품의 원가에서 인건비는 매년 증가하였다.
④ 2022 ~ 2023년에 재료비와 인건비의 증감 추이는 같다.

| 해설 | 2020년도의 전년 대비 가격 상승률은 $\frac{230-200}{200} \times 100 = 15\%$이고, 2023년도의 전년 대비 가격상승률은 $\frac{270-250}{250} \times 100 = 8\%$이므로 옳지 않다.

오답분석
② 재료비의 상승폭은 2022년도에 11(99 → 110)로 가장 큰데, 2022년에는 가격의 상승폭도 35(215 → 250)로 가장 크다. 따라서 옳다.
③ 인건비는 55 → 64 → 72 → 85 → 90으로 매년 증가했다.
④ 재료비와 인건비 모두 '증가 – 증가'이므로 증감 추이는 같다.

정답 ①

01 다음은 경제활동 참가율에 대한 자료이다. 이에 대한 설명으로 옳지 않은 것은?

〈경제활동 참가율〉

(단위 : %)

구분	2020년	2021년	2022년	2023년	2024년					2025년
					연간	1분기	2분기	3분기	4분기	1분기
경제활동 참가율	61.8	61.5	60.8	61.0	61.1	59.9	62.0	61.5	61.1	60.1
남성	74.0	73.5	73.1	73.0	73.1	72.2	73.8	73.3	73.2	72.3
여성	50.2	50.0	49.2	49.4	49.7	48.1	50.8	50.1	49.6	48.5

① 2025년 1분기 여성경제활동 참가율은 남성에 비해 낮은 수준이나, 지난해 같은 기간보다 0.4%p 상승했다.
② 남녀 경제활동 참가율의 합이 가장 높았던 때는 2024년 2분기이다.
③ 조사 기간 중 경제활동 참가율이 가장 낮았을 때는 여성 경제활동 참가율이 가장 낮았을 때이다.
④ 남녀 모두 경제활동 참가율이 가장 높았던 때와 가장 낮았던 때의 차이는 2%p 이하이다.

02 S사에서는 업무효율을 높이기 위해 근무여건 개선방안에 대하여 논의하고자 한다. 귀하는 논의 자료를 위하여 전 직원의 야간근무 현황을 조사하였다. 다음 중 옳지 않은 것은?

〈야간근무 현황(주 단위)〉

(단위 : 일, 시간)

구 분	임 원	부 장	과 장	대 리	사 원
평균 야간근무 빈도	1.2	2.2	2.4	1.8	1.4
평균 야간근무 시간	1.8	3.3	4.8	6.3	4.2

※ 60분의 3분의 2 이상을 채울 시 1시간으로 야간근무수당을 계산한다.

① 과장은 한 주에 평균적으로 2.4일 정도 야간근무를 한다.
② 전 직원의 주 평균 야간근무 빈도는 1.8일이다.
③ 사원은 한 주 동안 평균 4시간 12분 정도 야간근무를 하고 있다.
④ 1회 야간근무 시 평균적으로 가장 긴 시간 동안 일하는 직원은 대리이다.

03 다음은 A~D사의 남녀 직원 비율을 나타낸 자료이다. 이에 대한 설명으로 옳지 않은 것은?

〈회사별 남녀 직원 비율〉

(단위 : %)

구분	A사	B사	C사	D사
남	54	48	42	40
여	46	52	58	60

① 여직원 대비 남직원 비율이 가장 높은 회사는 A이며, 가장 낮은 회사는 D이다.
② B, C, D사의 여직원 수의 합은 남직원 수의 합보다 크다.
③ A사의 남직원이 B사의 여직원보다 많다.
④ A, B사의 전체 직원 중 남직원이 차지하는 비율이 52%라면 A사의 전체 직원 수는 B사 전체 직원 수의 2배이다.

04 다음은 주요 젖병회사 브랜드인 D사, G사, U사의 연도별 판매율을 나타낸 표이다. 이에 대한 설명으로 옳지 않은 것은?

〈연도별・젖병회사별 판매율〉

(단위 : %)

구분	2019년	2020년	2021년	2022년	2023년
D사	52	55	61	58	69
G사	14	19	21	18	20
U사	34	26	18	24	11

① D사와 G사의 판매율 증감추이는 동일하다.
② D사와 G사의 판매율이 가장 높은 연도는 동일하다.
③ D사의 판매율이 가장 높은 연도는 U사의 판매율이 가장 낮았다.
④ G사의 판매율이 가장 낮은 연도는 U사의 판매율이 가장 높았다.

※ 다음은 2024년도 국가별 교통서비스 수입 현황을 나타낸 자료이다. 이어지는 질문에 답하시오.
[5~6]

〈국가별 교통서비스 수입 현황〉

(단위 : 백만 달러)

구분	합계	해상	항공	기타
한국	31,571	25,160	5,635	776
인도	77,256	63,835	13,163	258
튀르키예	10,157	5,632	4,003	522
멕시코	14,686	8,550	6,136	–
미국	94,344	36,246	53,830	4,268
브라질	14,904	9,633	4,966	305
이탈리아	26,574	7,598	10,295	8,681

05 해상 교통서비스 수입액이 많은 국가부터 차례대로 나열한 것은?

① 인도 – 미국 – 한국 – 브라질 – 멕시코 – 이탈리아 – 튀르키예
② 인도 – 미국 – 한국 – 멕시코 – 브라질 – 튀르키예 – 이탈리아
③ 인도 – 한국 – 미국 – 브라질 – 멕시코 – 이탈리아 – 튀르키예
④ 인도 – 미국 – 한국 – 브라질 – 이탈리아 – 튀르키예 – 멕시코

06 다음 중 자료에 대한 설명으로 옳지 않은 것은?

① 튀르키예의 교통서비스 수입에서 항공 수입이 차지하는 비중은 45% 미만이다.
② 전체 교통서비스 수입 금액이 첫 번째와 두 번째로 높은 국가의 차이는 17,088백만 달러이다.
③ 해상 교통서비스 수입보다 항공 교통서비스 수입이 더 높은 국가는 미국과 튀르키예이다.
④ 멕시코는 해상과 항공 교통서비스만 수입하였다.

대표유형 2 자료계산

※ 다음은 2023~2024년도 광역시별 인구 대비 헌혈 인구 비율을 나타낸 그래프이다. 이어지는 질문에 답하시오. [1~2]

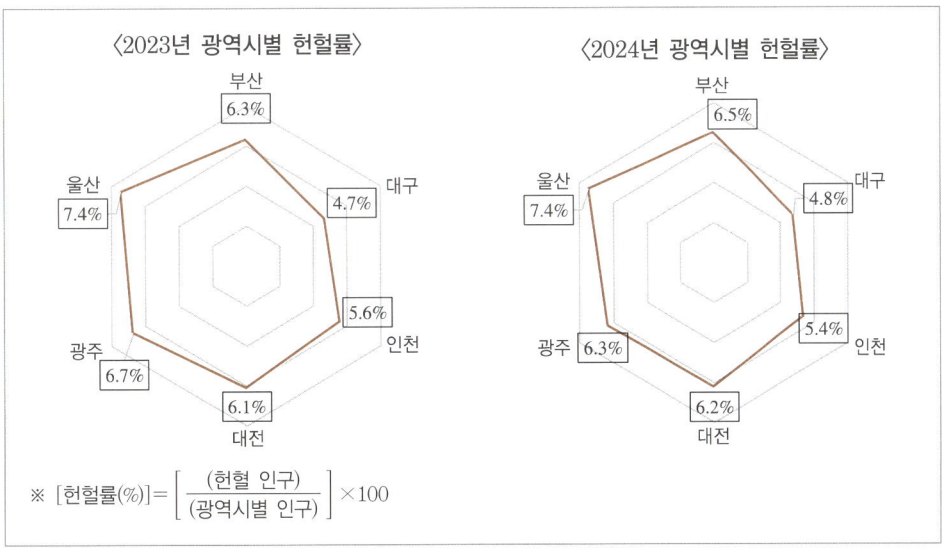

※ [헌혈률(%)] = [(헌혈 인구) / (광역시별 인구)] × 100

01 다음 중 전년 대비 2024년 헌혈률이 감소한 지역은 어디인가?

① 울산광역시   ② 부산광역시
③ 광주광역시   ④ 대전광역시

| 해설 | 인천광역시와 광주광역시는 전년 대비 2024년에 헌혈률이 감소하였다.

정답 ③

02 2024년도 대구광역시 인구가 240만 명, 인천광역시 인구는 300만 명일 때, 각 지역의 헌혈 인구는 몇 명인가?

	대구광역시	인천광역시		대구광역시	인천광역시
①	106,200명	157,000명	②	115,200명	162,000명
③	115,200명	157,000명	④	106,200명	162,000명

| 해설 | 헌혈률의 공식을 헌혈 인구를 구하는 공식으로 변형하면 '(헌혈 인구)=(헌혈률)×(광역시별 인구)÷100'이다. 대구광역시와 인천광역시의 헌혈 인구를 구하면 다음과 같다.
 • 대구광역시 헌혈 인구 : 4.8×2,400,000÷100=115,200명
 • 인천광역시 헌혈 인구 : 5.4×3,000,000÷100=162,000명

정답 ②

※ 다음은 연도별 운수업의 기업체 수 추이를 나타낸 그래프이다. 이어지는 질문에 답하시오. [7~8]

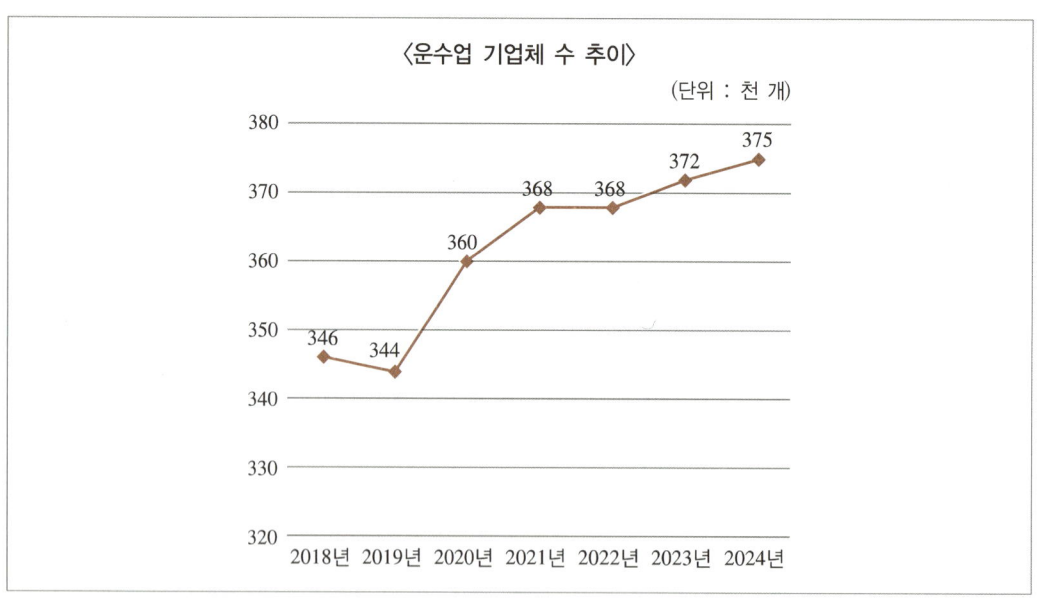

07 2019년 대비 2020년의 기업체 수 증가율과 2020년 대비 2021년의 기업체 수 증가율의 차이는 몇 %p인가?(단, 증가율은 소수점 둘째 자리에서 반올림한다)

① 2.5%p ② 3.0%p
③ 3.5%p ④ 4.0%p

08 2019 ~ 2024년까지 전년 대비 기업체 수 증감량을 모두 합하면 몇 천 개인가?(단, 증감량은 절댓값으로 계산한다)

① 23천 개 ② 33천 개
③ 43천 개 ④ 53천 개

09 매일의 날씨 자료를 수집 및 분석한 결과, 전날의 날씨를 기준으로 그 다음 날의 날씨가 변할 확률은 다음과 같았다. 만약 내일 날씨가 화창하다면, 사흘 뒤에 비가 올 확률은 얼마인가?

전날 날씨	다음 날 날씨	확률
화창	화창	25%
화창	비	30%
비	화창	40%
비	비	15%

※ 날씨는 '화창'과 '비'로만 구분하여 분석함

① 12% ② 13%
③ 14% ④ 15%

10 다음은 시·군지역의 성별 비경제활동 인구에 관해 조사한 자료이다. 빈칸 (가), (다)에 들어갈 수가 바르게 연결된 것은?(단, 인구수는 백의 자리에서 반올림하고, 비중은 소수점 첫째 자리에서 반올림한다)

〈성별 비경제활동 인구〉

(단위 : 천 명, %)

구분	총계	남자	비중	여자	비중
시지역	7,800	2,574	(가)	5,226	(나)
군지역	1,149	(다)	33.5	(라)	66.5

　　(가)　(다)　　　　　　(가)　(다)
① 30　385　　② 30　392
③ 33　378　　④ 33　385

CHAPTER 02 | 추리능력검사 핵심이론

01 ▶ 수·문자추리

1. 수추리

(1) **등차수열** : 앞의 항에 일정한 수를 더해 이루어지는 수열

(2) **등비수열** : 앞의 항에 일정한 수를 곱해 이루어지는 수열

(3) **계차수열** : 앞의 항과의 차가 일정한 규칙을 갖는 수열

(4) **피보나치 수열** : 앞의 두 항의 합이 그 다음 항의 수가 되는 수열

(5) **건너뛰기 수열** : 두 개 이상의 수열이 일정한 간격을 두고 번갈아가며 나타나는 수열

(6) **군수열** : 일정한 규칙성으로 몇 항씩 끊어서 규칙을 이루는 수열

2. 문자추리

(1) 알파벳, 자음, 한자, 로마자

1	2	3	4	5	6	7	8	9	10	11	12	13	14	15	16	17	18	19	20	21	22	23	24	25	26
A	B	C	D	E	F	G	H	I	J	K	L	M	N	O	P	Q	R	S	T	U	V	W	X	Y	Z
ㄱ	ㄴ	ㄷ	ㄹ	ㅁ	ㅂ	ㅅ	ㅇ	ㅈ	ㅊ	ㅋ	ㅌ	ㅍ	ㅎ												
一	二	三	四	五	六	七	八	九	十																
i	ii	iii	iv	v	vi	vii	viii	ix	x																

(2) 일반모음

1	2	3	4	5	6	7	8	9	10
ㅏ	ㅑ	ㅓ	ㅕ	ㅗ	ㅛ	ㅜ	ㅠ	ㅡ	ㅣ

(3) 일반모음 + 이중모음(사전 등재 순서)

1	2	3	4	5	6	7	8	9	10	11	12	13	14	15	16	17	18	19	20	21
ㅏ	ㅐ	ㅑ	ㅒ	ㅓ	ㅔ	ㅕ	ㅖ	ㅗ	ㅘ	ㅙ	ㅚ	ㅛ	ㅜ	ㅝ	ㅞ	ㅟ	ㅠ	ㅡ	ㅢ	ㅣ

02 ▶ 언어추리

1. 연역 추론

이미 알고 있는 판단(전제)을 근거로 새로운 판단(결론)을 유도하는 추론이다. 연역 추론은 진리일 가능성을 따지는 귀납 추론과는 달리, 명제 간의 관계와 논리적 타당성을 따진다. 즉, 연역 추론은 전제들로부터 절대적인 필연성을 가진 결론을 이끌어내는 추론이다.

(1) 직접 추론 : 한 개의 전제로부터 중간적 매개 없이 새로운 결론을 이끌어내는 추론이며, 대우 명제가 그 대표적인 예이다.

> - 한국인은 모두 황인종이다. (전제)
> - 그러므로 황인종이 아닌 사람은 모두 한국인이 아니다. (결론 1)
> - 그러므로 황인종 중에는 한국인이 아닌 사람도 있다. (결론 2)

(2) 간접 추론 : 둘 이상의 전제로부터 새로운 결론을 이끌어내는 추론이다. 삼단논법이 가장 대표적인 예이다.

① **정언 삼단논법** : 세 개의 정언명제로 구성된 간접추론 방식이다. 세 개의 명제 가운데 두 개의 명제는 전제이고, 나머지 한 개의 명제는 결론이다. 세 명제의 주어와 술어는 세 개의 서로 다른 개념을 표현한다.

> - 모든 곤충은 다리가 여섯이다. M은 P이다. (대전제)
> - 모든 개미는 곤충이다. S는 M이다. (소전제)
> - 그러므로 모든 개미는 다리가 여섯이다. S는 P이다. (결론)

② **가언 삼단논법** : 가언명제로 이루어진 삼단논법을 말한다. 가언명제란 두 개의 정언명제가 '만일 ~ 이라면'이라는 접속사에 의해 결합된 복합명제이다. 여기서 '만일'에 의해 이끌리는 명제를 전건이라고 하고, 그 뒤의 명제를 후건이라고 한다. 가언 삼단논법의 종류로는 혼합가언 삼단논법과 순수가언 삼단논법이 있다.

㉠ **혼합가언 삼단논법** : 대전제만 가언명제로 구성된 삼단논법이다. 긍정식과 부정식 두 가지가 있으며, 긍정식은 'A면 B다. A다. 그러므로 B다.'이고, 부정식은 'A면 B다. B가 아니다. 그러므로 A가 아니다.'이다.

> - 만약 A라면 B다.
> - B가 아니다.
> - 그러므로 A가 아니다.

ⓒ 순수가언 삼단논법 : 대전제와 소전제 및 결론까지 모두 가언명제들로 구성된 삼단논법이다.

- 만약 A라면 B다.
- 만약 B라면 C다.
- 그러므로 만약 A라면 C다.

③ 선언 삼단논법 : '~이거나 ~이다.'의 형식으로 표현되며 전제 속에 선언 명제를 포함하고 있는 삼단논법이다.

• 내일은 비가 오거나 눈이 온다.	A 또는 B이다.
• 내일은 비가 오지 않는다.	A가 아니다.
• 그러므로 내일은 눈이 온다.	그러므로 B다.

④ 딜레마 논법 : 대전제는 두 개의 가언명제로, 소전제는 하나의 선언명제로 이루어진 삼단논법으로, 양도추론이라고도 한다.

• 만일 네가 거짓말을 하면, 신이 미워할 것이다.	(대전제)
• 만일 네가 거짓말을 하지 않으면, 사람들이 미워할 것이다.	(대전제)
• 너는 거짓말을 하거나, 거짓말을 하지 않을 것이다.	(소전제)
• 그러므로 너는 미움을 받게 될 것이다.	(결론)

2. 귀납 추론

특수한 또는 개별적인 사실로부터 일반적인 결론을 이끌어 내는 추론을 말한다. 귀납 추론은 구체적 사실들을 기반으로 하여 결론을 이끌어 내기 때문에 필연성을 따지기보다는 개연성과 유관성, 표본성 등을 중시하게 된다. 여기서 개연성이란, 관찰된 어떤 사실이 같은 조건하에서 앞으로도 관찰될 수 있는가 하는 가능성을 말하고, 유관성은 추론에 사용된 자료가 관찰하려는 사실과 관련되어야 하는 것을 일컬으며, 표본성은 추론을 위한 자료의 표본 추출이 공정하게 이루어져야 하는 것을 가리킨다. 이러한 귀납 추론은 일상생활 속에서 많이 사용하고, 우리가 알고 있는 과학적 사실도 이와 같은 방법으로 밝혀졌다.

- 히틀러는 사람이고 죽었다.
- 스탈린도 사람이고 죽었다.
- 그러므로 모든 사람은 죽는다.

그러나 전제들이 참이어도 결론이 항상 참인 것은 아니다. 단 하나의 예외로 인하여 결론이 거짓이 될 수 있다.

- 성냥불은 뜨겁다.
- 연탄불도 뜨겁다.
- 그러므로 모든 불은 뜨겁다.

위 예문에서 '성냥불이나 연탄불이 뜨거우므로 모든 불은 뜨겁다.'라는 결론이 나왔는데, 반딧불은 뜨겁지 않으므로 '모든 불이 뜨겁다.'라는 결론은 거짓이 된다.

(1) 완전 귀납 추론

관찰하고자 하는 집합의 전체를 다 검증함으로써 대상의 공통 특질을 밝혀내는 방법이다. 이는 예외 없는 진실을 발견할 수 있다는 장점은 있으나, 집합의 규모가 크고 속성의 변화가 다양할 경우에는 적용하기 어려운 단점이 있다.

예 1부터 10까지의 수를 다 더하여 그 합이 55임을 밝혀내는 방법

(2) 통계적 귀납 추론

통계적 귀납 추론은 관찰하고자 하는 집합의 일부에서 발견한 몇 가지 사실을 열거함으로써 그 공통점을 결론으로 이끌어 내려는 방식을 가리킨다. 관찰하려는 집합의 규모가 클 때 그 일부를 표본으로 추출하여 조사하는 방식이 이에 해당하며, 표본 추출의 기준이 얼마나 적합하고 공정한가에 따라 그 결과에 대한 신뢰도가 달라진다는 단점이 있다.

예 여론조사에서 일부의 국민에 대한 설문 내용을 전체 국민의 여론으로 제시하는 것

(3) 인과적 귀납 추론

관찰하고자 하는 집합의 일부 원소들이 지닌 인과 관계를 인식하여 그 원인이나 결과를 이끌어 내려는 방식을 말한다.

① **일치법** : 공통적인 현상을 지닌 몇 가지 사실 중에서 각기 지닌 요소 중 어느 한 가지만 일치한다면 이 요소가 공통 현상의 원인이라고 판단

　예 마을 잔칫집에서 돼지고기를 먹은 사람들이 집단 식중독을 일으켰다.
　　따라서 식중독의 원인은 상한 돼지고기가 아닌가 생각한다.

② **차이법** : 어떤 현상이 나타나는 경우와 나타나지 않은 경우를 놓고 보았을 때, 각 경우의 여러 조건 중 단 하나만이 차이를 보인다면 그 차이를 보이는 조건이 원인이 된다고 판단

　예 현수와 승재는 둘 다 지능이나 학습 시간, 학습 환경 등이 비슷한데 공부하는 태도에는 약간의 차이가 있다.
　　따라서 둘의 성적이 차이를 보이는 것은 학습 태도의 차이 때문으로 생각된다.

③ **일치·차이 병용법** : 몇 개의 공통 현상이 나타나는 경우와 몇 개의 그렇지 않은 경우를 놓고 일치법과 차이법을 병용하여 적용함으로써 그 원인을 판단

　예 학업 능력 정도가 비슷한 두 아동 집단에 대해 처음에는 같은 분량의 과제를 부여하고 나중에는 각기 다른 분량의 과제를 부여한 결과, 많이 부여한 집단의 성적이 훨씬 높게 나타났다. 이로 보아, 과제를 많이 부여하는 것이 적게 부여하는 것보다 학생의 학업 성적 향상에 도움이 된다고 판단할 수 있다.

④ **공변법** : 관찰하는 어떤 사실의 변화에 따라 현상의 변화가 일어날 때 그 변화의 원인이 무엇인지 판단

　예 담배를 피우는 양이 각기 다른 사람들의 집단을 조사한 결과, 담배를 많이 피울수록 폐암에 걸릴 확률이 높다는 사실이 발견되었다.

⑤ **잉여법** : 앞의 몇 가지 현상이 뒤의 몇 가지 현상의 원인이며, 선행 현상의 일부분이 후행 현상의 일부분이라면, 선행 현상의 나머지 부분이 후행 현상의 나머지 부분의 원인임을 판단

　예 어젯밤 일어난 사건의 혐의자는 정은이와 규민이 두 사람인데, 정은이는 알리바이가 성립되어 혐의 사실이 없는 것으로 밝혀졌다. 따라서 그 사건의 범인은 규민이일 가능성이 높다.

3. 유비 추론

두 개의 대상 사이에 일련의 속성이 동일하다는 사실에 근거하여 그것들의 나머지 속성도 동일하리라는 결론을 이끌어내는 추론, 즉 이미 알고 있는 것에서 다른 유사한 점을 찾아내는 추론을 말한다. 그렇기 때문에 유비 추론은 기준이 되는 사물이나 현상이 있어야 한다. 유비 추론은 가설을 세우는 데 유용하다. 이미 알고 있는 사례로부터 아직 알지 못하는 것을 생각해 봄으로써 쉽게 가설을 세울 수 있다. 이때 유의할 점은 이미 알고 있는 사례와 이제 알고자 하는 사례가 매우 유사하다는 확신과 증거가 있어야 한다. 그렇지 않은 상태에서 유비 추론에 의해 결론을 이끌어 내면, 그것은 개연성이 거의 없고 잘못된 결론이 될 수도 있다.

• 지구에는 공기, 물, 흙, 햇빛이 있다. • 화성에는 공기, 물, 흙, 햇빛이 있다. • 지구에 생물이 살고 있다. • 그러므로 화성에도 생물이 살고 있을 것이다.	A는 a, b, c, d의 속성을 가지고 있다. B는 a, b, c, d의 속성을 가지고 있다. A는 e의 속성을 가지고 있다. 그러므로 B도 e의 속성을 가지고 있을 것이다.

CHAPTER 02 추리능력검사 적중예상문제

01 ▶ 수 · 문자추리

대표유형 1 수추리

※ 일정한 규칙으로 수를 나열할 때, 빈칸에 들어갈 알맞은 수를 고르시오. [1~2]

01

| 30　34　136　140　560　（　） |

① 521　　　　　　　　② 530
③ 534　　　　　　　　④ 564

| 해설 |　+4, ×4이 반복되는 수열이다.
　　　　따라서 （　）=560+4=564이다.

정답 ④

02

| 13　76　63　−80　−110　−30　−27　（　）　23 |

① −14　　　　　　　　② −4
③ 4　　　　　　　　　④ 14

| 해설 |　나열된 수를 각각 A, B, C라고 하면
　　　　$\underline{A\ B\ C} \rightarrow B-A=C$
　　　　따라서 （　）=23−27=−4이다.

정답 ②

※ 일정한 규칙으로 수를 나열할 때, 빈칸에 들어갈 알맞은 수를 고르시오. **[1~8]**

01

| −5 −2 −6 −3 −9 −6 ( ) |

① 5 ② −5
③ −16 ④ −18

02

| −8 −9 −11 −14 −18 −23 ( ) |

① 25 ② 13
③ −25 ④ −29

03

| 2 −12 60 −240 720 −1440 ( ) |

① −135 ② −120
③ 1,020 ④ 1,440

04

| −8 −10 −14 −22 −38 −70 ( ) |

① 256 ② 64
③ −128 ④ −134

05 3　5　9　−15　27　45　81　( )　243

① −162　　②　−135
③ 93　　④ 175

06 12.3　15　7.5　10.2　( )　7.8　3.9

① 4.2　　② 5.1
③ 6.3　　④ 7.2

07 $\dfrac{1}{2}$　$\dfrac{2}{3}$　$\dfrac{3}{4}$　$\dfrac{1}{2}$　1　$\dfrac{1}{3}$　$\dfrac{5}{4}$　$\dfrac{1}{6}$　( )

① $\dfrac{9}{2}$　　② $\dfrac{7}{2}$
③ $\dfrac{5}{2}$　　④ $\dfrac{3}{2}$

08 11　19　8　−14　( )　16　−3　8　11

① 2　　② 8
③ 12　　④ 18

대표유형 2 문자추리

일정한 규칙으로 문자를 나열할 때, 빈칸에 들어갈 문자로 옳은 것은?

B D C E D ( )

① A
② C
③ E
④ F

| 해설 | +2, -1가 반복되는 수열이다.

B	D	C	E	D	(F)
2	4	3	5	4	6

정답 ④

※ 일정한 규칙으로 문자를 나열할 때, 빈칸에 들어갈 알맞은 문자를 고르시오. [9~15]

09 캐 해 새 채 매 애 ( )

① 매
② 배
③ 래
④ 채

10 B X D L H F P ( )

① W
② X
③ Z
④ C

11 ( ) X U R O L

① E ② D
③ C ④ A

12 ㄴ ㅁ ㅈ ㅎ ㅂ ( )

① ㅍ ② ㅂ
③ ㅅ ④ ㄱ

13 ㅁ ㅅ ㅅ ㅊ ㅈ ㅍ ㅋ ( )

① ㄴ ② ㅂ
③ ㅈ ④ ㅌ

14 E F G E I D K C ( )

① E ② K
③ F ④ M

15 V U S P L G ( )

① A ② B
③ C ④ D

02 ▶ 기호추리

대표유형 저울형

※ 다음 〈조건〉을 보고 ?에 들어갈 문자를 고르시오. [1~2]

조건

@ = &&

01

& = ‰‰   @ = ?

① ‰‰‰‰   ② ‰‰
③ ‰   ④ ‰&

| 해설 | 제시된 조건에 따르면 @=&&=‰‰‰‰이므로 ?에 들어갈 도형은 ①이다.

정답 ①

02

@@ = ?   && = °F°F

① °F@   ② @°F°F&
③ @°F°F   ④ @°F°F°F

| 해설 | 제시된 조건에 따르면 @@=&&&&=°F°F°F°F=@°F°F이므로 ?에 들어갈 도형은 ③이다.

정답 ③

※ 다음 〈조건〉을 보고 ?에 들어갈 문자를 고르시오. [1~2]

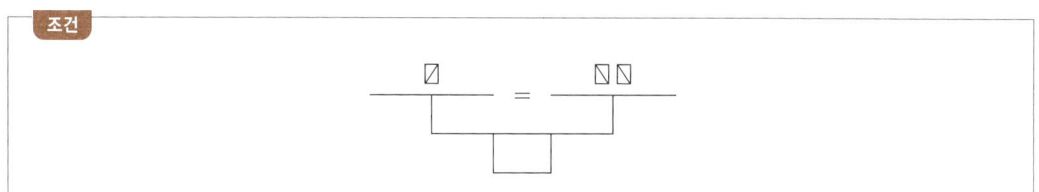

01

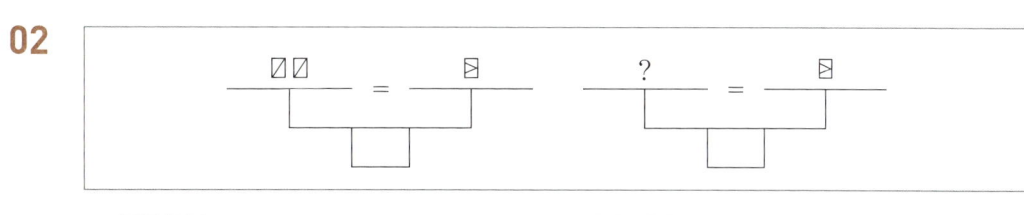

※ 다음 〈조건〉을 보고 ?에 들어갈 문자를 고르시오. [3~4]

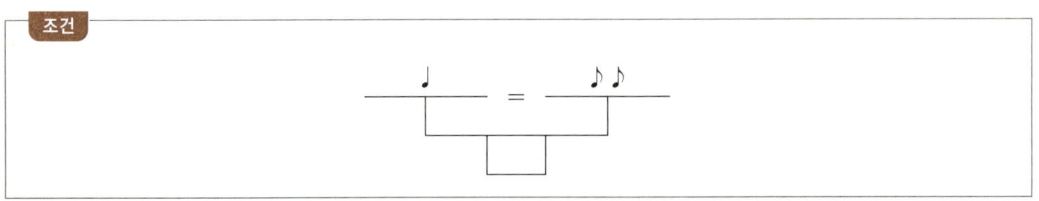

03

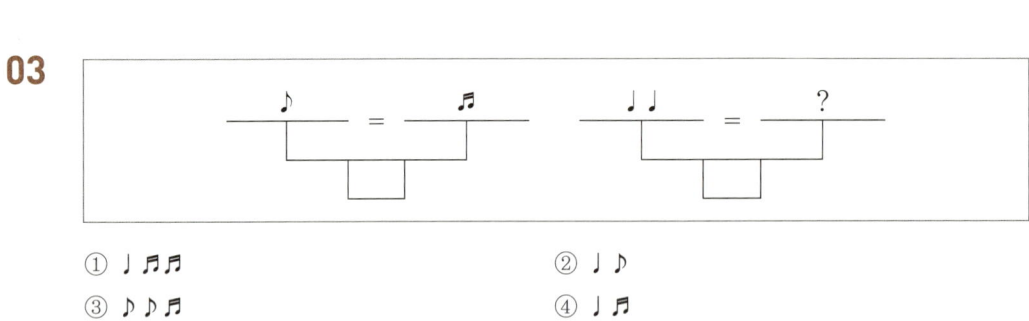

① ♩ ♫ ♬   ② ♩ ♪
③ ♪ ♪ ♬   ④ ♩ ♬

04

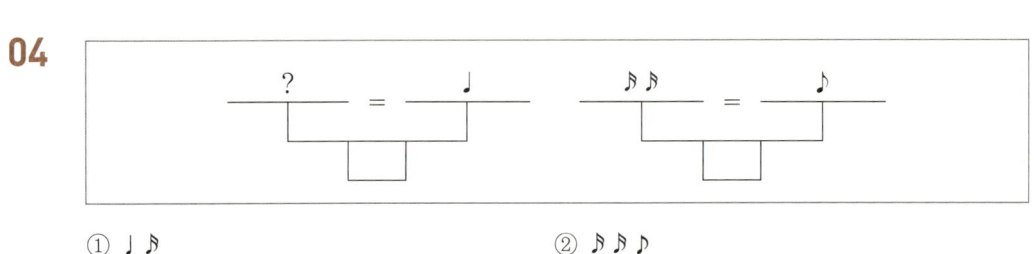

① ♩ ♪   ② ♪ ♪ ♪
③ ♪ ♪ ♪   ④ ♪ ♪

※ 다음 〈조건〉을 보고 ?에 들어갈 문자를 고르시오. [5~6]

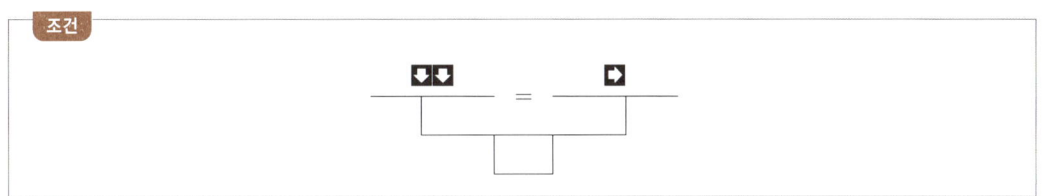

05

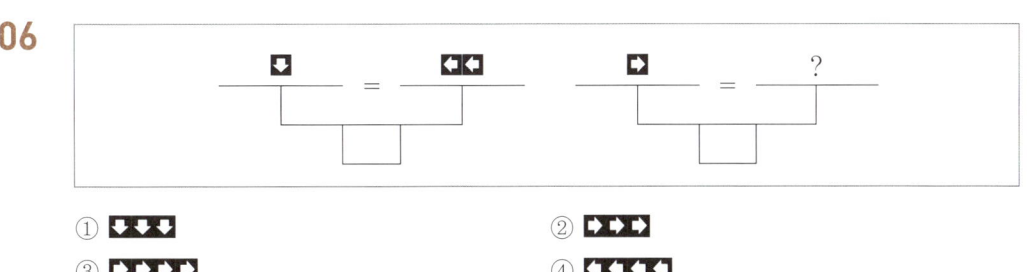

※ 다음 〈조건〉을 보고 ?에 들어갈 문자를 고르시오. [7~8]

조건

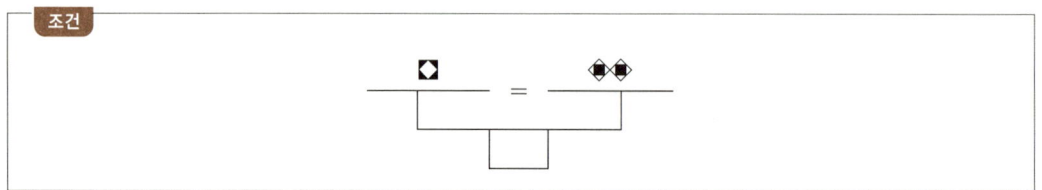

07

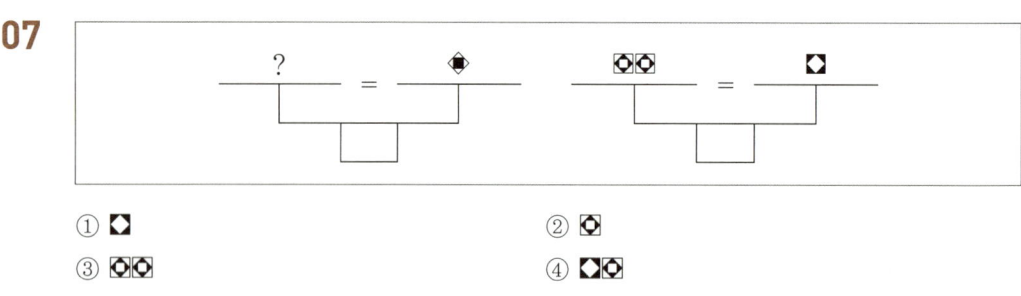

① ◇   ② ◈
③ ◐◐   ④ ◇◈

08

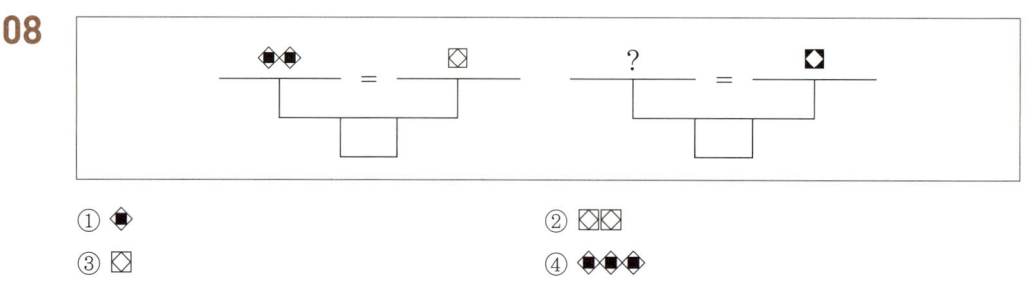

① ◈   ② ◇◇
③ ◇   ④ ◈◈◈

※ 다음 〈조건〉을 보고 ?에 들어갈 문자를 고르시오. [9~10]

조건

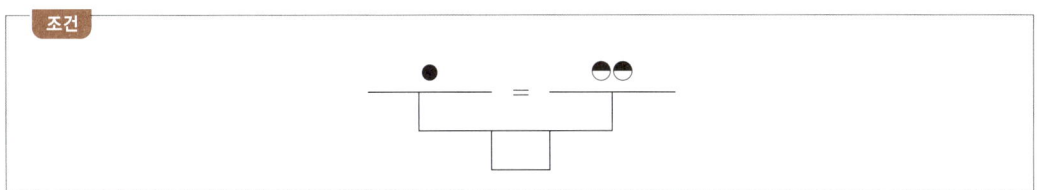

09

① □ ② □ □
③ □ □ □ ④ □ □ □ □

10

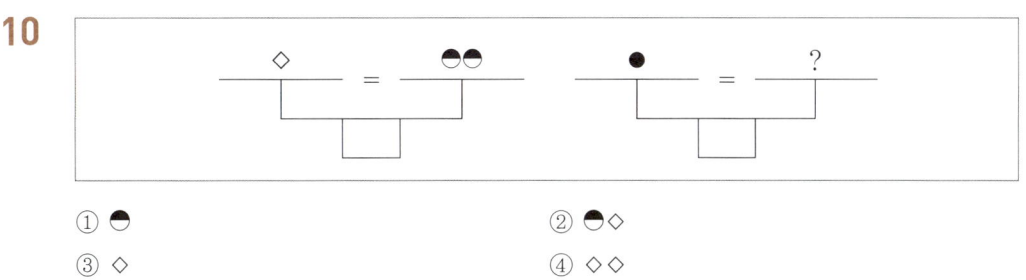

① ◐ ② ◐ ◇
③ ◇ ④ ◇ ◇

※ 다음 〈조건〉을 보고 ?에 들어갈 문자를 고르시오. [11~12]

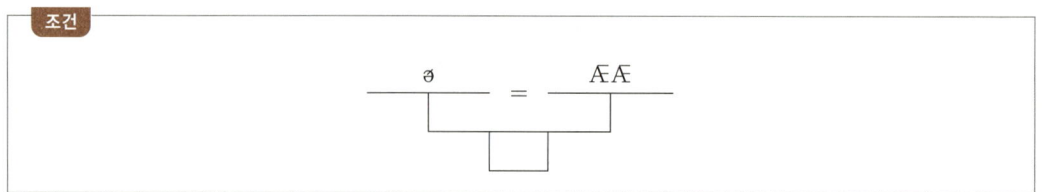

11

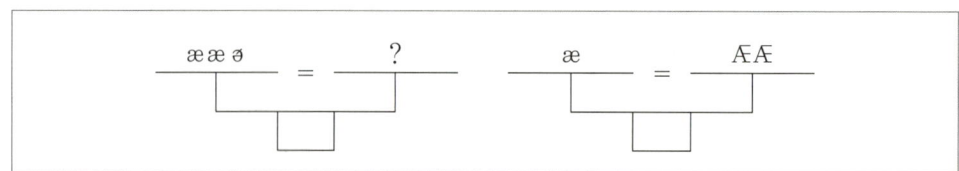

① ÆÆÆðð
② ÆÆÆÆ
③ ÆÆÆÆÆð
④ ÆÆÆÆÆÆ

12

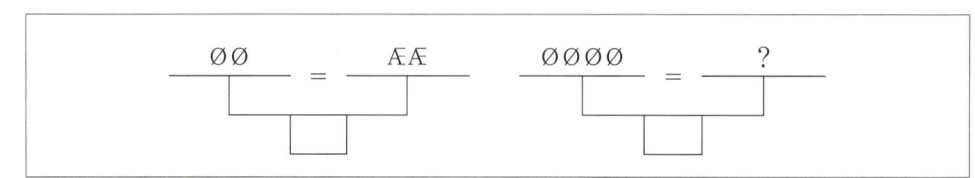

① ÆÆÆÆÆ
② ÆÆð
③ ÆÆðð
④ ÆÆÆ

※ 다음 〈조건〉을 보고 ?에 들어갈 문자를 고르시오. [13~14]

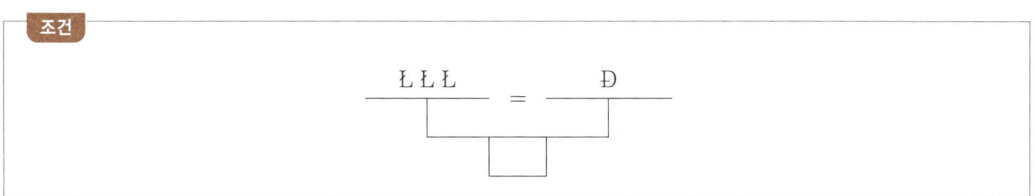

13

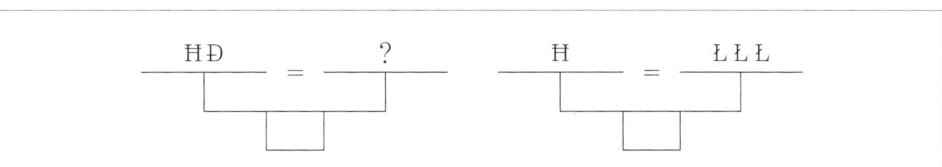

① ÐÐŁŁ
② ÐŁŁ
③ ŁŁŁŁŁ
④ ŁŁŁŁŁŁ

14

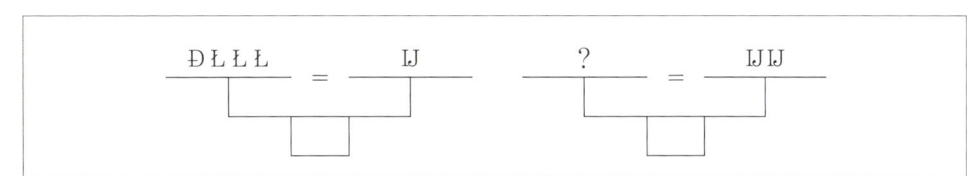

① ÐÐŁŁŁŁŁŁ
② ÐŁŁŁŁŁŁŁŁ
③ ÐŁŁŁŁŁŁ
④ ÐŁŁŁŁŁŁŁ

※ 다음 〈조건〉을 보고 ?에 들어갈 문자를 고르시오. [15~16]

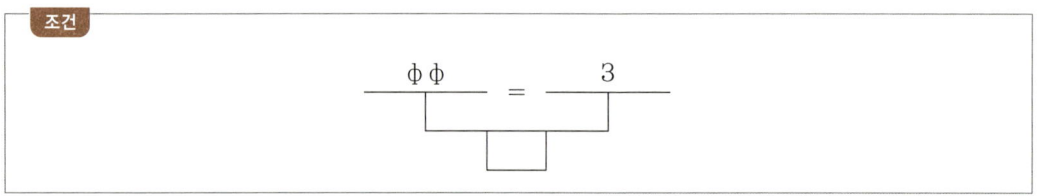

15

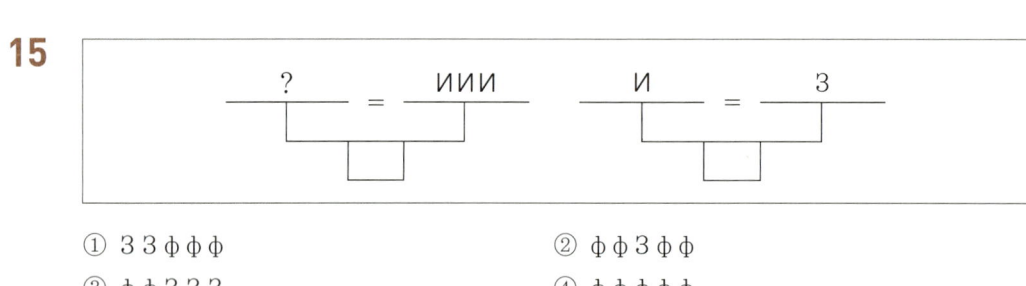

① 3 3 ф ф   ② ф ф 3 ф ф
③ ф ф 3 3 3   ④ ф ф ф ф ф

16

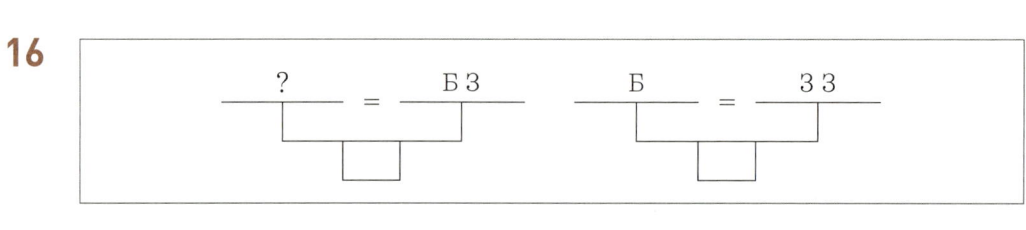

① ф 3 ф ф   ② ф ф ф ф ф
③ ф 3 ф 3 ф   ④ 3 3 ф ф 3 ф

※ 다음 〈조건〉을 보고 ?에 들어갈 문자를 고르시오. [17~18]

조건

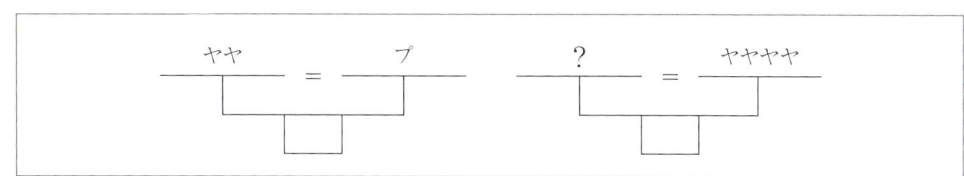

17

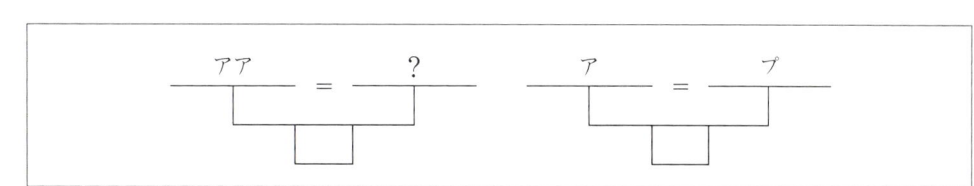

① キキキ ② キキププ
③ пппキ ④ キキキキ

18

① キキププ ② キキキプ
③ プキキ   ④ プキキキ

※ 다음 〈조건〉을 보고 ?에 들어갈 문자를 고르시오. [19~20]

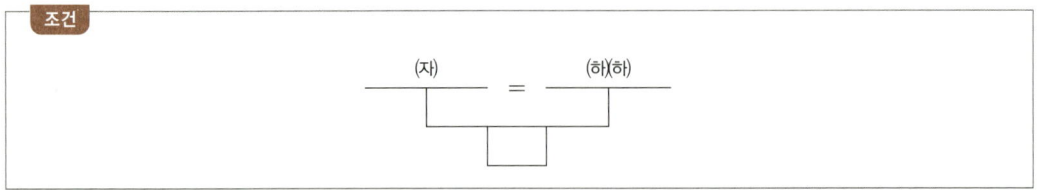

19

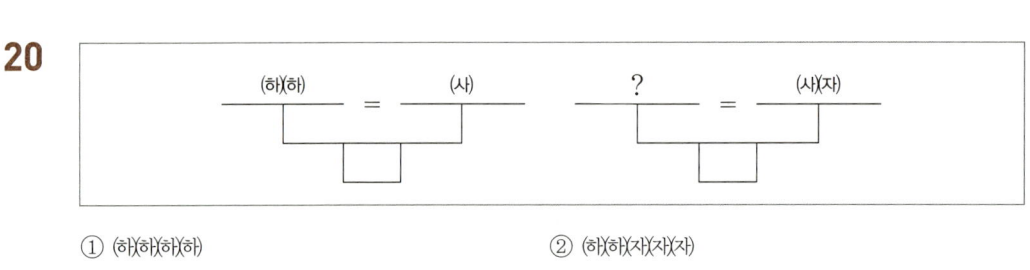

① (자)(하)
② (하)(하)
③ (하)(하)(자)
④ (자)(하)(하)

20

① (하)(하)(하)(하)
② (하)(하)(자)(자)(자)
③ (하)(하)(하)(하)(하)(하)
④ (하)(하)(하)(하)(하)

※ 다음 조건을 보고 ?에 들어갈 도형을 고르시오. [21~22]

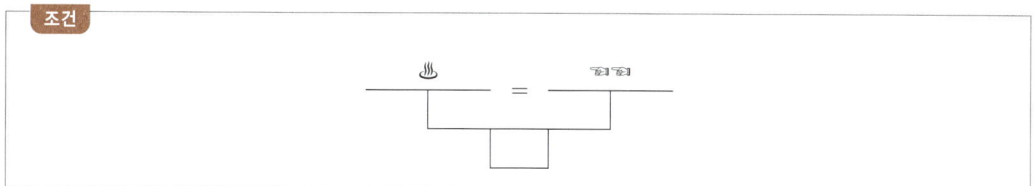

21

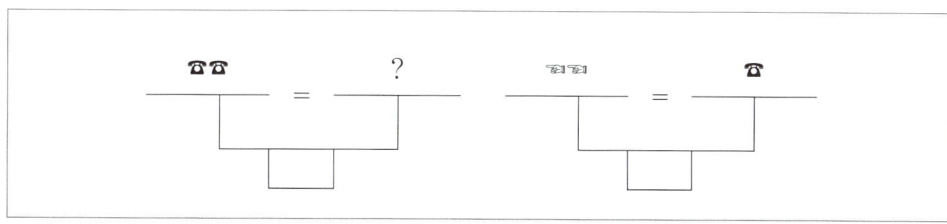

① ♨♨☏☏　　② ♨♨♨
③ ☏☏♨♨　　④ ♨☏☏

22

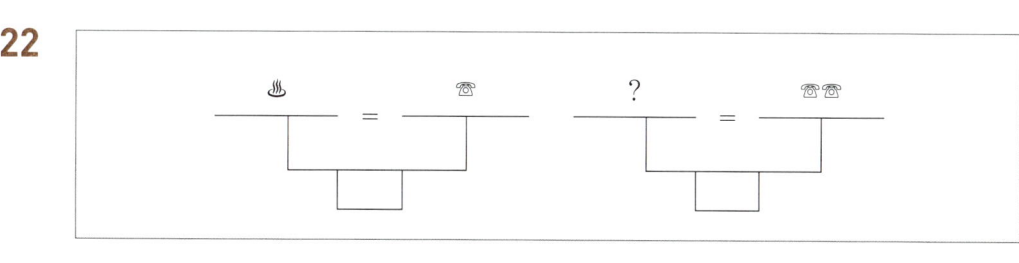

① ☏☏☏　　② ☏☏☏♨
③ ☏☏☏☏　　④ ☏☏☏☏

※ 다음 〈조건〉을 보고 ?에 들어갈 문자를 고르시오. [23~24]

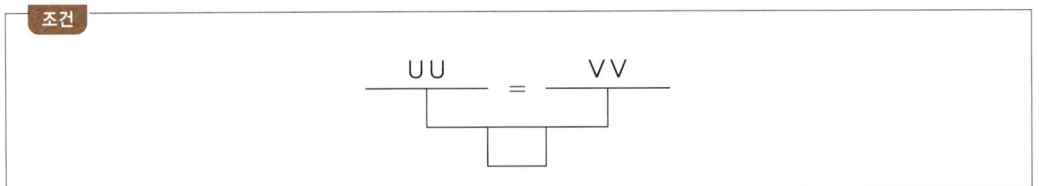

23

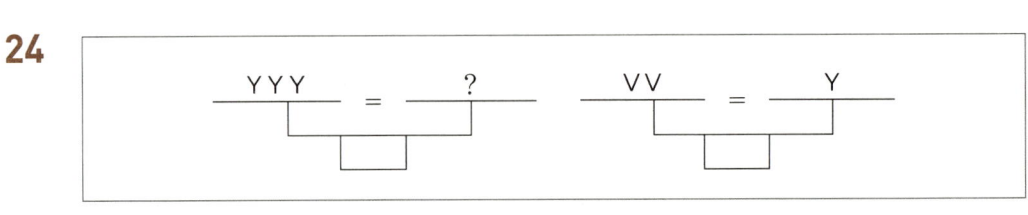

① V V V V V
② U U U V V
③ U U U U V V
④ U U U U U U U

24

① V V V V V
② V V U U V
③ U U V V U
④ U U V V U U

03 ▶ 언어추리

대표유형 1 참·거짓·알 수 없음

[제시문 A]를 읽고, [제시문 B]가 참인지 거짓인지 혹은 알 수 없는지 고르면?

[제시문 A]
- 유화를 잘 그리는 모든 화가는 수채화를 잘 그린다.
- 수채화를 잘 그리는 모든 화가는 한국화를 잘 그린다.

[제시문 B]
유화를 잘 그리는 희정이는 한국화도 잘 그린다.

① 참   ② 거짓   ③ 알 수 없음

| 해설 | '유화를 잘 그리는 화가는 수채화를 잘 그리고, 수채화를 잘 그리는 화가는 한국화를 잘 그리지만, 희정이가 화가인지 아닌지 알 수 없으므로 유화를 잘 그리는 희정이가 한국화도 잘 그리는지는 알 수 없다.

정답 ③

※ [제시문 A]를 읽고, [제시문 B]가 참인지 거짓인지 혹은 알 수 없는지 고르시오. **[1~4]**

01

[제시문 A]
- 미희는 매주 수요일마다 요가 학원에 간다.
- 미희가 요가 학원에 가면 항상 9시에 집에 온다.

[제시문 B]
미희가 9시에 집에 오는 날은 수요일이다.

① 참   ② 거짓   ③ 알 수 없음

02

[제시문 A]
- 황도 12궁은 천구상에서 황도가 통과하는 12개의 별자리이다.
- 황도 전체를 30°씩 12등분하여 각각에 대해 별자리의 이름을 붙였다.

[제시문 B]
황도 12궁의 열두 개 별자리들은 300°의 공간에 나열되어 있다.

① 참　　　　　　　② 거짓　　　　　　　③ 알 수 없음

03

[제시문 A]
- 아메리카노를 좋아하는 모든 사람은 카페라테를 좋아한다.
- 카페라테를 좋아하는 모든 사람은 에스프레소를 좋아한다.

[제시문 B]
아메리카노를 좋아하는 선미는 에스프레소도 좋아한다.

① 참　　　　　　　② 거짓　　　　　　　③ 알 수 없음

04

[제시문 A]
- 안구 내 안압이 상승하면 시신경 손상이 발생한다.
- 시신경이 손상되면 주변 시야가 좁아진다.

[제시문 B]
안구 내 안압이 상승하면 주변 시야가 좁아진다.

① 참　　　　　　　② 거짓　　　　　　　③ 알 수 없음

※ 다음 제시문을 읽고 각 문제가 항상 참이면 ①, 거짓이면 ②, 알 수 없으면 ③을 고르시오. [5~7]

- 고객지원팀에 근무하는 A~E사원은 모두 순서대로 일렬로 앉아있다.
- A~E사원은 모두 다른 방법(자전거, 지하철, 시내버스, 시외버스, 도보)으로 출근한다.
- 자전거로 출근하는 사원의 양 옆에 앉는 사원들은 모두 버스로 출근한다.
- A사원은 도보로 출근한다.
- D사원은 자전거로 출근하지 않는다.

05 C사원은 자전거로 출근한다.

① 참　　　　　　　② 거짓　　　　　　　③ 알 수 없음

06 B사원은 시내버스로 출근한다.

① 참　　　　　　　② 거짓　　　　　　　③ 알 수 없음

07 E사원은 지하철로 출근한다.

① 참　　　　　　　② 거짓　　　　　　　③ 알 수 없음

※ 다음 제시문을 읽고 각 문제가 항상 참이면 ①, 거짓이면 ②, 알 수 없으면 ③을 고르시오. [8~10]

- A, B, C, D, E 다섯 사람은 교내 사생대회에서 상을 받았다.
- 최우수상, 우수상, 장려상에 각각 1명, 2명, 2명이 상을 받았다.
- A와 B는 서로 다른 상을 받았다.
- A와 C는 서로 다른 상을 받았다.
- D는 네 사람과 다른 상을 받았다.

08 D는 최우수상을 받았다.

① 참 ② 거짓 ③ 알 수 없음

09 A는 우수상을 받았다.

① 참 ② 거짓 ③ 알 수 없음

10 B와 E는 같은 상을 받았다.

① 참 ② 거짓 ③ 알 수 없음

대표유형 2 논리추론

다음 제시문을 바탕으로 추론할 수 있는 것은?

- 진달래를 좋아하는 사람은 감성적이다.
- 백합을 좋아하는 사람은 보라색을 좋아하지 않는다.
- 감성적인 사람은 보라색을 좋아한다.

① 감성적인 사람은 백합을 좋아한다.
② 백합을 좋아하는 사람은 감성적이다.
③ 진달래를 좋아하는 사람은 보라색을 좋아한다.
④ 보라색을 좋아하는 사람은 감성적이다.

| 해설 | 주어진 조건을 정리하면 '진달래를 좋아함 → 감성적 → 보라색을 좋아함 → 백합을 좋아하지 않음'이므로 진달래를 좋아하는 사람은 보라색을 좋아한다.

정답 ③

※ 다음 내용을 바탕으로 추론할 수 있는 것을 고르시오. [11~20]

11
- 영희, 상욱, 수현이는 영어, 수학, 국어 시험을 보았다.
- 영희는 영어 2등, 수학 2등, 국어 2등을 하였다.
- 상욱이는 영어 1등, 수학 3등, 국어 1등을 하였다.
- 수현이는 수학만 1등을 하였다.
- 전체 평균 점수로 1등을 한 사람은 영희이다.

① 총점이 가장 높은 것은 영희이다.
② 수현이의 수학 점수는 상욱이의 영어 점수보다 높다.
③ 상욱이의 영어 점수는 영희의 수학 점수보다 높다.
④ 영어와 수학 점수만을 봤을 때, 상욱이가 1등일 것이다.

12
- 신혜와 유민이 앞에 사과, 포도, 딸기가 놓여있다.
- 사과, 포도, 딸기 중에는 각자 좋아하는 과일이 반드시 있다.
- 신혜는 사과와 포도를 싫어한다.
- 유민이가 좋아하는 과일은 신혜가 싫어하는 과일이다.

① 신혜는 좋아하는 과일이 없다.
② 유민이가 딸기를 좋아하는지 알 수 없다.
③ 신혜는 딸기를 좋아한다.
④ 유민이와 신혜가 같이 좋아하는 과일이 있다.

13
- 사과를 좋아하면 배를 좋아하지 않는다.
- 귤을 좋아하면 배를 좋아한다.
- 귤을 좋아하지 않으면 오이를 좋아한다.

① 사과를 좋아하면 오이를 좋아하지 않는다.
② 사과를 좋아하면 오이를 좋아한다.
③ 귤을 좋아하면 사과를 좋아한다.
④ 배를 좋아하지 않으면 사과를 좋아한다.

14
- 어떤 마케팅팀 사원은 산을 좋아한다.
- 산을 좋아하는 사원은 여행 동아리 소속이다.
- 모든 여행 동아리 소속은 솔로이다.

① 어떤 마케팅팀 사원은 솔로이다.
② 여행 동아리 소속은 마케팅팀 사원이다.
③ 산을 좋아하는 모든 사원은 마케팅팀 사원이다.
④ 산을 좋아하는 어떤 사원은 여행 동아리 소속이 아니다.

15

- 민현이는 1995년에 태어났다.
- 재현이는 민현이보다 2년 늦게 태어났다.
- 정현이는 재현이보다 먼저 태어났다.

① 민현이의 나이가 가장 많다.
② 정현이의 나이가 가장 많다.
③ 정현이는 민현이보다 어리다.
④ 정현이는 1997년 이전에 태어났다.

16

- 갑과 을 앞에 감자칩, 쿠키, 비스킷이 놓여 있다.
- 세 가지의 과자 중에는 각자 좋아하는 과자가 반드시 있다.
- 갑은 감자칩과 쿠키를 싫어한다.
- 을이 좋아하는 과자는 갑이 싫어하는 과자이다.

① 갑은 좋아하는 과자가 없다.
② 갑은 비스킷을 싫어한다.
③ 을은 비스킷을 싫어한다.
④ 갑과 을이 같이 좋아하는 과자가 있다.

17

- A가 외근을 나가면 B도 외근을 나간다.
- A가 외근을 나가면 D도 외근을 나간다.
- D가 외근을 나가면 E도 외근을 나간다.
- C가 외근을 나가지 않으면 B도 외근을 나가지 않는다.
- D가 외근을 나가지 않으면 C도 외근을 나가지 않는다.

① B가 외근을 나가면 A도 외근을 나간다.
② D가 외근을 나가면 C도 외근을 나간다.
③ A가 외근을 나가면 E도 외근을 나간다.
④ C가 외근을 나가지 않으면 D도 외근을 나가지 않는다.

18

- 다음은 서로 다른 밝기 등급(1 ~ 5등급)을 가진 A ~ E별의 밝기를 측정하였다.
- 1등급이 가장 밝은 밝기의 등급이다.
- A별은 가장 밝지도 않고, 두 번째로 밝지도 않다.
- B별은 C별보다 밝고, E별보다 어둡다.
- C별은 D별보다 밝고, A별보다 어둡다.
- E별은 A별보다 밝다.

① A별의 밝기 등급은 4등급이다.
② A ~ E별 중 B별이 가장 밝다.
③ 어느 별이 가장 어두운지 확인할 수 없다.
④ 별의 밝기 등급에 따라 순서대로 나열하면 'E – B – A – C – D'이다.

19

- 정수, 영수, 영호, 재호, 경호 5명은 시력 검사를 하였다.
- 정수의 시력은 1.2이다.
- 정수의 시력은 영수의 시력보다 0.5 높다.
- 영호의 시력은 정수보다 낮고 영수보다 높다.
- 영호의 시력보다 낮은 재호의 시력은 0.6 ~ 0.8이다.
- 경호의 시력은 0.6 미만으로 안경을 새로 맞춰야 한다.

① 영호의 시력은 1.0 이상이다.
② 경호의 시력이 가장 낮은 것은 아니다.
③ 정수의 시력이 가장 높다.
④ 재호의 시력은 영수의 시력보다 높다.

20

- 가장 큰 B종 공룡보다 A종 공룡은 모두 크다.
- 일부의 C종 공룡은 가장 큰 B종 공룡보다 작다.
- 가장 큰 D종 공룡보다 B종 공룡은 모두 크다.

① 가장 작은 A종 공룡만 한 D종 공룡이 있다.
② 가장 작은 C종 공룡만 한 D종 공룡이 있다.
③ 어떤 C종 공룡은 가장 작은 A종 공룡보다 작다.
④ 어떤 A종 공룡은 가장 큰 C종 공룡보다 작다.

CHAPTER 03 지각능력검사 핵심이론

1. 도형의 회전·대칭

(1) 180° 회전한 도형은 좌우와 상하가 모두 대칭이 된 모양이 된다.

(2) 시계 방향으로 90° 회전한 도형은 시계 반대 방향으로 270° 회전한 도형과 같다.

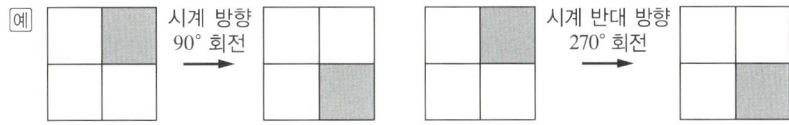

(3) 좌우 반전 → 좌우 반전, 상하 반전 → 상하 반전은 같은 도형이 된다.

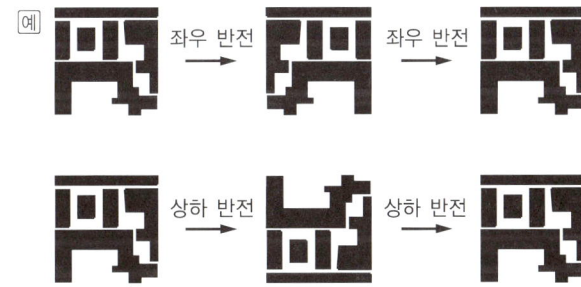

(4) 도형을 거울에 비친 모습은 방향에 따라 좌우 또는 상하로 대칭된 모습이 나타난다.

2. 블록의 개수

(1) 밑에서 위쪽으로 차근차근 세어간다.

(2) 층별로 나누어 세면 수월하다.

(3) 숨겨져 있는 부분을 정확히 찾아내는 연습이 필요하다.

(4) 빈곳에 블록을 채워서 세면 쉽게 해결된다.

예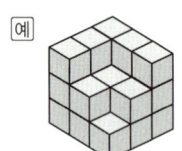

1층 : 9개

2층 : 8개

3층 : 5개

블록의 총 개수는 9+8+5=22개

예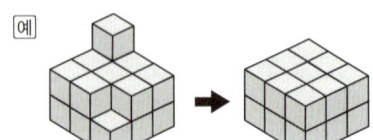

블록의 총 개수는 9×2=18개

3. 블록의 최대·최소 개수

(1) **최대 개수** : 앞면과 측면의 층별 블록의 개수의 곱의 합

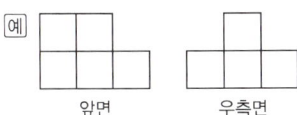

(앞면 1층 블록의 수)×(측면 1층 블록의 수)+(앞면 2층 블록의 수)×(측면 2층 블록의 수)
→ 3×3+2×1=11개

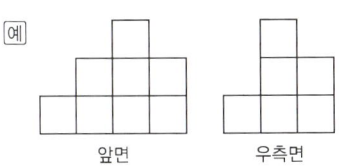

→ 4×3+3×2+1×1=19개

(2) **최소 개수** : (앞면 블록의 수)+(측면 블록의 수)−(중복되는 블록의 수)

※ 중복되는 블록의 수 : 앞면과 측면에 대해 행이 아닌(즉, 층별이 아닌) 열로 비교했을 때, 블록의 수가 같은 두 열에서 한 열의 블록의 수들의 합(즉, 열에 대하여 블록의 수를 각각 표기했을 때, 앞면과 측면에 공통으로 나온 숫자들의 합을 구하면 된다)

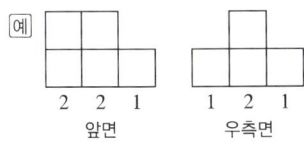

공통으로 나온 숫자는 다음과 같다. 앞면 : (②, 2, ①), 우측면 : (①, ②, 1)
→ 중복되는 블록의 수 : 1+2=3개
　최소 개수 : 5+4−3=6개

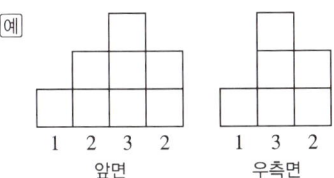

공통으로 나온 숫자는 다음과 같다. 앞면 : (①, ②, ③, 2), 우측면 : (①, ③, ②)
→ 중복되는 블록의 수 : 1+2+3=6개
　최소 개수 : 8+6−6=8개

4. 블록의 면적

(1) 사각형 한 단면의 면적은 '(가로)×(세로)'이다.

(2) 입체도형의 면적을 구할 때는 상하, 좌우, 앞뒤로 계산한다.

(3) 각각의 면의 면적을 합치면 전체 블록의 면적이 된다.

[예]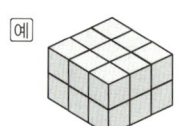

바닥면의 면적은 제외하고 블록 하나의 면적을 1이라 하면
윗면 : 9
옆면 : 6×4=24
쌓여 있는 블록의 면적은 24+9=33이다.

CHAPTER 03 지각능력검사 적중예상문제

정답 및 해설 p.051

01 ▶ 사무지각

대표유형 1   오름차순

다음 제시된 문자를 오름차순으로 나열하였을 때 3번째에 오는 문자는?

> vi iv v ix vii viii

① iv
② ix
③ vi
④ v

| 해설 | 제시된 문자를 오름차순으로 나열하면 'iv – v –vi – vii– viii– ix'이므로 3번째에 오는 문자는 'vi'이다.

정답 ③

01 다음 제시된 문자를 오름차순으로 나열하였을 때 3번째에 오는 문자는?

① ㄱ
② ㅂ
③ E
④ B

02 다음 제시된 문자를 오름차순으로 나열하였을 때 2번째에 오는 문자는?

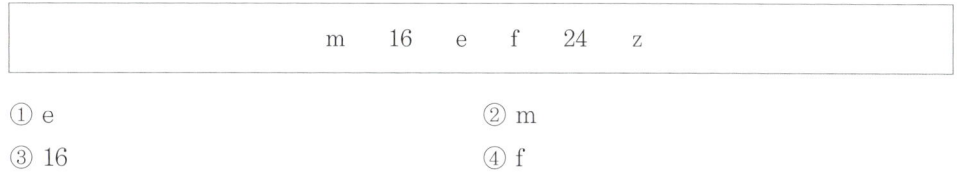

① e
② m
③ 16
④ f

03 다음 제시된 문자를 오름차순으로 나열하였을 때 3번째에 오는 문자는?(단, 모음은 일반모음 10개만 세는 것을 기준으로 한다)

ㅈ   D   E   ㅏ   ㅂ   ㅠ

① E
② D
③ ㅂ
④ ㅈ

04 다음 제시된 문자를 오름차순으로 나열하였을 때 4번째에 오는 문자는?(단, 모음은 일반모음 10개만 세는 것을 기준으로 한다)

ㅇ   ㅎ   ㅅ   ㅓ   ㅑ   ㅁ

① ㅓ
② ㅁ
③ ㅇ
④ ㅅ

05 다음 제시된 문자를 오름차순으로 나열하였을 때 3번째에 오는 문자는?(단, 모음은 일반모음 10개만 세는 것을 기준으로 한다)

| ㄱ   ㅈ   B   R   ㅗ   ㅣ |

① ㄱ ② ㅗ
③ B ④ R

06 다음 제시된 문자를 오름차순으로 나열하였을 때 5번째에 오는 문자는?(단, 모음은 일반모음 10개만 세는 것을 기준으로 한다)

| ㄱ   ㅑ   ㅁ   ㅓ   ㅍ   ㅣ |

① ㅁ ② ㅓ
③ ㅍ ④ ㅣ

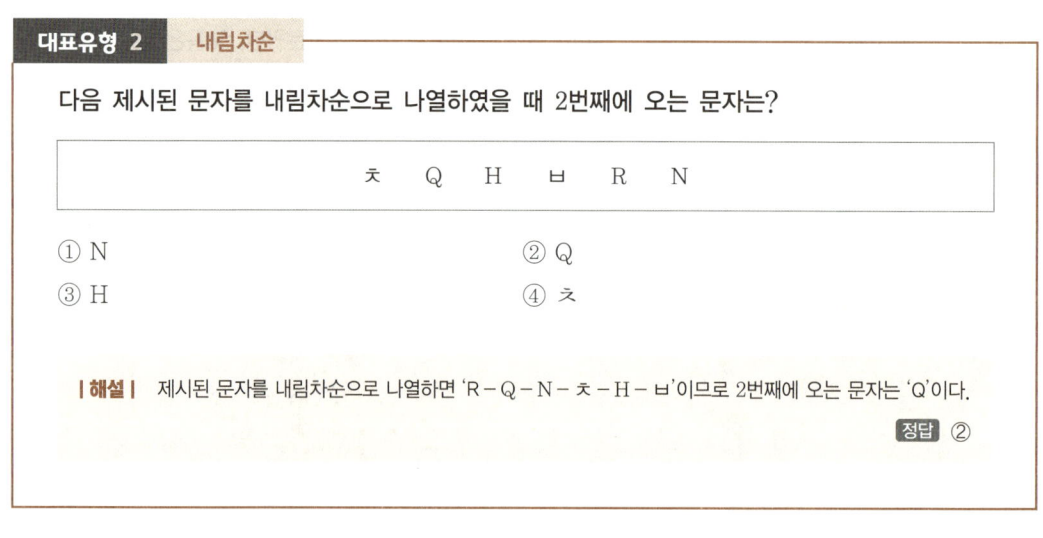

07 다음 제시된 문자를 내림차순으로 나열하였을 때 2번째에 오는 문자는?

| K ㅈ ㅅ S A U |

① S　　　　　　　　② U
③ ㅈ　　　　　　　　④ ㅅ

08 다음 제시된 문자를 내림차순으로 나열하였을 때 3번째에 오는 문자는?

| ㅎ 四 ㅌ Y U 三 |

① ㅎ　　　　　　　　② Y
③ U　　　　　　　　④ 四

09 다음 제시된 문자를 내림차순으로 나열하였을 때 5번째에 오는 문자는?

| 뮤 큐 튜 뉴 휴 뷰 |

① 뉴　　　　　　　　② 뮤
③ 휴　　　　　　　　④ 뷰

10 다음 제시된 문자나 수를 내림차순으로 나열하였을 때 5번째에 오는 문자나 수는?

나　5　카　12　하　6

① 나　　　　　　　　　　② 5
③ 하　　　　　　　　　　④ 6

11 다음 제시된 문자를 내림차순으로 나열하였을 때 4번째에 오는 문자는?(단, 모음은 일반모음 10개만 세는 것을 기준으로 한다)

ㅏ　ㅗ　ㅠ　ㅡ　ㅑ　ㅓ

① ㅓ　　　　　　　　　　② ㅗ
③ ㅑ　　　　　　　　　　④ ㅠ

12 다음 제시된 문자를 내림차순으로 나열하였을 때 6번째에 오는 문자는?(단, 모음은 일반모음 10개만 세는 것을 기준으로 한다)

ㅕ　ㅗ　ㅊ　ㅜ　ㅂ　ㄷ

① ㅂ　　　　　　　　　　② ㅗ
③ ㄷ　　　　　　　　　　④ ㅕ

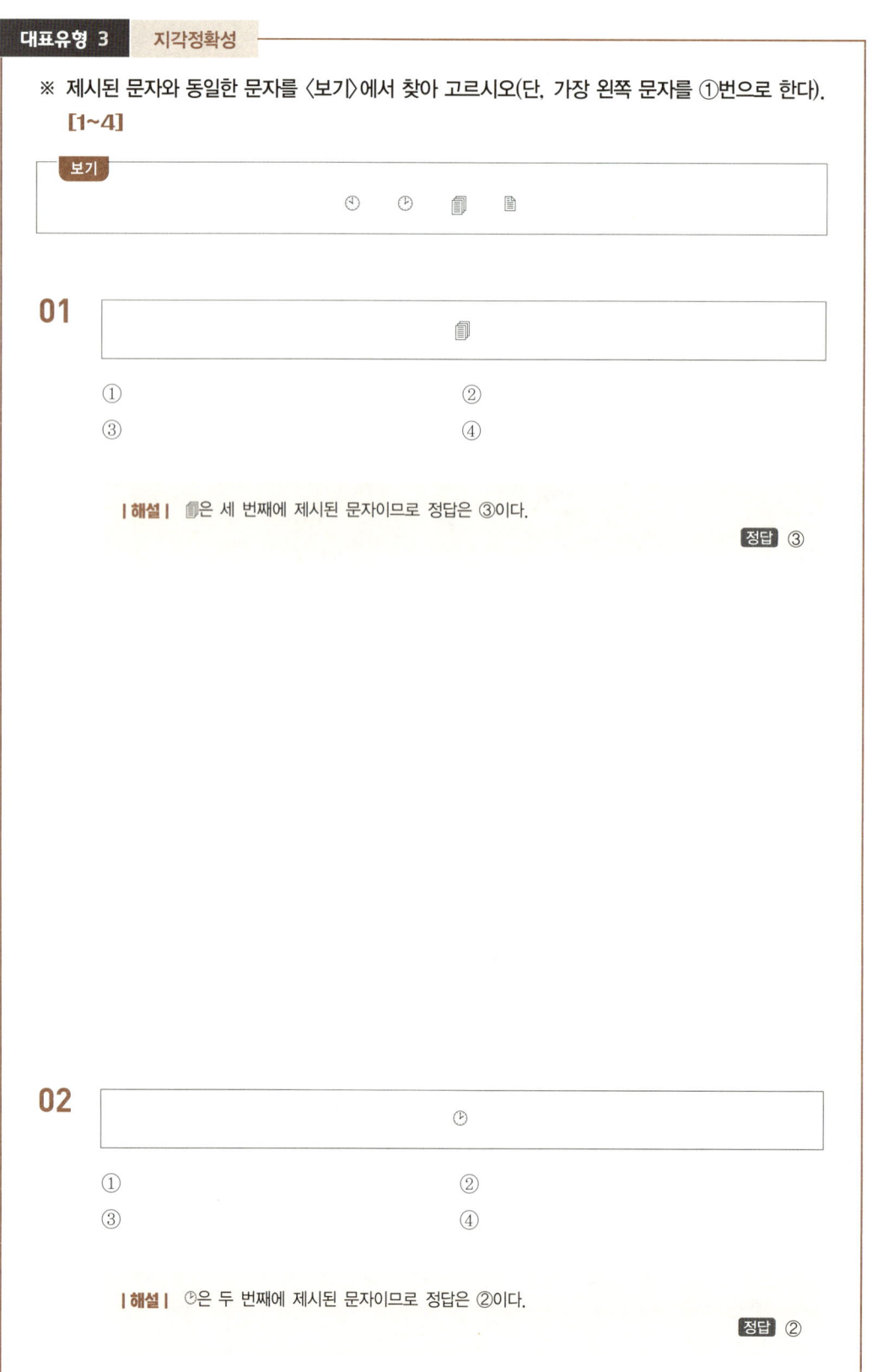

03

| 📄 |

① ②
③ ④

| 해설 | 📄은 네 번째에 제시된 문자이므로 정답은 ④이다.

정답 ④

04

| 🕓 |

① ②
③ ④

| 해설 | 🕓은 첫 번째에 제시된 문자이므로 정답은 ①이다.

정답 ①

※ 제시된 문자와 동일한 문자를 〈보기〉에서 찾아 고르시오(단, 가장 왼쪽 문자를 ①번으로 한다).
   [13~16]

보기
👊　✐　⑪　☁

13

☁

① ②
③ ④

14

⑪

① ②
③ ④

15

👊

① ②
③ ④

16

✐

① ②
③ ④

※ 제시된 문자와 동일한 문자를 〈보기〉에서 찾아 고르시오(단, 가장 왼쪽 문자를 ①번으로 한다).
[17~20]

보기
↙   ↘   ↙   ↗

17

↙

① ②
③ ④

18

↗

① ②
③ ④

19

↙

① ②
③ ④

20

↘

① ②
③ ④

※ 제시된 문자와 동일한 문자를 〈보기〉에서 찾아 고르시오(단, 가장 왼쪽 문자를 ①번으로 한다).
[21~24]

보기
▤　▥　▧　▨

21

▧

① ②
③ ④

22

▨

① ②
③ ④

23

▥

① ②
③ ④

24

▤

① ②
③ ④

※ 제시된 문자와 동일한 문자를 〈보기〉에서 찾아 고르시오(단, 가장 왼쪽 문자를 ①번으로 한다).
[25~28]

> **보기**
> ⋈   ⋊   ⋈   ⋏

25 ⋈

① ② ③ ④

26 ⋊

① ② ③ ④

27 ⋈

① ② ③ ④

28 ⋏

① ② ③ ④

※ 제시된 문자와 동일한 문자를 〈보기〉에서 찾아 고르시오(단, 가장 왼쪽 문자를 ①번으로 한다).
[29~32]

보기
⊗   ⊖   ⊕   ⊘

29

⊖

① ②
③ ④

30

⊕

① ②
③ ④

31

⊗

① ②
③ ④

32

⊘

① ②
③ ④

※ 제시된 문자와 동일한 문자를 〈보기〉에서 찾아 고르시오(단, 가장 왼쪽 문자를 ①번으로 한다).
[33~36]

보기
◎   ≪   ■   ◆

33

≪

① ②
③ ④

34

◆

① ②
③ ④

35

■

① ②
③ ④

36

◎

① ②
③ ④

※ 제시된 문자와 동일한 문자를 〈보기〉에서 찾아 고르시오(단, 가장 왼쪽 문자를 ①번으로 한다).
[37~40]

> **보기**
> ⊘   ◣   ⊡   ♀

37

| ⊘ |

①   ②
③   ④

38

| ♀ |

①   ②
③   ④

39

| ◣ |

①   ②
③   ④

40

| ⊡ |

①   ②
③   ④

02 ▶ 공간지각

대표유형 1 도형찾기

다음 중 제시된 도형과 같은 것은?(단, 도형을 회전시킬 수 있다)

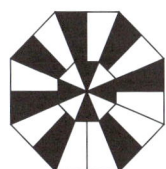

① 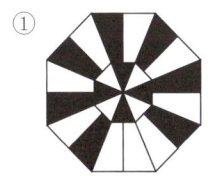   ②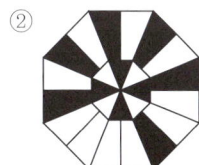

③ 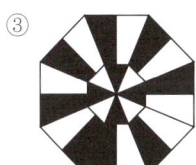   ④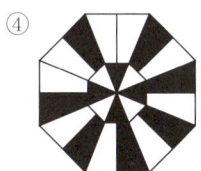

| 해설 | ④는 제시된 도형을 180° 회전한 것이다.

정답 ④

※ 다음 중 제시된 도형과 같은 것을 고르시오. [1~6]

01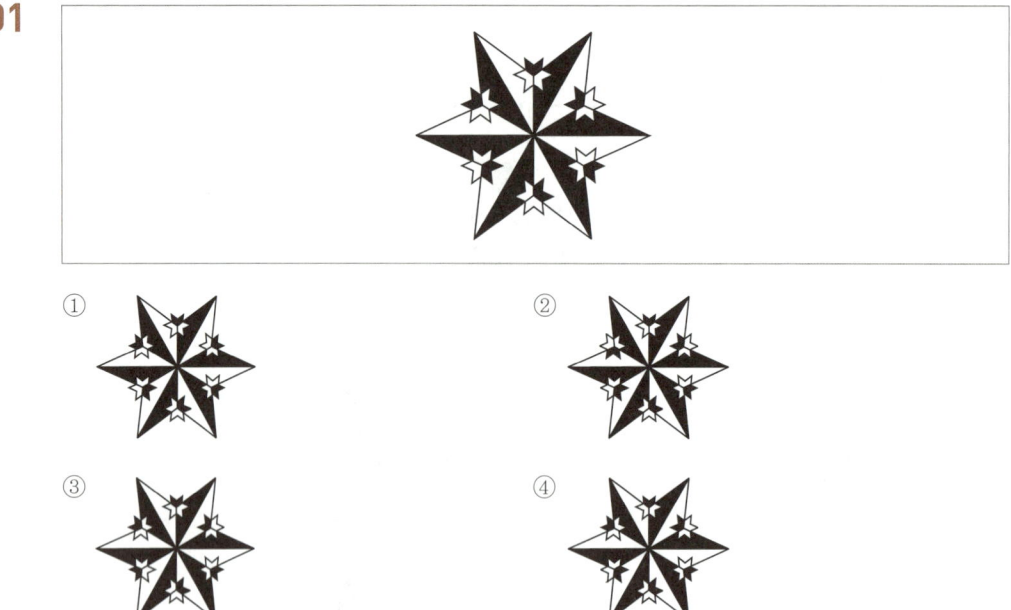

02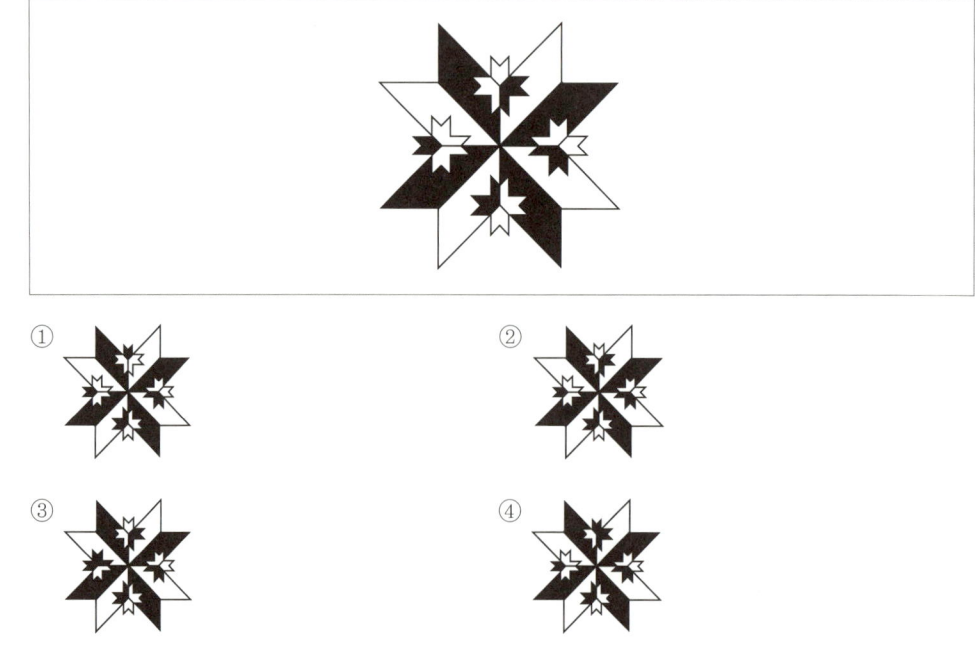

03

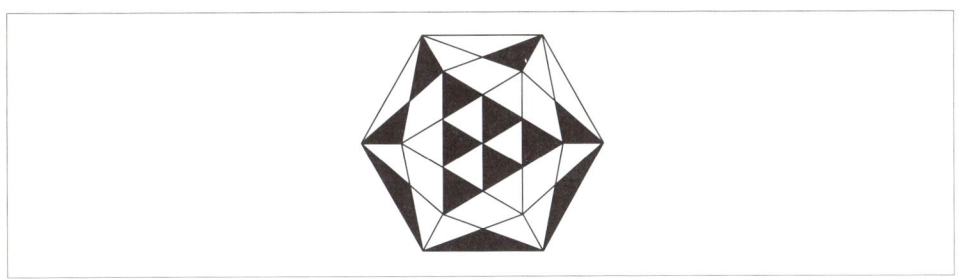

①    ②

③    ④

04

①    ②

③    ④

05

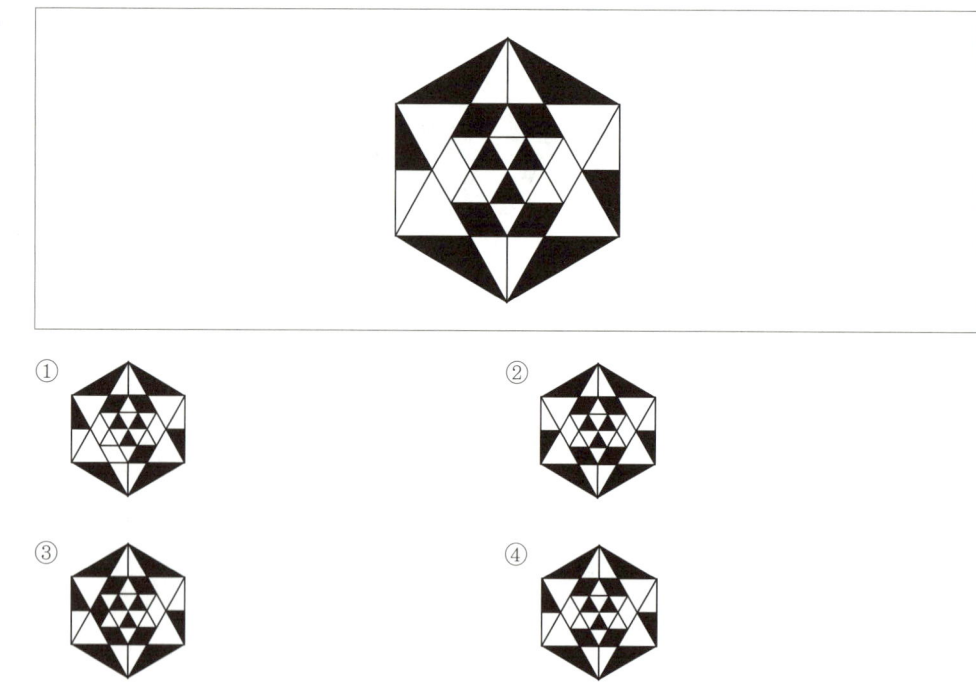

06

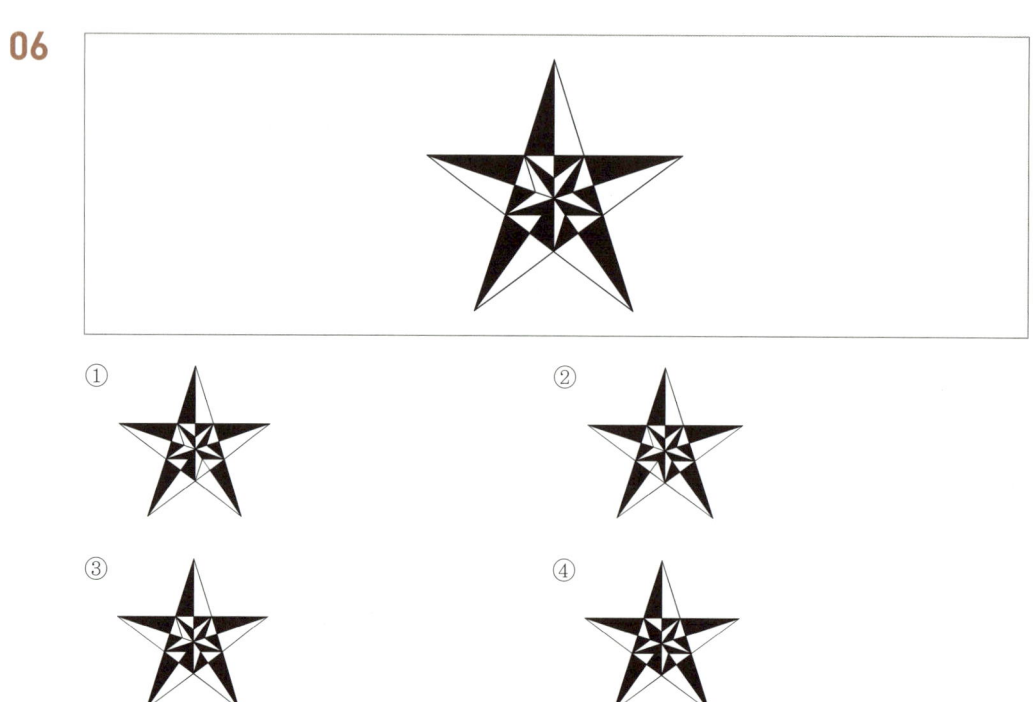

※ 다음 중 나머지 도형과 다른 것을 고르시오. [7~11]

07

① 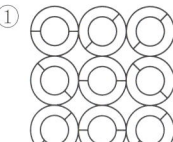 ②

③  ④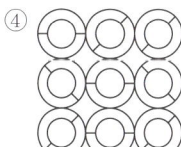

08

①  ②

③  ④

09

① 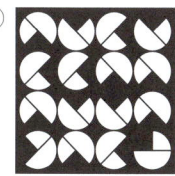 ②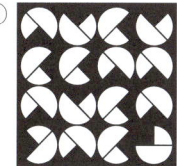

③ 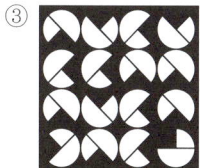 ④

10 ① 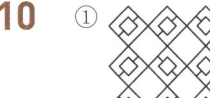 ②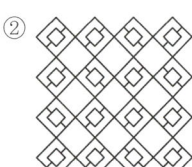

③  ④

11 ①  ②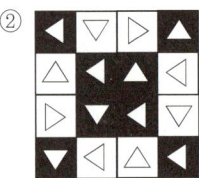

③ 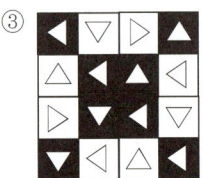 ④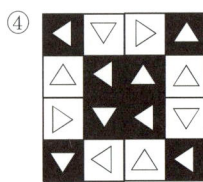

대표유형 2　블록

다음 블록의 개수는 몇 개인가?(단, 보이지 않는 곳의 블록은 있다고 가정한다)

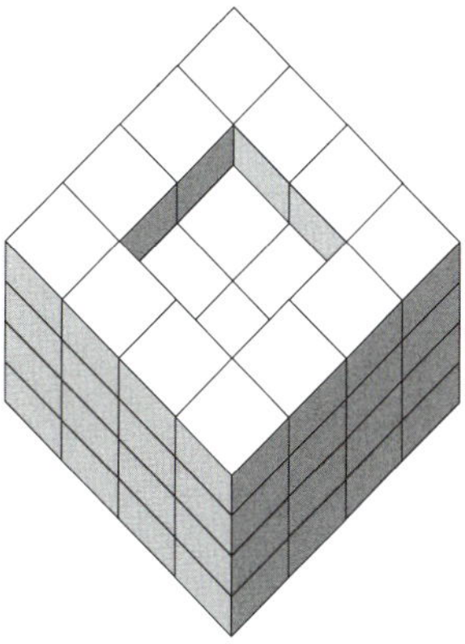

① 56개　　　　　　　　　　② 60개
③ 64개　　　　　　　　　　④ 68개

|해설| $(4 \times 4 \times 4) - (2 \times 2 \times 1) = 64 - 4 = 60$개

정답 ②

※ 다음 블록의 개수는 몇 개인지 고르시오(단, 보이지 않는 곳의 블록은 있다고 가정한다). **[12~22]**

12

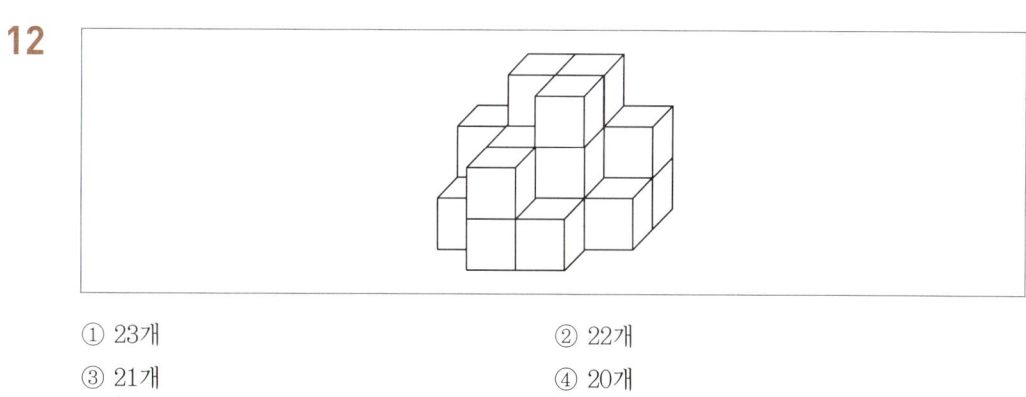

① 23개　　　　　　　　　　② 22개
③ 21개　　　　　　　　　　④ 20개

13

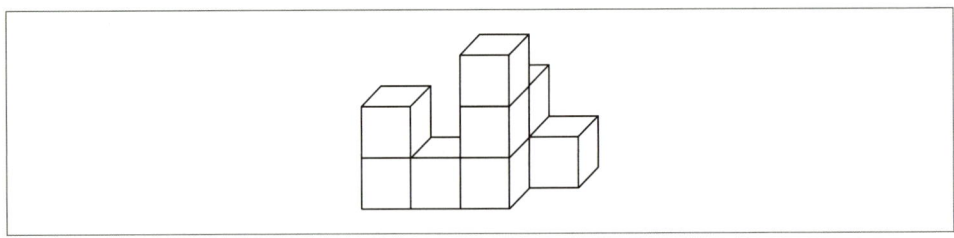

① 8개　　　　　② 9개
③ 10개　　　　 ④ 11개

14

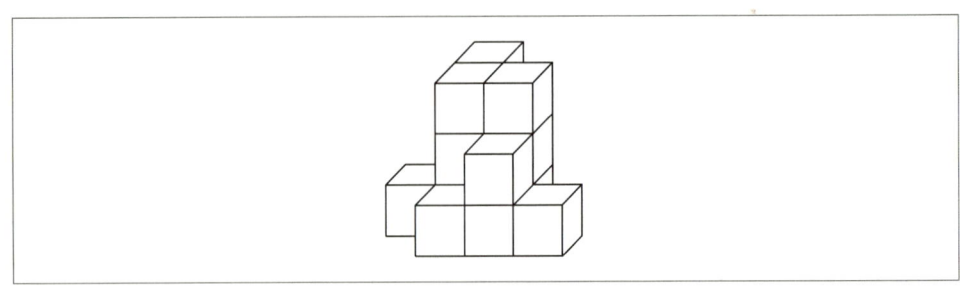

① 12개　　　　② 13개
③ 14개　　　　④ 15개

15

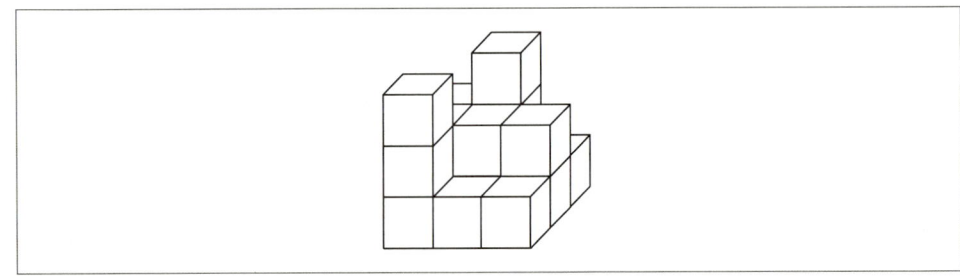

① 15개　　　　② 16개
③ 17개　　　　④ 18개

16

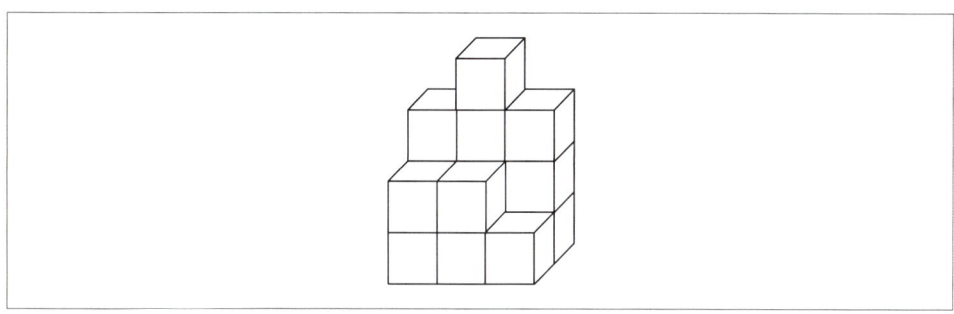

① 15개 ② 16개
③ 17개 ④ 18개

17

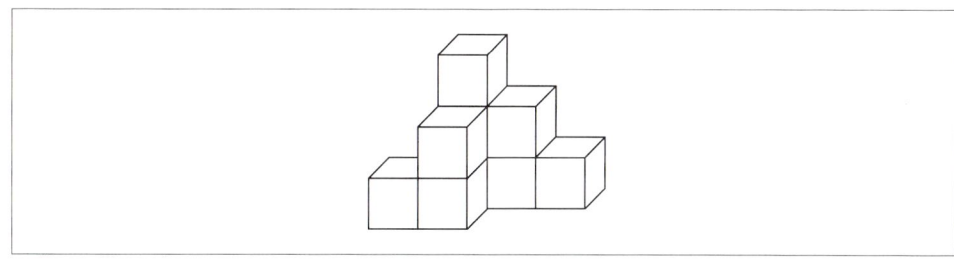

① 8개 ② 9개
③ 10개 ④ 11개

18

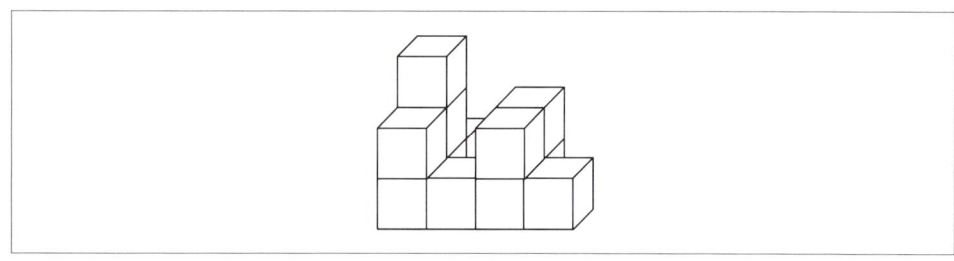

① 10개 ② 11개
③ 12개 ④ 13개

19

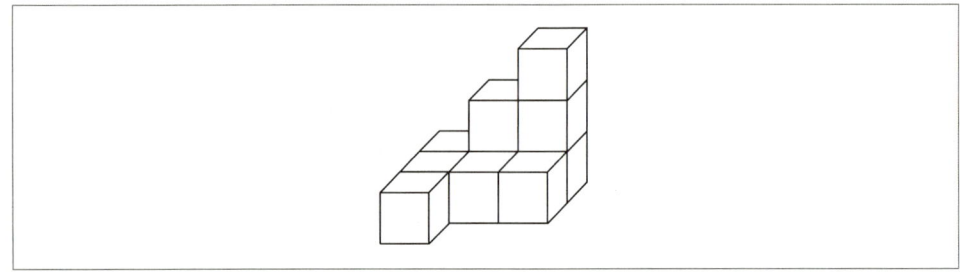

① 10개　　　　　　　　② 11개
③ 12개　　　　　　　　④ 13개

20

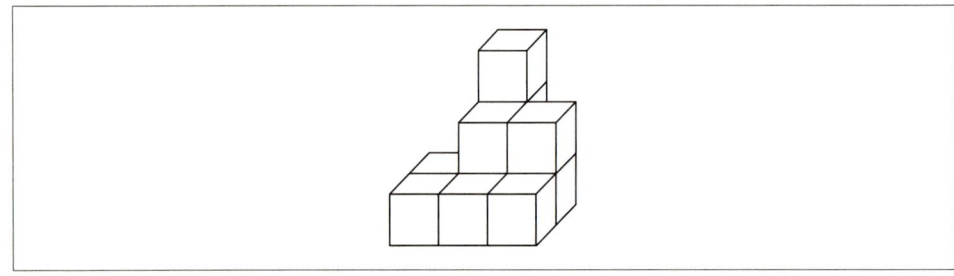

① 10개　　　　　　　　② 11개
③ 12개　　　　　　　　④ 13개

21

① 10개 ② 11개
③ 12개 ④ 13개

22

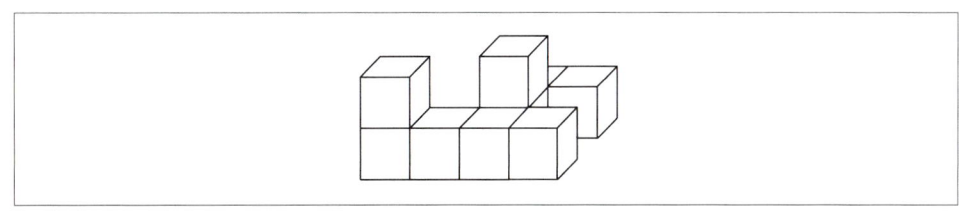

① 8개 ② 9개
③ 10개 ④ 11개

PART 3

최종점검 모의고사

제1회 최종점검 모의고사

제2회 최종점검 모의고사

삼성 온라인 GSAT 5급	
도서 동형 온라인 실전연습 서비스	ATSG-00000-A8F06

제1회 최종점검 모의고사

☑ 응시시간 : 45분   ☑ 문항 수 : 120문항   정답 및 해설 p.058

01 ▶ 수리능력검사

※ 다음 식을 계산한 값으로 옳은 것을 고르시오. **[1~20]**

01

$$6 \times \frac{21}{6} \times 2 \times \frac{5}{2}$$

① 24　　　　　　　② 56
③ 105　　　　　　　④ 134

02

$$342 \div 6 \times 13 - 101$$

① 610　　　　　　　② 620
③ 630　　　　　　　④ 640

03

$$(6^3 - 3^4) \times 15 + 420$$

① 4,019　　　　　　② 2,412
③ 2,420　　　　　　④ 2,445

04

$$(0.8371-0.2823)\times 25$$

① 13.24　　　② 13.49
③ 13.87　　　④ 14.62

05

$$(59,378-36,824)\div 42$$

① 532　　　② 537
③ 582　　　④ 594

06

$$0.901+5.468-2.166$$

① 2.194　　　② 4.203
③ 6.206　　　④ 8.535

07

$$(102+103+104+105+106)\div 5$$

① 104　　　② 105
③ 114　　　④ 115

08

$$14.9\times(3.56-0.24)$$

① 46.417
② 47.427
③ 48.492
④ 49.468

09

$$291-14\times17+22$$

① 75
② 92
③ 4,538
④ 4,731

10

$$(79+79+79+79)\times25$$

① 781
② 7,810
③ 790
④ 7,900

11

$$12\times8-4\div2$$

① 82
② 94
③ 100
④ 112

12

$$13 \times 14 - 300 \div 3 + 5$$

① 87
② 137
③ 142
④ 147

13

$$\frac{27}{8} \times \frac{42}{9} + \frac{21}{8} \times \frac{36}{49}$$

① $\frac{495}{28}$
② $\frac{460}{28}$
③ $\frac{475}{27}$
④ $\frac{435}{27}$

14

$$79,999 + 7,999 + 799 + 79$$

① 88,866
② 88,876
③ 88,886
④ 88,896

15

$$(78,201 + 76,104) \div 405$$

① 271
② 298
③ 381
④ 397

16

$$1{,}113 \div 371 + 175$$

① 178　　② 188
③ 189　　④ 199

17

$$214 - 9 \times 13$$

① 97　　② 98
③ 99　　④ 107

18

$$(14 + 4 \times 3) \div 2$$

① 11　　② 12
③ 13　　④ 14

19

$$(16 + 4 \times 5) \div 4$$

① 7　　② 8
③ 9　　④ 10

20

$$2{,}170+1{,}430\times 6$$

① 10,750 ② 10,751
③ 10,752 ④ 10,753

21 희경이의 회사는 본사에서 지점까지의 거리가 총 50km이다. 버스를 타고 60km/h의 속력으로 20km를 갔더니 지점에서의 미팅시간이 얼마 남지 않아서, 택시로 바꿔 타고 90km/h의 속력으로 갔더니 오후 3시에 도착할 수 있었다. 본사에서 출발한 시각은 언제인가?(단, 본사에서 출발하여 버스를 기다린 시간과 버스에서 택시로 바꿔 탄 시간은 생각하지 않는다)

① 오후 1시 40분 ② 오후 2시
③ 오후 2시 20분 ④ 오후 2시 40분

22 유속 10m/s로 흐르는 강물에서 유진이는 일정한 속력으로 움직이는 배를 타고 있다. 배가 내려올 때의 속력이 반대로 올라갈 때 속력의 1.5배와 같을 때, 배 자체의 속력은 몇 m/s인가?

① 45m/s ② 50m/s
③ 55m/s ④ 60m/s

23 현재 아버지의 나이는 35세, 아들은 10세이다. 아버지 나이가 아들 나이의 2배가 되는 것은 몇 년 후인가?

① 5년 후 ② 10년 후
③ 15년 후 ④ 20년 후

24 1부터 200까지의 숫자 중 약수가 3개인 수는 몇 개인가?

① 5개　　　　　　　　　　② 6개
③ 7개　　　　　　　　　　④ 8개

25 그릇 A에는 농도 9%의 소금물 200g, 그릇 B에는 농도 4%의 소금물 150g이 있다. 그릇 A에서 100g의 소금물을 그릇 B로 옮겼을 때, 그릇 B에 들어있는 소금물의 농도는 몇 %인가?

① 4.5%　　　　　　　　　② 5%
③ 5.5%　　　　　　　　　④ 6%

26 김사원은 제품 A, B를 주문하려고 하는데, 제품 A는 1개에 600원이고, 제품 B는 1개에 1,000원이다. 김사원이 거스름돈을 전혀 남기지 않고 12,000원으로 A와 B를 살 수 있는 방법의 수는?(단, A만 모두 사거나 B만 모두 사는 것도 가능하다)

① 4가지　　　　　　　　　② 5가지
③ 6가지　　　　　　　　　④ 7가지

27 민우, 현호, 용재, 경섭, 진수가 일렬로 줄을 설 때 양 끝에 현호와 진수가 서게 될 확률은 $\dfrac{b}{a}$이다. $a+b$는?(단, a와 b는 서로소이다)

① 9　　　　　　　　　　　② 10
③ 11　　　　　　　　　　 ④ 12

28 어떤 회사에는 속도가 다른 승강기 A, B가 있다. A승강기는 1초에 1층씩 움직이며, B승강기는 1초에 2층씩 움직인다. 1층에서 A승강기를 타고 올라간 사람과 15층에서 B승강기를 타고 내려가는 사람이 동시에 엘리베이터에 탔다면 두 사람은 몇 층에서 같은 층이 되는가?

① 4층 ② 5층
③ 6층 ④ 7층

29 D사원은 비품 구입을 위해 1자루에 500원 하는 볼펜과 1자루에 700원 하는 색연필을 합하여 12자루를 샀다. 구입한 비품을 같이 구매한 1,000원짜리 상자에 넣고 총금액으로 8,600원을 지불했을 때, D사원이 구입한 볼펜은 몇 자루인가?

① 7자루 ② 6자루
③ 5자루 ④ 4자루

30 남자 2명, 여자 3명 중 2명의 대표를 선출하고자 한다. 이때, 대표가 모두 여자로 선출될 확률은?

① 70% ② 60%
③ 50% ④ 30%

※ 다음은 아시아 국가별 평균 교육기간을 나타낸 그래프이다. 이어지는 질문에 답하시오. [31~32]

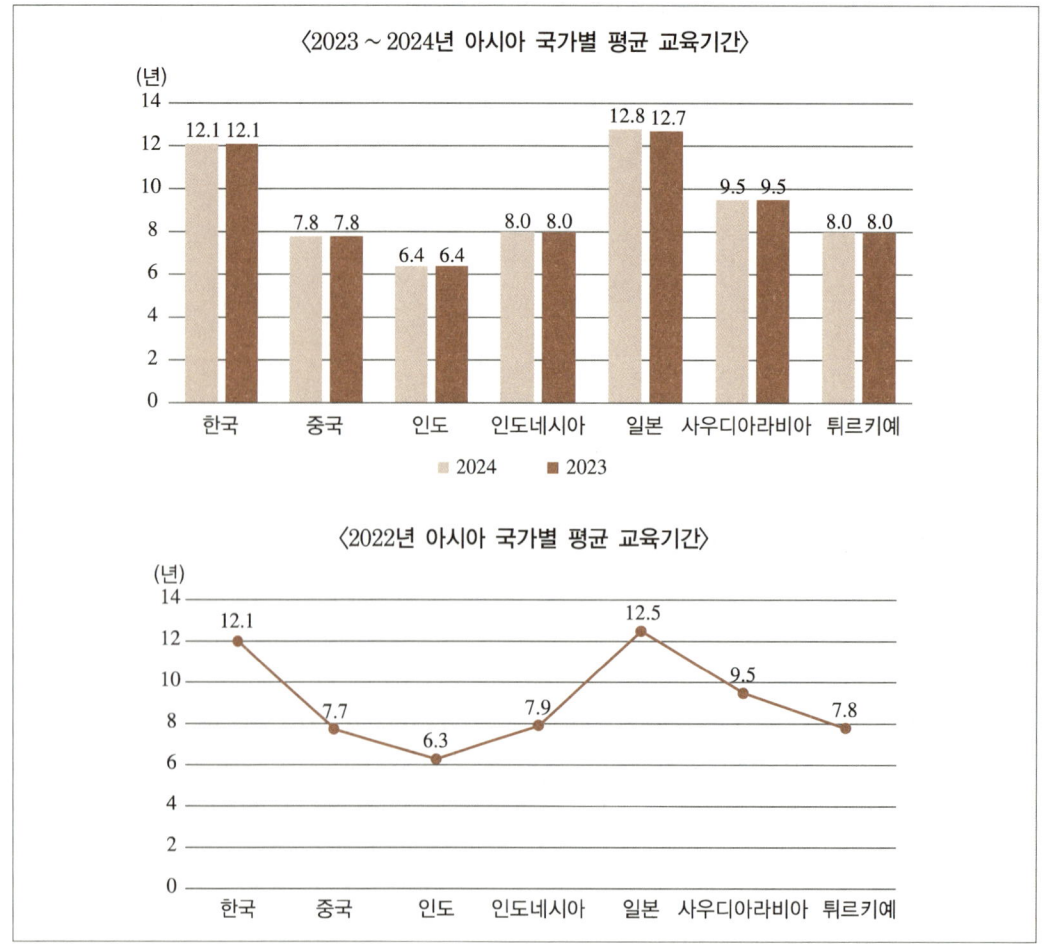

31 위 자료에 대한 설명 중 옳지 않은 것은?

① 한국은 2022 ~ 2024년까지의 평균 교육기간은 동일하다.
② 2022년보다 2023년의 평균 교육기간이 높아진 국가는 5개국이다.
③ 2023년과 2024년의 아시아 각 국가의 평균 교육기간은 동일하다.
④ 2022 ~ 2024년 동안 매년 평균 교육기간이 8년 이하인 국가는 4개국이다.

32 2022년에 평균 교육기간이 8년 이하인 국가들의 평균 교육기간의 평균은 얼마인가?

① 7.105년   ② 7.265년
③ 7.425년   ④ 7.595년

※ 다음은 20대 이상 성인에게 종이책 독서에 관한 설문조사를 한 자료이다. 이어지는 질문에 답하시오.
[33~34]

〈20대 이상 성인의 종이책 독서 현황〉

(단위 : %)

구분		사례 수(명)	읽음	읽지 않음
전체		6,000	59.9	40.1
성별	남성	2,988	58.2	41.8
	여성	3,012	61.5	38.5
연령별	20대	1,070	73.5	26.5
	30대	1,071	68.9	31.1
	40대	1,218	61.9	38.1
	50대	1,190	52.2	47.8
	60대 이상	1,451	47.8	52.2

※ '읽음'과 '읽지 않음'의 비율은 소수점 둘째 자리에서 반올림한 값임

33 위 자료에 대한 설명으로 옳지 않은 것은?(단, 인원은 소수점 첫째 자리에서 반올림한다)

① 모든 연령대에서 '읽음'의 비율이 '읽지 않음'보다 높다.
② 여성이 남성보다 종이책 독서를 하는 비율이 3%p 이상 높다.
③ 사례 수가 가장 적은 연령대의 '읽지 않음'을 선택한 인원은 250명 이상이다.
④ 40대의 '읽음'과 '읽지 않음'을 선택한 인원의 차이는 290명이다.

34 여성과 남성의 사례 수가 각각 3,000명이라면 '읽음'을 선택한 여성과 남성의 인원은 총 몇 명인가?

① 3,150명
② 3,377명
③ 3,591명
④ 3,782명

※ 다음은 2020 ~ 2021년 초등학교, 중학교, 고등학교를 대상으로 교육비 현황을 조사한 자료이다. 이어지는 질문에 답하시오. [35~37]

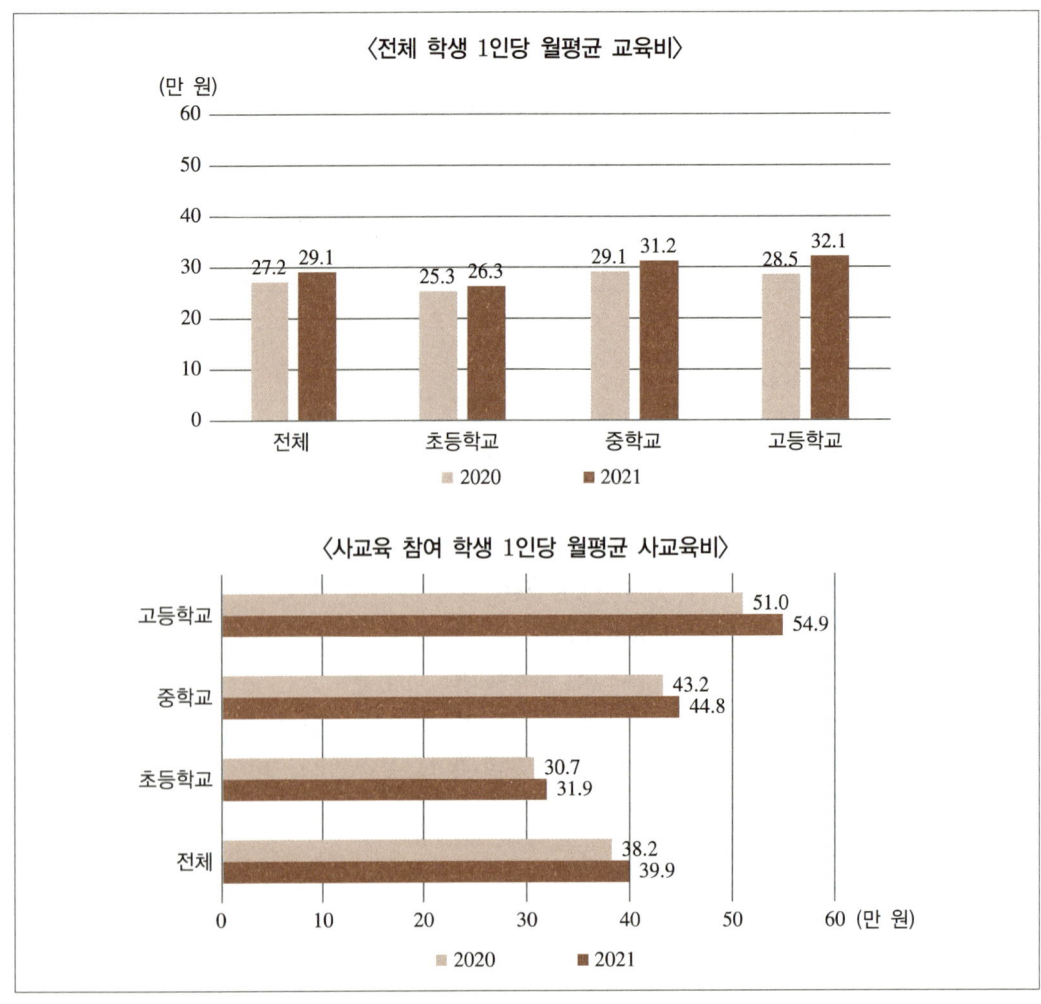

35 2020년 전체 학생 수가 1,500명이고, 초등학생의 수는 800명이었다. 전체 학생의 월간 총 교육비 대비 초등학생의 월간 총 교육비의 비율은 몇 %인가?(단, 소수점 둘째 자리에서 반올림한다)

① 44.7% ② 47.3%
③ 48.2% ④ 49.6%

36 다음 〈보기〉 중 옳은 것을 모두 고르면?(단, 소수점 둘째 자리에서 반올림한다)

보기
ㄱ. 2020년 대비 2021년 고등학생 1인당 월평균 교육비 증가율은 10% 이상이다.
ㄴ. 사교육 참여 학생 중 2021년 중학생 1인당 월평균 사교육비는 2020년 고등학생 1인당 월평균 사교육비보다 많다.
ㄷ. 2020년과 2021년 모두 사교육 참여 학생 1인당 월평균 사교육비는 상급학교일수록 많다.

① ㄱ ② ㄷ
③ ㄱ, ㄴ ④ ㄱ, ㄷ

37 2021년 중학교 전체 학생 수가 600명이고, 이 중 40%가 사교육에 참여한다고 한다. 중학교 전체 학생의 월간 총 교육비에서 사교육 참여 학생의 월간 총 사교육비가 차지하는 비중은 얼마인가? (단, 소수점 둘째 자리에서 반올림한다)

① 55.2% ② 57.4%
③ 62.5% ④ 66.8%

※ 다음은 S초등학교 남학생 500명과 여학생 450명의 도서 선호 분야를 비율로 나타낸 자료이다. 이어지는 질문에 답하시오. [38~40]

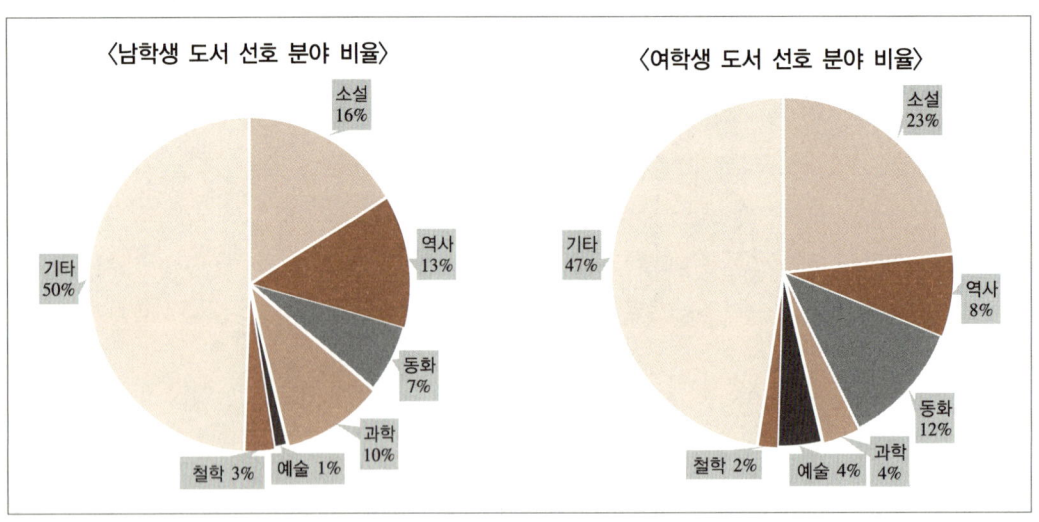

38 과학 분야를 선호하는 총 학생 수는 몇 명인가?

① 60명 ② 68명
③ 70명 ④ 75명

39 기타를 제외한 도서 선호 분야에서 남학생과 여학생 각각 가장 낮은 비율을 차지하는 분야의 학생 수를 구하려고 한다. 해당하는 분야의 총 학생 수의 10배는 몇 명인가?

① 104명 ② 115명
③ 126명 ④ 140명

40 다음 중 자료에 대한 설명으로 옳은 것은?

① 남학생과 여학생은 예술 분야보다 철학 분야를 더 선호한다.
② 과학 분야는 선호하는 여학생 비율이 선호하는 남학생 비율보다 높다.
③ 역사 분야는 선호하는 남학생 비율이 선호하는 여학생 비율의 2배 미만이다.
④ 동화 분야는 선호하는 여학생 비율이 선호하는 남학생 비율의 2배 이상이다.

02 ▶ 추리능력검사

※ 일정한 규칙으로 수를 나열할 때, 빈칸에 들어갈 알맞은 수를 고르시오. [1~4]

01

$$-3 \quad -9 \quad -21 \quad -72 \quad -147 \quad -576 \quad (\ )$$

① 65 ② -103
③ -114 ④ $-1,029$

02

$$15 \quad 31 \quad 16 \quad 30 \quad 17 \quad 29 \quad 18 \quad (\ )$$

① 26 ② 27
③ 28 ④ 29

03

$$6 \quad 16 \quad 25 \quad 33 \quad 40 \quad 46 \quad (\ )$$

① 20 ② 35
③ 41 ④ 51

04

$$56 \quad 59 \quad 65 \quad 74 \quad 86 \quad (\ )$$

① -64 ② -128
③ 101 ④ 307

※ 일정한 규칙으로 문자를 나열할 때, 빈칸에 들어갈 적절한 것을 고르시오. [5~8]

05 A D C F E H G ( )

① B ② J
③ N ④ Q

06 Z Y W T P K ( )

① E ② G
③ H ④ L

07 A G D J G M J P ( )

① D ② F
③ M ④ Q

08 D E G J K M P ( )

① H ② Q
③ R ④ S

※ 다음 〈조건〉을 보고 ?에 들어갈 문자를 고르시오. [9~10]

조건

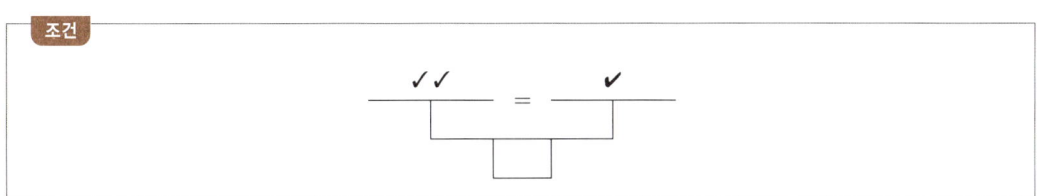

09

① ✓✓✓
② ✓✓✓✓
③ ✓✓✓✓✓
④ ✓✓✓✓✓✓

10

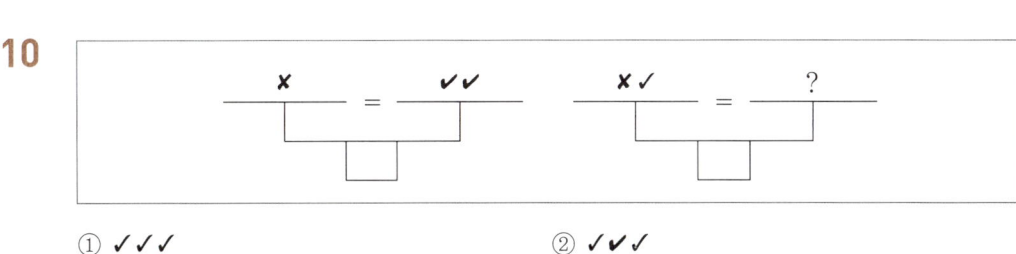

① ✓✓✓
② ✓✔✓
③ ✔✔✓
④ ✔✔✔

※ 다음 〈조건〉을 보고 ?에 들어갈 문자를 고르시오. [11~12]

조건

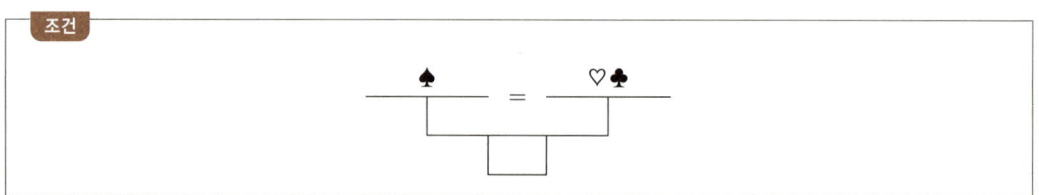

11

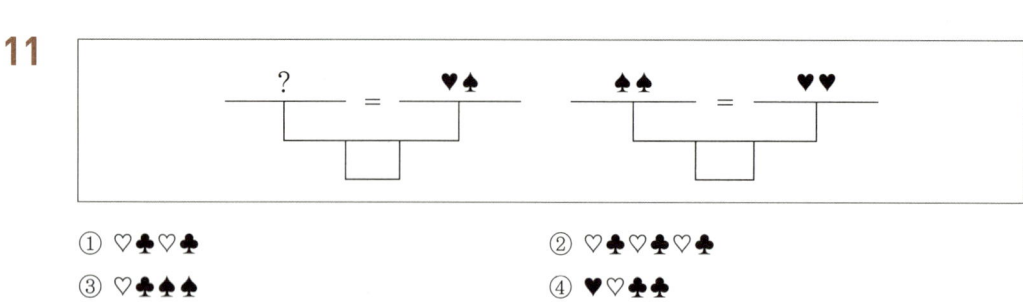

① ♡♣♡♣   ② ♡♣♣♡♣
③ ♡♣♣♠   ④ ♥♡♣♣

12

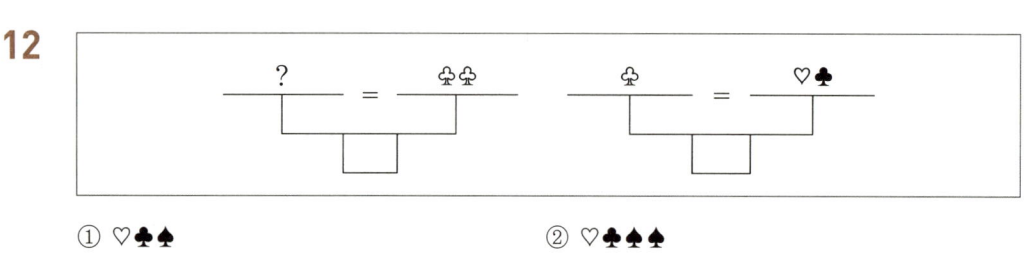

① ♡♣♠   ② ♡♣♠♠
③ ♡♣♡♣♠   ④ ♡♣♡♠

※ 다음 〈조건〉을 보고 ?에 들어갈 문자를 고르시오. [13~14]

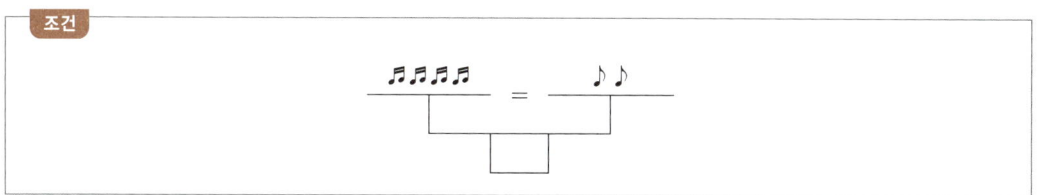

13

♩♩ = ?   ♩ = ♫

① ♪♪♪ ② ♫♫
③ ♫♪♪ ④ ♪♫

14

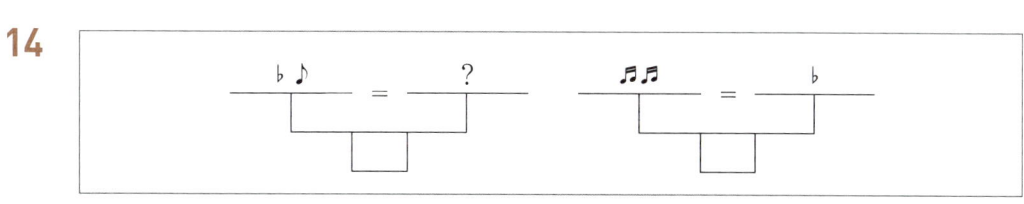

① ♫♫♫ ② ♫♫
③ ♫♫♫♫ ④ ♭♫♫

※ 다음 〈조건〉을 보고 ?에 들어갈 문자를 고르시오. [15~16]

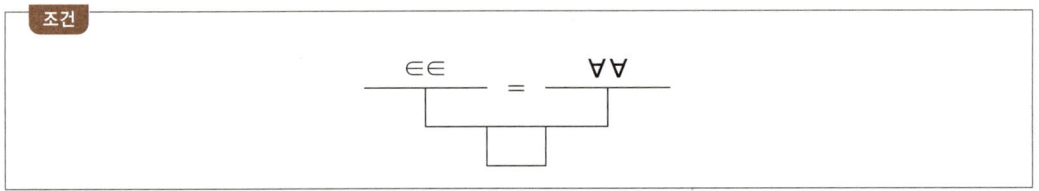

15

? / □ = ΣA / □   AA / □ = Σ / □

① ∀∈
② ∈∈∀
③ ∈∈∀∀
④ ∈∈∈∈

16

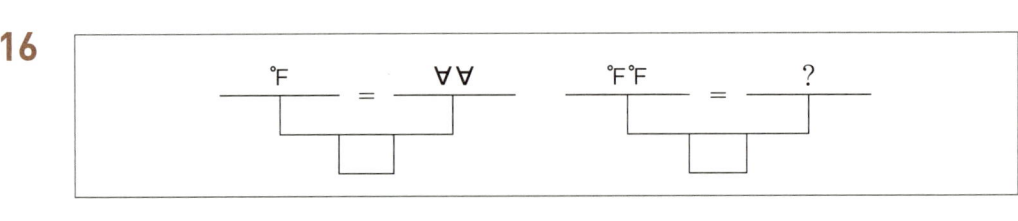

① ∀∀∀∀∀
② ∈∈∈∀∀
③ ∀∀∈∈
④ ∀∀∀°F

※ 다음 〈조건〉을 보고 ?에 들어갈 문자를 고르시오. [17~18]

조건
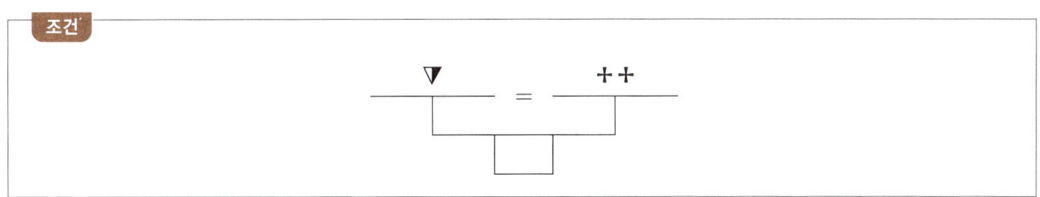

17

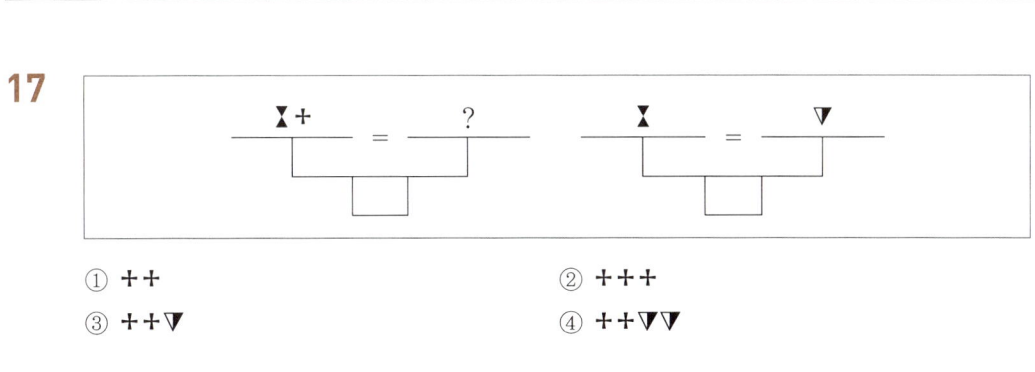

① ＋＋
② ＋＋＋
③ ＋＋▼
④ ＋＋▼▼

18

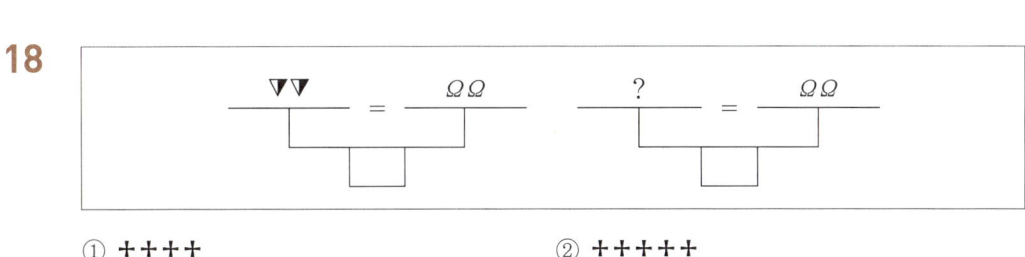

① ＋＋＋＋
② ＋＋＋＋＋
③ ＋＋＋▼
④ ＋＋▼＋＋

※ 다음 〈조건〉을 보고 ?에 들어갈 문자를 고르시오. [19~20]

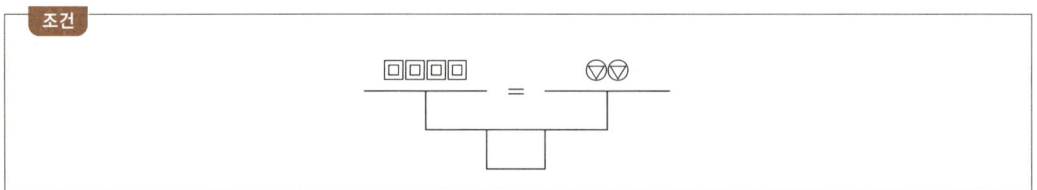

19

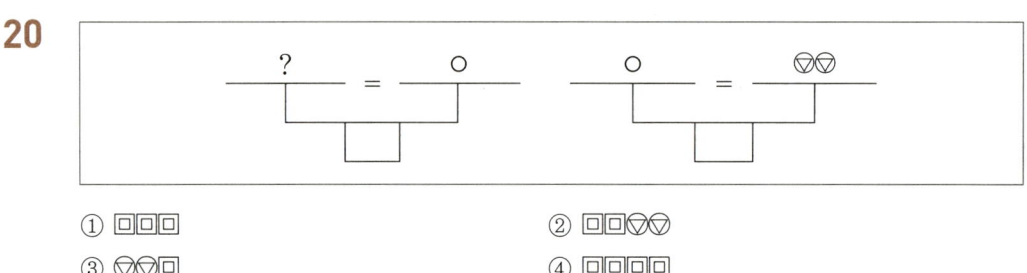

① □□□□□   ② □□▽▽
③ □□▽   ④ ●□□□

20

① □□□   ② □□▽
③ ▽▽□   ④ □□□□

※ [제시문 A]를 읽고, [제시문 B]가 참인지 거짓인지 혹은 알 수 없는지 고르시오. **[21~24]**

21

[제시문 A]
- 단호박을 좋아하는 모든 사람은 흑임자를 좋아한다.
- 흑임자를 좋아하는 모든 사람은 팥을 좋아한다.

[제시문 B]
단호박을 좋아하는 진실이는 팥도 좋아한다.

① 참　　　　　　② 거짓　　　　　　③ 알 수 없음

22

[제시문 A]
- 아침잠이 많은 사람은 지각을 자주 한다.
- 지각을 자주 하는 사람은 해당 벌점이 높다.

[제시문 B]
아침잠이 많은 재은이는 지각 벌점이 높다.

① 참　　　　　　② 거짓　　　　　　③ 알 수 없음

23

[제시문 A]
- 영화관에 가면 팝콘을 먹겠다.
- 놀이동산에 가면 팝콘을 먹지 않겠다.

[제시문 B]
영화관에 가면 놀이동산에 가지 않겠다.

① 참　　　　　　② 거짓　　　　　　③ 알 수 없음

24

[제시문 A]
- 차가운 물로 샤워를 하면 순간적으로 몸의 체온이 내려간다.
- 몸의 체온이 내려가면 일정한 체온을 유지하기 위해 열이 발생한다.

[제시문 B]
차가운 물로 샤워를 하면 몸의 체온을 낮게 유지할 수 있다.

① 참   ② 거짓   ③ 알 수 없음

※ 다음 제시문을 읽고 각 문제가 항상 참이면 ①, 거짓이면 ②, 알 수 없으면 ③을 고르시오. [25~27]

- A ~ D사원은 이번 주 평일 중 2일을 휴가 내기로 하였다.
- 휴가는 연달아 이틀을 사용할 수 있으나, 수요일은 회의로 인해 사용할 수 없다.
- 같은 요일을 3명 이상이 선택할 수 없다.
- A사원은 월요일과 화요일을 선택하였다.
- C사원은 월요일과 금요일을 선택하였다.

25 B사원은 월요일에 휴가를 쓸 수 없다.

① 참   ② 거짓   ③ 알 수 없음

26 B사원이 목요일에 휴가를 사용한다면, D사원은 연달아 이틀을 휴가로 사용할 수 없다.

① 참   ② 거짓   ③ 알 수 없음

27 D사원이 화요일에 휴가를 사용한다면, B사원은 연달아 이틀을 휴가로 사용할 수 있다.

① 참   ② 거짓   ③ 알 수 없음

※ 다음 제시문을 읽고 각 문제가 항상 참이면 ①, 거짓이면 ②, 알 수 없으면 ③을 고르시오. [28~30]

- 병원의 월요일 진료 시간은 오후 6시까지이다.
- 화요일은 월요일보다 1시간 30분 연장하여 진료한다.
- 수요일과 금요일의 진료 시간은 월요일과 같다.
- 목요일은 수요일보다 1시간 연장하여 진료한다.
- 토요일은 금요일보다 4시간 빨리 진료를 마감하며, 일요일은 휴무일이다.

28 오후 6시 이후의 진료를 야간 진료라고 할 때, 목요일은 야간 진료를 한다.

① 참　　　　　② 거짓　　　　　③ 알 수 없음

29 토요일의 진료 시간은 오후 3시까지이다.

① 참　　　　　② 거짓　　　　　③ 알 수 없음

30 가장 늦은 시간까지 진료하는 요일은 목요일이다.

① 참　　　　　② 거짓　　　　　③ 알 수 없음

※ 다음 명제가 모두 참일 때, 반드시 참인 명제를 고르시오. [31~35]

31

- 러시아는 영국보다 넓다.
- 영국은 일본보다 멀다.
- 영국은 러시아보다 멀다.

① 일본은 러시아보다 멀다.
② 영국은 일본보다 넓다.
③ 일본은 영국보다 가깝다.
④ 러시아는 일본보다 가깝다.

32

- 사람은 빵도 먹고 밥도 먹는다.
- 사람이 아니면 생각을 하지 않는다.
- 모든 인공지능은 생각을 한다.
- T는 인공지능이다.

① 사람이면 T이다.
② 생각을 하면 인공지능이다.
③ 인공지능이 아니면 밥을 먹지 않거나 빵을 먹지 않는다.
④ T는 빵도 먹고 밥도 먹는다.

33

- 도보로 걷는 사람은 자가용을 타지 않는다.
- 자전거를 타는 사람은 자가용을 탄다.
- 자전거를 타지 않는 사람은 버스를 탄다.

① 자가용을 타는 사람은 도보로 걷는다.
② 버스를 타지 않는 사람은 자전거를 타지 않는다.
③ 버스를 타는 사람은 도보로 걷는다.
④ 도보로 걷는 사람은 버스를 탄다.

34

- 수영이는 단발머리로 슬기와 경애의 머리보다 짧다.
- 정서의 머리는 수영보다 길지만, 슬기보다는 짧다.
- 경애의 머리는 정서보다 길지만, 슬기보다는 짧다.
- 민경의 머리는 경애보다 길지만, 다섯 명 중에 가장 길지는 않다.
- 수영, 슬기, 경애, 정서, 민경의 머리 길이는 서로 다르다.

① 경애는 단발머리이다.
② 슬기의 머리가 가장 길다.
③ 민경의 머리는 슬기보다 길다.
④ 수영의 머리가 다섯 명 중 가장 짧지는 않다.

35

- A는 이번 시험에서 1문제의 답을 틀렸다.
- B는 이번 시험에서 10문제의 답을 맞혔다.
- C만 유일하게 이번 시험에서 20문제 중 답을 다 맞혔다.
- D는 이번 시험에서 B보다 많은 문제의 답을 틀렸다.
- E는 지난 시험에서 15문제의 답을 맞혔고, 이번 시험에서는 지난 시험보다 더 많은 문제의 답을 맞혔다.

① A는 E보다 많은 문제의 답을 틀렸다.
② C는 가장 많이 답을 맞혔고, B는 가장 많이 답을 틀렸다.
③ B는 D보다 많은 문제의 답을 맞혔지만, E보다는 적게 답을 맞혔다.
④ D는 E보다 많은 문제의 답을 맞혔다.

※ 다음 명제가 항상 참이라고 할 때, 반드시 참이라고 할 수 없는 것을 고르시오. [36~40]

36

- 모든 사람은 자신에 대해서 호의적인 사람에게 호의적이다.
- 어느 누구도 자신을 비방한 사람에게 호의적이지 않다.
- 모든 사람 중에는 다른 사람을 절대 비방하지 않는 사람이 있다.
- 어느 누구도 자기 자신에 대해서 호의적이지도 않고 자기 자신을 비방하지도 않는다.

① 두 사람이 서로 호의적이라면, 그 두 사람은 서로 비방한 적이 없다.
② 두 사람이 서로 비방한 적이 없다면, 그 두 사람은 서로 호의적이다.
③ 어떤 사람이 다른 모든 사람을 비방한다면, 그 사람에 대해 호의적인 사람은 없다.
④ A라는 사람이 다른 모든 사람을 비방한다면, A에게 호의적이지 않지만 A를 비방하지 않는 사람이 있다.

37

- 운동을 좋아하는 사람은 담배를 좋아하지 않는다.
- 커피를 좋아하는 사람은 담배를 좋아한다.
- 커피를 좋아하지 않는 사람은 주스를 좋아한다.
- 과일을 좋아하는 사람은 커피를 좋아하지 않는다.

① 운동을 좋아하는 사람은 커피를 좋아하지 않는다.
② 주스를 좋아하지 않는 사람은 담배를 좋아한다.
③ 과일을 좋아하는 사람은 담배를 좋아한다.
④ 운동을 좋아하는 사람은 주스를 좋아한다.

38

- 정리정돈을 잘하는 사람은 집중력이 좋다.
- 주변이 조용할수록 집중력이 좋다.
- 깔끔한 사람은 정리정돈을 잘한다.
- 집중력이 좋으면 성과 효율이 높다.

① 깔끔한 사람은 집중력이 좋다.
② 주변이 조용할수록 성과 효율이 높다.
③ 깔끔한 사람은 성과 효율이 높다.
④ 깔끔한 사람은 주변이 조용하다.

39

- 딸기를 좋아하는 사람은 가지를 싫어한다.
- 바나나를 좋아하는 사람은 가지를 좋아한다.
- 가지를 싫어하는 사람은 감자를 좋아한다.

① 감자를 좋아하는 사람은 바나나를 싫어한다.
② 가지를 좋아하는 사람은 딸기를 싫어한다.
③ 감자를 싫어하는 사람은 딸기를 싫어한다.
④ 바나나를 좋아하는 사람은 딸기를 싫어한다.

40

- 적극적인 사람은 활동량이 많다.
- 잘 다치지 않는 사람은 활동량이 많지 않다.
- 활동량이 많으면 면역력이 강화된다.
- 적극적이지 않은 사람은 영양제를 챙겨먹는다.

① 적극적인 사람은 잘 다친다.
② 적극적인 사람은 면역력이 강화된다.
③ 잘 다치지 않는 사람은 영양제를 챙겨먹는다.
④ 영양제를 챙겨먹으면 면역력이 강화된다.

03 ▶ 지각능력검사

01 다음 제시된 문자를 오름차순으로 나열하였을 때 3번째에 오는 문자는?

A K ⅲ Q U ⅷ

① ⅲ ② U
③ K ④ ⅷ

02 다음 제시된 문자를 오름차순으로 나열하였을 때 4번째에 오는 문자는?(단, 모음은 일반모음 10개를 기준으로 한다)

ㄹ ㅗ ㅅ ㅑ ㅣ ㅇ

① ㄹ ② ㅣ
③ ㅅ ④ ㅗ

03 다음 제시된 문자를 오름차순으로 나열하였을 때 2번째에 오는 문자는?(단, 모음은 일반모음 10개를 기준으로 한다)

R L ㅑ ㅜ ㅏ Q

① ㅜ ② R
③ L ④ ㅑ

04 다음 제시된 문자를 오름차순으로 나열하였을 때 4번째에 오는 문자는?

ⅵ ㅊ v ㅍ ⅶ ㅌ

① v ② ⅵ
③ ㅌ ④ ㅊ

05 다음 제시된 문자를 내림차순으로 나열하였을 때 5번째에 오는 문자는?(단, 모음은 일반모음 10개를 기준으로 한다)

① H ② ㅓ
③ J ④ F

06 다음 제시된 문자를 내림차순으로 나열하였을 때 2번째에 오는 문자는?(단, 모음은 일반모음 10개를 기준으로 한다)

① ix ② viii
③ ㅛ ④ ㅠ

07 다음 제시된 문자를 내림차순으로 나열하였을 때 3번째에 오는 문자는?(단, 모음은 일반모음 10개를 기준으로 한다)

① ㅎ ② ㅠ
③ ㅅ ④ ㅣ

08 다음 제시된 문자를 내림차순으로 나열하였을 때 4번째에 오는 문자는?

B J iii Q W viii

① J ② W
③ iii ④ viii

※ 제시된 문자와 동일한 문자를 〈보기〉에서 찾아 고르시오(단, 가장 왼쪽 문자를 ①번으로 한다).
[9~12]

> **보기**
> ♩   ♩.   ♫   ♩

09   ♫

① ②
③ ④

10   ♩

① ②
③ ④

11   ♩

① ②
③ ④

12   ♩.

① ②
③ ④

※ 제시된 문자와 동일한 문자를 〈보기〉에서 찾아 고르시오(단, 가장 왼쪽 문자를 ①번으로 한다).
[13~16]

보기

◍　◈　▲　☯

13

◈

① ②
③ ④

14

☯

① ②
③ ④

15

▲

① ②
③ ④

16

◍

① ②
③ ④

※ 제시된 문자와 동일한 문자를 〈보기〉에서 찾아 고르시오(단, 가장 왼쪽 문자를 ①번으로 한다).
[17~20]

> 보기
>
> ▫   ▲   ◼   ★

17

▲

① ②
③ ④

18

▫

① ②
③ ④

19

◼

① ②
③ ④

20

★

① ②
③ ④

※ 다음 중 제시된 도형과 같은 것을 고르시오(단, 도형은 회전이 가능하다). **[21~25]**

21

①  ②

③  ④

22

①  ②

③  ④

23

①    ②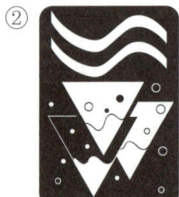

③    ④

24

①    ②

③    ④

25

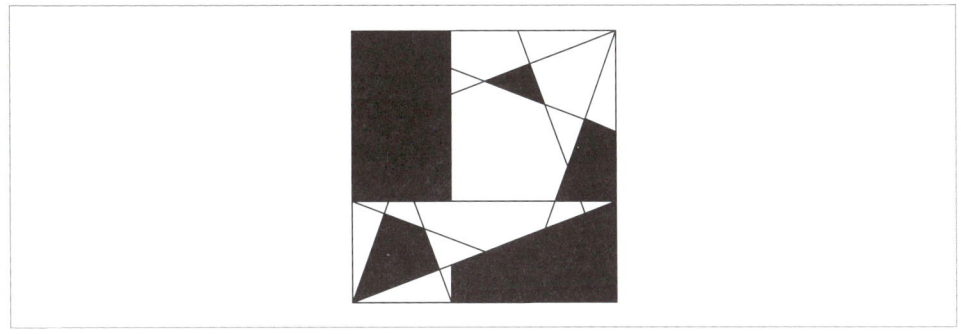

① 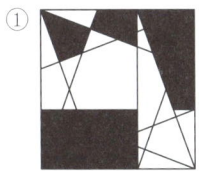   ②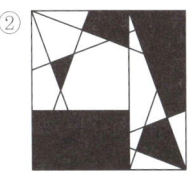

③ 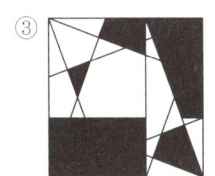   ④

※ 다음 중 나머지 도형과 다른 것을 고르시오. [26~30]

26   ①    ②

③    ④

27 ①  ②

③  ④

28 ①  ②

③  ④

29 ①  ②

 ③ ④

30 ① ②

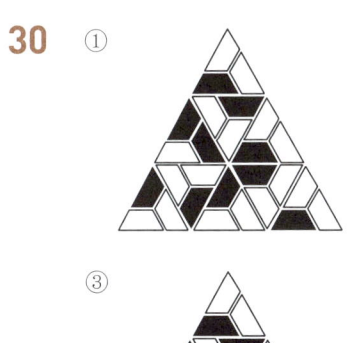 ③ ④

※ 다음과 같은 모양을 만드는 데 사용된 블록의 개수를 고르시오(단, 보이지 않는 곳의 블록은 있다고 가정한다). [31~40]

31

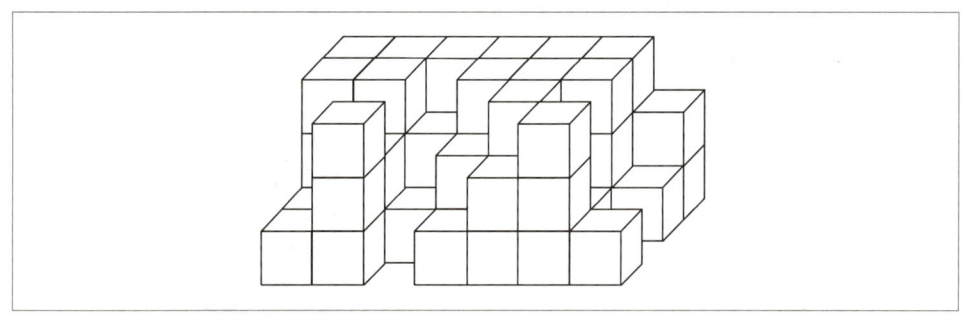

① 57개 ② 58개
③ 59개 ④ 60개

32

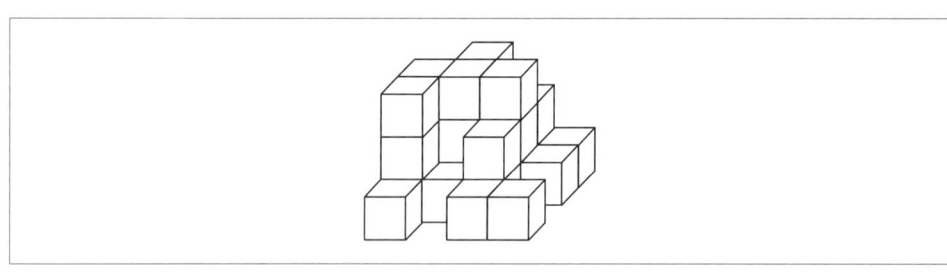

① 25개 ② 26개
③ 27개 ④ 28개

33

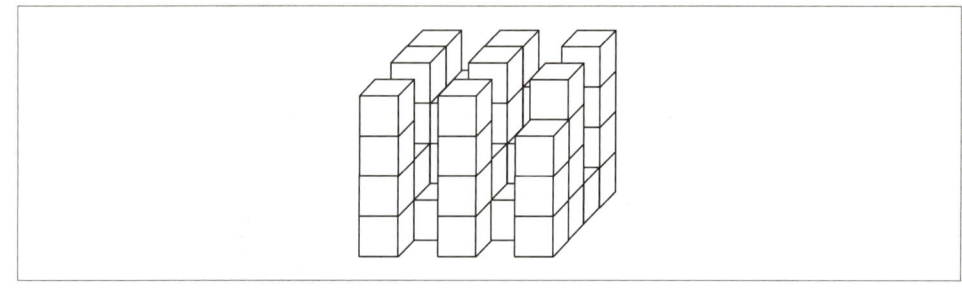

① 52개 ② 53개
③ 54개 ④ 55개

34

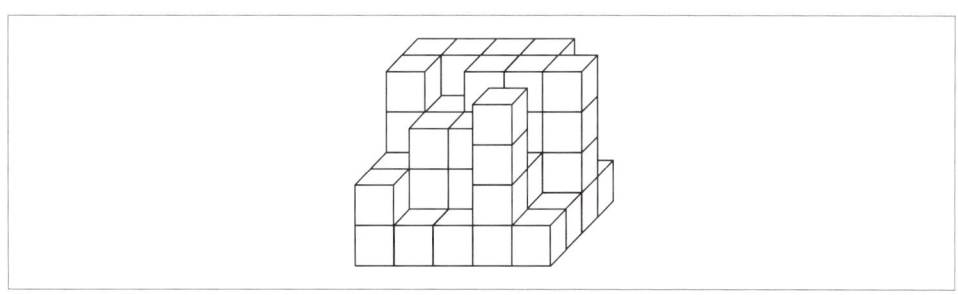

① 54개 ② 55개
③ 56개 ④ 57개

35

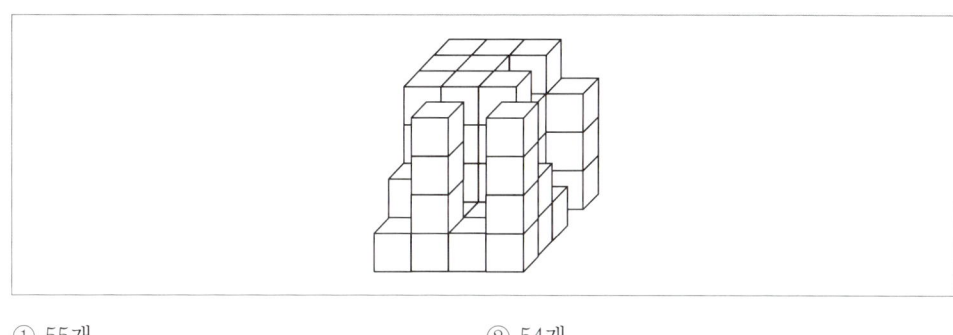

① 55개 ② 54개
③ 53개 ④ 52개

36

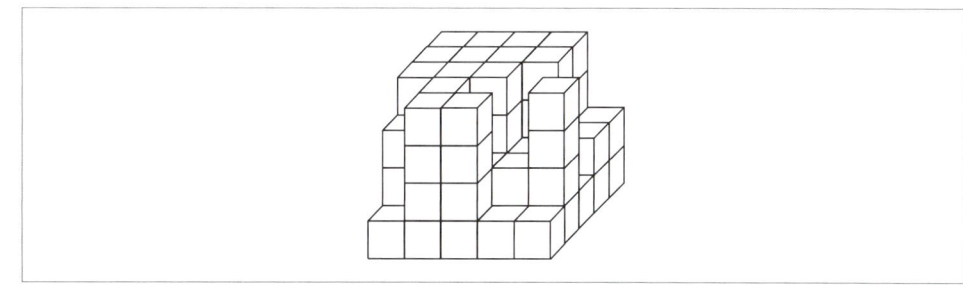

① 76개 ② 77개
③ 78개 ④ 79개

37

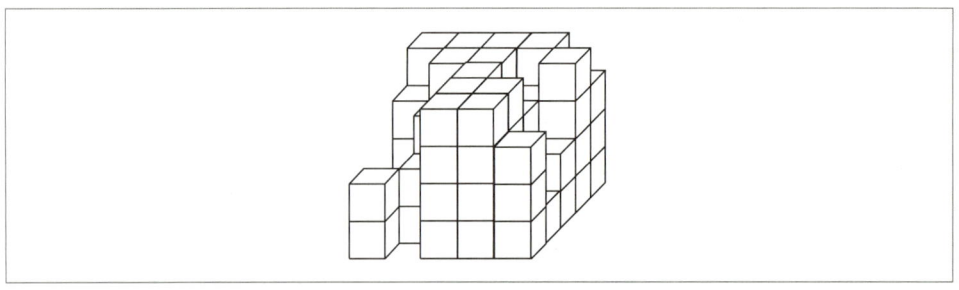

① 73개　　　　　　　② 74개
③ 75개　　　　　　　④ 76개

38

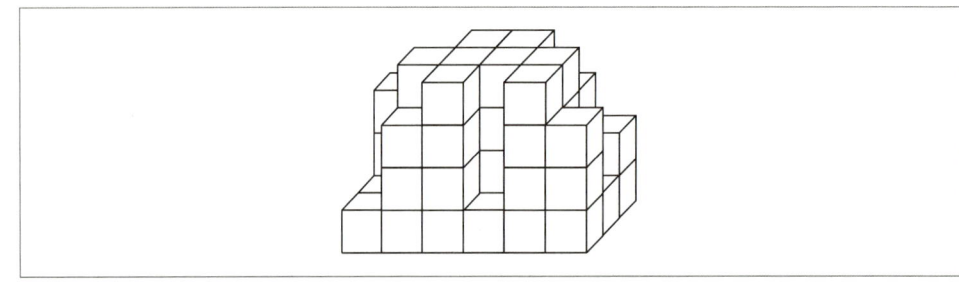

① 51개　　　　　　　② 52개
③ 53개　　　　　　　④ 54개

39

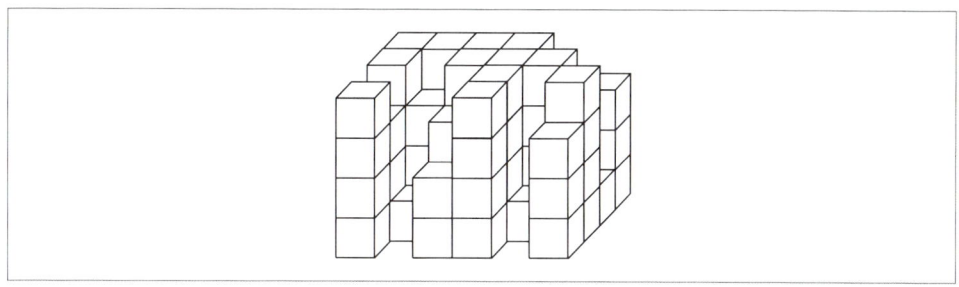

① 74개 ② 73개
③ 72개 ④ 71개

40

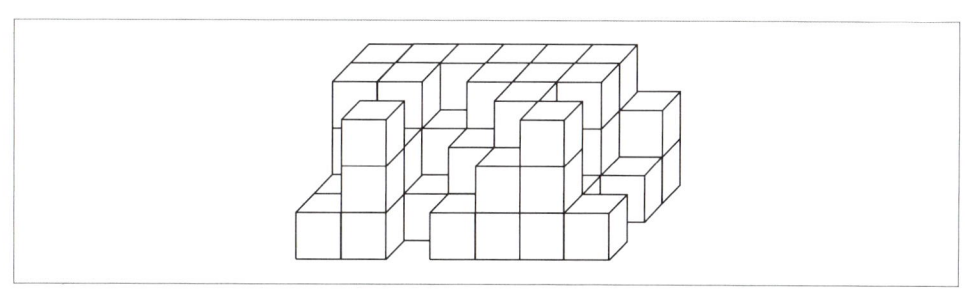

① 57개 ② 58개
③ 59개 ④ 60개

제2회 최종점검 모의고사

☑ 응시시간 : 45분   ☑ 문항 수 : 120문항   정답 및 해설 p.068

01 ▶ 수리능력검사

※ 다음 식을 계산한 값으로 옳은 것을 고르시오. **[1~20]**

01

$$67 \times 428 \times 26$$

① 159,917   ② 745,576
③ 859,927   ④ 959,935

02

$$27 \times 36 + 438$$

① 1,210   ② 1,310
③ 1,410   ④ 1,510

03

$$32 \times \frac{4,096}{256} - 26 \times \frac{361}{19}$$

① 18   ② 22
③ 18.4   ④ 22.4

04

$$2{,}634+3{,}341+4{,}604+5{,}497$$

① 16,076 ② 17,066
③ 18,056 ④ 19,076

05

$$678+1{,}485\div55-587$$

① 115 ② 116
③ 117 ④ 118

06

$$43\times34-1{,}020-45$$

① 397 ② 387
③ 377 ④ 367

07

$$(8^2+4^2)\div 16+78$$

① 23　　　　　② 48
③ 56　　　　　④ 83

08

$$543+34\times 34-354$$

① 1,045　　　　② 1,145
③ 1,245　　　　④ 1,651

09

$$41+414+4,141-141$$

① 4,155　　　　② 4,255
③ 4,355　　　　④ 4,455

10

$$54+132\div12+16$$

① 49
② 59
③ 69
④ 81

11

$$1{,}495\div23\times3\div15$$

① 11
② 12
③ 13
④ 14

12

$$655\div5\times3+27$$

① 420
② 430
③ 440
④ 450

13

$$424 \times 5 \times 9^2$$

① 23,648
② 123,658
③ 171,720
④ 236,782

14

$$64+11-3\times(12\div6)$$

① 68
② 69
③ 70
④ 71

15

$$65+6\times34+56$$

① 295
② 305
③ 315
④ 325

16

$$4{,}587-5\times6\times7-77$$

① 4,000
② 4,100
③ 4,200
④ 4,300

17

$$5.6-0.3\times6-1.5\div3$$

① 3.3
② 3.4
③ 3.5
④ 3.6

18

$$65\div5-45\div5$$

① 7
② 6
③ 5
④ 4

19

$$\frac{1}{4}+\frac{1}{9}+\frac{5}{6}$$

① $\frac{43}{36}$ ② $\frac{41}{36}$

③ $\frac{39}{36}$ ④ $\frac{37}{36}$

20

$$7\times9+3\times7\times2$$

① 75   ② 85
③ 95   ④ 105

21 초입에서 정상까지의 거리가 12km인 산이 있다. 이 산을 자전거로 올라갈 때는 3km/h의 속도로, 내려올 때는 올라갈 때 속력의 2배로 내려왔다. 이 산의 초입에서 정상까지 갔다가 돌아오는 데 걸리는 시간은 얼마인가?

① 2시간   ② 2시간 30분
③ 3시간 30분   ④ 6시간

22 농도 8% 식염수와 농도 13% 식염수를 혼합하여 농도 10% 식염수 500g을 만들었다. 농도 13%의 식염수는 몇 g이 필요한가?

① 100g   ② 150g
③ 200g   ④ 250g

23 사과 1개를 정가대로 판매하면 개당 600원의 이익을 얻는다. 정가의 20%를 할인하여 6개 판매한 매출액이 정가에서 400원씩 할인하여 8개를 판매한 매출액과 같다고 할 때, 사과의 정가는 얼마인가?

① 500원 ② 700원
③ 900원 ④ 1,000원

24 현식이는 아버지와 18살 차이가 나는데, 4년 후 아버지의 나이는 4년 후 현식이의 나이의 3배가 된다. 올해를 기준으로 할 때, 2년 전 현식이는 몇 세였겠는가?

① 3세 ② 6세
③ 9세 ④ 12세

25 어떤 회사의 신입사원 채용시험 응시자가 200명이었다. 시험 결과 전체평균은 55점, 합격자의 평균은 70점, 불합격자의 평균은 40점이었다. 합격한 사람은 몇 명인가?

① 70명 ② 80명
③ 90명 ④ 100명

26 지하철이 A역에는 3분마다 오고, B역에는 2분마다 오고, C역에는 4분마다 온다. 지하철이 오전 4시 30분에 처음으로 A, B, C역에 동시에 도착했다면, 5번째로 세 지하철역에 지하철이 동시에 도착하는 시각은 언제인가?

① 4시 45분 ② 5시
③ 5시 15분 ④ 5시 18분

27 7경기 중 4경기를 이기면 우승하는 야구 경기에서 현재 A팀이 3승 1패로 앞서고 있다. 매 경기 어느 한 팀이 이길 확률은 각각 같고, 비기는 경우는 없다고 가정할 때, A팀이 우승할 확률은?

① $\frac{5}{6}$
② $\frac{6}{7}$
③ $\frac{7}{8}$
④ $\frac{8}{9}$

28 책을 읽는데 첫날은 전체의 $\frac{1}{3}$, 둘째 날은 남은 양의 $\frac{1}{4}$, 셋째 날은 100쪽을 읽었더니 92쪽이 남았다. 책의 전체 쪽수는?

① 356쪽
② 372쪽
③ 384쪽
④ 394쪽

29 톱니 수가 90개인 A톱니바퀴는 B, C톱니바퀴와 서로 맞물려 돌아가고 있다. A톱니바퀴가 8번 도는 동안 B톱니바퀴는 15번, C톱니바퀴는 18번 돌았다면, B톱니바퀴와 C톱니바퀴의 톱니 수 합은?

① 80개
② 84개
③ 88개
④ 92개

30 1, 3, 5, 7, 0, 0이 적힌 카드 6장이 있다. 이 카드로 만들 수 있는 세 자리 수는 총 몇 개인가?

① 24개
② 52개
③ 64개
④ 76개

※ 다음은 벼농사 및 밭농사 작업 과정의 기계화에 대한 비율을 나타낸 그래프이다. 이어지는 질문에 답하시오. [31~32]

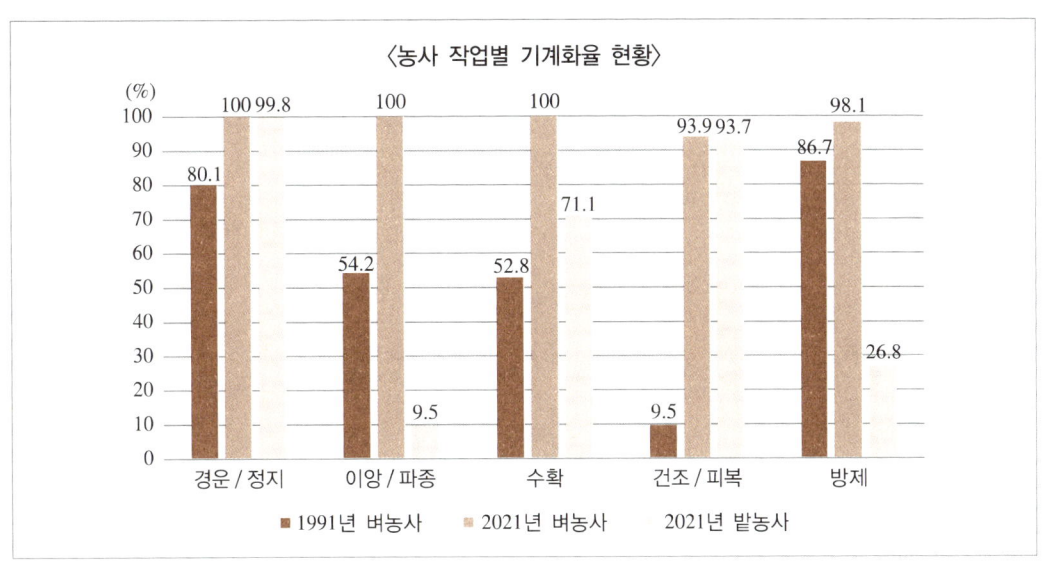

31 벼농사 작업 과정에서 1991년 대비 2021년 기계화율이 가장 크게 증가한 작업과 가장 낮게 증가한 작업의 증가량 차이는 얼마인가?

① 62%p
② 73%p
③ 80%p
④ 91%p

32 2021년 밭농사의 5가지 작업 과정의 기계화율 평균은 얼마인가?

① 56.15%
② 58.22%
③ 60.18%
④ 62.59%

※ 다음은 시·도별 연령에 따른 인구 비중을 나타낸 그래프이다. 이어지는 질문에 답하시오. [33~34]

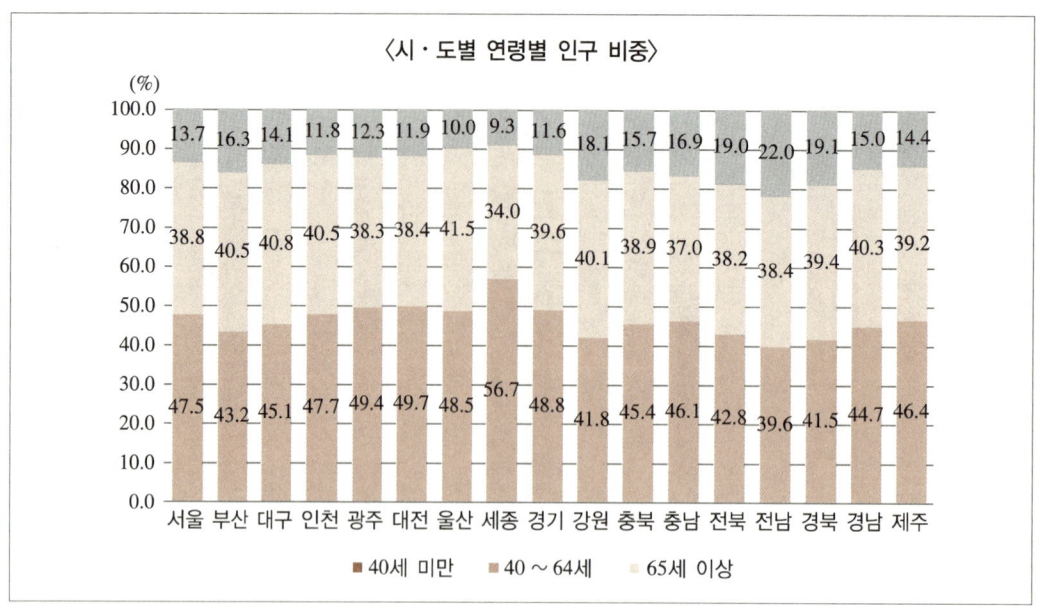

33 65세 이상 인구 비중이 세 번째로 높은 지역의 64세 이하의 비율은 얼마인가?

① 81%   ② 80%
③ 79%   ④ 78%

34 다음 자료에 대한 설명 중 옳지 않은 것은?

① 울산의 40세 미만 비율과 대구의 40세 이상 64세 이하 비율 차이는 7.7%p이다.
② 인천 지역의 총 인구가 300만 명일 때, 65세 이상 인구는 33.4만 명이다.
③ 40세 미만의 비율이 높은 다섯 지역 순서는 '세종 – 대전 – 광주 – 경기 – 울산'이다.
④ 조사 지역의 인구가 모두 같을 경우 40세 이상 64세 이하 인구가 두 번째로 많은 지역은 대구이다.

※ 다음은 연도별 전국 8월 인구이동에 관한 자료이다. 이어지는 질문에 답하시오. [35~36]

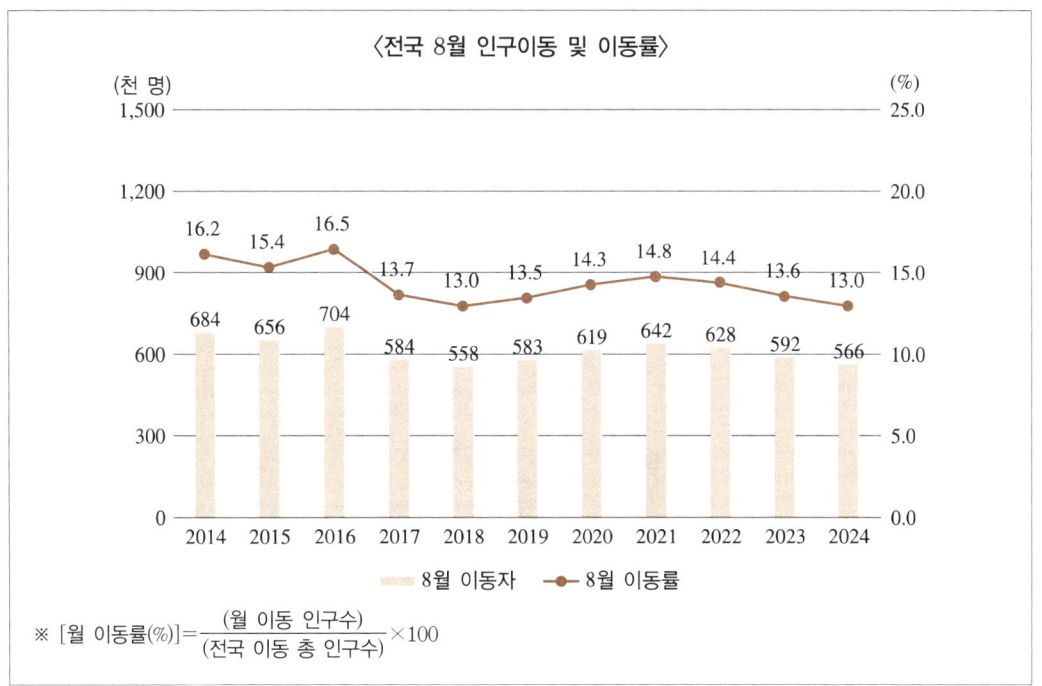

35 2022년 8월에 이동한 인구수는 총 몇 명인가?(단, 천 명 미만 단위는 버림한다)

① 4,029천 명 ② 4,217천 명
③ 4,361천 명 ④ 4,516천 명

36 다음 중 자료에 대한 내용으로 옳은 것은?(단, 인원은 소수점을 버림한다)

① 2022~2024년 동안 8월 이동자의 평균 인구수는 582명이다.
② 2014~2024년 중 8월 이동자 수가 700천 명을 넘는 연도는 없다.
③ 2019년 이후 이동률이 13% 이하인 적은 없다.
④ 2014~2024년 동안 8월 이동률이 16% 이상인 연도는 두 번이다.

※ 다음은 궁능원 관람객 수에 관한 자료이다. 이어지는 질문에 답하시오. **[37~38]**

〈2017 ~ 2024년 궁능원 관람객 수〉

(단위 : 천 명)

구분	2017년	2018년	2019년	2020년	2021년	2022년	2023년	2024년
유료 관람객 수	6,688	6,805	6,738	6,580	7,566	6,118	7,456	5,187
무료 관람객 수	3,355	3,619	4,146	4,379	5,539	6,199	6,259	7,511
외국인 관광객 수	1,877	2,198	2,526	2,222	2,690	2,411	3,849	2,089

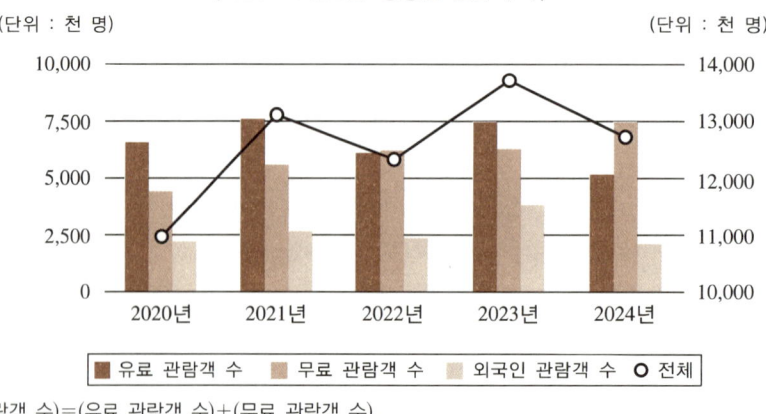

※ (전체 관람객 수)=(유료 관람객 수)+(무료 관람객 수)

37 다음 〈보기〉에서 옳지 않은 것을 모두 고르면?

> **보기**
> ㄱ. 2022년 전체 관람객 수는 전년보다 감소하였으나 무료 관람객 수는 전년보다 소폭 증가하였다.
> ㄴ. 2024년 외국인 관람객 수는 전년 대비 43% 미만 감소하였다.
> ㄷ. 2021 ~ 2024년의 전체 관람객 수와 유료 관람객 수의 증감 추이는 같다.
> ㄹ. 2018 ~ 2024년 중 전체 관람객 수가 전년 대비 가장 많이 증가한 해는 2019년이다.

① ㄱ, ㄴ ② ㄱ, ㄷ
③ ㄴ, ㄷ ④ ㄴ, ㄹ

38 2025년 궁능원 관람객 수 예측 자료를 참고하여 2025년 예상 전체 관람객 수와 예상 외국인 관람객 수가 옳은 것은?(단, 소수점은 버린다)

〈2025년 궁능원 관람객 수 예측 자료〉

- 고궁 야간관람 및 '문화가 있는 날' 행사 확대 운영으로 유료 관람객 수는 2024년 대비 24% 정도 증가할 전망이다.
- 적극적인 무료 관람 콘텐츠 개발로 무료 관람객 수는 2017년 무료 관람객 수의 2.4배 수준일 것으로 예측된다.
- 외국인을 위한 문화재 안내판, 해설 등 서비스의 품질 향상 노력과 각종 편의시설 개선 노력으로 외국인 관람객 수는 2024년보다 약 35,000명 정도 증가할 전망이다.

	예상 전체 관람객 수	예상 외국인 관람객 수
①	13,765천 명	1,973천 명
②	14,483천 명	2,124천 명
③	14,768천 명	2,365천 명
④	15,822천 명	3,128천 명

※ 다음은 외국인 직접투자의 투자건수 비율과 투자금액 비율을 투자규모별로 나타낸 자료이다. 이어지는 질문에 답하시오. [39~40]

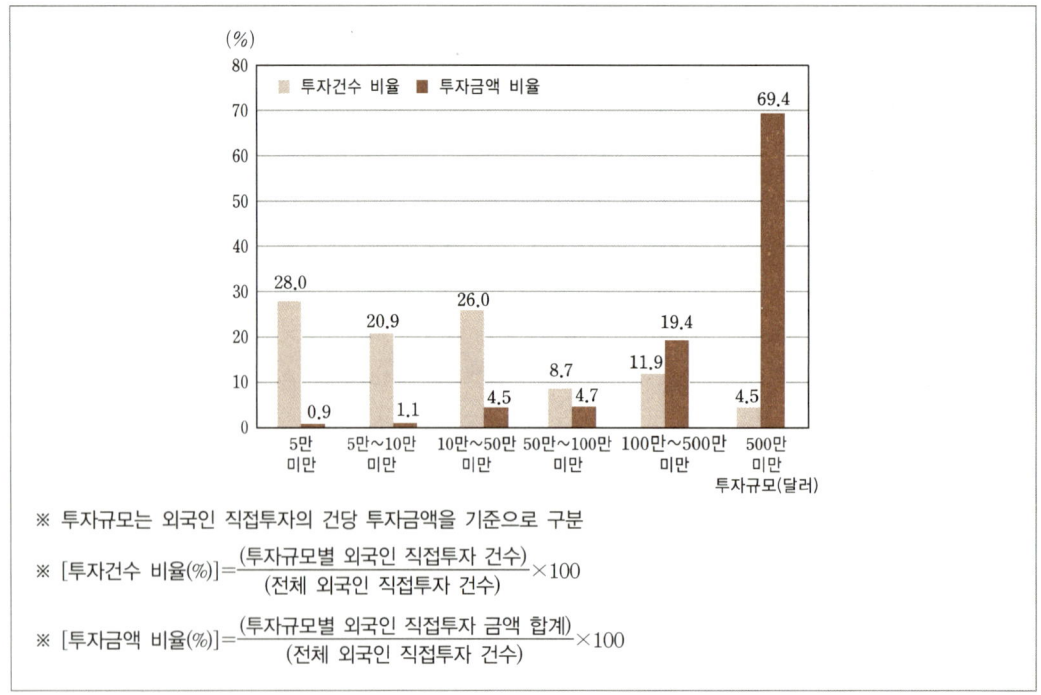

※ 투자규모는 외국인 직접투자의 건당 투자금액을 기준으로 구분
※ [투자건수 비율(%)] = $\frac{(투자규모별 외국인 직접투자 건수)}{(전체 외국인 직접투자 건수)} \times 100$
※ [투자금액 비율(%)] = $\frac{(투자규모별 외국인 직접투자 금액 합계)}{(전체 외국인 직접투자 건수)} \times 100$

39 투자규모가 50만 달러 미만인 투자건수 비율은?

① 62.8%   ② 68.6%
③ 74.9%   ④ 76.2%

40 100만 달러 이상의 투자건수 비율은?

① 11.9%   ② 13.9%
③ 16.4%   ④ 19.4%

02 ▶ 추리능력검사

※ 일정한 규칙으로 수를 나열할 때, 빈칸에 들어갈 알맞은 수를 고르시오. [1~4]

01

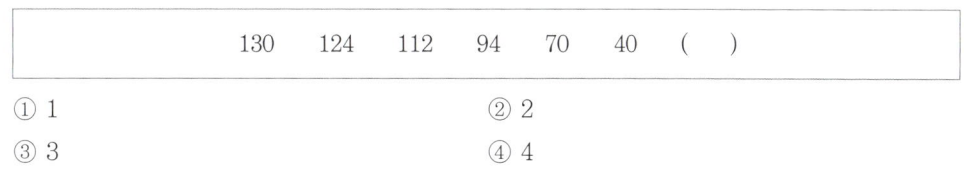
130 124 112 94 70 40 (   )

① 1
② 2
③ 3
④ 4

02

2 48 12 24 72 12 (   )

① 161
② 281
③ 350
④ 432

03

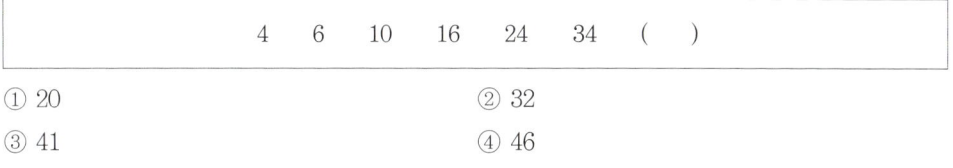
4 6 10 16 24 34 (   )

① 20
② 32
③ 41
④ 46

04

16 13 4 −23 −104 (   )

① −108
② −500
③ −347
④ −121

※ 일정한 규칙으로 문자를 나열할 때, 빈칸에 들어갈 적절한 것을 고르시오. [5~8]

05 ㅎ ㅌ ㅋ ㅈ ㅇ ㅂ ㅁ ( )

① ㄷ ② ㅁ
③ ㅅ ④ ㅊ

06 ㄱ ㄴ ㄹ ㅁ ㅅ ㅇ ㅊ ( )

① ㄴ ② ㅁ
③ ㅈ ④ ㅋ

07 ㅁ ㅅ ㅅ ㅊ ㅈ ㅍ ㅋ ( )

① ㄴ ② ㅂ
③ ㅈ ④ ㅌ

08 A B D H P ( )

① G ② E
③ F ④ Z

※ 다음 〈조건〉을 보고 ?에 들어갈 문자를 고르시오. [9~10]

조건

⏩⏩ = ⏫

09

⏯ = ⏫   ⏯⏫ = ?

① ⏩⏯⏯ ② ⏯⏯⏯⏯
③ ⏫⏫⏫⏫ ④ ⏩⏩⏩⏩

10

⏬ = ⏫⏫   ? = ⏬

① ⏩⏩⏯ ② ⏯⏯⏯⏯
③ ⏩⏩⏫⏫ ④ ⏩⏩⏩⏩

※ 다음 〈조건〉을 보고 ?에 들어갈 문자를 고르시오. [11~12]

11

① ◐●●◐ ② ◐●●◐
③ ■■◐◐ ④ ●◐●◐●◐

12

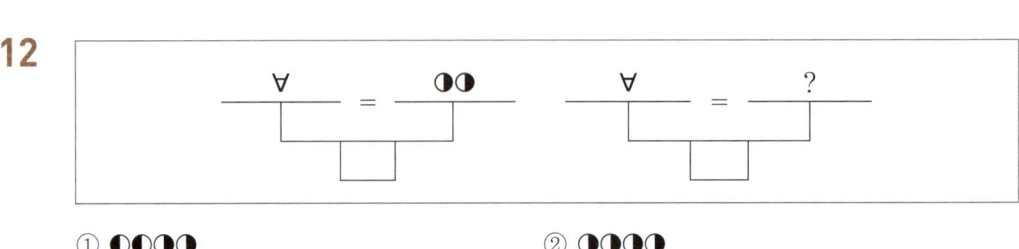

① ●●●◐ ② ●●●◐
③ ◐●●● ④ ●●●●

※ 다음 〈조건〉을 보고 ?에 들어갈 문자를 고르시오. [13~14]

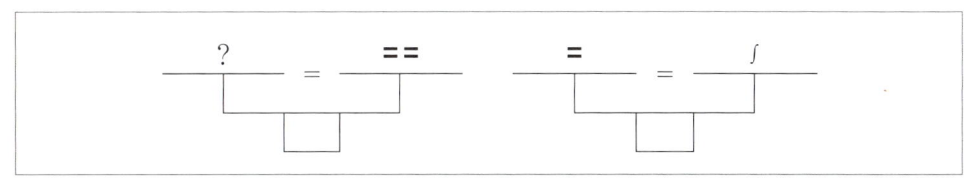

13

? = == = = ∫

① ∫∫∫∫∫ ② ∫∫∫
③ ∫∫∫   ④ ∫∫∫∫

14

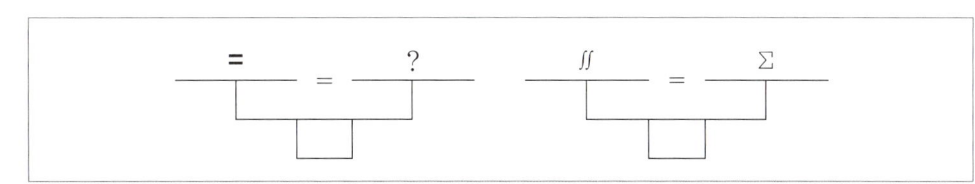

① ΣΣ   ② Σ∫∫∫
③ ∫∫ΣΣ   ④ ΣΣΣΣ

※ 다음 〈조건〉을 보고 ?에 들어갈 문자를 고르시오. [15~16]

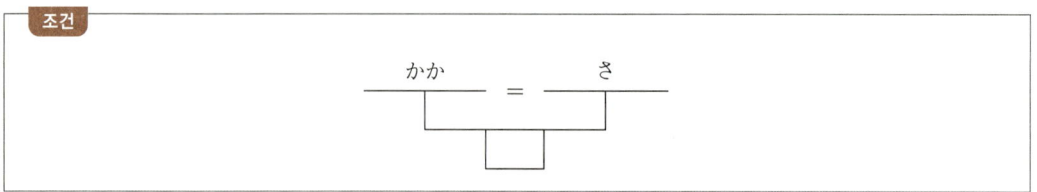

15

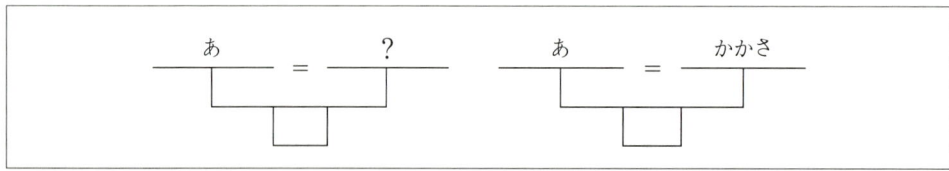

① ささささ ② かか
③ かかかか ④ かかかかかか

16

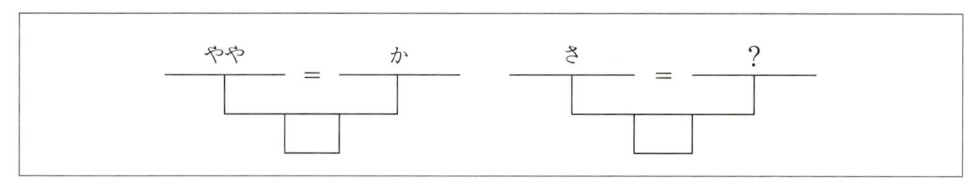

① やややや ② やややややや
③ かや ④ かかやや

※ 다음 〈조건〉을 보고 ?에 들어갈 문자를 고르시오. [17~18]

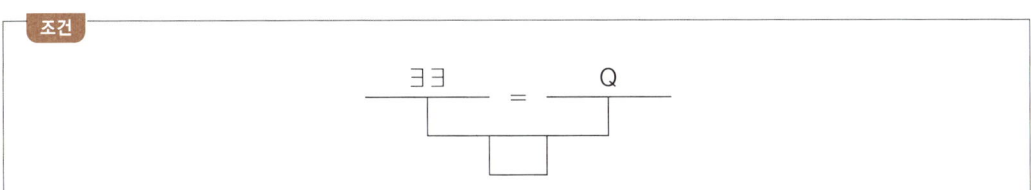

17

① Qㅋ
② ㅋQQ
③ QQ
④ Q

18

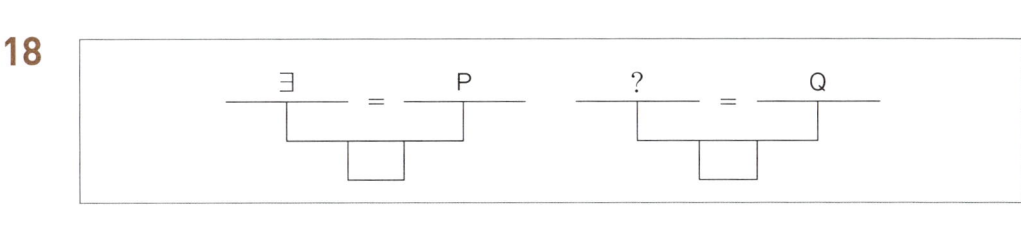

① PPP
② ㅋㅋPP
③ PP
④ Pㅋㅋ

※ 다음 〈조건〉을 보고 ?에 들어갈 문자를 고르시오. [19~20]

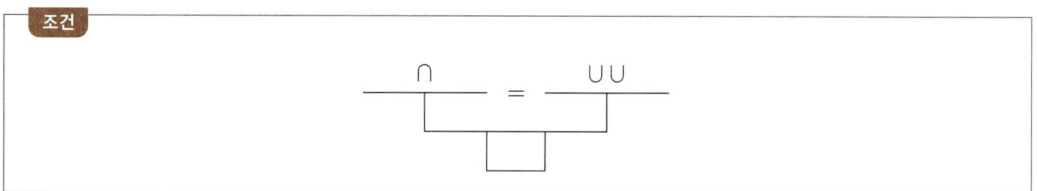

19

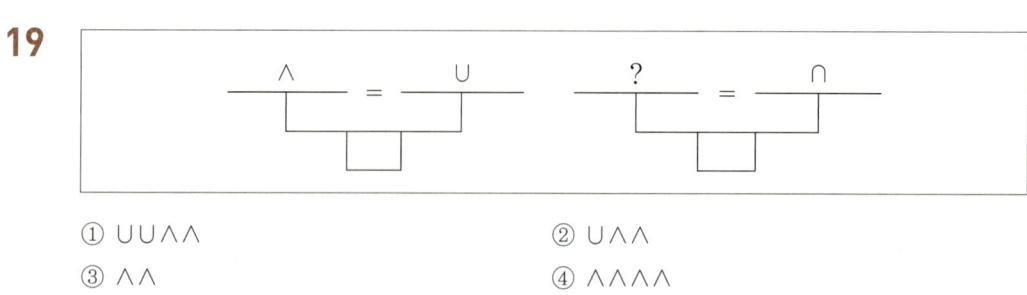

① ∪∪∧∧ ② ∪∧∧
③ ∧∧ ④ ∧∧∧∧

20

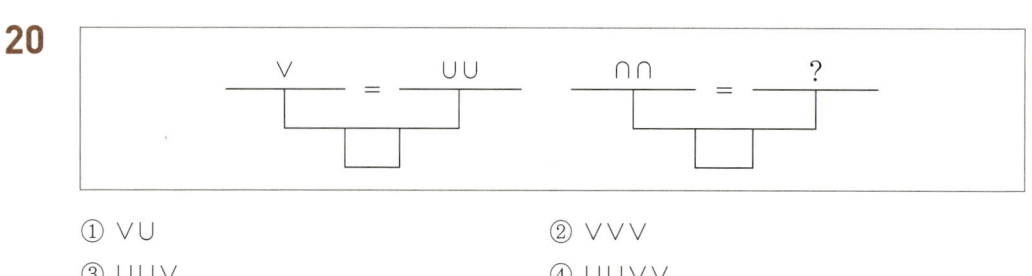

① ∨∪ ② ∨∨∨
③ ∪∪∨ ④ ∪∪∨∨

※ [제시문 A]를 읽고, [제시문 B]가 참인지, 거짓인지 혹은 알 수 없는지 고르시오. [21~26]

21

[제시문 A]
- 수진이는 2개의 화분을 샀다.
- 지은이는 6개의 화분을 샀다.
- 효진이는 화분을 수진이보다는 많이 샀지만, 지은이보다는 적게 샀다.

[제시문 B]
효진이는 4개 이하의 화분을 샀다.

① 참   ② 거짓   ③ 알 수 없음

22

[제시문 A]
- A ~ D는 각각 수리 영역에서 1 ~ 4등급을 받았고, 등급이 같은 사람은 없다.
- D보다 등급이 높은 사람은 2명 이상이다.
- D는 B보다 한 등급 높고, A는 C보다 한 등급 높다.

[제시문 B]
C는 수리 영역에서 3등급을 받았다.

① 참   ② 거짓   ③ 알 수 없음

23

[제시문 A]
- 바이올린을 연주할 수 있는 사람은 피아노를 연주할 수 있다.
- 플루트를 연주할 수 있는 사람은 트럼펫을 연주할 수 있다.
- 피아노를 연주할 수 없는 사람은 트럼펫을 연주할 수 없다.

[제시문 B]
플루트를 연주할 수 있는 사람은 피아노를 연주할 수 있다.

① 참   ② 거짓   ③ 알 수 없음

24

[제시문 A]
- 단거리 경주에 출전한 사람은 장거리 경주에 출전한다.
- 장거리 경주에 출전한 사람은 농구 경기에 출전하지 않는다.
- 농구 경기에 출전한 사람은 배구 경기에 출전한다.

[제시문 B]
농구 경기에 출전한 사람은 단거리 경주에 출전하지 않는다.

① 참　　　　　　② 거짓　　　　　　③ 알 수 없음

25

[제시문 A]
- 김사원은 이대리보다 30분 먼저 퇴근했다.
- 박주임은 김사원보다 20분 늦게 퇴근했다.
- 최부장은 이대리보다 10분 먼저 퇴근했다.
- 임차장은 김사원보다 먼저 퇴근했다.

[제시문 B]
임차장은 이대리가 퇴근하기 20분 전에 퇴근하였다.

① 참　　　　　　② 거짓　　　　　　③ 알 수 없음

26

[제시문 A]
- 보건용 마스크의 'KF' 뒤 숫자가 클수록 미세입자 차단 효과가 더 크다.
- 모든 사람들은 미세입자 차단 효과가 더 큰 마스크를 선호한다.

[제시문 B]
민호는 KF80의 보건용 마스크보다 KF94의 보건용 마스크를 선호한다.

① 참　　　　　　② 거짓　　　　　　③ 알 수 없음

※ 다음 제시문을 읽고 각 문장이 항상 참이면 ①, 거짓이면 ②, 알 수 없으면 ③을 고르시오. [27~28]

- 5층짜리 아파트에 A, B, C, D, E가 살고 있다.
- A는 2층에 살고 있다.
- B는 A보다 위층에 살고 있다.
- C와 D는 이웃한 층에 살고 있다.

27 E는 1층에 살고 있다.

① 참　　　　　② 거짓　　　　　③ 알 수 없음

28 B는 4층에 살고 있다.

① 참　　　　　② 거짓　　　　　③ 알 수 없음

※ 다음 제시문을 읽고 각 문장이 항상 참이면 ①, 거짓이면 ②, 알 수 없으면 ③을 고르시오. [29~30]

- 6명의 친구가 달리기를 했다.
- A는 3등으로 들어왔다.
- B는 꼴찌로 들어왔다.
- C는 E 바로 앞에 들어왔다.
- D는 F 바로 앞에 들어왔다.

29 D가 4등이라면 E는 2등일 것이다.

① 참　　　　　② 거짓　　　　　③ 알 수 없음

30 C는 1등으로 들어왔다.

① 참　　　　　② 거짓　　　　　③ 알 수 없음

※ 다음 명제가 모두 참일 때, 바르게 추론한 것을 고르시오. [31~35]

31

- 축산산업이 발전하면 소득이 늘어난다.
- 해외 수입이 줄어들면 축산산업이 발전한다.

① 해외수입이 늘어나면 소득이 늘어난다.
② 축산산업이 발전되지 않으면 소득이 늘어난다.
③ 축산산업이 발전되면 소득이 줄어든다.
④ 해외수입이 줄어들면 소득이 늘어난다.

32

- 속도에 관심 없는 사람은 디자인에도 관심이 없다.
- 연비를 중시하는 사람은 내구성도 따진다.
- 내구성을 따지지 않는 사람은 속도에도 관심이 없다.

① 연비를 중시하지 않는 사람도 내구성은 따진다.
② 디자인에 관심 없는 사람도 내구성은 따진다.
③ 연비를 중시하는 사람은 디자인에는 관심이 없다.
④ 내구성을 따지지 않는 사람은 디자인에도 관심이 없다.

33

- 재호는 매월 관리비를 내고 있다.
- 3월의 관리비가 4월의 관리비보다 많았다.
- 4월에 재호에게 청구된 관리비는 2월의 관리비보다 많았다.

① 재호는 4월에 가장 많은 관리비를 냈다.
② 재호는 2월에 가장 많은 관리비를 냈다.
③ 재호는 3월에 가장 적은 관리비를 냈다.
④ 재호는 2월에 가장 적은 관리비를 냈다.

34

- 조선 시대의 대포 중 천자포의 사거리는 1,500보이다.
- 현자포의 사거리는 천자포의 사거리보다 700보 짧다.
- 지자포의 사거리는 현자포의 사거리보다 100보 길다.

① 천자포의 사거리가 가장 길다.
② 현자포의 사거리가 가장 길다.
③ 지자포의 사거리가 가장 짧다.
④ 현자포의 사거리는 지자포의 사거리보다 길다.

35

- 모든 손님들은 A와 B 중에서 하나만을 주문했다.
- A를 주문한 손님 중에서 일부는 C를 주문했다.
- B를 주문한 손님들만 추가로 주문할 수 있는 D도 많이 판매되었다.

① B와 C를 동시에 주문하는 손님도 있었다.
② B를 주문한 손님은 C를 주문하지 않았다.
③ D를 주문한 손님은 C를 주문하지 않았다.
④ D를 주문한 손님은 A를 주문하지 않았다.

※ 제시된 명제가 모두 참일 때, 참이 아닌 명제를 고르시오. [36~40]

36

- 커피를 좋아하는 사람은 홍차를 좋아하지 않는다.
- 탄산수를 좋아하지 않는 사람은 우유를 좋아한다.
- 녹차를 좋아하는 사람은 홍차를 좋아한다.
- 녹차를 좋아하지 않는 사람은 탄산수를 좋아한다.

① 커피를 좋아하는 사람은 녹차를 좋아하지 않는다.
② 탄산수를 좋아하지 않는 사람은 녹차를 좋아한다.
③ 커피를 좋아하는 사람은 탄산수를 좋아한다.
④ 탄산수를 좋아하는 사람은 홍차를 좋아한다.

37

- 비가 많이 내리면 습도가 높아진다.
- 겨울보다 여름에 비가 더 많이 내린다.
- 습도가 높으면 먼지가 잘 나지 않는다.
- 습도가 높으면 정전기가 잘 일어나지 않는다.

① 겨울은 여름보다 습도가 낮다.
② 먼지는 여름이 겨울보다 잘 난다.
③ 여름에는 겨울보다 정전기가 잘 일어나지 않는다.
④ 비가 많이 오면 정전기가 잘 일어나지 않는다.

38

- 컴퓨터 게임을 잘하는 사람은 똑똑하다.
- 컴퓨터 게임을 잘하면 모바일 게임도 잘한다.
- 똑똑한 사람은 상상력이 풍부하다.
- 상상력이 풍부하면 수업에 방해된다.

① 모바일 게임을 잘하는 사람은 수업에 방해된다.
② 똑똑한 사람은 수업에 방해된다.
③ 모바일 게임을 잘하는 사람은 똑똑하다.
④ 컴퓨터 게임을 잘하는 사람은 수업에 도움이 된다.

39

- 책을 읽는 사람은 어휘력이 풍부하다.
- 끝말잇기를 잘하는 사람은 어휘력이 풍부하다.
- 자유시간이 많을수록 책을 읽는다.
- 어휘력이 풍부하면 발표를 잘한다.

① 책을 읽는 사람은 발표를 잘한다.
② 발표를 못하는 사람은 책을 읽지 않았다.
③ 발표를 못하는 사람은 끝말잇기도 못한다.
④ 자유시간이 많으면 끝말잇기를 잘한다.

40

- 시험기간이 되면 민환이는 도서관에 간다.
- 시험기간이 아니면 경화는 커피를 마시지 않는다.
- 경화만 커피를 마시거나 규민이만 수정과를 마신다.
- 지금 규민이는 수정과를 마신다.

① 경화가 커피를 마시면 민환이는 도서관에 간다.
② 지금은 시험기간이다.
③ 경화가 커피를 마시면 시험기간이다.
④ 지금은 경화가 커피를 마시지 않는다.

03 ▶ 지각능력검사

01 다음 제시된 문자를 오름차순으로 나열하였을 때 6번째에 오는 문자는?

| ㅇ T U ㅋ ㅌ ㅊ V Y |

① ㅋ　　　　　　　　　　② U
③ ㅊ　　　　　　　　　　④ T

02 다음 제시된 문자를 오름차순으로 나열하였을 때 2번째에 오는 문자는?(단, 모음은 일반모음 10개를 기준으로 한다)

| ㅑ ㅕ ㅁ ㅈ ㅠ ㅊ ㅛ |

① ㅕ　　　　　　　　　　② ㅈ
③ ㅠ　　　　　　　　　　④ ㅁ

03 다음 제시된 문자를 오름차순으로 나열하였을 때 3번째에 오는 문자는?

| R P G v x N K |

① N　　　　　　　　　　② v
③ P　　　　　　　　　　④ x

04 다음 제시된 문자를 오름차순으로 나열하였을 때 4번째에 오는 문자는?

| 六 O R X S 八 L |

① 六　　　　　　　　　　② O
③ S　　　　　　　　　　④ R

05 다음 제시된 문자를 내림차순으로 나열하였을 때 4번째에 오는 문자는?

| ㄹ 九 ㅍ ㅂ ㅇ 五 ㅌ |

① 五 ② ㅍ
③ 九 ④ ㅇ

06 다음 제시된 문자를 내림차순으로 나열하였을 때 5번째에 오는 문자는?

| M ix iv W T R P |

① iv ② T
③ M ④ ix

07 다음 제시된 문자를 내림차순으로 나열하였을 때 3번째에 오는 문자는?(단, 모음은 일반모음 10개를 기준으로 한다)

| ㅣ ㅋ ㅍ ㅎ ㅠ ㅕ ㅌ |

① ㅍ ② ㅠ
③ ㅌ ④ ㅣ

08 다음 제시된 문자를 내림차순으로 나열하였을 때 6번째에 오는 문자는?

| Z R x v W U ix |

① ix ② U
③ v   ④ R

※ 제시된 문자와 동일한 문자를 〈보기〉에서 찾아 고르시오(단, 가장 왼쪽 문자를 ①번으로 한다).
[9~12]

보기
ix   iv   v   xii

09

v

①   ②
③   ④

10

iv

①   ②
③   ④

11

xii

①   ②
③   ④

12

ix

①   ②
③   ④

※ 제시된 문자와 동일한 문자를 〈보기〉에서 찾아 고르시오(단, 가장 왼쪽 문자를 ①번으로 한다).
[13~16]

보기
◔　●　◐　◑

13

◔

① ②
③ ④

14

◐

① ②
③ ④

15

◑

① ②
③ ④

16

●

① ②
③ ④

※ 제시된 문자와 동일한 문자를 〈보기〉에서 찾아 고르시오(단, 가장 왼쪽 문자를 ①번으로 한다).
[17~20]

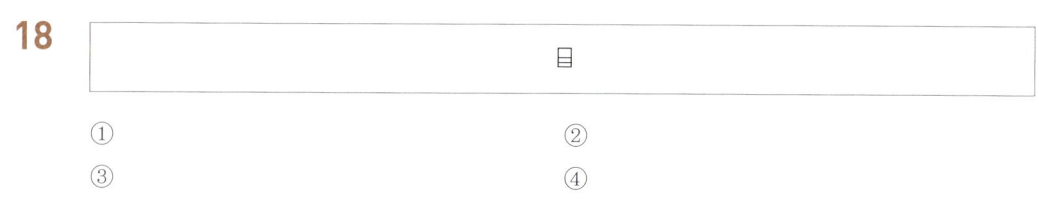

※ 다음 중 제시된 도형과 같은 것을 고르시오(단, 도형은 회전이 가능하다). **[21~30]**

21

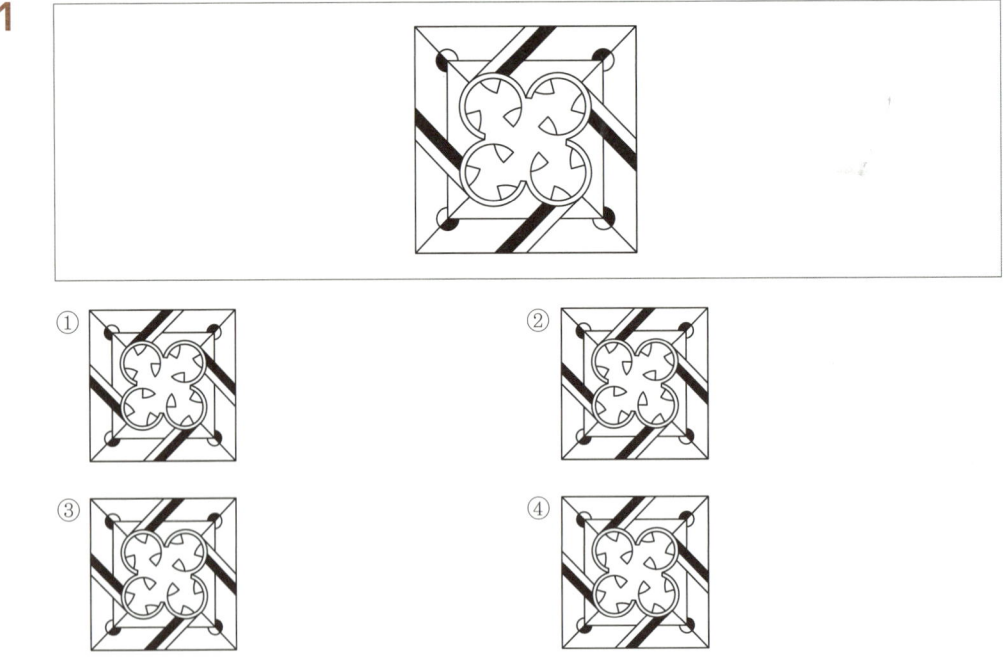

22

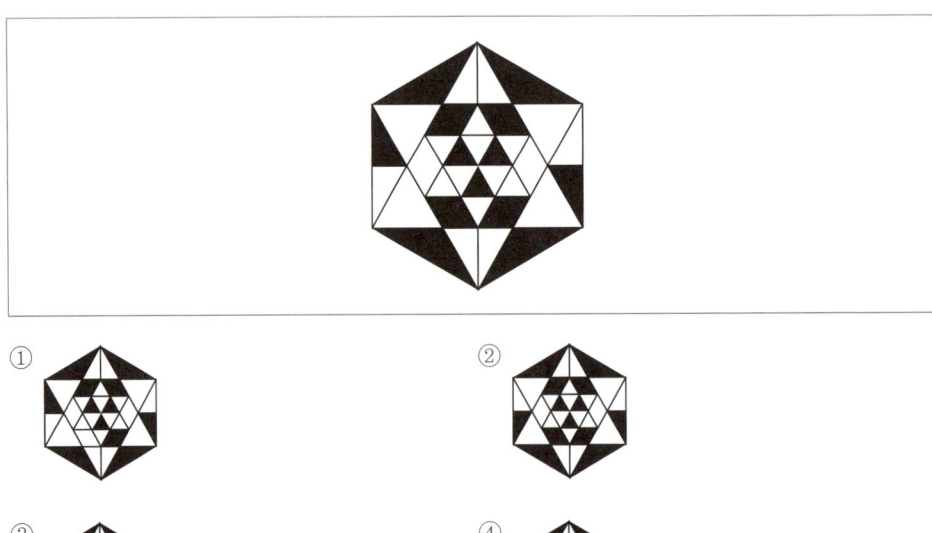

23

①  ②

③  ④

24

①  ②

③  ④

25

①    ②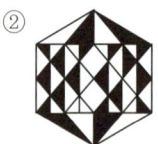

③    ④

26

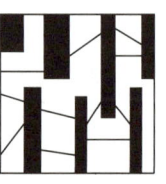

① 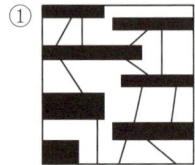   ②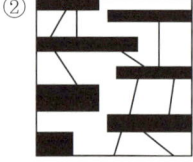

③ 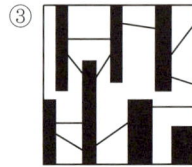   ④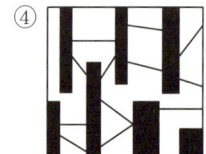

27

①    ②

③    ④

28

① 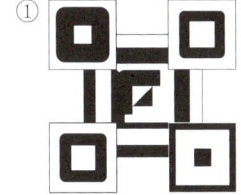   ②

③    ④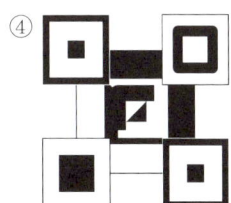

29

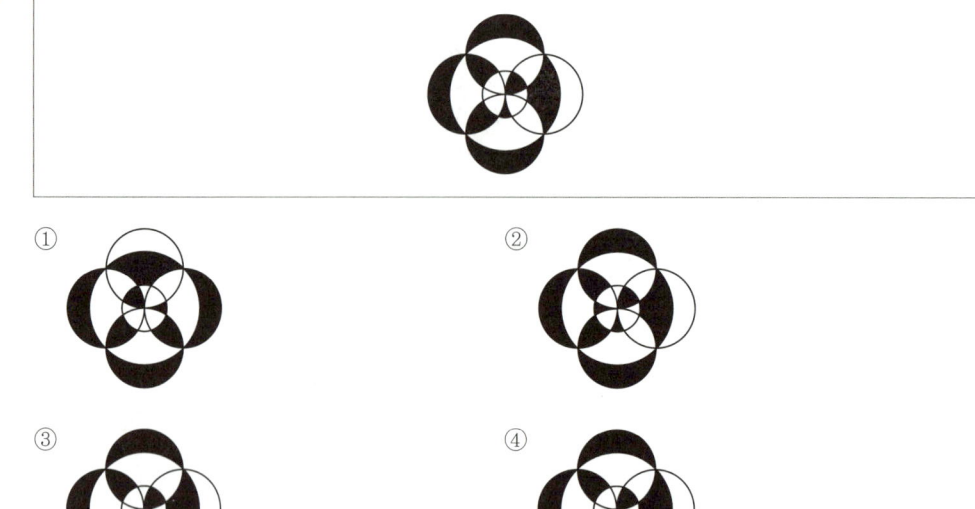

30

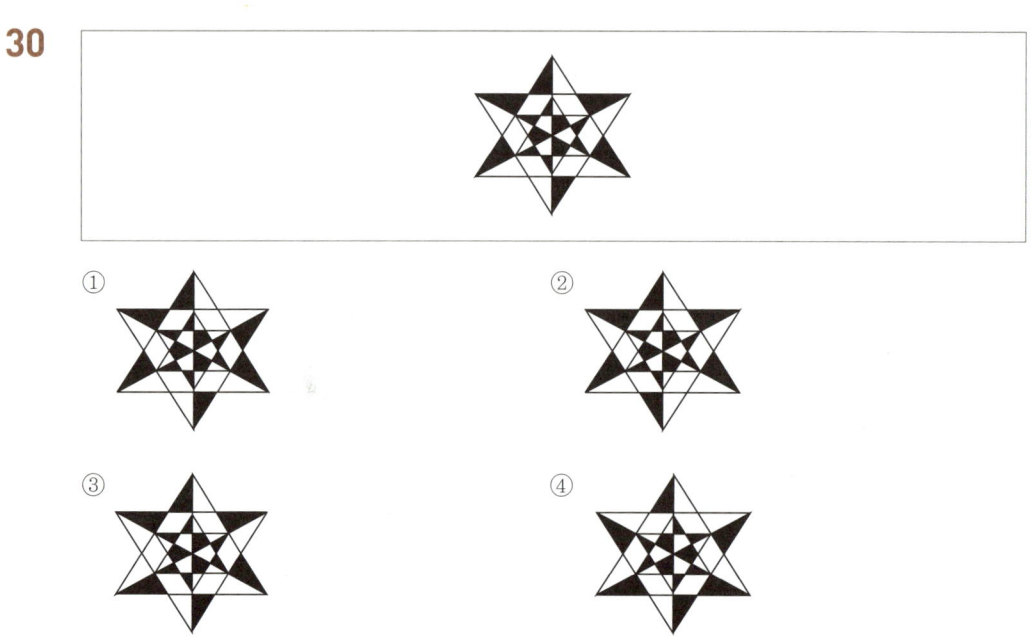

※ 다음과 같은 모양을 만드는 데 사용된 블록의 개수를 고르시오(단, 보이지 않는 곳의 블록은 있다고 가정한다). [31~40]

31

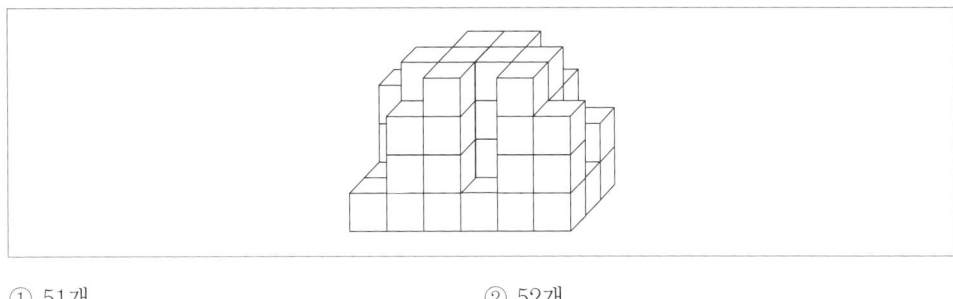

① 51개 ② 52개
③ 53개 ④ 54개

32

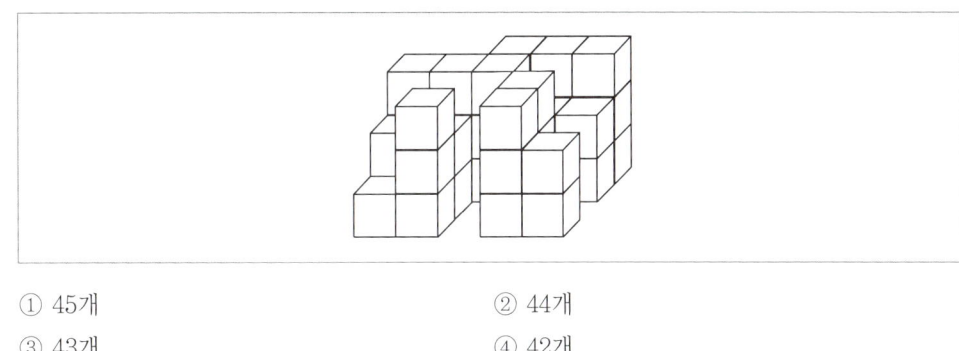

① 45개 ② 44개
③ 43개 ④ 42개

33

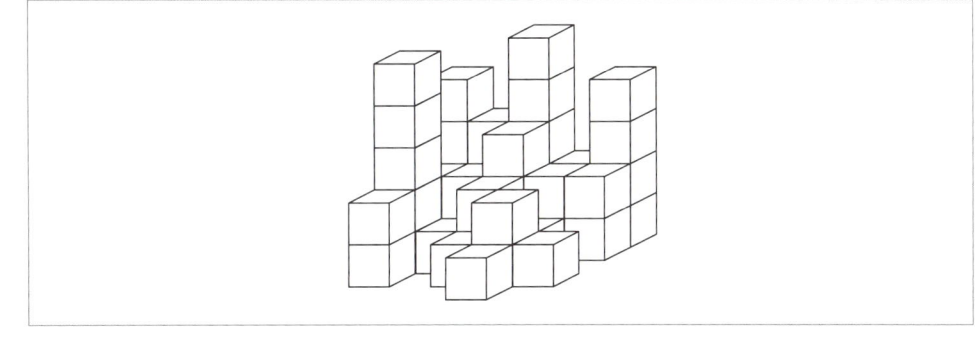

① 42개 ② 43개
③ 44개 ④ 45개

34

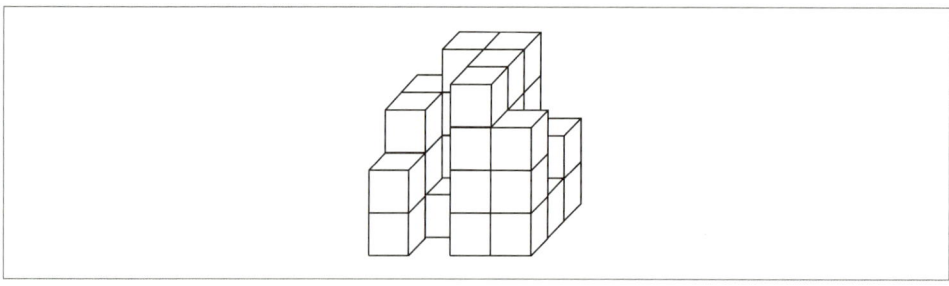

① 30개 ② 31개
③ 32개 ④ 33개

35

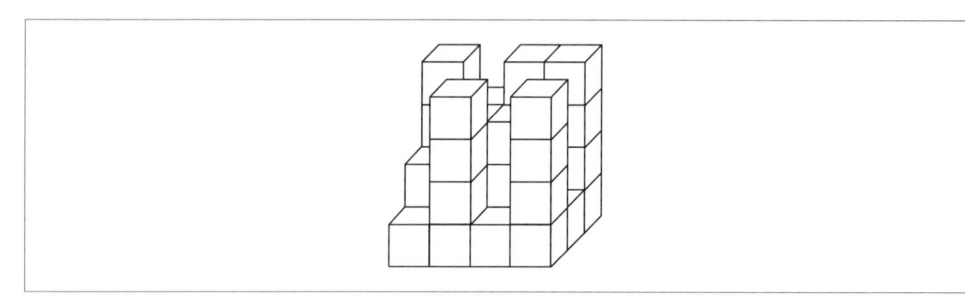

① 34개 ② 33개
③ 32개 ④ 31개

36

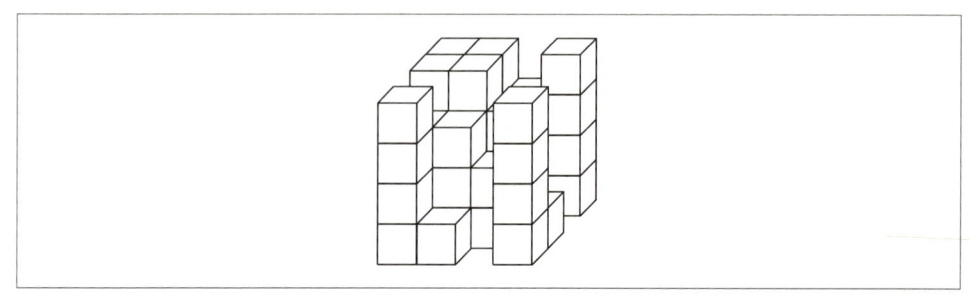

① 44개 ② 43개
③ 42개 ④ 41개

37

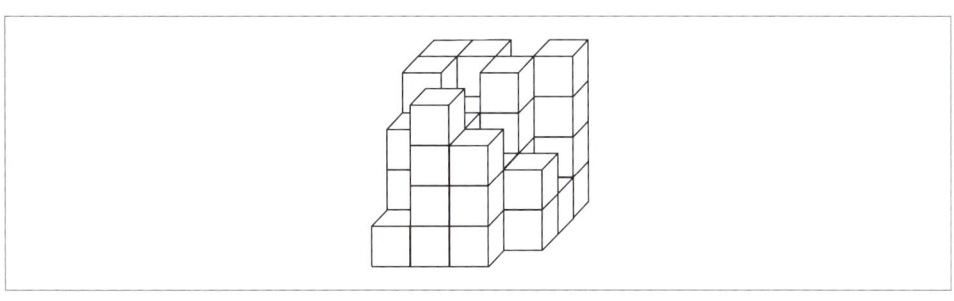

① 43개 ② 44개
③ 45개 ④ 46개

38

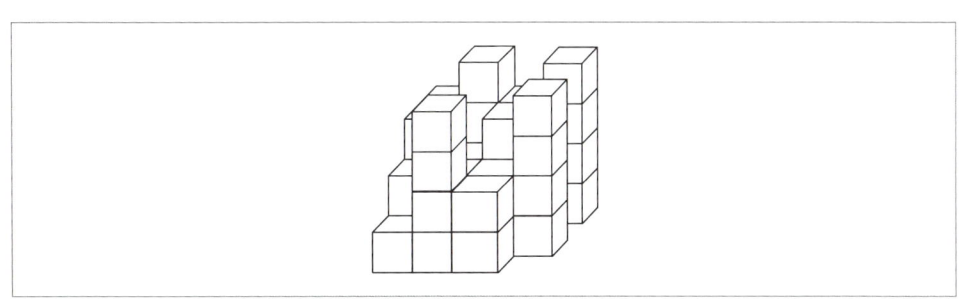

① 42개 ② 41개
③ 40개 ④ 39개

39

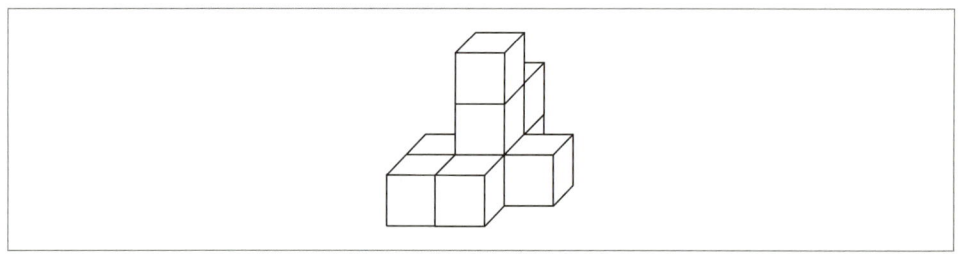

① 7개   ② 8개
③ 9개   ④ 10개

40

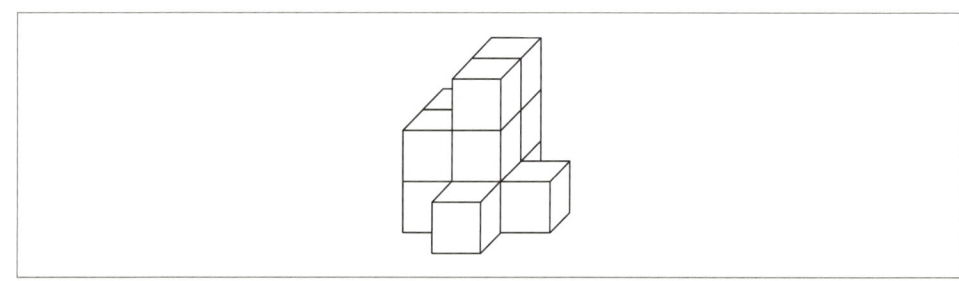

① 10개   ② 11개
③ 12개   ④ 13개

PART 4

인성검사

CHAPTER 01 인성검사
CHAPTER 02 UK작업태도검사
CHAPTER 03 인성검사 결과로 예상 면접 준비하기

CHAPTER 01 | 인성검사

업무를 수행하면서 능률적인 성과물을 만들기 위해서는 개인의 능력과 경험 그리고 회사의 교육 및 훈련 등이 필요하지만, 개인의 성격이나 성향 역시 중요하다. 여러 직무분석 연구에서 나온 결과에 따르면, 직무에서의 성공과 관련된 특성 중 최고 70% 이상이 능력보다는 성격과 관련이 있다고 한다. 따라서 최근 기업들은 인성검사의 비중을 높이고 있는 추세다.

현재 기업들은 인성검사를 KIRBS(한국행동과학연구소)나 SHR(에스에이치알) 등의 전문기관에 의뢰해서 시행하고 있다. 전문기관에 따라서 인성검사 방법에 차이가 있고, 보안을 위해서 인성검사를 의뢰한 기업을 공개하지 않을 수 있기 때문에 특정 기업의 인성검사를 정확하게 판단할 수 없지만, 지원자들이 후기에 올린 문제를 통해 유형을 예상할 수 있다.

여기에서는 삼성그룹의 인성검사와 수검요령 및 검사 시 유의사항에 대해 간략하게 정리하였으며, 인성검사 모의연습을 통해 실제 시험 유형을 확인할 수 있도록 하였다.

1. 삼성그룹 인성검사

삼성그룹의 인재상과 적합한 인재인지 평가하는 테스트로, 지원자의 개인 성향이나 인성에 관한 질문으로 구성되어 있다.

(1) 인성검사 유형 I
한 문항에 5개의 보기가 있으며, 그중 자신의 성격에 가장 가까운 것을 선택하는 문제가 출제된다.

(2) 인성검사 유형 II
각 문항에 대해, 자신의 성격에 맞게 '예', '아니요'를 선택하는 문제가 출제된다.

2. 인성검사 수검요령

인성검사는 특별한 수검요령이 없다. 다시 말하면 모범답안이 없고, 정답이 없다는 이야기다. 국어문제처럼 말뜻을 풀이하는 것도 아니다. 굳이 수검요령을 말하자면, 진실하고 솔직한 내 생각이 답변이라고 할 수 있을 것이다.

인성검사에서 가장 중요한 것은 첫째, 솔직한 답변이다. 지금까지의 경험을 통해 축적된 내 생각과 행동을 허구 없이 솔직하게 기재해야 한다. 예를 들어, "나는 타인의 물건을 훔치고 싶은 충동을 느껴본 적이 있다."라는 질문에 피검사자들은 많은 생각을 하게 된다. 생각해 보라. 유년기에 또는 성인이 되어서도 타인의 물건을 훔친 적은 없다 해도 마음속에서 훔치고 싶은 충동은 누구나 조금은 느껴보았을 것이다. 그런데 이 질문에 고민하는 사람이 간혹 있다. 이 질문에 "예"라고 대답하면 담당 검사관들이 나를 사회적으로 문제가 있는 사람으로 여기지는 않을까 하는 생각에 "아니요"라는 답을 기재하게 된다. 이런 솔직하지 않은 답변은 답변의 신뢰와 솔직함을 나타내는 타당성 척도에 좋지 않은 점수를 준다.

둘째, 일관성 있는 답변이다. 인성검사의 수많은 질문 문항 중에는 비슷한 뜻의 질문이 여러 개 숨어 있는 경우가 많다. 그 질문들은 피검사자의 솔직한 답변과 심리적인 상태를 알아보기 위해 내포되어 있는 문항들이다. 가령 "나는 유년시절 타인의 물건을 훔친 적이 있다."라는 질문에 "예"라고 대답했는데, "나는 유년시절 타인의 물건을 훔쳐보고 싶은 충동을 느껴본 적이 있다."라는 질문에는 "아니요"라는 답을 기재한다면 어떻겠는가. 일관성 없이 '대충 기재하자'라는 식의 심리적 무성의성 답변이 되거나, 정신적으로 문제가 있는 사람으로 보일 수 있다.

인성검사는 많은 문항 수를 풀어나가기 때문에 피검사자들은 지루함과 따분함, 반복된 뜻의 질문으로 인해 인내 상실 등이 나타날 수 있다. 인내하면서 솔직하게 내 생각을 대답하는 것이 무엇보다 중요한 요령이 될 것이다.

3. 인성검사 시 유의사항

(1) 충분한 휴식으로 불안을 없애고 정서적인 안정을 취한다. 심신이 안정되어야 자신의 마음을 표현할 수 있다.
(2) 생각나는 대로 솔직하게 응답한다. 자신을 너무 과대포장하지도, 너무 비하시키지도 마라. 답변을 꾸며서 하면 앞뒤가 맞지 않게끔 구성돼 있어 불리한 평가를 받게 되므로 솔직하게 답하도록 한다.
(3) 검사문항에 대해 지나치게 생각해서는 안 된다. 지나치게 몰두하면 엉뚱한 답변이 나올 수 있으므로 불필요한 생각은 삼간다.
(4) 검사시간에 너무 신경 쓸 필요는 없다. 인성검사는 시간제한이 없는 경우가 많으며 있다 해도 시간은 충분하다.
(5) 인성검사는 대개 문항 수가 많기에 자칫 건너뛰는 경우가 있는데, 가능한 한 모든 문항에 답해야 한다. 응답하지 않은 문항이 많을 경우 평가자가 정확한 평가를 내리지 못해 불리한 평가를 내릴 수 있기 때문이다.

4. 인성검사 모의연습

※ 인성검사는 정답이 따로 없는 유형의 검사이므로 결과지를 제공하지 않습니다.

유형 1

※ 다음 질문을 읽고, ①~⑤ 중 자신에게 해당하는 것을 고르시오(① 전혀 그렇지 않다, ② 약간 그렇지 않다, ③ 보통이다, ④ 약간 그렇다, ⑤ 매우 그렇다). **[1~250]**

번호	질문	응답				
01	결점을 지적받아도 아무렇지 않다.	①	②	③	④	⑤
02	피곤할 때도 명랑하게 행동한다.	①	②	③	④	⑤
03	실패했던 경험을 생각하면서 고민하는 편이다.	①	②	③	④	⑤
04	언제나 생기가 있다.	①	②	③	④	⑤
05	선배의 지적을 순수하게 받아들일 수 있다.	①	②	③	④	⑤
06	매일 목표가 있는 생활을 하고 있다.	①	②	③	④	⑤
07	열등감으로 자주 고민한다.	①	②	③	④	⑤
08	남에게 무시당하면 화가 난다.	①	②	③	④	⑤
09	무엇이든지 하면 된다고 생각하는 편이다.	①	②	③	④	⑤
10	자신의 존재를 과시하고 싶다.	①	②	③	④	⑤
11	사람을 많이 만나는 것을 좋아한다.	①	②	③	④	⑤
12	사람들이 당신에게 말수가 적다고 하는 편이다.	①	②	③	④	⑤
13	특정한 사람과 교제를 하는 편이다.	①	②	③	④	⑤
14	친구에게 먼저 말을 하는 편이다.	①	②	③	④	⑤
15	친구만 있으면 된다고 생각한다.	①	②	③	④	⑤
16	많은 사람 앞에서 말하는 것이 서툴다.	①	②	③	④	⑤
17	반 편성과 교실 이동을 싫어한다.	①	②	③	④	⑤
18	다과회 등에서 자주 책임을 맡는다.	①	②	③	④	⑤
19	새 팀 분위기에 쉽게 적응하지 못하는 편이다.	①	②	③	④	⑤
20	누구하고나 친하게 교제한다.	①	②	③	④	⑤
21	충동구매는 절대 하지 않는다.	①	②	③	④	⑤
22	컨디션에 따라 기분이 잘 변한다.	①	②	③	④	⑤
23	옷 입는 취향이 오랫동안 바뀌지 않고 그대로이다.	①	②	③	④	⑤
24	남의 물건이 좋아 보인다.	①	②	③	④	⑤
25	광고를 보면 그 물건을 사고 싶다.	①	②	③	④	⑤
26	자신이 낙천주의자라고 생각한다.	①	②	③	④	⑤
27	에스컬레이터에서 걷지 않는다.	①	②	③	④	⑤
28	꾸물대는 것을 싫어한다.	①	②	③	④	⑤
29	고민이 생겨도 심각하게 생각하지 않는다.	①	②	③	④	⑤
30	반성하는 일이 거의 없다.	①	②	③	④	⑤
31	남의 말을 호의적으로 받아들인다.	①	②	③	④	⑤
32	혼자 있을 때가 편안하다.	①	②	③	④	⑤
33	친구에게 불만이 있다.	①	②	③	④	⑤
34	남의 말을 좋은 쪽으로 해석한다.	①	②	③	④	⑤
35	남의 의견을 절대 참고하지 않는다.	①	②	③	④	⑤
36	기분 나쁜 일은 금세 잊는 편이다.	①	②	③	④	⑤

번호	질문	응답
37	선배와 쉽게 친해진다.	① ② ③ ④ ⑤
38	슬럼프에 빠지면 좀처럼 헤어나지 못한다.	① ② ③ ④ ⑤
39	자신의 소문에 관심을 기울인다.	① ② ③ ④ ⑤
40	주위 사람에게 인사하는 것이 귀찮다.	① ② ③ ④ ⑤
41	기호에 맞지 않으면 거절하는 편이다.	① ② ③ ④ ⑤
42	여간해서 흥분하지 않는 편이다.	① ② ③ ④ ⑤
43	옳다고 생각하면 밀고 나간다.	① ② ③ ④ ⑤
44	항상 무슨 일이든지 해야만 한다.	① ② ③ ④ ⑤
45	휴식시간에도 일하고 싶다.	① ② ③ ④ ⑤
46	걱정거리가 생기면 머릿속에서 떠나지 않는 편이다.	① ② ③ ④ ⑤
47	매일 힘든 일이 너무 많다.	① ② ③ ④ ⑤
48	시험 전에도 노는 계획을 세운다.	① ② ③ ④ ⑤
49	슬픈 일만 머릿속에 남는다.	① ② ③ ④ ⑤
50	사는 것이 힘들다고 느낀 적이 없다.	① ② ③ ④ ⑤
51	처음 만난 사람과 이야기하는 것이 피곤하다.	① ② ③ ④ ⑤
52	비난을 받으면 신경이 쓰인다.	① ② ③ ④ ⑤
53	실패해도 또 다시 도전한다.	① ② ③ ④ ⑤
54	남에게 비판을 받으면 불쾌하다.	① ② ③ ④ ⑤
55	다른 사람의 지적을 순수하게 받아들일 수 있다.	① ② ③ ④ ⑤
56	자신의 프라이드가 높다고 생각한다.	① ② ③ ④ ⑤
57	자신의 입장을 잊어버릴 때가 있다.	① ② ③ ④ ⑤
58	남보다 쉽게 우위에 서는 편이다.	① ② ③ ④ ⑤
59	목적이 없으면 마음이 불안하다.	① ② ③ ④ ⑤
60	일을 할 때에 자신이 없다.	① ② ③ ④ ⑤
61	상대방이 말을 걸어오기를 기다리는 편이다.	① ② ③ ④ ⑤
62	친구 말을 듣는 편이다.	① ② ③ ④ ⑤
63	싸움으로 친구를 잃은 경우가 있다.	① ② ③ ④ ⑤
64	모르는 사람과 말하는 것은 귀찮다.	① ② ③ ④ ⑤
65	아는 사람이 많아지는 것이 즐겁다.	① ② ③ ④ ⑤
66	신호대기 중에도 조바심이 난다.	① ② ③ ④ ⑤
67	매사를 심각하게 생각하는 것을 싫어한다.	① ② ③ ④ ⑤
68	자신이 경솔하다고 자주 느낀다.	① ② ③ ④ ⑤
69	상대방이 통화 중이어도 자꾸 전화를 건다.	① ② ③ ④ ⑤
70	충동적인 행동을 하지 않는 편이다.	① ② ③ ④ ⑤
71	칭찬도 나쁘게 받아들이는 편이다.	① ② ③ ④ ⑤
72	자신이 손해를 보고 있다고 생각한다.	① ② ③ ④ ⑤
73	어떤 상황에서나 만족할 수 있다.	① ② ③ ④ ⑤
74	무슨 일이든지 자신의 생각대로 하지 못한다.	① ② ③ ④ ⑤
75	부모님에게 불만을 느낀다.	① ② ③ ④ ⑤
76	깜짝 놀라면 당황하는 편이다.	① ② ③ ④ ⑤
77	주위의 평판이 좋다고 생각한다.	① ② ③ ④ ⑤
78	자신이 소문에 휘말려도 좋다.	① ② ③ ④ ⑤
79	긴급사태에도 당황하지 않고 행동할 수 있다.	① ② ③ ④ ⑤

번호	질문	응답				
80	윗사람과 이야기하는 것이 불편하다.	①	②	③	④	⑤
81	정색하고 화내기 쉬운 화제를 올릴 때가 있다.	①	②	③	④	⑤
82	남들이 자신이 좋아하는 연예인을 욕해도 화가 나지 않는다.	①	②	③	④	⑤
83	남을 비판할 때가 있다.	①	②	③	④	⑤
84	주체할 수 없을 만큼 여유가 많은 것은 싫어한다.	①	②	③	④	⑤
85	의견이 어긋날 때는 한 발 양보한다.	①	②	③	④	⑤
86	싫은 사람과도 협력할 수 있다.	①	②	③	④	⑤
87	사람은 너무 고통거리가 많다고 생각한다.	①	②	③	④	⑤
88	걱정거리가 있으면 잠을 잘 수가 없다.	①	②	③	④	⑤
89	즐거운 일보다는 괴로운 일이 더 많다.	①	②	③	④	⑤
90	싫은 사람이라도 인사를 한다.	①	②	③	④	⑤
91	사소한 일에도 신경을 많이 쓰는 편이다.	①	②	③	④	⑤
92	누가 나에게 말을 걸기 전에 내가 먼저 말을 걸지는 않는다.	①	②	③	④	⑤
93	이따금 결심을 빨리 하지 못하기 때문에 손해 보는 경우가 많다.	①	②	③	④	⑤
94	사람들은 누구나 곤경을 벗어나기 위해 거짓말을 할 수 있다.	①	②	③	④	⑤
95	어떤 일을 실패하면 두고두고 생각한다.	①	②	③	④	⑤
96	비교적 말이 없는 편이다.	①	②	③	④	⑤
97	기왕 일을 한다면 꼼꼼하게 하는 편이다.	①	②	③	④	⑤
98	지나치게 깔끔한 척을 하는 편에 속한다.	①	②	③	④	⑤
99	나를 기분 나쁘게 한 사람을 쉽게 잊지 못하는 편이다.	①	②	③	④	⑤
100	수줍음을 많이 타서 많은 사람 앞에 나서길 싫어한다.	①	②	③	④	⑤
101	혼자 지내는 시간이 즐겁다.	①	②	③	④	⑤
102	내 주위 사람이 잘되는 것을 보면 상대적으로 내가 실패한 것 같다.	①	②	③	④	⑤
103	어떤 일을 시도하다가 잘 안되면 금방 포기한다.	①	②	③	④	⑤
104	이성 친구와 웃고 떠드는 것을 별로 좋아하지 않는다.	①	②	③	④	⑤
105	낯선 사람과 만나는 것을 꺼리는 편이다.	①	②	③	④	⑤
106	밤낮없이 같이 다닐만한 친구들이 거의 없다.	①	②	③	④	⑤
107	연예인이 되고 싶은 마음은 조금도 가지고 있지 않다.	①	②	③	④	⑤
108	여럿이 모여서 얘기하는 데 잘 끼어들지 못한다.	①	②	③	④	⑤
109	사람들은 이득이 된다면 옳지 않은 방법이라도 쓸 것이다.	①	②	③	④	⑤
110	사람들이 정직하게 행동하는 건 다른 사람의 비난이 두렵기 때문이다.	①	②	③	④	⑤
111	처음 보는 사람들과 쉽게 얘기하거나 친해지는 편이다.	①	②	③	④	⑤
112	모르는 사람들이 많이 모여 있는 곳에서도 활발하게 행동하는 편이다.	①	②	③	④	⑤
113	여기저기에 친구나 아는 사람들이 많이 있다.	①	②	③	④	⑤
114	모임에서 말을 많이 하고 적극적으로 행동한다.	①	②	③	④	⑤
115	슬프거나 기쁜 일이 생기면 부모나 친구에게 얘기하는 편이다.	①	②	③	④	⑤
116	활발하고 적극적이라는 말을 자주 듣는다.	①	②	③	④	⑤
117	시간이 걸리는 일이나 놀이에 싫증을 내고, 새로운 놀이나 활동을 원한다.	①	②	③	④	⑤
118	혼자 조용히 있거나 책을 읽는 것보다는 사람들과 어울리는 것을 좋아한다.	①	②	③	④	⑤
119	새로운 유행이 시작되면 다른 사람보다 먼저 시도해 보는 편이다.	①	②	③	④	⑤
120	기분을 잘 드러내기 때문에 남들이 본인의 기분을 금방 알게 된다.	①	②	③	④	⑤
121	비유적이고 상징적 표현보다는 구체적이고 정확한 표현을 더 잘 이해한다.	①	②	③	④	⑤
122	주변 사람들의 외모나 다른 특징들을 자세히 기억한다.	①	②	③	④	⑤

번호	질문	응답				
123	꾸준하고 참을성이 있다는 말을 자주 듣는다.	①	②	③	④	⑤
124	공부할 때 세부적인 내용을 암기할 수 있다.	①	②	③	④	⑤
125	손으로 직접 만지거나 조작하는 것을 좋아한다.	①	②	③	④	⑤
126	상상 속에서 이야기를 잘 만들어 내는 편이다.	①	②	③	④	⑤
127	종종 물건을 잃어버리거나 어디에 두었는지 기억을 못하는 때가 있다.	①	②	③	④	⑤
128	창의력과 상상력이 풍부하다는 이야기를 자주 듣는다.	①	②	③	④	⑤
129	다른 사람들이 생각하지도 않는 엉뚱한 행동이나 생각을 할 때가 종종 있다.	①	②	③	④	⑤
130	이것저것 새로운 것에 관심이 많고 새로운 것을 배우고 싶어 한다.	①	②	③	④	⑤
131	'왜'라는 질문을 자주 한다.	①	②	③	④	⑤
132	의지와 끈기가 강한 편이다.	①	②	③	④	⑤
133	궁금한 점이 있으면 꼬치꼬치 따져서 궁금증을 풀고 싶어 한다.	①	②	③	④	⑤
134	참을성이 있다는 말을 자주 듣는다.	①	②	③	④	⑤
135	남의 비난에도 잘 견딘다.	①	②	③	④	⑤
136	다른 사람의 감정에 민감하다.	①	②	③	④	⑤
137	자신의 잘못을 쉽게 인정하는 편이다.	①	②	③	④	⑤
138	싹싹하고 연하다는 소리를 잘 듣는다.	①	②	③	④	⑤
139	쉽게 양보를 하는 편이다.	①	②	③	④	⑤
140	음식을 선택할 때 쉽게 결정을 못 내릴 때가 많다.	①	②	③	④	⑤
141	계획표를 세밀하게 짜 놓고 그 계획표에 따라 생활하는 것을 좋아한다.	①	②	③	④	⑤
142	대체로 먼저 할 일을 해 놓고 나서 노는 편이다.	①	②	③	④	⑤
143	시험보기 전에 미리 여유 있게 공부 계획표를 짜 놓는다.	①	②	③	④	⑤
144	마지막 순간에 쫓기면서 일하는 것을 싫어한다.	①	②	③	④	⑤
145	계획에 따라 규칙적인 생활을 하는 편이다.	①	②	③	④	⑤
146	자기 것을 잘 나누어주는 편이다.	①	②	③	④	⑤
147	자신의 소지품을 덜 챙기는 편이다.	①	②	③	④	⑤
148	신발이나 옷이 떨어져도 무관심한 편이다.	①	②	③	④	⑤
149	자기 것을 덜 주장하고, 덜 고집하는 편이다.	①	②	③	④	⑤
150	활동이 많으면서도 무난하고 점잖다는 말을 듣는 편이다.	①	②	③	④	⑤
151	몇 번이고 생각하고 검토한다.	①	②	③	④	⑤
152	여러 번 생각한 끝에 결정을 내린다.	①	②	③	④	⑤
153	어떤 일이든 따지려 든다.	①	②	③	④	⑤
154	일단 결정하면 행동으로 옮긴다.	①	②	③	④	⑤
155	앞에 나서기를 꺼린다.	①	②	③	④	⑤
156	규칙을 잘 지킨다.	①	②	③	④	⑤
157	나의 주장대로 행동한다.	①	②	③	④	⑤
158	지시나 충고를 받는 것이 싫다.	①	②	③	④	⑤
159	급진적인 변화를 좋아한다.	①	②	③	④	⑤
160	규칙은 반드시 지킬 필요가 없다.	①	②	③	④	⑤
161	혼자서 일하기를 좋아한다.	①	②	③	④	⑤
162	미래에 대해 별로 염려를 하지 않는다.	①	②	③	④	⑤
163	새로운 변화를 싫어한다.	①	②	③	④	⑤
164	조용한 분위기를 좋아한다.	①	②	③	④	⑤
165	도전적인 직업보다는 안정된 직업이 좋다.	①	②	③	④	⑤

번호	질문	응답				
166	친구를 잘 바꾸지 않는다.	①	②	③	④	⑤
167	남의 명령을 듣기 싫어한다.	①	②	③	④	⑤
168	모든 일에 앞장서는 편이다.	①	②	③	④	⑤
169	다른 사람이 하는 일을 보면 답답하다.	①	②	③	④	⑤
170	남을 지배하는 사람이 되고 싶다.	①	②	③	④	⑤
171	규칙적인 것이 싫다.	①	②	③	④	⑤
172	매사에 감동을 자주 받는다.	①	②	③	④	⑤
173	새로운 물건과 일에 대한 생각을 자주 한다.	①	②	③	④	⑤
174	창조적인 일을 하고 싶다.	①	②	③	④	⑤
175	나쁜 일은 오래 생각하지 않는다.	①	②	③	④	⑤
176	사람들의 이름을 잘 기억하는 편이었다.	①	②	③	④	⑤
177	외딴 곳보다는 사람들이 북적거리는 곳에 살고 싶었다.	①	②	③	④	⑤
178	제조업보다는 서비스업이 마음에 들었다.	①	②	③	④	⑤
179	농사를 지으면서 자연과 더불어 살고 싶었다.	①	②	③	④	⑤
180	예절 같은 것은 별로 신경 쓰지 않았다.	①	②	③	④	⑤
181	거칠고 반항적인 사람보다 예의바른 사람들과 어울리고 싶었다.	①	②	③	④	⑤
182	대인관계에서 상황을 빨리 파악하는 편이었다.	①	②	③	④	⑤
183	계산에 밝은 사람은 꺼려졌다.	①	②	③	④	⑤
184	친구들과 노는 것보다 혼자 노는 것이 편했다.	①	②	③	④	⑤
185	교제범위가 넓은 편이라 사람을 만나는 데 많은 시간을 소비한다.	①	②	③	④	⑤
186	손재주는 비교적 있는 편이다.	①	②	③	④	⑤
187	기획과 섭외 중 기획을 더 잘할 수 있을 것 같다.	①	②	③	④	⑤
188	도서실 등에서 책을 정리하고 관리하는 일을 싫어하지 않는다.	①	②	③	④	⑤
189	선입견으로 판단하지 않고 이론적으로 판단하는 편이다.	①	②	③	④	⑤
190	예술제나 미술전 등에 관심이 많다.	①	②	③	④	⑤
191	행사의 사회나 방송 등 마이크를 사용하는 분야에 관심이 많다.	①	②	③	④	⑤
192	하루 종일 방에 틀어 박혀 연구하거나 몰두해야 하는 일은 싫다.	①	②	③	④	⑤
193	공상이나 상상을 많이 하는 편이다.	①	②	③	④	⑤
194	모르는 사람과도 마음이 맞으면 쉽게 마음을 터놓고 바로 친해진다.	①	②	③	④	⑤
195	물건을 만들거나 도구를 사용하는 일이 싫지는 않다.	①	②	③	④	⑤
196	새로운 아이디어를 생각해내는 일이 좋다.	①	②	③	④	⑤
197	회의에서 사회나 서기를 맡는다면 서기 쪽이 맞을 것 같다.	①	②	③	④	⑤
198	사건 뒤에 숨은 본질을 생각해 보기를 좋아한다.	①	②	③	④	⑤
199	색채감각이나 미적 센스가 풍부한 편이다.	①	②	③	④	⑤
200	다른 사람들의 눈길을 끌고 주목을 받는 것이 아무렇지도 않다.	①	②	③	④	⑤
201	문화재 위원과 체육대회 위원 중 체육대회 위원을 하고 싶다.	①	②	③	④	⑤
202	보고 들은 것을 문장으로 옮기기를 좋아한다.	①	②	③	④	⑤
203	남에게 뭔가 가르쳐주는 일이 좋다.	①	②	③	④	⑤
204	많은 사람과 장시간 함께 있으면 피곤하다.	①	②	③	④	⑤
205	엉뚱한 일을 하기 좋아하고 발상도 개성적이다.	①	②	③	④	⑤
206	전표 계산 또는 장부 기입 같은 일을 싫증내지 않고 할 수 있다.	①	②	③	④	⑤
207	책이나 신문을 열심히 읽는 편이다.	①	②	③	④	⑤
208	신경이 예민한 편이며, 감수성도 예민하다.	①	②	③	④	⑤

번호	질문	응답
209	연회석에서 망설임 없이 노래를 부르거나 장기를 보이는 편이다.	① ② ③ ④ ⑤
210	즐거운 캠프를 위해 계획세우기를 좋아한다.	① ② ③ ④ ⑤
211	데이터를 분류하거나 통계내는 일을 싫어하지는 않는다.	① ② ③ ④ ⑤
212	드라마나 소설 속의 등장인물의 생활과 사고방식에 흥미가 있다.	① ② ③ ④ ⑤
213	자신의 미적 표현력을 살리면 상당히 좋은 작품이 나올 것 같다.	① ② ③ ④ ⑤
214	화려한 것을 좋아하며 주위의 평판에 신경을 쓰는 편이다.	① ② ③ ④ ⑤
215	여럿이서 여행할 기회가 있다면 즐겁게 참가한다.	① ② ③ ④ ⑤
216	여행 소감을 쓰기를 좋아한다.	① ② ③ ④ ⑤
217	상품전시회에서 상품설명을 한다면 잘할 수 있을 것 같다.	① ② ③ ④ ⑤
218	변화가 적고 손이 많이 가는 일도 꾸준히 하는 편이다.	① ② ③ ④ ⑤
219	신제품 홍보에 흥미가 있다.	① ② ③ ④ ⑤
220	열차시간표 한 페이지 정도라면 정확하게 옮겨 쓸 자신이 있다.	① ② ③ ④ ⑤
221	자신의 장래에 대해 자주 생각해본다.	① ② ③ ④ ⑤
222	혼자 있는 것에 익숙하다.	① ② ③ ④ ⑤
223	근심이 별로 없다.	① ② ③ ④ ⑤
224	나의 환경에 아주 만족한다.	① ② ③ ④ ⑤
225	상품을 고를 때 디자인과 색에 신경을 많이 쓴다.	① ② ③ ④ ⑤
226	극단이나 탤런트 양성소에서 공부해보고 싶다는 생각을 한 적 있다.	① ② ③ ④ ⑤
227	외출할 때 날씨가 좋지 않아도 그다지 신경을 쓰지 않는다.	① ② ③ ④ ⑤
228	손님을 불러들이는 호객행위도 마음만 먹으면 할 수 있을 것 같다.	① ② ③ ④ ⑤
229	신중하고 주의 깊은 편이다.	① ② ③ ④ ⑤
230	하루 종일 책상 앞에 앉아 있어도 지루해하지 않는 편이다.	① ② ③ ④ ⑤
231	알기 쉽게 요점을 정리한 다음 남에게 잘 설명하는 편이다.	① ② ③ ④ ⑤
232	생물 시간보다는 미술 시간에 흥미가 있다.	① ② ③ ④ ⑤
233	남이 자신에게 상담을 해오는 경우가 많다.	① ② ③ ④ ⑤
234	친목회나 송년회 등의 총무역할을 좋아하는 편이다.	① ② ③ ④ ⑤
235	실패하든 성공하든 그 원인은 꼭 분석한다.	① ② ③ ④ ⑤
236	실내장식품이나 액세서리 등에 관심이 많다.	① ② ③ ④ ⑤
237	남에게 보이기 좋아하고 지기 싫어하는 편이다.	① ② ③ ④ ⑤
238	대자연 속에서 마음대로 몸을 움직이는 일이 좋다.	① ② ③ ④ ⑤
239	파티나 모임에서 자연스럽게 돌아다니며 인사하는 성격이다.	① ② ③ ④ ⑤
240	무슨 일에 쉽게 빠져드는 편이며 장인의식도 강하다.	① ② ③ ④ ⑤
241	우리나라 분재를 파리에서 파는 방법 따위를 생각하기 좋아한다.	① ② ③ ④ ⑤
242	하루 종일 거리를 돌아다녀도 그다지 피곤을 느끼지 않는다.	① ② ③ ④ ⑤
243	컴퓨터의 키보드 조작도 연습하면 잘할 수 있을 것 같다.	① ② ③ ④ ⑤
244	자동차나 모터보트 등의 운전에 흥미를 갖고 있다.	① ② ③ ④ ⑤
245	인기탤런트의 인기비결을 곧 잘 생각해본다.	① ② ③ ④ ⑤
246	과자나 빵을 판매하는 일보다 만드는 일이 나에게 맞을 것 같다.	① ② ③ ④ ⑤
247	대체로 걱정하거나 고민하지 않는다.	① ② ③ ④ ⑤
248	비판적인 말을 들어도 쉽게 상처받지 않았다.	① ② ③ ④ ⑤
249	초등학교 선생님보다는 등대지기가 더 재미있을 것 같았다.	① ② ③ ④ ⑤
250	남의 생일이나 명절 때 선물을 사러 다니는 일이 귀찮게 느껴진다.	① ② ③ ④ ⑤

유형 2

※ 다음 질문내용을 읽고 본인에 해당하는 응답의 '예', '아니요'에 ○표 하시오. [1~133]

번호	질문	응답	
01	조심스러운 성격이라고 생각한다.	예	아니요
02	사물을 신중하게 생각하는 편이라고 생각한다.	예	아니요
03	동작이 기민한 편이다.	예	아니요
04	포기하지 않고 노력하는 것이 중요하다.	예	아니요
05	일주일의 예정을 만드는 것을 좋아한다.	예	아니요
06	노력의 여하보다 결과가 중요하다.	예	아니요
07	자기주장이 강하다.	예	아니요
08	장래의 일을 생각하면 불안해질 때가 있다.	예	아니요
09	소외감을 느낄 때가 있다.	예	아니요
10	훌쩍 여행을 떠나고 싶을 때가 자주 있다.	예	아니요
11	대인관계가 귀찮다고 느낄 때가 있다.	예	아니요
12	자신의 권리를 주장하는 편이다.	예	아니요
13	낙천가라고 생각한다.	예	아니요
14	싸움을 한 적이 없다.	예	아니요
15	자신의 의견을 상대에게 잘 주장하지 못한다.	예	아니요
16	좀처럼 결단하지 못하는 경우가 있다.	예	아니요
17	하나의 취미를 오래 지속하는 편이다.	예	아니요
18	한 번 시작한 일은 끝을 맺는다.	예	아니요
19	행동으로 옮기기까지 시간이 걸린다.	예	아니요
20	다른 사람들이 하지 못하는 일을 하고 싶다.	예	아니요
21	해야 할 일은 신속하게 처리한다.	예	아니요
22	병이 아닌지 걱정이 들 때가 있다.	예	아니요
23	다른 사람의 충고를 기분 좋게 듣는 편이다.	예	아니요
24	다른 사람에게 의존적이 될 때가 많다.	예	아니요
25	타인에게 간섭받는 것은 싫다.	예	아니요
26	의식 과잉이라는 생각이 들 때가 있다.	예	아니요
27	수다를 좋아한다.	예	아니요
28	잘못된 일을 한 적이 한 번도 없다.	예	아니요
29	모르는 사람과 이야기하는 것은 용기가 필요하다.	예	아니요
30	끙끙거리며 생각할 때가 있다.	예	아니요
31	다른 사람에게 항상 움직이고 있다는 말을 듣는다.	예	아니요
32	매사에 얽매인다.	예	아니요
33	잘하지 못하는 게임은 하지 않으려고 한다.	예	아니요
34	어떠한 일이 있어도 출세하고 싶다.	예	아니요
35	막무가내라는 말을 들을 때가 많다.	예	아니요
36	신경이 예민한 편이라고 생각한다.	예	아니요
37	쉽게 침울해한다.	예	아니요

번호	질문	응답	
38	쉽게 싫증을 내는 편이다.	예	아니요
39	옆에 사람이 있으면 싫다.	예	아니요
40	토론에서 이길 자신이 있다.	예	아니요
41	친구들과 남의 이야기를 하는 것을 좋아한다.	예	아니요
42	푸념을 한 적이 없다.	예	아니요
43	남과 친해지려면 용기가 필요하다.	예	아니요
44	통찰력이 있다고 생각한다.	예	아니요
45	집에서 가만히 있으면 기분이 우울해진다.	예	아니요
46	매사에 느긋하고 차분하게 매달린다.	예	아니요
47	좋은 생각이 떠올라도 실행하기 전에 여러모로 검토한다.	예	아니요
48	누구나 권력자를 동경하고 있다고 생각한다.	예	아니요
49	몸으로 부딪혀 도전하는 편이다.	예	아니요
50	당황하면 갑자기 땀이 나서 신경 쓰일 때가 있다.	예	아니요
51	친구들이 진지한 사람으로 생각하고 있다.	예	아니요
52	감정적으로 될 때가 많다.	예	아니요
53	다른 사람의 일에 관심이 없다.	예	아니요
54	다른 사람으로부터 지적받는 것은 싫다.	예	아니요
55	지루하면 마구 떠들고 싶어진다.	예	아니요
56	부모에게 불평을 한 적이 한 번도 없다.	예	아니요
57	내성적이라고 생각한다.	예	아니요
58	돌다리도 두들기고 건너는 타입이라고 생각한다.	예	아니요
59	굳이 말하자면 시원시원하다.	예	아니요
60	끈기가 강하다.	예	아니요
61	전망을 세우고 행동할 때가 많다.	예	아니요
62	일에는 결과가 중요하다고 생각한다.	예	아니요
63	활력이 있다.	예	아니요
64	항상 천재지변을 당하지는 않을까 걱정하고 있다.	예	아니요
65	때로는 후회할 때도 있다.	예	아니요
66	다른 사람에게 위해를 가할 것 같은 기분이 든 때가 있다.	예	아니요
67	진정으로 마음을 허락할 수 있는 사람은 없다.	예	아니요
68	기다리는 것에 짜증내는 편이다.	예	아니요
69	친구들로부터 줏대 없는 사람이라는 말을 듣는다.	예	아니요
70	사물을 과장해서 말한 적은 없다.	예	아니요
71	인간관계가 폐쇄적이라는 말을 듣는다.	예	아니요
72	매사에 신중한 편이라고 생각한다.	예	아니요
73	눈을 뜨면 바로 일어난다.	예	아니요
74	난관에 봉착해도 포기하지 않고 열심히 해본다.	예	아니요
75	실행하기 전에 재확인할 때가 많다.	예	아니요
76	리더로서 인정을 받고 싶다.	예	아니요
77	어떤 일이 있어도 의욕을 가지고 열심히 하는 편이다.	예	아니요

번호	질문	응답	
78	다른 사람의 감정에 민감하다.	예	아니요
79	다른 사람들이 남을 배려하는 마음씨가 있다는 말을 한다.	예	아니요
80	사소한 일로 우는 일이 많다.	예	아니요
81	반대에 부딪혀도 자신의 의견을 바꾸는 일은 없다.	예	아니요
82	누구와도 편하게 이야기할 수 있다.	예	아니요
83	가만히 있지 못할 정도로 침착하지 못할 때가 있다.	예	아니요
84	다른 사람을 싫어한 적은 한 번도 없다.	예	아니요
85	그룹 내에서는 누군가의 주도하에 따라가는 경우가 많다.	예	아니요
86	차분하다는 말을 듣는다.	예	아니요
87	스포츠 선수가 되고 싶다고 생각한 적이 있다.	예	아니요
88	모두가 싫증을 내는 일에도 혼자서 열심히 한다.	예	아니요
89	휴일은 세부적인 예정을 세우고 보낸다.	예	아니요
90	완성된 것보다 미완성인 것에 흥미가 있다.	예	아니요
91	잘하지 못하는 것이라도 자진해서 한다.	예	아니요
92	가만히 있지 못할 정도로 불안해질 때가 많다.	예	아니요
93	자주 깊은 생각에 잠긴다.	예	아니요
94	이유도 없이 다른 사람과 부딪힐 때가 있다.	예	아니요
95	타인의 일에는 별로 관여하고 싶지 않다고 생각한다.	예	아니요
96	무슨 일이든 자신을 가지고 행동한다.	예	아니요
97	유명인과 서로 아는 사람이 되고 싶다.	예	아니요
98	지금까지 후회를 한 적이 없다.	예	아니요
99	의견이 다른 사람과는 어울리지 않는다.	예	아니요
100	무슨 일이든 생각해 보지 않으면 만족하지 못한다.	예	아니요
101	다소 무리를 하더라도 피로해지지 않는다.	예	아니요
102	굳이 말하자면 장거리 주자에 어울린다고 생각한다.	예	아니요
103	여행을 가기 전에는 세세한 계획을 세운다.	예	아니요
104	능력을 살릴 수 있는 일을 하고 싶다.	예	아니요
105	성격이 시원시원하다고 생각한다.	예	아니요
106	굳이 말하자면 자의식 과잉이다.	예	아니요
107	스스로를 쓸모없는 인간이라고 생각할 때가 있다.	예	아니요
108	주위의 영향을 받기 쉽다.	예	아니요
109	지인을 발견해도 만나고 싶지 않을 때가 많다.	예	아니요
110	다수의 반대가 있더라도 자신의 생각대로 행동한다.	예	아니요
111	번화한 곳에 외출하는 것을 좋아한다.	예	아니요
112	지금까지 다른 사람의 마음에 상처준 일이 없다.	예	아니요
113	다른 사람에게 자신이 소개되는 것을 좋아한다.	예	아니요
114	실행하기 전에 재고하는 경우가 많다.	예	아니요
115	몸을 움직이는 것을 좋아한다.	예	아니요
116	완고한 편이라고 생각한다.	예	아니요
117	신중하게 생각하는 편이다.	예	아니요

번호	질문	응답	
118	커다란 일을 해보고 싶다.	예	아니요
119	계획을 생각하기보다 빨리 실행하고 싶어한다.	예	아니요
120	작은 소리도 신경 쓰인다.	예	아니요
121	자질구레한 걱정이 많다.	예	아니요
122	이유도 없이 화가 치밀 때가 있다.	예	아니요
123	융통성이 없는 편이다.	예	아니요
124	다른 사람보다 기가 세다.	예	아니요
125	다른 사람보다 쉽게 우쭐해진다.	예	아니요
126	다른 사람을 의심한 적이 한 번도 없다.	예	아니요
127	어색해지면 입을 다무는 경우가 많다.	예	아니요
128	하루의 행동을 반성하는 경우가 많다.	예	아니요
129	격렬한 운동도 그다지 힘들어하지 않는다.	예	아니요
130	새로운 일에 처음 한 발을 좀처럼 떼지 못한다.	예	아니요
131	앞으로의 일을 생각하지 않으면 진정이 되지 않는다.	예	아니요
132	인생에서 중요한 것은 높은 목표를 갖는 것이다.	예	아니요
133	무슨 일이든 선수를 쳐야 이긴다고 생각한다.	예	아니요

CHAPTER 02 | UK작업태도검사

01 ▶ UK작업태도검사

인간은 잠을 잘 때를 제외하곤 항상 어떤 작업을 하고 있으므로 작업 중에 인격적 요인이 반영될 수밖에 없다. 따라서 일정한 조건 아래 단순한 작업을 시키고 나서 그 작업량의 패턴에서 인격을 파악하려고 하는 것이 UK작업태도검사다. 일반적으로 이 방법은 실시가 간단해 집단적으로 실시할 수 있고, 비언어적인 과제를 사용하고 있으므로 언어 이해력을 필요로 하지 않는다는 이점이 있으나 성격 전반에 대한 정보를 얻는 것은 무리다.

작업검사의 대표적인 검사방법으로는 우리나라에서 UK검사라는 약칭으로 통용되는 우치다 – 크레펠린 정신작업검사가 있다. 이 검사의 기초가 된 것은 크레펠린(Kraepelin)이 실험심리학의 연구법으로 개발한 단순가산작업이지만, 이것을 인격검사에 받아들인 것은 우치다 유우자부로(內田勇三郎)다.

우치다 – 크레펠린 정신검사는 1행의 숫자가 가로 91자, 세로 34행으로 된 용지를 사용하는데 1분에 한 행씩 각 행의 숫자를 가산해서 답의 일의 자리 숫자만 쓰는 작업이 주어진다. 현재 삼성에서는 이와 동일하지는 않지만, 비슷한 방식으로 UK작업태도검사를 시행하고 있다. 검사결과의 정리방법은 우선 각 행의 작업이 이루어진 최후의 숫자를 연결하는 것에 의해 작업곡선을 기입한다.

1. 측정요인

평균작업량	휴식 후 15분간 작업량의 평균작업량을 측정한다.
초두효과율	작업에 대한 처음의 좋음이나 순조로움을 보이는 요인으로서 작업개시 시의 의지와 긴장 정도를 재는 것이다.
평균오류량	휴식 전후(前後)의 1줄에 대한 평균오류량을 측정한다.
휴식효과율	전반부와 후반부의 작업량을 비교하여 휴식 후의 작업증가율을 나타내는 요인으로서 휴식단계에서 피로가 줄었음에도 불구하고 작업량이 휴식 전보다 낮다면 휴식효과가 낮게 나타난다. 특히 정신분열증 환자의 경우에는 이 휴식효과율이 낮다고 되어 있다.

(1) 양적 측정

휴식 후 15분간 작업량의 평균작업량을 기준으로 측정한다. 일반적으로 UK검사의 작업량은 계산의 연속이기 때문에 피검사자의 IQ(지능지수)와 많은 연관성이 있지만 성격상의 결함이 있는 사람이 많고, 휴식효과율이 낮은 사람이 있기 때문에 직접적으로 지능지수와 연관성을 맺기에는 무리가 있다. 양적 측정은 말 그대로 작업량의 많고 적음을 나타내기도 하고, 휴식효과에 관련해서 정서, 집중력, 가변성 등의 판단결과가 나타난다고 볼 수 있다.

(2) 질적 측정

휴식 전 작업곡선과 휴식 후 작업곡선을 기준으로 초두노력의 결여, 평균오류량, 휴식효과율 등을 판정하여 성격적인 측면을 검사한다.

정형	곡선의 양단이 중앙부보다 높고, 완만하게 하강하고 다시 완만하게 상승하는 형
상승형	전반부가 높고 후반부가 낮아지는 형
중고형	정형과 반대의 형
하강형	전반부가 낮고 후반부가 높아지는 형
수평형	1줄의 작업 최대차가 5 이내로, 상승도 하강도 하지 않는 형
파상형	전체적으로 일정한 규칙이 없이 곡선의 진폭이 크고, 파도치듯이 나타나는 형

2. 검사방법

(1) 검사마다 다르지만 보통 전반 15분, 휴식 5분, 후반 15분의 형태로 실시한다.
(2) 두 개의 숫자를 더하여 10자리(앞자리)를 제외한 1자리(뒷자리)만 숫자와 숫자 사이 아래에 적는다.
(3) 1줄에 1분씩 연속해서 실시한다.
(4) 검사가 끝나면 틀린 부분을 ×표시한다.
(5) ×표시가 있는 부분만큼 기재한 숫자 중 2개씩을 끝부분에서 제외한다.
(6) 끝부분을 연결한다.

02 ▶ UK작업태도검사 모의연습

01

```
2 4 1 5 7 7 8 9 6 5 4 1 2 5 4 7 8 9 6 3 2 1 0 5 4 0 2 5 4 5 5 8 9 6 3 0 1 1
2 4 5 6 6 9 7 6 8 9 7 4 2 3 5 8 4 2 3 6 7 9 4 2 8 3 7 9 5 1 6 8 0 3 7 9 5 4
3 8 6 1 6 7 9 5 3 8 0 4 9 7 5 8 1 2 6 8 1 6 8 5 9 6 4 7 9 5 4 3 6 5 7 7 5 6
3 0 5 7 5 9 7 6 8 5 6 4 9 6 5 1 2 4 5 2 8 6 4 3 5 9 6 5 4 2 8 9 3 5 4 9 3 8
6 2 4 8 2 8 2 4 6 3 8 2 1 6 9 3 7 4 4 2 8 1 8 6 4 9 3 8 6 4 2 5 6 8 2 6 7 5
8 9 6 4 2 6 5 8 7 3 6 3 5 4 7 9 2 3 6 3 2 8 4 3 9 6 4 6 9 2 0 6 5 9 7 5 2 1
9 7 6 3 5 4 0 8 7 9 6 5 4 8 6 3 5 3 3 4 8 4 6 9 2 5 7 1 8 9 6 2 4 8 9 6 8 7
3 5 4 9 1 3 7 6 2 7 4 3 0 4 7 9 5 4 3 8 4 9 6 8 4 2 3 8 4 3 6 8 4 2 6 8 7 4
5 6 1 0 6 8 7 4 9 3 8 7 7 5 1 3 6 8 5 2 8 7 2 4 6 9 5 2 7 8 9 5 2 4 6 9 5 4
7 6 9 8 4 4 8 7 5 3 5 4 7 8 5 4 7 8 5 1 5 7 5 9 6 2 4 4 7 5 6 9 8 7 8 0 2 3
0 1 4 5 7 8 9 9 6 5 4 2 3 5 4 7 7 8 4 5 2 9 8 4 5 6 3 2 4 5 5 7 8 5 6 5 2 4
0 8 2 3 6 5 5 4 1 2 4 1 2 5 4 1 2 5 4 1 2 5 4 1 2 5 4 1 1 2 5 4 5 3 6 6 7 5
2 1 4 9 2 4 5 6 8 7 4 6 5 8 4 2 4 4 2 6 8 2 2 3 3 6 3 8 7 8 5 4 2 6 8 2 1 6
1 5 6 9 7 0 9 9 5 4 3 7 6 1 8 2 7 5 4 9 6 7 3 8 4 2 3 6 7 9 4 2 8 3 7 9 5 1
6 8 0 3 7 9 5 4 3 8 6 1 6 7 9 5 3 8 0 4 9 7 5 8 1 2 6 8 1 6 8 5 9 6 4 7 9 5
4 3 6 5 7 3 4 1 6 9 4 7 1 4 6 3 9 1 0 2 4 0 1 4 8 9 0 1 2 0 2 5 1 4 1 0 4 7
7 6 3 0 4 1 6 9 5 7 5 8 4 2 2 3 6 4 7 5 9 6 3 5 4 9 7 4 2 3 5 6 9 8 4 4 8 7
5 3 5 4 7 8 5 4 7 8 5 1 5 7 5 9 6 2 4 4 7 5 6 9 8 7 8 0 2 3 0 1 4 5 7 8 9 9
6 5 4 2 3 5 4 3 4 1 6 9 4 7 1 4 6 3 9 1 0 2 4 0 1 4 8 9 0 1 2 0 2 5 1 4 1 0
4 7 7 6 3 0 4 1 6 9 5 7 5 8 4 2 2 3 6 4 2 5 8 6 3 5 4 6 9 8 4 4 8 7 5 3 5 4
7 8 5 4 7 8 5 1 5 7 5 9 6 2 4 4 7 5 6 9 8 7 8 0 2 3 0 1 4 5 7 8 9 9 6 5 4 2
3 5 4 7 7 8 4 5 2 9 8 4 5 6 3 2 4 5 5 7 8 5 6 5 2 4 0 8 2 3 6 5 5 4 1 2 4 1
2 5 4 1 2 5 4 1 2 5 4 1 2 5 4 1 1 2 5 4 5 3 6 6 7 5 2 1 4 6 5 4 2 3 8 4 7 9
5 4 2 3 6 5 4 1 2 2 3 6 5 0 7 8 9 4 7 9 2 1 9 7 8 4 2 3 6 7 8 9 4 3 5 7 8 9
5 4 2 3 4 5 7 0 6 7 5 4 7 8 5 9 6 8 8 9 6 2 2 0 5 8 7 5 6 9 8 7 4 5 8 7 4 9
5 7 7 0 3 2 5 6 6 8 2 4 4 9 6 2 4 8 6 2 4 7 8 0 6 1 5 6 9 8 3 5 4 7 8 9 5
4 5 1 0 5 4 7 9 6 5 5 4 2 3 6 9 4 5 7 9 2 1 0 2 3 6 0 1 4 7 5 8 8 5 6 0 3 2
4 5 3 0 5 5 4 6 8 2 4 6 2 6 5 7 2 4 9 5 5 1 9 7 3 5 8 4 2 6 8 4 5 7 5 8 4 2
6 9 5 1 3 5 7 1 5 5 6 3 8 7 3 1 1 4 7 8 9 6 2 4 5 4 7 5 8 5 8 4 8 6 3
2 4 1 5 7 7 8 9 6 5 4 1 2 5 4 7 8 9 6 3 2 1 0 5 4 0 2 5 4 5 5 8 9 6 3 0 1 1
```

02

```
4 3 6 5 7 3 4 1 6 9 4 7 1 4 6 3 9 1 0 2 4 0 1 4 8 9 0 1 2 0 2 5 1 4 1 0 4 7
7 6 3 0 4 1 6 9 5 7 5 8 4 2 2 3 6 4 7 5 9 6 3 5 4 9 7 4 2 3 5 6 9 8 4 4 8 7
5 3 5 4 7 8 5 4 7 8 5 1 5 7 5 9 6 2 4 4 7 5 6 9 8 7 8 0 2 3 0 1 4 5 7 8 9 9
6 5 4 2 3 5 4 3 4 1 6 9 4 7 1 4 6 3 9 1 0 2 4 0 1 4 8 9 0 1 2 0 2 5 1 4 1 0
4 7 7 6 3 0 4 1 6 9 5 7 5 8 4 2 2 3 6 4 2 5 8 6 3 5 4 6 9 8 4 4 8 7 5 3 5 4
7 8 5 4 7 8 5 1 5 7 5 9 6 2 4 4 7 5 6 9 8 7 8 0 2 3 0 1 4 5 7 8 9 9 6 5 4 2
3 5 4 7 7 8 4 5 2 9 8 4 5 6 3 2 4 5 5 7 8 5 6 5 2 4 0 8 2 3 6 5 5 4 1 2 4 1
2 5 4 1 2 5 4 1 2 5 4 1 2 5 4 1 1 2 5 4 5 3 6 6 7 5 2 1 4 6 5 4 2 3 8 4 7 9
5 4 2 3 6 5 4 1 2 2 3 6 5 0 7 8 9 4 7 9 2 1 9 7 8 4 2 3 6 7 8 9 4 3 5 7 8 9
5 4 2 3 4 5 7 0 6 7 5 4 7 8 5 9 6 8 8 9 6 2 2 0 5 8 7 5 6 9 8 7 4 5 8 7 4 9
5 7 7 0 3 2 5 6 6 8 7 4 2 4 9 6 2 4 8 6 2 4 7 8 0 6 1 5 6 9 8 3 5 4 7 8 9 5
4 5 1 0 5 4 7 9 6 5 5 4 2 3 6 9 4 5 7 9 2 1 0 2 3 6 0 1 4 7 5 8 8 5 6 0 3 2
4 5 3 0 5 5 4 6 8 2 4 6 2 6 5 7 2 4 9 5 5 1 9 7 3 5 8 4 2 6 8 4 5 7 5 8 4 2
6 9 5 1 3 5 7 1 5 5 6 3 8 7 1 3 1 1 4 7 8 9 6 3 2 4 5 4 7 5 8 5 8 5 4 8 6 3
2 4 1 5 7 7 8 9 6 5 4 1 2 5 4 7 8 9 6 3 2 1 0 5 4 0 2 5 4 5 5 8 9 6 3 0 1 1
2 4 1 5 7 7 8 9 6 5 4 1 2 5 4 7 8 9 6 3 2 1 0 5 4 0 2 5 4 5 5 8 9 6 3 0 1 1
2 4 5 6 6 9 7 6 8 9 7 4 2 3 5 8 4 2 3 6 7 9 4 2 8 3 7 9 5 1 6 8 0 3 7 9 5 4
3 8 6 1 6 7 9 5 3 8 0 4 9 7 5 8 1 2 6 8 1 6 8 5 9 6 4 7 9 5 4 3 6 5 7 7 5 6
3 0 5 7 5 9 7 6 8 5 6 4 9 6 5 1 2 4 5 2 8 6 4 3 5 9 6 5 4 2 8 9 3 5 4 9 3 8
6 2 4 8 2 8 2 4 6 3 8 2 1 6 9 3 7 4 4 2 8 1 8 6 4 9 3 8 6 4 2 5 6 8 2 6 7 5
8 9 6 4 2 6 5 8 7 3 6 3 5 4 7 9 2 3 6 3 2 8 4 3 9 6 4 6 9 2 0 6 5 9 7 5 2 1
9 7 6 3 5 4 0 8 7 9 6 5 4 8 6 3 5 3 3 4 8 4 6 9 2 5 7 1 8 9 6 2 4 8 9 6 8 7
3 5 4 9 1 3 7 6 2 7 4 3 0 4 7 9 5 4 3 8 4 9 6 8 4 2 3 8 4 3 6 8 4 2 6 8 7 4
5 6 1 0 6 8 7 4 9 3 8 7 7 5 1 3 6 8 5 2 8 7 2 4 6 9 5 2 7 8 9 5 2 4 6 9 5 4
7 6 9 8 4 4 8 7 5 3 5 4 7 8 5 4 7 8 5 1 5 7 5 9 6 2 4 4 7 5 6 9 8 7 8 0 2 3
0 1 4 5 7 8 9 9 6 5 4 2 3 5 4 7 7 8 4 5 2 9 8 4 5 6 3 2 4 5 5 7 8 5 6 5 2 4
0 8 2 3 6 5 5 4 1 2 4 1 2 5 4 1 2 5 4 1 2 5 4 1 2 5 4 1 1 2 5 4 5 3 6 6 7 5
2 1 4 9 2 4 5 6 8 7 4 6 5 8 4 2 4 4 2 6 8 2 2 3 3 6 3 8 7 8 5 4 2 6 8 2 1 6
1 5 6 9 7 0 9 9 5 4 3 7 6 1 8 2 7 5 4 9 6 7 3 8 4 2 3 6 7 9 4 2 8 3 7 9 5 1
6 8 0 3 7 9 5 4 3 8 6 1 6 7 9 5 3 8 0 4 9 7 5 8 1 2 6 8 1 6 8 5 9 6 4 7 9 5
```

03

```
0 8 2 3 6 5 5 4 1 2 4 1 2 5 4 1 2 5 4 1 2 5 4 1 2 5 4 1 1 2 5 4 5 3 6 6 7 5
2 1 4 9 2 4 5 6 8 7 4 6 5 8 4 2 4 4 2 6 8 2 2 3 3 6 3 8 7 8 5 4 2 6 8 2 1 6
6 8 0 3 7 9 5 4 3 8 6 1 6 7 9 5 3 8 0 4 9 7 5 8 1 2 6 8 1 6 8 5 9 6 4 7 9 5
1 5 6 9 7 0 9 9 5 4 3 7 6 1 8 2 7 5 4 9 6 7 3 8 4 2 3 6 7 9 4 2 8 3 7 9 5 1
5 3 5 4 7 8 5 4 7 8 5 1 5 7 5 9 6 2 4 4 7 5 6 9 8 7 8 0 2 3 0 1 4 5 7 8 9 9
6 5 4 2 3 5 4 3 4 1 6 9 4 7 1 4 6 3 9 1 0 2 4 0 1 4 8 9 0 1 2 0 2 5 1 4 1 0
4 7 7 6 3 0 4 1 6 9 5 7 5 8 4 2 2 3 6 4 2 5 8 6 3 5 4 6 9 8 4 4 8 7 5 3 5 4
7 8 5 4 7 8 5 1 5 7 5 9 6 2 4 4 7 5 6 9 8 7 8 0 2 3 0 1 4 5 7 8 9 9 6 5 4 2
3 5 4 7 7 8 4 5 2 9 8 4 5 6 3 2 4 5 5 7 8 5 6 5 2 4 0 8 2 3 6 5 5 4 1 2 4 1
4 3 6 5 7 3 4 1 6 9 4 7 1 4 6 3 9 1 0 2 4 0 1 4 8 9 0 1 2 0 2 5 1 4 1 0 4 7
7 6 3 0 4 1 6 9 5 7 5 8 4 2 2 3 6 4 7 5 9 6 3 5 4 9 7 4 2 3 5 6 9 8 4 4 8 7
3 5 4 9 1 3 7 6 2 7 4 3 0 4 7 9 5 4 3 8 4 9 6 8 4 2 3 8 4 3 6 8 4 2 6 8 7 4
2 5 4 1 2 5 4 1 2 5 4 1 2 5 4 1 1 2 5 4 5 3 6 6 7 5 2 1 4 6 5 4 2 3 8 4 7 9
5 4 2 3 6 5 4 1 2 2 3 6 5 0 7 8 9 4 7 9 2 1 9 7 8 4 2 3 6 7 8 9 4 3 5 7 8 9
5 4 2 3 4 5 7 0 6 7 5 4 7 8 5 9 6 8 8 9 6 2 2 0 5 8 7 5 6 9 8 7 4 5 8 7 4 9
2 4 5 6 6 9 7 6 8 9 7 4 2 3 5 8 4 2 3 6 7 9 4 2 8 3 7 9 5 1 6 8 0 3 7 9 5 4
3 8 6 1 6 7 9 5 3 8 0 4 9 7 5 8 1 2 6 8 1 6 8 5 9 6 4 7 9 5 4 3 6 5 7 7 5 6
3 0 5 7 5 9 7 6 8 5 6 4 9 6 5 1 2 4 5 2 8 6 4 3 5 9 6 5 4 2 8 9 3 5 4 9 3 8
6 2 4 8 2 8 2 4 6 3 8 2 1 6 9 3 7 4 4 2 8 1 8 6 4 9 3 8 6 4 2 5 6 8 2 6 7 5
8 9 6 4 2 6 5 8 7 3 6 3 5 4 7 9 2 3 6 3 2 8 4 3 9 6 4 6 9 2 0 6 5 9 7 5 2 1
9 7 6 3 5 4 0 8 7 9 6 5 4 8 6 3 5 3 3 4 8 4 6 9 2 5 7 1 8 9 6 2 4 8 9 6 8 7
5 7 7 0 3 2 5 6 6 8 7 4 2 4 9 6 2 4 8 6 2 4 7 8 0 6 1 5 6 9 8 3 5 4 7 8 9 5
4 5 1 0 5 4 7 9 6 5 5 4 2 3 6 9 4 5 7 9 2 1 0 2 3 6 0 1 4 7 5 8 8 5 6 0 3 2
4 5 3 0 5 5 4 6 8 2 4 6 2 6 5 7 2 4 9 5 5 1 9 7 3 5 8 4 2 6 8 4 5 7 5 8 4 2
6 9 5 1 3 5 7 1 5 5 6 3 8 7 1 3 1 1 4 7 8 9 6 3 2 4 5 4 7 5 8 5 8 5 4 8 6 3
2 4 1 5 7 7 8 9 6 5 4 1 2 5 4 7 8 9 6 3 2 1 0 5 4 0 2 5 4 5 5 8 9 6 3 0 1 1
2 4 1 5 7 7 8 9 6 5 4 1 2 5 4 7 8 9 6 3 2 1 0 5 4 0 2 5 4 5 5 8 9 6 3 0 1 1
5 6 1 0 6 8 7 4 9 3 8 7 7 5 1 3 6 8 5 2 8 7 2 4 6 9 5 2 7 8 9 5 2 4 6 9 5 4
7 6 9 8 4 4 8 7 5 3 5 4 7 8 5 4 7 8 5 1 5 7 5 9 6 2 4 4 7 5 6 9 8 7 8 0 2 3
0 1 4 5 7 8 9 9 6 5 4 2 3 5 4 7 7 8 4 5 2 9 8 4 5 6 3 2 4 5 5 7 8 5 6 5 2 4
```

04

6 5 4 2 3 5 4 3 4 1 6 9 4 7 1 4 6 3 9 1 0 2 4 0 1 4 8 9 0 1 2 0 2 5 1 4 1 0
0 1 4 5 7 8 9 9 6 5 4 2 3   5 4 7 7 8 4 5 2 9 8 4 5 6 3 2 4 5 5 7 8 5 6 5 2 4
9 7 6 3 5 4 0 8 7 9 6 5 4 8 6 3 5 3 3 4 8 4 6 9 2 5 7 1 8 9 6 2 4 8 9 6 8 7
3 8 6 1 6 7 9 5 3 8 0 4 9 7 5 8 1 2 6 8 1 6 8 5 9 6 4 7 9 5 4 3 6 5 7 7 5 6
4 3 6 5 7 3 4 1 6 9 4 7 1 4 6 3 9 1 0 2 4 0 1 4 8 9 0 1 2 0 2 5 1 4 1 0 4 7
6 2 4 8 2 8 2 4 6 3 8 2 1 6 9 3 7 4 4 2 8 1 8 6 4 9 3 8 6 4 2 5 6 8 2 6 7 5
8 9 6 4 2 6 5 8 7 3 6 3 5 4 7 9 2 3 6 3 2 8 4 3 9 6 4 6 9 2 0 6 5 9 7 5 2 1
3 5 4 7 7 8 4 5 2 9 8 4 5 6 3 2 4 5 5 7 8 5 6 5 2 4 0 8 2 3 6 5 5 4 1 2 4 1
2 5 4 1 2 5 4 1 2 5 4 1 2 5 4 1 1 2 5 4 5 3 6 6 7 5 2 1 4 6 5 4 2 3 8 4 7 9
3 5 4 9 1 3 7 6 2 7 4 3 0 4 7 9 5 4 3 8 4 9 6 8 4 2 3 8 4 3 6 8 4 2 6 8 7 4
5 6 1 0 6 8 7 4 9 3 8 7 7 5 1 3 6 8 5 2 8 7 2 4 6 9 5 2 7 8 9 5 2 4 6 9 5 4
7 6 9 8 4 4 8 7 5 3 5 4 7 8 5 4 7 8 5 1 5 7 5 9 6 2 4 4 7 5 6 9 8 7 8 0 2 3
4 5 3 0 5 5 4 6 8 2 4 6 2 6 5 7 2 4 9 5 5 1 9 7 3 5 8 4 2 6 8 4 5 7 5 8 4 2
6 9 5 1 3 5 7 1 5 5 6 3 8 7 1 3 1 1 4 7 8 9 6 3 2 4 5 4 7 5 8 5 8 5 4 8 6 3
2 4 5 6 6 9 7 6 8 9 7 4 2 3 5 8 4 2 3 6 7 9 4 2 8 3 7 9 5 1 6 8 0 3 7 9 5 4
0 8 2 3 6 5 5 4 1 2 4 1 2 5 4 1 2 5 4 1 2 5 4 1 2 5 4 1 1 2 5 4 5 3 6 6 7 5
2 1 4 9 2 4 5 6 8 7 4 6 5 8 4 2 4 4 2 6 8 2 2 3 3 6 3 8 7 8 5 4 2 6 8 2 1 6
1 5 6 9 7 0 9 9 5 4 3 7 6 1 8 2 7 5 4 9 6 7 3 8 4 2 3 6 7 9 4 2 8 3 7 9 5 1
3 0 5 7 5 9 7 6 8 5 6 4 9 6 5 1 2 4 5 2 8 6 4 3 5 9 6 5 4 2 8 9 3 5 4 9 3 8
2 4 1 5 7 7 8 9 6 5 4 1 2 5 4 7 8 9 6 3 2 1 0 5 4 0 2 5 4 5 5 8 9 6 3 0 1 1
6 8 0 3 7 9 5 4 3 8 6 1 6 7 9 5 3 8 0 4 9 7 5 8 1 2 6 8 1 6 8 5 9 6 4 7 9 5
4 7 7 6 3 0 4 1 6 9 5 7 5 8 4 2 2 3 6 4 2 5 8 6 3 5 4 6 9 8 4 4 8 7 5 3 5 4
7 8 5 4 7 8 5 1 5 7 5 9 6 2 4 4 7 5 6 9 8 7 8 0 2 3 0 1 4 5 7 8 9 9 6 5 4 2
5 4 2 3 6 5 4 1 2 2 3 6 5 0 7 8 9 4 7 9 2 1 9 7 8 4 2 3 6 7 8 9 4 3 5 7 8 9
7 6 3 0 4 1 6 9 5 7 5 8 4 2 2 3 6 4 7 5 9 6 3 5 4 9 7 4 2 3 5 6 9 8 4 4 8 7
5 3 5 4 7 8 5 4 7 8 5 1 5 7 5 9 6 2 4 4 7 5 6 9 8 7 8 0 2 3 0 1 4 5 7 8 9 9
5 7 7 0 3 2 5 6 6 8 7 4 2 4 9 6 2 4 8 6 2 4 7 8 0 6 1 5 6 9 8 3 5 4 7 8 9 5
2 4 1 5 7 7 8 9 6 5 4 1 2 5 4 7 8 9 6 3 2 1 0 5 4 0 2 5 4 5 5 8 9 6 3 0 1 1
4 5 1 0 5 4 7 9 6 5 5 4 2 3 6 9 4 5 7 9 2 1 0 2 3 6 0 1 4 7 5 8 8 5 6 0 3 2
5 4 2 3 4 5 7 0 6 7 5 4 7 8 5 9 6 8   8 9 6 2 2 0 5 8 7 5 6 9 8 7 4 5 8 7 4 9

05

```
6 9 5 1 3 5 7 1 5 5 6 3 8 7 1 3 1 1 4 7 8 9 6 3 2 4 5 4 7 5 8 5 8 5 4 8 6 3
7 8 5 4 7 8 5 1 5 7 5 9 6 2 4 4 7 5 6 9 8 7 8 0 2 3 0 1 4 5 7 8 9 9 6 5 4 2
2 4 5 6 6 9 7 6 8 9 7 4 2 3 5 8 4 2 3 6 7 9 4 2 8 3 7 9 5 1 6 8 0 3 7 9 5 4
0 8 2 3 6 5 5 4 1 2 4 1 2 5 4 1 2 5 4 1 2 5 4 1 2 5 4 1 1 2 5 4 5 3 6 6 7 5
9 7 6 3 5 4 0 8 7 9 6 5 4 8 6 3 5 3 3 4 8 4 6 9 2 5 7 1 8 9 6 2 4 8 9 6 8 7
3 8 6 1 6 7 9 5 3 8 0 4 9 7 5 8 1 2 6 8 1 6 8 5 9 6 4 7 9 5 4 3 6 5 7 7 5 6
4 3 6 5 7 3 4 1 6 9 4 7 1 4 6 3 9 1 0 2 4 0 1 4 8 9 0 1 2 0 2 5 1 4 1 0 4 7
6 2 4 8 2 8 2 4 6 3 8 2 1 6 9 3 7 4 4 2 8 1 8 6 4 9 3 8 6 4 2 5 6 8 2 6 7 5
5 3 5 4 7 8 5 4 7 8 5 1 5 7 5 9 6 2 4 4 7 5 6 9 8 7 8 0 2 3 0 1 4 5 7 8 9 9
5 7 7 0 3 2 5 6 6 8 7 4 2 4 9 6 2 4 8 6 2 4 7 8 0 6 1 5 6 9 8 3 5 4 7 8 9 5
2 4 1 5 7 7 8 9 6 5 4 1 2 5 4 7 8 9 6 3 2 1 0 5 4 0 2 5 4 5 5 8 9 6 3 0 1 1
4 5 1 0 5 4 7 9 6 5 5 4 2 3 6 9 4 5 7 9 2 1 0 2 3 6 0 1 4 7 5 8 8 5 6 0 3 2
5 4 2 3 4 5 7 0 6 7 5 4 7 8 5 9 6 8 8 9 6 2 2 0 5 8 7 5 6 9 8 7 4 5 8 7 4 9
8 9 6 4 2 6 5 8 7 3 6 3 5 4 7 9 2 3 6 3 2 8 4 3 9 6 4 6 9 2 0 6 5 9 7 5 2 1
3 5 4 9 1 3 7 6 2 7 4 3 0 4 7 9 5 4 3 8 4 9 6 8 4 2 3 8 4 3 6 8 4 2 6 8 7 4
6 8 0 3 7 9 5 4 3 8 6 1 6 7 9 5 3 8 0 4 9 7 5 8 1 2 6 8 1 6 8 5 9 6 4 7 9 5
7 6 9 8 4 4 8 7 5 3 5 4 7 8 5 4 7 8 5 1 5 7 5 9 6 2 4 4 7 5 6 9 8 7 8 0 2 3
4 5 3 0 5 5 4 6 8 2 4 6 2 6 5 7 2 4 9 5 5 1 9 7 3 5 8 4 2 6 8 4 5 7 5 8 4 2
6 5 4 2 3 5 4 3 4 1 6 9 4 7 1 4 6 3 9 1 0 2 4 0 1 4 8 9 0 1 2 0 2 5 1 4 1 0
2 1 4 9 2 4 5 6 8 7 4 6 5 8 4 2 4 4 2 6 8 2 2 3 3 6 3 8 7 8 5 4 2 6 8 2 1 6
1 5 6 9 7 0 9 9 5 4 3 7 6 1 8 2 7 5 4 9 6 7 3 8 4 2 3 6 7 9 4 2 8 3 7 9 5 1
3 0 5 7 5 9 7 6 8 5 6 4 9 6 5 1 2 4 5 2 8 6 4 3 5 9 6 5 4 2 8 9 3 5 4 9 3 8
5 6 1 0 6 8 7 4 9 3 8 7 7 5 1 3 6 8 5 2 8 7 2 4 6 9 5 2 7 8 9 5 2 4 6 9 5 4
2 4 1 5 7 7 8 9 6 5 4 1 2 5 4 7 8 9 6 3 2 1 0 5 4 0 2 5 4 5 5 8 9 6 3 0 1 1
4 7 7 6 3 0 4 1 6 9 5 7 5 8 4 2 2 3 6 4 2 5 8 6 3 5 4 6 9 8 4 4 8 7 5 3 5 4
0 1 4 5 7 8 9 9 6 5 4 2 3 5 4 7 7 8 4 5 2 9 8 4 5 6 3 2 4 5 5 7 8 5 6 5 2 4
5 4 2 3 6 5 4 1 2 2 3 6 5 0 7 8 9 4 7 9 2 1 9 7 8 4 2 3 6 7 8 9 4 3 5 7 8 9
7 6 3 0 4 1 6 9 5 7 5 8 4 2 2 3 6 4 7 5 9 6 3 5 4 9 7 4 2 3 5 6 9 8 4 4 8 7
3 5 4 7 7 8 4 5 2 9 8 4 5 6 3 2 4 5 5 7 8 5 6 5 2 4 0 8 2 3 6 5 5 4 1 2 4 1
2 5 4 1 2 5 4 1 2 5 4 1 2 5 4 1 1 2 5 4 5 3 6 6 7 5 2 1 4 6 5 4 2 3 8 4 7 9
```

06

```
5 7 7 0 3 2 5 6 6 8 7 4 2 4 9 6 2 4 8 6 2 4 7 8 0 6 1 5 6 9 8 3 5 4 7 8 9 5
2 4 1 5 7 7 8 9 6 5 4 1 2 5 4 7 8 9 6 3 2 1 0 5 4 0 2 5 4 5 5 8 9 6 3 0 1 1
8 9 6 4 2 6 5 8 7 3 6 3 5 4 7 9 2 3 6 3 2 8 4 3 9 6 4 6 9 2 0 6 5 9 7 5 2 1
3 5 4 7 7 8 4 5 2 9 8 4 5 6 3 2 4 5 5 7 8 5 6 5 2 4 0 8 2 3 6 5 5 4 1 2 4 1
3 5 4 9 1 3 7 6 2 7 4 3 0 4 7 9 5 4 3 8 4 9 6 8 4 2 3 8 4 3 6 8 4 2 6 8 7 4
3 8 6 1 6 7 9 5 3 8 0 4 9 7 5 8 1 2 6 8 1 6 8 5 9 6 4 7 9 5 4 3 6 5 7 7 5 6
4 3 6 5 7 3 4 1 6 9 4 7 1 4 6 3 9 1 0 2 4 0 1 4 8 9 0 1 2 0 2 5 1 4 1 0 4 7
6 2 4 8 2 8 2 4 6 3 8 2 1 6 9 3 7 4 4 2 8 1 8 6 4 9 3 8 6 4 2 5 6 8 2 6 7 5
5 3 5 4 7 8 5 4 7 8 5 1 5 7 5 9 6 2 4 4 7 5 6 9 8 7 8 0 2 3 0 1 4 5 7 8 9 9
4 5 1 0 5 4 7 9 6 5 5 4 2 3 6 9 4 5 7 9 2 1 0 2 3 6 0 1 4 7 5 8 8 5 6 0 3 2
5 4 2 3 4 5 7 0 6 7 5 4 7 8 5 9 6 8 8 9 6 2 2 0 5 8 7 5 6 9 8 7 4 5 8 7 4 9
6 8 0 3 7 9 5 4 3 8 6 1 6 7 9 5 3 8 0 4 9 7 5 8 1 2 6 8 1 6 8 5 9 6 4 7 9 5
2 5 4 1 2 5 4 1 2 5 4 1 2 5 4 1 1 2 5 4 5 3 6 6 7 5 2 1 4 6 5 4 2 3 8 4 7 9
7 6 9 8 4 4 8 7 5 3 5 4 7 8 5 4 7 8 5 1 5 7 5 9 6 2 4 4 7 5 6 9 8 7 8 0 2 3
2 4 5 6 6 9 7 6 8 9 7 4 2 3 5 8 4 2 3 6 7 9 4 2 8 3 7 9 5 1 6 8 0 3 7 9 5 4
4 5 3 0 5 5 4 6 8 2 4 6 2 6 5 7 2 4 9 5 5 1 9 7 3 5 8 4 2 6 8 4 5 7 5 8 4 2
6 5 4 2 3 5 4 3 4 1 6 9 4 7 1 4 6 3 9 1 0 2 4 0 1 4 8 9 0 1 2 0 2 5 1 4 1 0
1 5 6 9 7 0 9 9 5 4 3 7 6 1 8 2 7 5 4 9 6 7 3 8 4 2 3 6 7 9 4 2 8 3 7 9 5 1
3 0 5 7 5 9 7 6 8 5 6 4 9 6 5 1 2 4 5 2 8 6 4 3 5 9 6 5 4 2 8 9 3 5 4 9 3 8
5 6 1 0 6 8 7 4 9 3 8 7 7 5 1 3 6 8 5 2 8 7 2 4 6 9 5 2 7 8 9 5 2 4 6 9 5 4
6 9 5 1 3 5 7 1 5 5 6 3 8 7 1 3 1 1 4 7 8 9 6 3 2 4 5 4 7 5 8 5 8 5 4 8 6 3
9 7 6 3 5 4 0 8 7 9 6 5 4 8 6 3 5 3 3 4 8 4 6 9 2 5 7 1 8 9 6 2 4 8 9 6 8 7
0 1 4 5 7 8 9 9 6 5 4 2 3 5 4 7 7 8 4 5 2 9 8 4 5 6 3 2 4 5 5 7 8 5 6 5 2 4
7 8 5 4 7 8 5 1 5 7 5 9 6 2 4 4 7 5 6 9 8 7 8 0 2 3 0 1 4 5 7 8 9 9 6 5 4 2
2 1 4 9 2 4 5 6 8 7 4 6 5 8 4 2 4 4 2 6 8 2 2 3 3 6 3 8 7 8 5 4 2 6 8 2 1 6
2 4 1 5 7 7 8 9 6 5 4 1 2 5 4 7 8 9 6 3 2 1 0 5 4 0 2 5 4 5 5 8 9 6 3 0 1 1
4 7 7 6 3 0 4 1 6 9 5 7 5 8 4 2 2 3 6 4 2 5 8 6 3 5 4 6 9 8 4 4 8 7 5 3 5 4
0 8 2 3 6 5 5 4 1 2 4 1 2 5 4 1 2 5 4 1 2 5 4 1 2 5 4 1 1 2 5 4 5 3 6 6 7 5
5 4 2 3 6 5 4 1 2 2 3 6 5 0 7 8 9 4 7 9 2 1 9 7 8 4 2 3 6 7 8 9 4 3 5 7 8 9
7 6 3 0 4 1 6 9 5 7 5 8 4 2 2 3 6 4 7 5 9 6 3 5 4 9 7 4 2 3 5 6 9 8 4 4 8 7
```

07

```
9 7 6 3 5 4 0 8 7 9 6 5 4 8 6 3 5 3 3 4 8 4 6 9 2 5 7 1 8 9 6 2 4 8 9 6 8 7
0 1 4 5 7 8 9 9 6 5 4 2 3 5 4 7 7 8 4 5 2 9 8 4 5 6 3 2 4 5 5 7 8 5 6 5 2 4
3 5 4 9 1 3 7 6 2 7 4 3 0 4 7 9 5 4 3 8 4 9 6 8 4 2 3 8 4 3 6 8 4 2 6 8 7 4
3 8 6 1 6 7 9 5 3 8 0 4 9 7 5 8 1 2 6 8 1 6 8 5 9 6 4 7 9 5 4 3 6 5 7 7 5 6
7 8 5 4 7 8 5 1 5 7 5 9 6 2 4 4 7 5 6 9 8 7 8 0 2 3 0 1 4 5 7 8 9 9 6 5 4 2
4 3 6 5 7 3 4 1 6 9 4 7 1 4 6 3 9 1 0 2 4 0 1 4 8 9 0 1 2 0 2 5 1 4 1 0 4 7
6 2 4 8 2 8 2 4 6 3 8 2 1 6 9 3 7 4 4 2 8 1 8 6 4 9 3 8 6 4 2 5 6 8 2 6 7 5
4 5 1 0 5 4 7 9 6 5 5 4 2 3 6 9 4 5 7 9 2 1 0 2 3 6 0 1 4 7 5 8 8 5 6 0 3 2
4 7 7 6 3 0 4 1 6 9 5 7 5 8 4 2 2 3 6 4 2 5 8 6 3 5 4 6 9 8 4 4 8 7 5 3 5 4
5 4 2 3 4 5 7 0 6 7 5 4 7 8 5 9 6 8 8 9 6 2 2 0 5 8 7 5 6 9 8 7 4 5 8 7 4 9
6 8 0 3 7 9 5 4 3 8 6 1 6 7 9 5 3 8 0 4 9 7 5 8 1 2 6 8 1 6 8 5 9 6 4 7 9 5
2 5 4 1 2 5 4 1 2 5 4 1 2 5 4 1 1 2 5 4 5 3 6 6 7 5 2 1 4 6 5 4 2 3 8 4 7 9
7 6 9 8 4 4 8 7 5 3 5 4 7 8 5 4 7 8 5 1 5 7 5 9 6 2 4 4 7 5 6 9 8 7 8 0 2 3
0 8 2 3 6 5 5 4 1 2 4 1 2 5 4 1 2 5 4 1 2 5 4 1 1 2 5 4 5 3 6 6 7 5
5 4 2 3 6 5 4 1 2 2 3 6 5 0 7 8 9 4 7 9 2 1 9 7 8 4 2 3 6 7 8 9 4 3 5 7 8 9
7 6 3 0 4 1 6 9 5 7 5 8 4 2 2 3 6 4 7 5 9 6 3 5 4 9 7 4 2 3 5 6 9 8 4 4 8 7
2 4 5 6 6 9 7 6 8 9 7 4 2 3 5 8 4 2 3 6 7 9 4 2 8 3 7 9 5 1 6 8 0 3 7 9 5 4
4 5 3 0 5 5 4 6 8 2 4 6 2 6 5 7 2 4 9 5 5 1 9 7 3 5 8 4 2 6 8 4 5 7 5 8 4 2
6 5 4 2 3 5 4 3 4 1 6 9 4 7 1 4 6 3 9 1 0 2 4 0 1 4 8 9 0 1 2 0 2 5 1 4 1 0
1 5 6 9 7 0 9 9 5 4 3 7 6 1 8 2 7 5 4 9 6 7 3 8 4 2 3 6 7 9 4 2 8 3 7 9 5 1
3 0 5 7 5 9 7 6 8 5 6 4 9 6 5 1 2 4 5 2 8 6 4 3 5 9 6 5 4 2 8 9 3 5 4 9 3 8
5 6 1 0 6 8 7 4 9 3 8 7 7 5 1 3 6 8 5 2 8 7 2 4 6 9 5 2 7 8 9 5 2 4 6 9 5 4
5 7 7 0 3 2 5 6 6 8 7 4 2 4 9 6 2 4 8 6 2 4 7 8 0 6 1 5 6 9 8 3 5 4 7 8 9 5
2 4 1 5 7 7 8 9 6 5 4 1 2 5 4 7 8 9 6 3 2 1 0 5 4 0 2 5 4 5 5 8 9 6 3 0 1 1
8 9 6 4 2 6 5 8 7 3 6 3 5 4 7 9 2 3 6 3 2 8 4 3 9 6 4 6 9 2 0 6 5 9 7 5 2 1
3 5 4 7 7 8 4 5 2 9 8 4 5 6 3 2 4 5 5 7 8 5 6 5 2 4 0 8 2 3 6 5 5 4 1 2 4 1
6 9 5 1 3 5 7 1 5 5 6 3 8 7 1 3 1 1 4 7 8 9 6 3 2 4 5 4 7 5 8 5 8 5 4 8 6 3
2 1 4 9 2 4 5 6 8 7 4 6 5 8 4 2 4 4 2 6 8 2 2 3 3 6 3 8 7 8 5 4 2 6 8 2 1 6
2 4 1 5 7 7 8 9 6 5 4 1 2 5 4 7 8 9 6 3 2 1 0 5 4 0 2 5 4 5 5 8 9 6 3 0 1 1
5 3 5 4 7 8 5 4 7 8 5 1 5 7 5 9 6 2 4 4 7 5 6 9 8 7 8 0 2 3 0 1 4 5 7 8 9 9
```

CHAPTER 03 | 인성검사 결과로 예상 면접 준비하기

인성검사는 특히 면접질문과 관련성이 높은 부분이다. 면접관은 지원자의 인성검사 결과를 토대로 질문을 하게 된다. 그렇다고 해서 자신의 성격을 꾸미는 것은 바람직하지 않다. 실제 시험은 매우 복잡하여 전문가라 해도 일관된 성격을 유지하면서 답변을 하는 것이 불가능하기 때문이다. 따라서 인성검사는 솔직하게 임하되 인성검사 모의연습으로 자신의 성향을 정확히 파악하고 아래 예상 면접질문을 참고하여 자신의 단점은 보완하면서 강점은 어필할 수 있는 답변을 준비하도록 하자.

1. 사회적 내향성 척도

(1) 득점이 낮은 사람
- 자기가 선택한 직업에 대해 어떤 인상을 가지고 있습니까?
- 부모님을 객관적으로 봤을 때 어떻게 생각합니까?
- 사의 사장님 성함을 알고 있습니까?

> 수다스럽기 때문에 내용이 없다는 인상을 주기 쉽다. 질문의 요지를 파악하여 논리적인 발언을 하도록 유의하자. 한 번에 많은 것을 이야기하려 하면 이야기가 다른 곳으로 빠지게 되므로 내용을 정리하여 간결하게 발언하자.

(2) 득점이 높은 사람
- 친구들에게 있어 당신은 어떤 사람입니까?
- 특별히 무언가 묻고 싶은 것이 있습니까?
- 친구들의 상담을 받는 쪽입니까?

> 높은 득점은 마이너스 요인이다. 면접에서 보완해야 하므로 자신감을 가지고 발언할 때에는 끝까지 또박또박 큰 소리로 말하도록 하자. 절대 얼버무리거나 기어들어가는 목소리는 안 된다.

2. 내성성 척도

(1) 득점이 낮은 사람
- 학생시절에 후회되는 일은 없습니까?
- 학생과 사회인의 차이는 무엇이라고 생각합니까?
- 당신이 가장 흥미를 가지고 있는 것에 대해 이야기해 주십시오.

> 답변 내용을 떠나 일단 평소보다 천천히 말하자. 생각나는 대로 말해 버리면 이야기가 두서없이 이곳저곳으로 빠져 부주의하고 경솔하다는 인식을 줄 수 있으므로 머릿속에서 내용을 정리하고 이야기하도록 유의하자. 응답은 가능한 한 간결하게 한다.

(2) 득점이 높은 사람

- 인생에는 무엇이 중요하다고 생각합니까?
- 좀 더 큰소리로 이야기해 주십시오.
- 애독하는 책이나 잡지는 무엇입니까?

> 과도하게 긴장해서 불필요한 생각을 하다가 반응이 늦어버리면 곤란하다. 특히 새로운 질문을 받았는데도 했던 대답을 재차 하면 전체 흐름을 저해하게 되므로 평소부터 이러한 습관을 의식하면서 적절한 타이밍의 대화를 하도록 하자.

3. 신체활동성 척도

(1) 득점이 낮은 사람

- 휴일은 어떻게 보냅니까?
- 학창시절에 무엇에 열중했습니까?

> 영어회화, 컴퓨터 능력 등 사회인으로서 도움이 되는 경험이 있다면 적극 어필한다. 이미 면접담당자는 면접자를 소극적이라고 생각하고 있으며, 적극적이라고 말해도 성격프로필의 결과와 모순되므로 일부러 꾸며 말하지 않는다.

(2) 득점이 높은 사람

- 제대로 질문을 듣고 있습니까?
- 희망하는 직종으로 배속되지 않으면 어떻게 하겠습니까?

> 일부러 긴장시키고 반응을 살피는 경우가 있다. 활동적이지만 침착함이 없다는 인상을 줄 수 있으므로 머릿속에서 생각을 정리하는 습관을 들이자. 행동할 때도 마찬가지다. 편하게 행동하는 것은 플러스 요인이지만, 반사적인 언동이 많으면 마이너스가 되므로 주의한다.

4. 지속성 척도

(1) 득점이 낮은 사람

- 일에 활용할 수 있을 만한 자격이나 특기, 또는 취미가 있습니까?
- 오랫동안 배운 것에 대해 들려주십시오.

> 금방 싫증내서 무언가를 오래 지속하지 못하는 이미지는 마이너스다. 쉽게 포기하고 내팽개치는 사람은 어느 곳에서도 필요로 하지 않는다는 것을 상기한다. 면접을 보는 동안 금방 싫증내는 성격으로 보이지는 않겠지만, 대기시간에도 주의하여 차분하지 못한 행동을 하지 않도록 한다.

(2) 득점이 높은 사람
- 이런 것도 모릅니까?
- 이 직업에 맞지 않는 것은 아닙니까?

> 짓궂은 질문을 받으면 감정적이 되거나 옹고집을 부릴 가능성이 있다. 냉정하고 침착하게 받아넘겨야 한다. 비슷한 경험을 쌓다보면 차분하게 응답할 수 있게 되므로 모의면접 등의 기회를 활용한다.

5. 신중성 척도

(1) 득점이 낮은 사람
- 당신에게 부족한 것은 어떤 점입니까?
- 결점을 극복하기 위해 어떻게 노력하고 있습니까?

> 질문의 요지를 잘못 받아들이거나, 불필요한 이야기까지 하는 등 대답에 일관성이 없으면 마이너스다. 직감적인 언동을 하지 않도록 평소부터 논리적으로 생각하는 습관을 키우자.

(2) 득점이 높은 사람
- 주위 사람에게 욕을 들으면 어떻게 하겠습니까?
- 출세하고 싶습니까?
- 제 질문에 대한 답이 아닙니다.

> 예상외의 질문에 답이 궁해지거나 깊이 생각하게 되면 역시나 신중이 지나쳐 결단이 늦다는 인상을 주게 된다. 주위의 상황을 파악하고 발언하려는 나머지 반응이 늦어지고 집단면접 등에서 시간이 걸리게 되면 행동이 느리다는 인식을 주게 되므로 주의한다.

6. 달성의욕 척도

(1) 득점이 낮은 사람
- 인생의 목표를 들려주십시오.
- 입사하면 무엇을 하고 싶습니까?
- 지금까지 목표를 향해 노력하여 달성한 적이 있습니까?

> 결과에 대한 책임감이 낮다. 지시에 따르기만 할 뿐 주체성이 없다는 인상을 준다면 매우 곤란하다. 목표의식이나 의욕의 유무, 주위의 상황에 휩쓸리는 경향 등에 대해 물어오면 의욕이 낮다는 인식을 주지 않도록 목표를 향해 견실하게 노력하려는 자세를 강조하자.

(2) 득점이 높은 사람

- 도박을 좋아합니까?
- 다른 사람에게 지지 않는다고 말할 수 있는 것이 있습니까?

> 행동이 따르지 않고 말만 앞선다면 평가가 낮아진다. 목표나 이상을 바라보고 노력하지 않는 태도는 한번 도박으로 일확천금을 노리는 것과 같다는 사실을 명심하고 자신이 어떤 목표를 이루기 위해 노력한 경험이 있는지 생각해 두어 행동적인 부분을 어필하는 답변을 하도록 하자.

7. 활동의욕 척도

(1) 득점이 낮은 사람

- 어떤 일을 할 때 주도적으로 이끄는 편입니까?
- 신념이나 신조에 대해 말해 주십시오.
- 질문의 답이 다른 사람과 똑같습니다.

> 의표를 찌르는 질문을 받더라도 당황하지 말고 수비에 강한 면을 어필하면서, 무모한 공격을 하기보다는 신중하게 매진하는 성격이라는 점을 강조할 수 있는 답을 준비해 두자.

(2) 득점이 높은 사람

- 친구들로부터 어떤 성격이라는 이야기를 듣습니까?
- 협조성이 있다고 생각합니까?

> 사고과정을 전달하지 않으면 너무 막무가내이거나, 경박하고 생각 없이 발언한다는 인식을 줄 수 있으므로 갑자기 결론을 내리거나 단숨에 본인이 하고 싶은 말만 하는 것은 피하자.

8. 민감성 척도

(1) 득점이 낮은 사람

- 좌절한 경험에 대해 이야기해 주십시오.
- 스스로에 대해 어떻게 생각합니까?
- 당신이 약하다고 느낄 때는 어떤 때입니까?

> 구체적으로 대답하기 어려운 질문이나 의도를 알기 어려운 질문을 통해 감수성을 시험하게 된다. 냉정하게 자기분석을 하여 독선적이지 않은 응답을 하자.

(2) 득점이 높은 사람

- 지금까지 신경이 예민하다는 이야기를 들은 적이 있습니까?
- 채용되지 못하면 어떻게 하시겠습니까?
- 당신의 성격에서 고치고 싶은 부분이 있습니까?

> 예민한 성격이라는 부분을 마음에 두고 있으면 직접적인 질문을 받았을 때 당황하게 된다. 신경이 예민하다기보다 세세한 부분도 눈에 잘 들어오는 성격이라고 어필하자.

9. 자책성 척도

(1) 득점이 낮은 사람

- 학생시절을 통해 얻은 것은 무엇이라고 생각합니까?
- 당신의 생활신조를 들려주십시오.
- 자기 자신을 분석했을 때 좋아하는 면은 무엇입니까?

> 낙관적인 것은 면접관이 이미 알고 있으므로 솔직한 부분이나 신념을 가지고 의의가 있는 삶을 살고 있다는 점을 어필하자.

(2) 득점이 높은 사람

- 곤란한 상황에 어떻게 대처하겠습니까?
- 실수한 경험과 그 실수에서 얻은 교훈을 들려주십시오.
- 장점과 단점을 말해 주십시오.

> 좋지 않은 쪽으로 생각해서 불필요하게 긴장하면 더욱 사태가 악화된다. 쉽게 비관하는 성격이므로, 면접을 받는 동안은 면접담당자의 눈을 보며 밝게 응답하고, 말끝을 흐리지 않고 또박또박 말하도록 유의하자. 또한 '할 수 없다', '자신이 없다' 등의 발언이 많으면 좋은 평가를 받을 수 없으므로 평소부터 부정적인 말을 사용하지 않도록 긍정적으로 사고하는 습관을 들여야 한다.

10. 기분성 척도

(1) 득점이 낮은 사람

- 친구와 의견차이가 있을 때 어떻게 해결하였습니까?
- 만약 리더가 된다면 어떻게 보여지리라 생각합니까?
- 업무수행 중 상사와 의견이 다르면 어떻게 하겠습니까?

> 자기주장이 너무 강하여 집단생활에 맞지 않다고 생각될 수 있다. 냉정하고 의지가 강할 뿐 아니라, 다른 사람을 배려하고 소중히 하는 협조성도 갖추고 있음을 어필하자. 집단면접 시에는 주위의 의견을 잘 듣고 자신의 의견을 밀어붙이거나 토론의 흐름을 무시하지 않도록 주의한다.

(2) 득점이 높은 사람

- 어떻게 우리 회사에서 근무할 수 있다고 생각했는지 모르겠군요.
- 이 업무에는 어울리지 않네요.
- 상식이 없는 것은 아닌지요?
- 화가 났을 때 어떻게 대처합니까?

> 기분성의 득점이 높은 것을 이미 알고 짓궂은 질문을 통해 감정의 기복이나 의존성 등 정서적으로 불안정한 부분이 없는지를 시험받게 된다. 감정에 치우치지 말고 침착하고 의연하게 받아넘기자.

11. 독자성 척도

(1) 득점이 낮은 사람

- 취직활동에 대해서 누군가와 상담했습니까?
- 질문의 답이 다른 사람과 똑같네요.
- 지금 가장 흥미가 있는 것은 어떠한 것입니까?

> 일반론이 아닌 자신의 생각이 있다는 것을 전달해야 한다. 발언의 근거를 명확히 하는 것이 중요하다. 그러나 자신의 생각을 어필한다고 영합이나 반대를 하는 것은 건설적이지 못하므로 주의한다.

(2) 득점이 높은 사람

- 당신의 친한 친구는 어떤 회사에 취직하려고 합니까?
- 최근 부모님과 어떤 이야기를 나눴습니까?
- 다른 사람과 대립했을 때는 어떻게 합니까?

> 독자성의 득점이 높다는 것은 일단 플러스 요인이지만, 극단적일 경우에는 자신만의 세계에 갇히게 될 수 있고 조직의 일원으로 적합하게 보이지 않을 수 있다. 위화감을 주지 않도록 주의한다.

12. 자신감 척도

(1) 득점이 낮은 사람

- 당신의 장점을 말해 주십시오.
- 지금까지 성공한 경험은 있습니까?
- 취직활동에 대해 누군가에게 상담했습니까?

> 질문에 대해 깊이 생각하거나, 망설이지 않는다. 발언횟수는 적더라도 중요한 곳에서 내용 있는 발언을 하여 자신의 존재를 어필하자. 응답할 때는 끝까지 또박또박 이야기한다.

(2) 득점이 높은 사람

- 본인이 본 조직에서 어떠한 공헌을 할 수 있다고 생각합니까?
- 상사와 의견 차이를 보이면 어떻게 합니까?
- 정규과정 이외에서 무언가 공부하는 것이 있습니까?

> 자신이 있으면 무엇을 설명하는 데도 자랑하는 듯한 태도가 되는 버릇이 있을 수 있다. 자신과잉이나 고압적인 태도가 되지 않도록 겸허하게 응답하자.

13. 고양성 척도

(1) 득점이 낮은 사람

- 리더의 경험이 있습니까?
- 친구들 사이에서는 어떤 역할을 맡고 있습니까?

> 어둡고 수수한 인상은 성격프로필 표에 이미 나와 있기 때문에 무리해서 밝고 적극적임을 어필하려고 하면 오히려 역효과를 볼 수 있다. 노력하지 않고 낙관적인 사람보다 훨씬 양심적이므로 진지하고 차분한 면을 강조하자.

(2) 득점이 높은 사람

- 인간관계의 실패담을 들려주십시오.
- 오랫동안 계속하고 있는 취미가 있습니까?
- 당신에게 있어 일은 무엇입니까?

> 밝고 낙천적이므로 우쭐해 하지만 않으면 인상은 나쁘지 않다. 변덕스러움이나 흥분하기 쉬운 부분이 확인되기 때문에 냉정하고 침착한 부분을 강조하는 것이 필요하므로 오랫동안 계속 유지하고 있는 취미가 없어도 무언가 찾아내고 그 이유도 준비한다.

14. 라이 스케일(타당성) 척도

라이 스케일의 설문은 전체 설문 속에 교묘하게 섞여 들어가 있다. 본서에서는 자기분석의 편의를 도모하여 일정 주기로 같은 척도에 관한 설문이 되어 있지만, 실제 시험에서는 컴퓨터로 채점하기 때문에 더욱 복잡한 구조이다. 따라서 자신도 모르게 채용시험이라는 부담감에 이상론이나 겉치레적인 답을 하게 되면 회답태도에 허위성이 그대로 드러나게 되는 것이다. 예를 들어, '화를 낸 적이 없다.'는 어지간한 성인군자라도 어렵다. 이와 마찬가지로 '거짓말을 한 적이 한 번도 없다.'에 '예'로 답하고, '때로는 거짓말을 하기도 한다.'에 '아니요'라고 답하면 라이 스케일의 득점이 올라가게 되며, 그렇게 되면 모든 회답에 신빙성이 사라지고 '자신을 돋보이게 하려는 사람'이라는 평가를 받을 수 있다.

PART 5

면접

CHAPTER 01 이력서 및 자기소개서 작성요령

CHAPTER 02 면접 유형 및 실전 대책

CHAPTER 03 삼성그룹 실제 면접

CHAPTER 01 | 이력서 및 자기소개서 작성요령

1. 이력서 작성하기

이력서는 학력, 경력, 자격 사항 등 구직자에 대한 정보가 간결하게 정리된 문서로, 입사를 위한 첫 단계이기도 하다. 인사 담당자가 한 장의 이력서를 보는 데는 평균 30초가 걸린다. 수많은 지원자의 입사지원서 중에서 눈에 띄는 입사지원서를 작성하기 위해서는 체계적인 전략이 필요하다.

(1) 입사지원서 작성 시 준비할 사항

① 내가 살아온 길 되돌아보기
  - 본적 및 가족사항(호주와의 관계)
  - 학창시절, 입학 및 졸업예정일 확인
  - 경력사항(봉사활동 및 동아리 활동 등)
  - 학생생활기록부, 각종 상장 및 수료증, 추천서
  - 보유 자격증

② 내가 앞으로 살아갈 방향 생각해보기
  - 내가 좋아하는 일이 무엇인지 파악하기
  - 내가 잘할 수 있는 일 파악하기
  - 내가 희망하는 회사 알아보기
  - 지원 분야의 전망 살펴보기

③ 준비사항
  - 규격에 맞는 사진
  - 주민등록등본과 자격증 사본

(2) 입사지원서 양식 예시

입사지원서

입사구분	신입 / 경력	응시부문		희망연봉	만 원
제목					

사진 (3.5×4.5)	성명	한글)		漢字)		영문)	
	생년월일	년 월 일 (만 세)			성별	남・여	
	주소	(우편번호 : -)					
	전화번호			국가보훈여부	대상 ( ) 비대상 ( )		

학력 사항	기간	학교 / 교육기관	학과명(학점)	졸업구분
	~	고등학교		

경력 사항	기간	근무처	담당업무	세부내용
	~			
	~			
	~			

주요 활동	기간	활동단체명	직책	세부내용

자격 / 면허	자격(면허)명	등급	취득일	발행처

외국어	외국어명		IT능력	S/W 및 언어	
	점수			활용능력	
	구사정도			S/W 및 언어	
	해외연수			활용능력	

수상 경력	수상명	수상일	수상기관	내용

(3) 이렇게 작성하자!

① 두괄식 표현 또는 헤드라인은 읽는 사람을 배려하고 임팩트를 주어 호기심을 유발하는 효과를 준다.
② 사진은 가능한 최근에 찍은 사진을 부착하고, 화려하게 꾸민 모습보다는 단정하고 밝은 인상을 줄 수 있도록 한다.
③ 급하게 연락을 할 수 있기 때문에 연락 가능한 번호를 2개 이상 기재한다.
④ 호주와의 관계는 호주 쪽에서 본 자신의 관계임을 유의한다.
⑤ 학력은 고등학교 졸업부터 적는 것이 일반적이다.
⑥ 오탈자와 인터넷 용어, 이모티콘 등을 사용하지 않는다. 틀린 맞춤법이 있는지 확인하는 것은 필수적이다.
⑦ 종교나 개인적 취향, 건강상태 등 회사에서 요구하지 않은 불필요한 내용을 일일이 적지 않는다.
⑧ 고등학교를 졸업하고 취업을 하는 경우 다른 경력사항이 많지 않기 때문에 아르바이트 경험이나 봉사활동의 경험, 동아리 활동 등의 경험을 기록한다.
⑨ 지원 분야 업무와 관련된 자격증 취득 내용을 우선 기재한다. 또한 국가공인 자격증뿐만 아니라 민간 자격증도 모두 기재하여 가능한 공란을 두지 않는다.
⑩ 한 이력서를 여러 회사에 보내다보면 다른 회사의 이름으로 지원하는 실수를 범할 수 있다. 회사 이름이나 지원 분야를 꼭 확인하여 기록한다.

> **Tip** E-mail 접수 시 유의사항
>
> - 회사의 입사지원서 양식이 있다면 반드시 사용한다.
> - 긴급 연락처도 추가 기입하는 것이 좋다.
>   예 ps. 010-123-4567
> - 접수 시, 제목에는 이름과 지원 분야만 간단하게 적는다.
>   예 금번 하반기 공채_기술 생산직 파트에 지원하는 ○○○입니다. (O)
>   　　귀사의 기술 생산직에서 꼭 뽑히고 싶은 ○○○입니다!!! (×)
> - Nickname에 주의한다.
> - 제출 서류의 파일 첨부를 잊지 않는다(자격증 사본, 증명서 등). 단, 압축은 피한다.

> **Tip** E-mail 접수 본문 예시
>
> 인사 담당자님께
>
> 안녕하십니까?
> 저는 귀사의 반도체 생산직에 관한 공고를 보고 입사 지원하는 ○○고등학교 ○○○과 3학년 ○○○입니다.
>
> 전자제품 개발에 관심이 많아 귀사의 사보나 기사는 빠뜨리지 않고 모아왔습니다.
> 또한 3년간 기술실무를 배우고 관련 자격증을 취득하여 처음 일을 시작할 때 빨리 적응하고 정확하게 처리할 것이라고 확신합니다.
>
> 채용공고를 보고 이메일로 귀사에 대한 저의 관심을 전해드리며 연락 기다리겠습니다.
> 그럼 안녕히 계십시오.
> 감사합니다.
>
> 2023. ○. ○
>
> ○○○ 드림

2. 합격 자기소개소의 비밀

(1) 좋은 자기소개서란?

① 직무를 먼저 확실하게 정한다.
② 해당 직무를 맡을 인재가 갖추어야 할 능력 몇 가지를 생각해본다.
③ 자기소개서 각 항목에 키워드와 에피소드를 배치한다.
④ 해당 키워드를 드러낼 수 있는 에피소드를 생각해본다.
⑤ 에피소드를 구체화시켜 설득력을 드러낸다.

(2) 자기소개서 쓸 때 주의할 점

① 두서없이 주절주절 쓰지 않는다.
 태어나서부터 현재까지의 모든 이야기를 쓰려고 하면 끝도 없을뿐더러 인사 담당자는 모든 성장과정을 궁금해 하지 않는다. 지원 분야를 선택하게 된 동기가 되는 경험을 핵심적으로 쓴다.
② 과장되거나 거짓된 정보를 쓰지 않는다.
 동시에 지나친 솔직함도 금물이다. 알릴 필요가 없는 자신의 단점까지 노출할 필요는 없다.
③ 진부한 표현을 쓰지 않는다.
 "꼭 뽑히고 싶다.", "뽑아만 주신다면 열심히 하겠다."와 같은 상투적인 표현은 하지 않는다. 왜 선발되어야 하는지, 선발되면 어떤 일을 할 수 있는지에 대한 구체적인 내용을 적는다.

④ 경쟁자와의 차별성을 드러낸다.

수많은 지원자 가운데 돋보이지 않는다면 이미 합격의 가능성은 없어진 것이다. 자신만의 색깔이 두드러질 수 있는 전략을 세워보자.

⑤ 포괄적이고 모호한 표현을 쓰지 않는다.

자신의 역량을 나타낼 수 있는 정확한 데이터나 수치화된 자료를 제시하는 것이 효과적이다.

> **Tip** 자기소개서에 사용하면 안 되는 단어
>
> 미국 CNN 인터넷판은 최근 '이력서에 적어서는 안 될 25개 단어들(25 words that hurt your resume)'이라는 제목으로 커리어빌더닷컴 로라 모쉬(Laura Morsch)의 글을 올렸다. 모쉬는 베넷이 제시한 '이력서에 쓰지 말아야 할 멋있지만 모호한 낱말 25개'를 나열했다.
>
> | | |
> |---|---|
> | 적극적인(Aggressive) | 아는 게 많은(Knowledgeable) |
> | 패기 있는(Ambitious) | 논리적인(Logical) |
> | 능력 있는(Competent) | 자극하는(Motivated) |
> | 창조적인(Creative) | 신중한(Meticulous) |
> | 꼼꼼한(Detail-oriented) | 막연한 의미의 사람(People, Person) |
> | 단호한(Etermined) | 전문적인(Professional) |
> | 능률적인(Efficient) | 믿을만한(Reliable) |
> | 경험 많은(Experienced) | 수완이 좋은(Resourceful) |
> | 융통성 있는(Flexible) | 혼자서도 잘하는(Self-motivated) |
> | 목표의식이 강한(Goal-oriented) | 성공적인(Successful) |
> | 열심히 일하는(Hard-working) | 팀워크가 좋은(Team Player) |
> | 독립심이 강한(Independent) | 계획적인(Well-organized) |
> | 혁신적인(Innovative) | |

(3) 자기소개서 예시

다음에 제시된 자기소개서들은 각 기업체에서 합격한 자기소개서이다. 인사 담당자에게 합격 점수를 받은 데에는 세 가지 비밀이 있다.

① 에피소드로 설득력을 높였다.
② 두괄식 표현으로 읽는 사람을 배려하였다.
③ 지원하는 직무에 필요한 핵심 역량을 표현하였다.

이와 같은 특징을 살려 인사 담당자에게 합격 점수를 받은 자기소개서를 살펴보자.

자기소개서 예문 1

❖ **성장과정** (핵심키워드 → 봉사심, 빠른 작업속도)
"설거지 속도가 남보다 2배 빠릅니다."
6살 때부터 저와 언니는 친할머니 손에서 성장하였습니다. 손녀 둘을 정성껏 돌봐주시는 할머니의 따뜻한 마음을 배워서 저 또한 봉사심을 기를 수 있었습니다. 가난한 사람들에게 음식을 제공하는 푸드뱅크에서 봉사활동으로 한 달 동안 설거지를 매일 4시간씩 하였는데, 다른 자원봉사자들보다 2배 속도로 셀 수 없을 만큼의 그릇을 닦아냈습니다. 사랑을 받은 사람이 사랑을 베풀 수 있다고 생각합니다. 어려운 환경 속에서 많은 분들의 격려와 사랑을 받으며 자라왔기 때문에 늘 감사하는 마음으로 어떤 직원보다 2배 더 열심히 일할 수 있을 것 같습니다.

❖ **성격의 장단점** (핵심키워드 → 팔로워십, 대인관계능력)
"반장이 예뻐해 주는 학생"
같은 나이에 학급의 리더로 일하는 반장을 보면 참 대단해 보입니다. 저는 앞에서 누군가를 이끌어 가기보다는 뒤에서 서포터해주는 일을 더 좋아하기 때문입니다. 다른 친구들은 동갑내기 반장을 무시하기도 하고 말을 잘 안 들어주는데 저는 반장의 리더 권한을 존중해주고 시키는 대로 잘 따릅니다. 그래서 반장이 저를 너무 예뻐합니다. 이렇게 뒤에서 리더를 지지해 주는 것이 저의 가장 큰 장점입니다. 반면에 앞에 나서서 사람들을 이끄는 것은 부끄러움을 타서 잘 하지 못하는 것이 단점입니다. 그러나 리더는 지지자가 없으면 무용지물이기에 리더를 지켜주는 지지자가 어쩌면 더 중요한 것 같습니다.

❖ **학창시절 및 경험사항** (핵심키워드 → 회계능력)
"전문계고에서 전자상거래과를 전공하면서 회계능력을 키웠습니다."
전자상거래과에 진학하면서 2학년 때부터는 회계와 ERP라는 과목을 배웠습니다. 회계 과목은 흥미가 있어 늘 상위권에 속했습니다. 그리고 현재 전산회계 자격증을 준비하면서 실무에 필요한 지식과 정보를 갖춰 나가고 있습니다. 특히 카임과 더존 프로그램 두 가지 중에 요즘 기업에서 많이 쓴다는 더존 프로그램으로 공부를 더 하고 있습니다. 언제라도 바로 투입되어서 업무를 할 수 있는 준비된 인재입니다.

❖ **지원동기 및 입사 후 포부** (핵심키워드 → 인내심, 체력)
"검단산을 올랐던 인내심과 체력으로"
고등학교는 중학교와 또 다르게 공부하는 과목도 많아지고 야간자율학습도 해야 하는 등 힘든 일이 많았습니다. 그때 제가 선택한 것은 검단산을 오르는 일이었습니다. 처음에는 중턱까지밖에 오르지 못하고 내려와야 했습니다. 등산하는 법을 잘 몰랐고 무엇보다도 길이 잘 보이지 않아 두려웠던 제 마음의 벽을 뛰어넘지 못했던 것 같습니다. 그 후에 다시 올랐습니다. 그리고 또 정상까지 올라가지 못했습니다. 그러나 세 번째 등산에서 결국 정상에 오를 수 있었습니다. 이 경험을 통해서 목표를 분명히 가지고 꾸준히 노력하면 꼭 이루어진다는 것을 배웠습니다. 분명 사회생활도 힘든 일이 많겠지만 그때마다 검단산을 오르며 인내심과 체력을 다져서 맑은 정신을 바탕으로 맡은 일에 최선을 다하는 인재가 되겠습니다.

자기소개서 예문 2

❖ **성장과정** (핵심키워드 → 체력, 신뢰감)
"체력이 국력이다"라는 아버지 뜻에 따라 다양한 운동을 하면서 성장하였습니다. 특히 아버지는 산악자전거를 자주 타시는데 저도 어렸을 때부터 자전거를 타면서 신체를 건강히 하였습니다. '건강한 신체에 건강한 정신이 깃든다.'는 말이 있습니다. 덕분에 주변 어르신들께 늘 예의 바른 학생으로 칭찬을 받았고 이웃집의 아이들을 돌봐줄 수 있는 기회도 많이 얻게 되었습니다. 어린 학생한테 어린아이를 맡긴 것은 '신뢰감'을 쌓은 덕분이라고 생각합니다. 주변 사람들한테 성실한 이미지로 신뢰감을 받으며 성장하였습니다.

❖ **성격의 장단점** (핵심키워드 → 꼼꼼함, 청결함)
"학급의 미화부장을 담당할 정도로 꼼꼼함을 지녔습니다."
매년 학기 초가 되면 모든 학급은 '환경미화대회'라는 큰 행사에 몰두합니다. 게시판을 아름답게 꾸미고 청소를 깨끗이 하는 반이 우승을 하는 것입니다. 고등학교 3학년 때 저는 이 대회를 총괄하는 '미화부장'에 당선되었습니다. 그리고 선생님과 학급 친구들과 협력하여 전체 1등을 수상하였습니다. 손재주가 좋아서 예쁘게 꾸미는 것도 잘하고 성격이 꼼꼼하여 창틀의 먼지까지도 말끔하게 닦는 성격입니다. 주변 친구들은 너무 깔끔한 것을 추구하는 것은 결벽증이라고 저의 단점이라고도 합니다. 그러나 회사생활을 하는 데 청결한 생활 태도는 큰 도움이 될 것이라고 생각합니다.

❖ **학창시절 및 경험사항** (핵심키워드 → 원칙준수, 기본을 지키는 성향)
비누공예 동아리에서 비누를 만들어서 바자회를 했던 경험이 있습니다. 천연비누 재료를 받아 든 모든 친구들은 선생님의 설명을 다 듣지도 않은 채 이것저것 섞고 만들고 하였습니다. 설명서대로 하지 않아서 색과 향기도 좋지 않았습니다. 그러나 저는 모든 설명서를 꼼꼼하게 읽고 천천히 만들었습니다. 결국 바자회에서 제일 잘 팔린 것은 설명서대로 만든 작품들이었습니다. 덕분에 작은 일에도 원칙을 지키는 것이 중요하다는 교훈을 얻을 수 있었습니다. 학교생활과 회사생활의 공통점은 사람이 사는 사회이기 때문에 규칙을 지키는 것이라고 생각합니다. 많은 이들이 규칙을 고리타분하게 여기지만 저는 공동의 목표를 위해 원칙을 잘 지켜야 한다고 생각합니다.

❖ **지원동기 및 입사 후 포부** (핵심키워드 → 다양한 일을 한 번에 처리하는 능력)
"요리, 서빙, 배달, 설거지, 청소 5가지를 한 번에 하는 멀티 플레이어입니다."
제가 태어나기 전부터 어머니는 식당을 운영하셨습니다. 덕분에 어려서부터 요리하기, 손님이 오시면 서빙하기 등 다양한 경험들을 할 수 있었습니다. 초등학교 5학년 때는 처음으로 배달도 했습니다. 어린 나이에 남의 집에 배달하러 가는 것이 쑥스러울 수 있었지만 어머니를 도와드릴 수 있다는 생각에 기쁜 마음으로 했습니다. 이제는 학교 마치고 집에 가서 제가 식당의 거의 모든 일을 다 합니다. 주문을 받으면 요리부터 서빙, 설거지까지 일사천리로 일하는 법을 배웠습니다. 회사에 입사하게 되면 시켜서 하는 사원이 아니라 알아서 일을 찾아서 하는 일꾼이 되겠습니다. 한 번에 다양한 일을 시키셔도 잘 해내는 멀티 플레이어 인재가 되겠습니다.

자기소개서 예문 3

❖ 성장과정 (핵심키워드 → 성실함)
초·중·고 12년의 학창 생활 동안 단 한 번의 결석도 하지 않았습니다. 이런 성실함은 사회인의 기본이라고 생각합니다. 물론 몸이 좋지 않은 날도 있었지만 양호실에서 쉬어가면서도 학교는 빠지지 않았습니다. 결근은 절대 하지 않겠다는 약속은 자신 있게 할 수 있습니다. 사회생활을 하다 보면 많이 지치고 힘들겠지만 스스로 격려하고 동기부여하며 맡은 일에 성실함을 다하여 일하겠습니다.

❖ 성격상의 장단점 (핵심키워드 → 정직성, 책임감)
중학교 3학년 때 조별 청소하는 날이었습니다. 다른 친구들이 선생님 몰래 하나둘씩 도망가기 시작하였습니다. 결국 혼자 남아서 열 명의 몫을 청소해야만 했습니다. 친구들은 이렇게 요령을 피우지 못하고 미련하게 일을 하는 것이 저의 단점이라고 합니다. 물론 혼자 큰 교실을 청소하는 것이 버거웠고 저 또한 도망가고 싶었지만 제 스스로에게 떳떳하지 못한 기분이 싫었습니다. 결국 지나가시던 담임선생님께서 제가 혼자 청소하는 것을 보시고 함께 청소해주시며 칭찬해 주셨습니다. 이 일을 계기로 반대표로 표창장까지 받았습니다. 요령 피우는 것은 짧게 보면 이로울 것 같으나 결국 도망간 학생들은 선생님으로부터 신뢰를 잃었고 한 달 동안 벌로 청소를 해야 했습니다. 원칙을 지키고 책임감을 다해 맡은 일을 끝내면 바보처럼 보일지 몰라도 길게 봤을 때 더 좋다는 것을 배울 수 있었던 계기가 되었습니다. 맡은 일에 책임을 다하는 것이 저의 가장 큰 장점입니다.

❖ 지원동기 및 입사 후 포부 (핵심키워드 → 인내심, 서비스마인드)
고등학교 2학년 때 용돈을 마련하기 위해 배스킨라빈스라는 아이스크림 전문점에서 아르바이트를 하였습니다. 오전 10시부터 오후 4시까지 6시간 동안 서서 딱딱한 아이스크림을 쉴 새 없이 퍼내는 것이 생각보다 지치고 힘들었습니다. 손가락이 후들후들 떨리고 계속 서 있는 것도 힘겨웠습니다. 그러나 고객이 들어오면 늘 밝게 인사를 하였습니다. 고객을 맞이하는 30초라는 짧은 순간이 저희 가게의 이미지를 결정할 것이라 생각했기 때문이었습니다. 결국 방학이 끝나서 아르바이트를 마칠 때 점장님께서 학생 같지 않게 잘해주었다고 칭찬해 주셨습니다. 힘들어도 늘 미소를 잃지 않는 일꾼이 되겠습니다.

CHAPTER 02 | 면접 유형 및 실전 대책

면접이야말로 지원자의 자질과 능력, 끼, 창의력, 업무추진력, 조직적응력 등 총체적인 모습을 평가할 수 있는 가장 유력한 방법이다. 이런 이유로 기업에서는 다양한 면접 방법을 동원해 우수인재를 찾기 위해 고심 중이다. 지원자를 난처하게 만드는 질문부터, 전공과 관련된 전문적인 질문까지 갈수록 다양해지고 어려워지는 면접, 취업 성공으로 가기 위한 마지막 기회인만큼 후회 없이 가지고 있는 모든 것을 보여주어야 할 것이다.

면접의 사전적 정의는 면접관이 지원자를 직접 만나보고 인품(人品)이나 언행(言行) 등을 시험하는 일로, 흔히 필기시험 후에 최종적으로 심사하는 방법이다.

최근 주요 기업의 인사담당자들을 대상으로 채용 시 면접이 차지하는 비중을 설문조사했을 때 50~80% 이상이라고 답한 사람이 전체 응답자의 80%를 넘었다. 이와 대조적으로 지원자들을 대상으로 취업 시험에서 면접을 준비하는 기간을 물었을 때 대부분의 응답자가 2~3일 정도라고 대답했다. 지원자가 일정 수준의 스펙을 채우기 위해 자격증 시험과 토익을 보고 이력서와 자기소개서까지 쓰다 보면 면접까지는 준비할 여유가 없는 것이 사실이다. 또한 서류전형과 인·적성검사를 통과해야만 면접을 볼 수 있기 때문에 자연스럽게 면접은 취업 시험 과정에서 그 비중이 적어질 수밖에 없다. 하지만 아이러니하게도 위의 조사에서 나타난 것처럼 실제 채용 과정에서 면접이 차지하는 비중은 거의 절대적이라고 해도 과언이 아니다.

요즈음 기업들은 채용 과정에서 토론 면접, 인성 면접, 프레젠테이션 면접, 역량 면접 등의 다양한 면접을 실시하고 있다. 1차 커트라인이라고 할 수 있는 서류전형을 통과한 지원자들의 스펙이나 능력은 서로 엇비슷하다고 판단되기 때문에 서류상 보이는 자격증이나 토익 성적보다는 지원자의 인성을 더 파악하기 위해 면접을 강화하는 것이다. 일부 기업은 의도적으로 압박면접을 실시하기도 한다. 지원자가 당황할 수 있는 질문을 던져 그것에 대한 지원자의 반응을 살펴보는 것이다.

면접을 통과해 최종 합격을 하기 위해서는 면접을 어렵게 생각하는 마음부터 바꿔야 한다. 면접을 다르게 생각한다면 '나는 누구인가?'에 대한 물음에 쉽게 답할 수 있을 것이다. 취업난 속에 자격증을 취득하고 토익 성적을 올리기 위해 앞만 보고 달려온 지원자들은 자신에 대해서 고민하고 탐구할 수 있는 시간을 평소 쉽게 가질 수 없었을 것이다. 하지만 자신을 잘 알고 있어야 자신에 대해서 자신감 있게 말할 수 있다. 대체로 사람들은 자신에게 관대한 편이기 때문에 자신에 대한 어떤 기대와 환상을 가지고 있는 경우가 많다. 하지만 면접은 제3자에 의해 개인의 능력을 객관적으로 평가받는 시험이다.

어떤 지원자들은 다른 사람에게 자신을 표현하는 것을 어려워하는 경향이 있다. 평소에 잘 사용하지 않는 용어를 내뱉으면서 거창하게 포장하는 지원자도 많다. 면접에서의 기본은 자기 자신을 면접관에게 알기 쉽게 표현하는 것이다. 이러한 표현을 바탕으로 자신이 앞으로 하고자 하는 것과 그 이유를 설명해야 한다. 최근에는 자신감을 향상시키거나 말하는 능력을 기르기 위한 스피치 학원도 많기 때문에 얼마든지 자신의 단점을 극복할 수 있다.

(1) 회사가 나에게 확인하고 싶은 것들
① 회사에서 원하는 능력과 지식을 가지고 있는지
② 필요한 기술을 능숙하게 사용할 수 있는지
③ 일하는 자세나 태도가 좋은지
④ 회사에 적응할 수 있는 성격인지
⑤ 업무에 맞는 경험이나 경력을 가지고 있는지
⑥ 필요한 자격을 갖추고 있는지
⑦ 회사에 오래 근무할 수 있는 사람인지

(2) 면접 전날 준비사항
① 면접장 위치, 교통편, 소요시간 확인
② 옷, 구두 상태 점검
③ 이력서와 기타 제출 서류 챙기기

(3) 가상면접 평가표

면접 평가표

면접관	면접일시	지원분야	지원자

평가요소	평가 주안점	탁월	우수	보통	미흡	불가
외모/태도	밝은 표정인가? (첫인상)	5	4	3	2	1
	면접 태도와 자세가 호감을 주는가?	5	4	3	2	1
	깔끔한 면접복장과 차림새인가?	5	4	3	2	1
조직적합성	회사에 입사하고자 하는 열정과 적극성이 보이는가?	5	4	3	2	1
	지원동기와 목표가 명확한가?	5	4	3	2	1
직무적합성	직무에 적합한 전문성을 갖추고 있는가?	5	4	3	2	1
	직무와 관련된 경험을 갖추고 있는가?	5	4	3	2	1
평가 합계						
평가자 의견						

CHAPTER 03 | 삼성그룹 실제 면접

1. 인성 면접

최근 들어 대기업의 인성 면접 비중이 점차 늘어나고 있다. 삼성그룹 또한 예외는 아니다. 인성 면접에서 주로 다루는 내용은 지원자가 제출한 자기소개서를 기본으로 하며, 자기소개 후 면접관의 질문에 대답하는 방식으로 진행된다. 인성 면접의 목적은 지원자의 성격 및 역량을 파악하는 것이다. 질문에 대해 알고 모르는 것도 평가하지만 그것에 대처하는 태도를 더욱 중요하게 평가하므로, 공격성 질문 또는 잘 알지 못하는 질문을 받더라도 당황하지 말고, 자신감 있는 모습으로 대답하는 것이 중요하다. 면접관은 이러한 질문들을 통해 지원자가 앞으로 업무에 얼마나 잘 적응해 나갈 수 있는 사람인지, 돌발 상황에 대한 대처능력이 어느 정도인 사람인지를 판단하게 된다. 실전에서 당황하지 않으려면, 사전에 예상 질문을 만들어 선생님이나 친구들과 연습하면서 자주 이런 상황을 접하다 보면 면접 시에 긴장감을 풀게 되고, 면접관들을 어렵게 느끼지 않을 수 있다.

2. 기술 면접

기술 면접은 삼성그룹의 기술직군에 지원한 지원자에 한하여 진행되는 면접으로, 주로 실무와 관련된 기술을 평가하는 면접이다. 대표적으로 프로그래밍 코딩이나, 기술용어·이론과 같은 내용의 질문들이 주어지므로 평소에 자신이 앞으로 지원하게 될 부분의 용어 및 이론, 코딩 작업을 연습해 두는 것이 중요하다.

3. 기출 질문 엿보기

(1) 삼성전기

① 인성 면접

- 삼성전기가 당신을 왜 채용해야 하는가?
- 삼성전기 외의 다른 기업은 어디에 지원했는가?
- 자기를 표현할 수 있는 단어는 무엇이라 생각하는가?
- 최근 들은 농담 중에 인상 깊은 것은 어떤 것인가?
- 자기소개를 해 보시오.
- 전에 일을 하면서 곤란하거나 난감했던 적은? 어떻게 극복하였는가?
- 자신의 신조나 좌우명은 무엇인가?
- 무슨 일을 하고 싶은가?
- 술을 먹을 때 주로 무엇을 하면서 먹는가? 주량은 얼마인가?
- (남자의 경우) 군대는 어디로 갔다 왔는가?
- 살면서 가장 힘들었던 적은?
- 취미가 구기 종목이 된 이유는?
- 상사가 불합리한 일을 시키는 경우 어떻게 할 것인가? 회사에 불이익이 가는 일이라도 할 것인가?
- 마지막으로 하고 싶은 말은?
- 인생을 살면서 협업을 해 본 경험이나 갈등을 관리해본 경험이 있는가?
- 스트레스를 받은 경우에 본인만의 해소방안이 있는가?

② 기술 면접

- 다이오드는 무엇인가?
- 파워서플라이는 무엇인가?
- 아날로그와 디지털이 무엇이고 차이는 무엇인가?

(2) 삼성SDI

- 자신이 다니고 있는 회사 SNS에 친구가 악플을 올렸다. 당신은 어떻게 행동하겠는가?
- 전기자동차의 전망에 대하여 말해 보시오.
- 기업의 사회적 책임을 어떻게 생각하는가?
- 종교가 있는가? 일요일에 근무를 해야 한다면 어떻게 하겠는가?
- 삼성SDI에 대해 아는 것이 있는가? 있다면 말해 보시오.
- 자신의 꿈이나 비전은 무엇인가?
- 왜 삼성SDI에 들어오려고 하는가?
- (전에 다니던 회사가 있을 경우) 이직 사유는 무엇인가?

(3) 삼성웰스토리

- 단체급식에서 중요한 점이 무엇이라고 생각하는가?
- 스트레스 관리는 어떻게 하는가?
- 직장 생활 중 불화가 생긴다면 어떻게 대처할 것인가?
- 원가관리 방법에는 무엇이 있는지 말해 보시오.
- 인건비 관리방안에 대해서 말해 보시오.
- 교차 오염의 정의에 대해서 말해 보시오.
- 지금껏 받았던 서비스 중 좋았던 경험을 말해 보시오.
- 실온, 상온, 냉장의 온도 기준 차이에 대해서 말해 보시오.
- 자신이 삼성웰스토리에 기여할 수 있는 방안은 무엇인가?
- 매출을 올릴 수 있는 자신의 방안이 있는가?
- 상사와 생각이 다를 때 어떻게 하는 편인가?
- 단체급식을 하고 싶은 이유는 무엇인가?
- 살면서 가장 힘들었던 경험은 무엇인가?
- 인턴과 지원한 직무 차이에 대해 설명해 보시오.
- 이전 직장에서 일 할때 느꼈던 뿌듯한 경험과 힘들었던 경험을 말해 보시오.
- 원했던 부서가 아닌 다른 부서로 입사해도 괜찮은가?

(4) 삼성전자판매

- 면접관이 고객이라고 생각하고 물건을 팔아 보시오.
- 자기소개를 해 보시오.
- 자신은 어떠한 영업적인 마인드를 가지고 있는가?
- 이직이 잦은 이유는 무엇인가?
- 삼성 가전제품 5가지를 말해 보시오.
- 합격 이후 목표는 무엇인가?

(5) 호텔신라

- 자기소개를 해 보시오.
- 해외여행을 가본 경험이 있는가?
- 면세점을 이용해본 경험이 있는가?
- (영어면접) 온라인면세점 이용방법을 외국인에게 전화로 설명해 보시오.
- 언제부터 면세점에 관심을 가지게 되었는가?
- 자신의 롤모델과 그 이유를 말해 보시오.
- 봉사활동을 한 경험이 있는가?
- 팀워크에 대해 어떻게 생각하는 지 말해 보시오.
- 팀에서 일을 하다가 개인의 성향에 맞지 않은 경우는 어떻게 할 것인가?
- 개인의 성과와 팀의 성과 중 어떤 것을 더 중요하게 생각하는가?

- 여러 면세점 중 호텔신라 면세점에 관심을 가진 이유는 무엇인가?
- 인턴과 지원한 직무 차이에 대해 설명해 보시오.
- 이전 직장에서 일 할때 느꼈던 뿌듯한 경험과 힘들었던 경험을 말해 보시오.
- 원했던 부서가 아닌 다른 부서로 입사해도 괜찮은가?

(6) 삼성 디스플레이

① 인성 면접

- 학창시절 자신에 대해 말해 보시오.
- 부모님은 어떤 사람인지 이야기해 보시오.
- 가장 존경하는 사람이 있는가? 있다면 누구이며, 존경하는 이유를 말해 보시오.
- 자기소개를 해 보시오.
- 지원한 동기가 무엇인가?
- 고교 졸업 후 공백기에 무엇을 했는가?
- 나이가 일반 지원자보다 많을 경우) 나이가 많은데 나이 어린 상사와의 관계는 어떻게 할 것인가?
- (인턴경험이 있는 경우) 최근 인턴으로 일한 회사는 어떤 회사이며, 어떤 업무를 했는가?
- 만약 입사 후 본인이 출장을 가야 한다. 근데 만삭인 아내가 곧 출산을 할 것 같다. 출장은 본인밖에 못가는 상황이다. 어떻게 하겠는가?
- 자기소개서에 설비직을 선호한다고 했는데 이유는 무엇인가?
- 일하면서 생긴 부조리함이나 불만을 해결한 경험이 있는가?
- 회사에 합격하게 되면 혼자 올라와서 일할 수 있는가?
- 기업의 사회적 책임은 무엇인가?
- 삼성 디스플레이에서 생산하고 있는 제품을 말해 보시오.
- 삼성과 현대의 장점과 단점을 말해 보시오.
- 살면서 가장 힘들었던 순간은? 그때 어떻게 극복하였는가?
- 3년 또는 1년 선배가 있는데 나보다 일을 못한다. 어떻게 하겠는가?
- 일주일짜리 프로젝트, 월요일 아침 일찍부터 퇴근 없이 일요일 저녁 늦게까지 끝내야 하는 프로젝트를 맡는다면 어떻게 하겠는가?
- 한 달 전부터 친구들과 주말에 1박 2일 여행이 잡혀있는데, 금요일 퇴근 직전 급한 미팅이 생겼다. 어떻게 하겠는가?
- 존경하는 인물은 누구인가? 그 이유는?
- 가장 인상 깊게 읽었던 책 제목은 무엇인가? 그 이유는?
- 가장 슬펐던 일과 가장 기뻤던 일은 무엇인가?
- 주로 보는 TV프로그램은 무엇인가?
- 성격의 장·단점은 무엇인가?
- 해외에 가보고 싶은 곳이 있는가?
- 직장 상사가 부당한 요구를 한다면 어떻게 하겠는가?
- 살면서 좌절했던 경험은 어떤 것이 있나?
- 일과 자기 생활을 몇 대 몇으로 나눌 수 있는가?
- 시험 시간에 옆에 있던 친구가 보여 달라고 하면 보여주겠나?
- 회사 생활에 꼭 필요한 한 가지는 무엇이라고 생각하나?

- 인생에서 가장 실패한 일은 무엇인가?
- 인문계 고등학교를 나왔는데 4년제 대학에 진학하지 않고, 2・3년제 대학교에 진학한 이유는 무엇인가?
- 마지막으로 하고 싶은 말은?

② 기술 면접

- 퀀텀닷의 크기에 대해 설명해 보시오.
- 중국이 최근 디스플레이 분야에서 무섭게 따라붙고 있다. 이에 대하여 삼성디스플레이에서 해야할 일은 무엇이라고 보는가?
- 트랜지스터의 종류에 대하여 설명해 보시오.
- LG에서 OLED TV 제품은 Flexible한건지 Rigid한건지 설명해 보시오.
- LCD/OLED/QLED 구조 차이가 무엇인지 설명해 보시오.
- OLED와 LCD의 풀네임을 말해 보시오.
- 반도체 공정 중에 가장 중요한 공정은 무엇인가?
- 금속의 정의는 무엇인가?

(7) 삼성모바일 디스플레이

- 이때까지 살아오면서 가장 힘들었던 일은 무엇이며, 그것을 어떻게 극복했나?
- 왜 이 일을 하고 싶은가? 이 일을 하기 위해서 무엇을 준비했나?
- 사이가 안 좋은 동료가 있다면 어떻게 극복할 것인가?
- 고등학교 시절 조퇴가 잦은데, 그 이유가 무엇인가?
- 삼성모바일 디스플레이 사장님 성함이 어떻게 되는가?
- 우리가 왜 당신을 뽑아야 하는가?
- 삼성모바일 디스플레이를 알게 된 동기는 무엇인가?
- 자신에게 불합리한 상황이 발생했을 때 어떻게 대처하겠나?
- 삼성모바일 디스플레이가 뭐 하는 곳인가?
- 말을 잘하는데 면접을 많이 봤나?
- 이전 직장 퇴사 이유는 무엇인가? 또 무슨 일을 했나?
- LCD와 AMOLED의 차이점이 무엇인가?
- 자신이 이 회사에 입사할 만한 경력을 가지고 있다고 생각하나?
- 주위 친구들이 자신의 단점은 무엇이라고 하는가?
- 삼성모바일 디스플레이는 삼성계열 중에서도 작고 비전이 없는 회사이다. 지원한 이유는 무엇인가?
- 회사 상사의 부정행위를 목격했는데 어떻게 하겠는가?
- 회사에 입사하게 된다면 자신의 목표가 있을 텐데 10년 뒤 목표가 무엇인가?
- 이 회사 말고 다른 회사도 지원했던 경험이 있을 텐데 어느 회사였나?

(8) 삼성에버랜드

- 삼성에버랜드를 지원하는 데 영향을 준 사람이 있다면, 누구인가? 그 이유는?
- 삼성에버랜드를 가 본 적이 있는가? 불편한 점이나 개선할 점은 무엇인가?
- 봉사활동 경험을 말해 보시오.
- 회사를 선택하는 기준이 무엇인지 말해 보시오.
- 개인의 가치와 회사의 가치가 반대되는 경우 어떻게 하겠는가?
- 가장 인상 깊게 읽었던 책은 무엇인가? 그 이유는?
- 회사 생활에 꼭 필요한 한 가지는 무엇이라고 생각하나?
- 전공이 다른데 삼성에버랜드에 지원한 이유는 무엇인가?
- 생활신조가 무엇인가?
- 자신의 강점은 무엇이라고 생각하는가?
- 삼성에버랜드에 자신을 어필한다면 어떤 것이 있는가?
- 간단한 자기소개를 해 보시오.
- 가족자랑을 해 보시오.
- 조직생활에서 자신의 위치는 어디인가?
- 공백 기간 중 무엇을 하였는가?
- 앉아서 하는 일과 활동적인 일 중 어떤 것이 자신에게 맞는가?

(9) 삼성LED

① 인성 면접

- 지금 전공하고 있는 과가 적성에 맞는가?
- 지금 전공하고 있는 학과에서는 정확히 무엇을 배우는가?
- 지원 동기가 무엇인가?

② 기술 면접

- 기계공학과 선반의 차이를 말해 보시오.
- LED 공정에 대해서 아는 것이 있는가?
- 삼성LED에서 자신이 하고 싶은 분야가 있는가?

앞선 정보 제공! 도서 업데이트

언제, 왜 업데이트될까?

도서의 학습 효율을 높이기 위해 자료를 추가로 제공할 때!
공기업·대기업 필기시험에 변동사항 발생 시 정보 공유를 위해!
공기업·대기업 채용 및 시험 관련 중요 이슈가 생겼을 때!

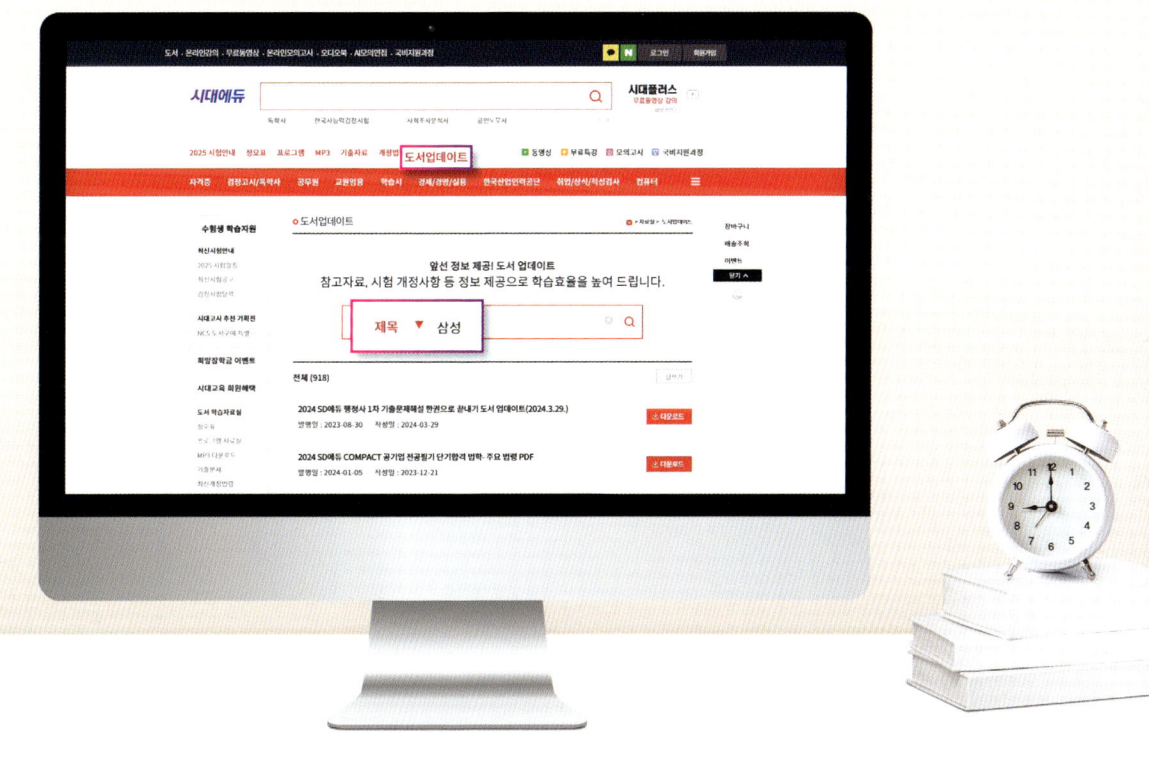

01 시대에듀 도서 www.sdedu.co.kr/book 홈페이지 접속

02 상단 카테고리 「도서업데이트」 클릭

03 해당 기업명으로 검색

참고자료, 시험 개정사항 등 정보 제공으로 학습효율을 높여 드립니다.

더 이상의
고졸·전문대졸 필기시험 시리즈는 없다!

"알차다"
꼭 알아야 할 내용을 담고 있으니까

"친절하다"
핵심 내용을 쉽게 설명하고 있으니까

"핵심을 뚫는다"
시험 유형과 유사한 문제를 다루니까

"명쾌하다"
상세한 풀이로 완벽하게 익힐 수 있으니까

성공은 나를 응원하는 **사람**으로부터 **시작**됩니다.
시대에듀가 당신을 힘차게 응원합니다.

2026 전면개정판

GSAT
5급 고졸채용
온라인 삼성직무적성검사

통합기본서

편저 | SDC(Sidae Data Center)

정답 및 해설

누적 판매량 **1위**
대기업 인적성검사 시리즈

유형분석 및 모의고사로
최종합격까지
한 권으로 마무리!

SDC
SDC는 시대에듀 데이터 센터의 약자로 약 30만 개의 NCS·적성 문제 데이터를 바탕으로 최신 출제경향을 반영하여 문제를 출제합니다.

시대에듀

PART 1

7개년 기출복원문제

CHAPTER 01	2025년 하반기 기출복원문제	CHAPTER 08	2021년 하반기 기출복원문제
CHAPTER 02	2025년 상반기 기출복원문제	CHAPTER 09	2021년 상반기 기출복원문제
CHAPTER 03	2024년 기출복원문제	CHAPTER 10	2020년 하반기 기출복원문제
CHAPTER 04	2023년 하반기 기출복원문제	CHAPTER 11	2020년 상반기 기출복원문제
CHAPTER 05	2023년 상반기 기출복원문제	CHAPTER 12	2019년 하반기 기출복원문제
CHAPTER 06	2022년 하반기 기출복원문제	CHAPTER 13	2019년 상반기 기출복원문제
CHAPTER 07	2022년 상반기 기출복원문제		

끝까지 책임진다! 시대에듀!

QR코드를 통해 도서 출간 이후 발견된 오류나 개정법령, 변경된 시험 정보, 최신기출문제, 도서 업데이트 자료 등이 있는지 확인해 보세요! **시대에듀 합격 스마트 앱**을 통해서도 알려 드리고 있으니 구글 플레이나 앱 스토어에서 다운받아 사용하세요. 또한, 파본 도서인 경우에는 구입하신 곳에서 교환해 드립니다.

CHAPTER 01 | 2025년 하반기 기출복원문제

01 ▶ 수리능력검사

01	02	03	04	05	06			
③	③	④	②	②	②			

01 정답 ③

$41 \times 3 + 24 \div 4 + 41 \times 4$
$= 123 + 6 + 164$
$= 293$

02 정답 ③

$13 \times 3 + 63 \div 3 + 23 \times 4$
$= 39 + 21 + 92$
$= 152$

03 정답 ④

서울과 부산 간의 거리는 혜영이와 준호가 이동한 거리의 합과 같으므로 거리=속력×시간 공식을 이용한다.
$(85 + 86.2) \times 2.5 = 428$
따라서 서울과 부산 간의 거리는 428km이다.

04 정답 ②

5장의 카드에서 2장을 뽑아 두 자리 정수를 만드는 전체 경우의 수는 $4 \times 4 = 16$가지(∵ 십의 자리에는 0이 올 수 없다)이다. 십의 자리가 홀수일 때와 짝수일 때를 나누어 생각해보자.
- 십의 자리가 홀수, 일의 자리가 짝수일 경우의 수 : $2 \times 3 = 6$가지
- 십의 자리가 짝수, 일의 자리가 짝수일 경우의 수 : $2 \times 2 = 4$가지

따라서 구하는 확률은 $\frac{6+4}{16} = \frac{5}{8}$ 이다.

05 정답 ②

$100 \times \frac{x}{100} + 400 \times \frac{20}{100} = (100+400) \times \frac{17}{100}$
→ $x + 80 = 85$
∴ $x = 5$
따라서 식염수 100g의 농도는 5%이다.

06 정답 ②

2016 ~ 2020년 전통사찰로 지정 등록된 수의 평균을 구하면 다음과 같다.
$(17 + 15 + 12 + 7 + 4) \div 5 = 11$
따라서 평균은 11개소이다.

오답분석

① 2024년 전통사찰 지정등록 수는 2023년보다 증가했다.
③ 2018년 전년 대비 지정등록 감소 폭은 3개소, 2022년은 2개소이다.
④ 해당 자료만으로는 전통사찰 총등록현황을 알 수 없다.

02 ▶ 추리능력검사

01	02	03	04	05	06	07	08
④	④	④	②	②	④	①	②

01   정답 ④

−2, ×2가 반복하는 수열이다.
따라서 ( )=50×2=100이다.

02   정답 ④

홀수 항에 ×2, 짝수 항에 −8를 반복하는 수열이다.
따라서 ( )=(−7)−8=−15이다.

03   정답 ④

분자와 분모에 교대로 3씩 곱하는 수열이다.
따라서 ( )=$\frac{18 \times 3}{45}=\frac{54}{45}$이다.

04   정답 ②

제시된 조건의 우=♧♧과 우=℃℃에 따라 ♧=℃이므로 ?에 들어갈 도형은 ②이다.

05   정답 ②

제시된 조건에 따르면 우=♧♧=Å이므로 ?에 들어갈 도형은 ②이다.

06   정답 ④

주스를 좋아하는 사람은 우유를 좋아하지 않으므로 대우 법칙을 생각했을 때, 우유를 좋아하는 사람은 주스를 좋아하지 않는다. 주스를 좋아하지 않는 사람은 치즈를 좋아한다고 했으므로 빵을 좋아하는 사람은 우유를 좋아하고, 우유를 좋아하는 사람은 주스를 좋아하지 않으며, 주스를 좋아하지 않는 사람은 치즈를 좋아한다는 결론이 도출된다. 따라서 빵을 좋아하는 사람은 치즈를 좋아한다.

07   정답 ①

주어진 조건에 따라 지난주 월~금의 평균 낮 기온을 정리하면 다음과 같다.

월	화	수	목	금	평균
21℃	19℃	22℃	20℃		20℃

지난주 월~금의 평균 낮 기온은 20℃이므로 금요일의 낮 기온을 구하면,
$\frac{21+19+22+20+x}{5}=20 \rightarrow x=20 \times 5-82=18$℃이다.
따라서 지난주 낮 기온이 가장 높은 요일은 22℃의 수요일임을 알 수 있다.

08   정답 ②

지난주 금요일의 낮 기온은 18℃이므로 거짓임을 알 수 있다.

03 ▶ 지각능력검사

01	02	03	04	05	06	07	08	09	10
④	③	②	①	④	④	②	④	③	④

01 정답 ④
제시된 문자나 수를 오름차순으로 나열하면 '四 - 七 - 九 - L - S - V'이므로 5번째에 오는 문자나 수는 'S'이다.

02 정답 ③
제시된 문자를 오름차순으로 나열하면 'ㅑ - H - ㅣ - M - O - T'이므로 2번째에 오는 문자나 수는 'H'이다.

03 정답 ②
제시된 문자를 내림차순으로 나열하면 'S - P - N - ㅣ - I - ㅜ - E'이므로 4번째에 오는 문자나 수는 'ㅣ'이다.

04 정답 ①
제시된 문자를 내림차순으로 나열하면 'ㅌ - ㅊ - G - F - ㄹ - B'이므로 3번째에 오는 문자나 수는 'G'이다.

05 정답 ④
♭은 6번째에 제시된 문자이므로 정답은 ④이다.

06 정답 ④
♯은 8번째에 제시된 문자이므로 정답은 ④이다.

07 정답 ②
℃은 3번째에 제시된 문자이므로 정답은 ②이다.

08 정답 ④
❋은 4번째에 제시된 문자이므로 정답은 ④이다.

09 정답 ③
[오답분석]

10 정답 ④
- 1층 : 4×4-2=14개
- 2층 : 16-3=13개
- 3층 : 16-8=8개
- 4층 : 16-12=4개
- ∴ 14+13+8+4=39개

02 | 2025년 상반기 기출복원문제

01 ▶ 수리능력검사

01	02	03	04	05	06
②	③	②	④	④	②

01 정답 ②

$2 \times (520+153)+675$
$= 2 \times (673)+675$
$= 1,346+675$
$= 2,021$

02 정답 ③

$4,534+2,240 \div 4$
$= 4,534+560$
$= 5,094$

03 정답 ②

올 때 걸리는 시간을 x분이라고 하자.
같은 거리를 오고 가므로 다음과 같은 식이 성립한다.
$60(x-7) = 55x$
$\rightarrow 5x = 420$
$\therefore x = 84$
따라서 올 때의 거리는 $55 \times 84 = 4,620$m이다.

04 정답 ④

주사위를 던졌을 때 4보다 큰 수인 5와 6이 나올 확률은 $\frac{1}{3}$, 동전의 앞면이 나올 확률은 $\frac{1}{2}$이다.
따라서 구하는 확률은 $\frac{1}{3} \times \frac{1}{2} = \frac{1}{6}$이다.

05 정답 ④

(소금의 양)=(농도)×(소금물의 양)
$y = \frac{x}{100} \times 400 + \frac{12}{100} \times 200$
$\therefore y = 4x+24$
따라서 녹아있는 소금의 양은 $4x+24$이다.

06 정답 ②

100대 기업까지 48.7%이고, 200대 기업까지 54.5%이다. 따라서 101 ~ 200대 기업이 차지하고 있는 비율은 54.5-48.7 =5.8%이다.

오답분석
① · ③ 제시된 자료를 통해 쉽게 확인할 수 있다.
④ 제시된 자료를 통해 0.2%p 감소했음을 알 수 있다.

02 ▶ 추리능력검사

01	02	03	04	05	06	07	08
①	④	③	②	①	③	③	②

01   정답 ①
앞의 항에 -2^1, $+2^2$, -2^3, $+2^4$, -2^5, …인 수열이다.
따라서 (   )$=(-18)+2^6=(-18)+64=46$이다.

02   정답 ④
$\times 2$, -7를 반복하는 수열이다.
따라서 (   )$=(-17)\times 2=-34$이다.

03   정답 ③
앞의 항에 $\div 2$가 적용되는 수열이다.
따라서 (   )$=18.75\div 2=9.375$이다.

04   정답 ②
제시된 조건에 따르면 ◐=●●=○○이므로 ?에 들어갈 도형은 ②이다.

05   정답 ①
제시된 조건에 따르면 ●●=◐=▲이므로 ?에 들어갈 도형은 ①이다.

06   정답 ③
현수>주현, 수현>주현으로 주현이 가장 늦게 일어남을 알 수 있으며, 제시된 사실만으로는 현수와 수현의 기상 순서를 서로 비교할 수 없다.

07   정답 ③
미영이는 수연이보다는 사탕이 많고 수정이보다는 적으므로, 4개, 5개, 6개 셋 중 하나이다. 그러나 주어진 제시문으로는 미영이의 사탕이 몇 개인지 정확히 알 수 없다.

08   정답 ②
수연이와 수정이의 사탕의 평균은 5개이지만 미영이의 사탕은 4개이므로 미영이의 사탕이 더 적다.

03 ▶ 지각능력검사

01	02	03	04	05	06	07	08	09	10
④	③	③	④	③	④	②	②	④	①

01 정답 ④

제시된 문자나 수를 오름차순으로 나열하면 'ㅏ - ㅑ - ㅓ - iv - v - ㅛ'이므로 4번째에 오는 문자나 수는 'iv'이다.

02 정답 ③

제시된 문자나 수를 오름차순으로 나열하면 'ㄴ - vi - viii - ix - ㅌ - ㅍ'이므로 4번째에 오는 문자나 수는 'ix'이다.

03 정답 ③

제시된 문자나 수를 내림차순으로 나열하면 '23 - V - 20 - S - 18 - Q'이므로 4번째에 오는 문자나 수는 'S'이다.

04 정답 ④

제시된 문자나 수를 내림차순으로 나열하면 'M - 六 - E - 四 - A'이므로 2번째에 오는 문자나 수는 '六'이다.

05 정답 ③

은 4번째에 제시된 문자이므로 정답은 ③이다.

06 정답 ④

은 7번째에 제시된 문자이므로 정답은 ④이다.

07 정답 ②

은 6번째에 제시된 문자이므로 정답은 ②이다.

08 정답 ②

은 2번째에 제시된 문자이므로 정답은 ②이다.

09 정답 ④

제시된 도형과 같은 것은 ④이다.

10 정답 ①

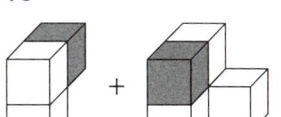

CHAPTER 03 | 2024년 기출복원문제

01 ▶ 수리능력검사

01	02	03	04	05	06	07			
④	②	④	②	④	④	②			

01　　　　　　　　　　　정답 ④

$24+24\div3\div2^2+10$
$=34+8\div4$
$=34+2$
$=36$

02　　　　　　　　　　　정답 ②

$65\times2-34\times3$
$=130-102$
$=28$

03　　　　　　　　　　　정답 ④

$4\times34+6\times22$
$=136+132$
$=268$

04　　　　　　　　　　　정답 ②

민기네 집과 영수네 집 사이의 거리를 $x$km라고 하면 다음과 같은 식이 성립한다.
$\frac{x}{4}+1+\frac{x}{2}=4$
→ $x+4+2x=16$
→ $3x=12$
∴ $x=4$
따라서 민기네 집과 영수네 집 사이의 거리는 4km이다.

05　　　　　　　　　　　정답 ④

- 주사위 1개를 던질 때 홀수의 눈이 나올 확률 : $\frac{3}{6}=\frac{1}{2}$
- 동전 1개를 던질 때 앞면이 나올 확률 : $\frac{1}{2}$

따라서 주사위는 홀수의 눈이 나오고 동전은 앞면이 나올 확률은 $\frac{1}{2}\times\frac{1}{2}=\frac{1}{4}$이다.

06　　　　　　　　　　　정답 ④

처음 농도 9%의 소금물의 양을 xg이라고 하면 다음과 같은 식이 성립한다.
$x\times\frac{9}{100}=(x+200)\times\frac{6}{100}$
→ $9x=6x+1,200$
→ $3x=1,200$
∴ $x=400$
따라서 처음 농도 9%의 소금물의 양은 400g이다.

07　　　　　　　　　　　정답 ②

2023년 소포우편 분야의 2019년 대비 매출액 증가율은 $\frac{42-30}{30}\times100=40\%$이므로 옳지 않은 설명이다.

오답분석

① 매년 매출액이 가장 높은 분야는 일반통상 분야인 것을 자료에서 쉽게 확인할 수 있다.
③ 일반통상 분야의 매출액은 2020년, 2021년, 2023년에, 특수통상 분야의 매출액은 2022년, 2023년에 감소한 반면, 소포우편 분야는 매년 매출액이 증가했다.
④ 2023년 1분기 매출액에서 특수통상 분야의 매출액이 차지하는 비중은 $\frac{12}{50}\times100=24\%$이므로 20% 이상이다.

02 ▶ 추리능력검사

01	02	03	04	05	06	07	08	09	10
③	④	②	①	①	③	②	②	①	②

01 ③

앞의 항에 +2, +3, +4, +5, +6, …을 하는 수열이다.
따라서 (　)=25+7=32이다.

02 ④

앞의 항에 ×3, ÷9가 반복되는 수열이다.
따라서 (　)=3×3=9이다.

03 ②

앞의 항에 ×1, ×2, ×3, …을 하는 수열이다.
따라서 (　)=$\frac{4}{3}$×2=$\frac{8}{3}$이다.

04 ①

제시된 조건에 따르면 ⌒♡◠=♡◠♡◠=♡♡♡이므로 ?에 들어갈 도형은 ①이다.

05 ①

제시된 조건에 따르면 ◠♡♡=♡♡♡♡=◠◠◠◠◠♡이므로 ?에 들어갈 도형은 ①이다.

06 ③

제시된 조건에 따르면 ↤↤=↤↤↤↤=↤↤↤↦이므로 ?에 들어갈 문자는 ③이다.

07 ②

제시된 조건에 따르면 ↦=↤↤=↤↤↤↤이므로 ?에 들어갈 문자는 ②이다.

08 ②

정직한 사람은 이웃이 많고, 이웃이 많은 사람은 외롭지 않을 것이다. 따라서 정직한 사람은 외롭지 않을 것이다.

09 정답 ①

제시된 조건을 통해 결승점에 들어온 순서대로 정리하면 병 - 을 - 정 - 갑 순서이다.

10 정답 ②

결승점에 가장 늦게 들어온 사람은 갑이다.

03 ▶ 지각능력검사

01	02	03	04	05	06
③	④	②	②	①	②

01 정답 ③

ㅋ은 4번째에 제시된 문자이므로 정답은 ③이다.

02 정답 ④

ㅌ은 7번째에 제시된 문자이므로 정답은 ④이다.

03 정답 ②

ㅌ은 6번째에 제시된 문자이므로 정답은 ②이다.

04 정답 ②

ㄷ은 2번째에 제시된 문자이므로 정답은 ②이다.

05 정답 ①

오답분석

②    ③

④

06 정답 ②

CHAPTER 04 | 2023년 하반기 기출복원문제

01 ▶ 수리능력검사

01	02	03	04	05	06	07
②	④	③	③	④	①	①

01 정답 ②

$11+222+3,333+44,444$
$=233+3,333+44,444$
$=3,566+44,444$
$=48,010$

02 정답 ④

$2,310 \div 3 \times 3 \times 5$
$=2,310 \times 5$
$=11,550$

03 정답 ③

$1,525 \div 5 + 504 \div 7$
$=305 + 504 \div 7$
$=305 + 72$
$=377$

04 정답 ③

순수한 물의 양을 xg이라고 하면 다음과 같은 식이 성립한다.
$\dfrac{30}{30+x} \times 100 = 20$
→ $3,000 = 20(30+x)$
→ $3,000 = 20x + 600$
→ $20x = 2,400$
∴ $x = 120$

따라서 소금 30g으로 농도 20%의 소금물을 만들기 위해 필요한 순수한 물의 양은 120g이다.

05 정답 ④

8, 10, 6 세 수의 최소공배수는 120이다.
따라서 세 벽돌의 쌓아 올린 높이는 120cm이므로 필요한 벽돌의 수는 모두 $\dfrac{120}{8} + \dfrac{120}{10} + \dfrac{120}{6} = 15 + 12 + 20 = 47$개이다.

06 정답 ①

현재 어머니의 나이를 x세, 딸의 나이를 y세라고 하면 다음과 같은 식이 성립한다.
$x + y = 55$ … ㉠
$x + 16 = 2(y + 16) + 3$ … ㉡
㉠, ㉡을 연립하면 $x = 43$, $y = 12$이다.
따라서 딸의 나이는 12세이다.

07 정답 ①

2020년부터 2022년까지 경기 수가 증가하는 스포츠는 배구와 축구 2종목이다.

[오답분석]

②・④ 2021 ~ 2022년 종목별 평균 경기 수는 다음과 같다.
- 농구 : $\dfrac{410 + 400}{2} = 405$회
- 야구 : $\dfrac{478 + 474}{2} = 476$회
- 배구 : $\dfrac{228 + 230}{2} = 229$회
- 축구 : $\dfrac{236 + 240}{2} = 238$회

야구 평균 경기 수는 축구 평균 경기 수의 $\dfrac{476}{238} = 2$배이다. 또한 2023년 경기 수가 2021년부터 2022년까지의 종목별 평균 경기 수보다 많은 스포츠는 야구 1종목이다.

③ 농구의 2020년 전년 대비 경기 수 증가율은 $\dfrac{408 - 400}{400} \times 100 = 2\%$이며, 2023년 전년 대비 경기 수 증가율은 $\dfrac{404 - 400}{400} \times 100 = 1\%$이다. 따라서 2020년 전년 대비 경기 수 증가율이 더 높다.

02 ▶ 추리능력검사

01	02	03	04	05	06	07	08	09	10
②	①	③	④	②	③	④	①	②	①

01   정답 ②

나열된 수를 각각 A, B, C라고 하면
$\underline{A\ B\ C} \to (A+B) \times 2 = C$
따라서 ( ) $=(2+4) \times 2 = 12$이다.

02   정답 ①

나열된 수를 각각 A, B, C라고 하면
$\underline{A\ B\ C} \to A \times B - 1 = C$
따라서 ( ) $= 10 \times 2 - 1 = 19$이다.

03   정답 ③

홀수 항은 $\times(-5)$, 짝수 항은 $\div 2$를 하는 수열이다.
따라서 ( ) $= 44 \times 2 = 88$이다.

04   정답 ④

제시된 조건에 따르면 ∵ ∷ = ∴ ∴ ∴ = ·········이므로 ?에 들어갈 문자는 ④이다.

05   정답 ②

제시된 조건에 따르면 ※ = ∴ ∴ = ············이므로 ?에 들어갈 문자는 ②이다.

06   정답 ③

제시된 조건에 따르면 ⊢⊣=⊬⊬=⊦⊦⊦이므로 ?에 들어갈 문자는 ③이다.

07   정답 ④

제시된 조건에 따르면 ↕↕=⊬⊬⊬=⊦⊦⊦⊦이므로 ?에 들어갈 문자는 ④이다.

08   정답 ①

'홍보실'을 A, '워크숍에 간다.'를 B, '출장을 간다.'를 C라 하면, 첫 번째 명제와 마지막 명제는 각각 A → B, ~C → B이다. 따라서 마지막 명제가 참이 되려면 ~C → A 또는 ~A → C가 필요하므로 빈칸에 들어갈 명제는 '홍보실이 아니면 출장을 간다.'가 적절하다.

09   정답 ②

주어진 조건을 다음의 다섯 가지 경우로 정리할 수 있다.

구분	1층	2층	3층	4층	5층	6층
경우 1	C	D	A	F	E	B
경우 2	F	D	A	C	E	B
경우 3	F	D	A	E	C	B
경우 4	D	F	A	E	B	C
경우 5	D	F	A	C	B	E

따라서 B는 항상 F보다 높은 층에 산다.

오답분석
① A는 항상 D보다 높은 층에 산다.
③ C는 B보다 높은 곳에 살 수도 낮은 곳에 살 수도 있다.
④ C는 1, 4, 5, 6층에 살 수 있다.

10   정답 ①

$p=$ 침묵을 좋아함, $q=$ 명상을 좋아함, $r=$ 여유를 좋아함, $s=$ 산책을 좋아함이라고 할 때, $p \to q$, $r \to s$, $\sim q \to \sim s$이고 $\sim q \to \sim s$의 대우 명제는 $s \to q$이다. 따라서 $r \to s \to q$가 성립하므로 '여유를 좋아하는 사람은 명상을 좋아한다.'는 참이 된다.

03 ▶ 지각능력검사

01	02	03	04	05	06				
④	④	②	①	④	①				

01   정답 ④
⌲은 4번째에 제시된 문자이므로 정답은 ④이다.

02   정답 ④
☚은 8번째에 제시된 문자이므로 정답은 ④이다.

03   정답 ②
⌨은 2번째에 제시된 문자이므로 정답은 ②이다.

04   정답 ①
☞은 5번째에 제시된 문자이므로 정답은 ①이다.

05   정답 ④

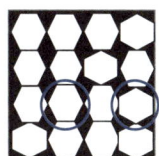

06   정답 ①
- 1층 : $4 \times 3 - 3 = 9$개
- 2층 : $12 - 5 = 7$개
- 3층 : $12 - 7 = 5$개
- 4층 : $12 - 9 = 3$개
- ∴ $9 + 7 + 5 + 3 = 24$개

CHAPTER 05 | 2023년 상반기 기출복원문제

01 ▶ 수리능력검사

01	02	03	04	05	06	07	08
③	④	③	④	②	④	③	④

01 정답 ③

$5,322 \times 2 + 3,190 \times 3$
$= 10,644 + 9,570$
$= 20,214$

02 정답 ④

$5^3 - 4^3 - 2^2 + 7^3$
$= (125 + 343) - (64 + 4)$
$= 468 - 68$
$= 400$

03 정답 ③

$654,321 - 123,456 + 456,456 - 136,321$
$= (654,321 - 136,321) + (-123,456 + 456,456)$
$= 518,000 + 333,000$
$= 851,000$

04 정답 ④

버스를 타고 간 거리를 $x$km, 기차를 타고 온 거리를 $y$km라고 하면 다음과 같은 식이 성립한다.

$\begin{cases} \dfrac{x}{70} + \dfrac{y}{120} = 5 \\ y = x + 30 \end{cases} \rightarrow \begin{cases} 12x + 7y = 4200 \\ y = x + 30 \end{cases}$

$\therefore x = 210, \ y = 240$

따라서 기차를 타고 온 거리는 240km이다.

05 정답 ②

식탁 1개와 의자 2개를 구매하는 금액의 합은 $200,000 + (100,000 \times 2) = 400,000$원이다.
이때, 30만 원 이상 구매 시 10% 할인이 가능하므로 할인을 받고 지불한 금액은 $400,000 \times 0.9 = 360,000$원이다.
가구를 구매하고 남은 돈은 $500,000 - 360,000 = 140,000$원이고, 장미꽃 1송이당 가격은 6,500원이다.
따라서 $140,000 \div 6,500 = 21.53 \cdots$이므로 장미꽃 21송이를 살 수 있다.

06 정답 ④

- A를 포함하는 모든 경우의 수 : $_6C_2 = 15$가지
- B를 포함하지 않으면서 C를 포함하는 경우의 수 : $_5C_2 = 10$가지

따라서 $a + b = 15 + 10 = 25$이다.

07 정답 ③

기계가 1대씩 늘어날수록 생산할 수 있는 제품의 개수는 2개씩 늘어난다. 이를 첫째 항 $a = 5$, 공차 $d = 2$인 등차수열로 나타내면 다음과 같다.
$a_n = a + d(n-1)$
$\rightarrow a_n = 5 + 2(n-1)$
$\therefore a_n = 2n + 3$
따라서 기계 30대로 생산할 수 있는 제품의 개수는 $a_{30} = 2 \times 30 + 3 = 63$개이다.

08

정답 ④

ⓒ 전체 무료급식소 봉사자 중 40·50대는 274+381=655명으로, 전체 1,115명의 절반 이상이다.
ⓔ 전체 노숙자쉼터 봉사자는 800명으로, 이 중 30대는 118명이다. 따라서 노숙자쉼터 봉사자 중 30대가 차지하는 비율은 $\frac{118}{800} \times 100 = 14.75\%$이다.

오답분석

ⓐ 전체 보육원 봉사자는 총 2,000명으로, 이 중 30대 이하 봉사자는 148+197+405=750명이다. 따라서 전체 보육원 봉사자 중 30대 이하가 차지하는 비율은 $\frac{750}{2,000} \times 100 = 37.5\%$이다.

ⓑ 전체 봉사자 중 50대의 비율은 $\frac{1,600}{5,000} \times 100 = 32\%$이고, 20대의 비율은 $\frac{650}{5,000} \times 100 = 13\%$이다. 따라서 전체 봉사자 중 50대의 비율은 20대의 $\frac{32}{13} ≒ 2.5$배이다.

02 ▶ 추리능력검사

01	02	03	04	05	06	07	08	09	
④	④	③	④	③	③	④	②	④	

01

정답 ④

앞의 항에 +0.2, +0.25, +0.3, +0.35, …을 하는 수열이다.
따라서 ( )=1.8+0.4=2.2이다.

02

정답 ④

나열된 수를 3개씩 묶어 각각 A, B, C라고 하면
$A\ B\ C\ \rightarrow\ B^2 = A \times C$
따라서 ( )=$\sqrt{8 \times 2}$ =4이다.

03

정답 ③

앞의 항에 ×6, ÷3이 반복되는 수열이다.
따라서 ( )=9×6=54이다.

04

정답 ④

제시된 조건에 따르면 $¥¥=₩₩₩¥¥
=₩¥¥¥¥¥이므로 ?에 들어갈 문자는 ④이다.

05

정답 ③

제시된 조건에 따르면 ℂℂℂ=¥¥¥¥¥¥¥¥¥
=₩₩₩¥¥이므로 ?에 들어갈 문자는 ③이다.

06

정답 ③

제시된 조건에 따르면 ㅐㅐㅓ=ㅣㅣㅣㅣㅣㅣㅣㅣㅣㅣㅣㅣ
=ㅐㅣㅣㅣㅣㅓㅣㅓㅣ이므로 ?에 들어갈 문자는 ③이다.

07

정답 ④

제시된 조건에 따르면 XXXX=ㅏㅏㅏㅏㅏㅏㅏㅏ
=ㅏㅏㅏㅏㅏㅏㅏㅏㅏㅏ 이므로 ?에 들어갈 문자는 ④이다.

08 정답 ②

주어진 조건에 따라 월요일부터 금요일까지의 평균 낮 기온을 정리하면 다음과 같다.

월	화	수	목	금	평균
25°C	26°C	23°C		25°C	25°C

목요일의 낮 기온을 x°C라고 할 때, 이번 주 월요일부터 금요일까지의 평균 낮 기온에 관한 방정식을 구하면 다음과 같다.

$\frac{25+26+23+x+25}{5}=25$

→ $25+26+23+x+25=25\times5$
→ $x=125-99$
∴ $x=26$

따라서 목요일의 낮 기온은 26°C로 예상할 수 있다.

09 정답 ④

지후의 키는 178cm, 시후의 키는 181cm, 재호의 키는 176cm로, 키가 큰 순서대로 나열하면 '시후 – 지후 – 재호'의 순이다.

03 ▶ 지각능력검사

01	02	03	04	05	06			
①	①	④	③	④	③			

01 정답 ①

Ψ은 2번째에 제시된 문자이므로 정답은 ①이다.

02 정답 ①

¢은 1번째에 제시된 문자이므로 정답은 ①이다.

03 정답 ④

△은 5번째에 제시된 문자이므로 정답은 ④이다.

04 정답 ③

ㅍ은 6번째에 제시된 문자이므로 정답은 ③이다.

05 정답 ④

오답분석

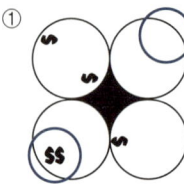
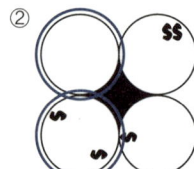
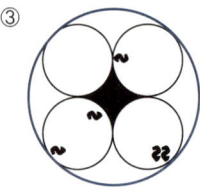

06 정답 ③

CHAPTER 06 | 2022년 하반기 기출복원문제

01 ▶ 수리능력검사

01	02	03	04	05	06	07	08
①	④	②	④	②	③	③	②

01 정답 ①

$15 \times 108 - 303 \div 3 + 7$
$= 1,620 - 101 + 7$
$= 1,526$

02 정답 ④

$0.28 + 2.4682 - 0.9681$
$= 2.7482 - 0.9681$
$= 1.7801$

03 정답 ②

$\frac{1}{7} < (\ ) < \frac{4}{21} \rightarrow \frac{12}{84} < (\ ) < \frac{16}{84}$

따라서 $\frac{1}{6} = \frac{14}{84}$ 가 빈칸에 들어갈 수 있다.

04 정답 ④

A와 B가 서로 반대 방향으로 돌면, 둘이 만났을 때 A가 걸은 거리와 B가 걸은 거리의 합이 운동장의 둘레와 같다.
따라서 운동장의 둘레는 $(100 \times 12) + (80 \times 12) = 2,160$m이다.

05 정답 ②

가장 큰 값인 500원짜리 동전은 1개 또는 0개가 가능하다.
- 500원짜리 동전이 1개일 경우
  남은 금액 250원을 지불하는 방법은 다시 100원짜리 동전 2개, 1개, 0개를 사용하는 방법으로 나뉜다. 남은 금액에 맞춰서 50원 동전으로 채우면 3가지가 가능하다.
- 500원짜리 동전이 0개일 경우
  남은 금액 750원을 지불하는 방법은 100원짜리가 0 ~ 7개까지 가능하기 때문에 총 8가지이다.

따라서 가능한 경우의 수는 11가지이다.

06 정답 ③

엘리베이터 적재용량이 305kg이고, A사원이 타기 전 60kg의 B사원이 80kg의 사무용품을 싣고 타 있는 상태이기 때문에 남은 적재용량은 $305 - 140 = 165$kg이다. A사원의 몸무게가 50kg이므로 $165 - 50 = 115$kg의 A4용지를 실을 수 있고, A4용지 1박스는 10kg이므로 $115 \div 10 = 11.5$박스를 실을 수 있다.
따라서 최대 11박스의 A4용지를 가지고 엘리베이터에 탈 수 있다.

07 정답 ③

월평균 매출액이 35억 원이므로 연매출액은 $35 \times 12 = 420$억 원이며, 연매출액은 상반기와 하반기 매출액을 합한 금액이다. 상반기의 월평균 매출액은 26억 원이므로 상반기 총매출액은 $26 \times 6 = 156$억 원이고, 하반기 총매출액은 $420 - 156 = 264$억 원이다.
따라서 하반기 평균 매출액은 $264 \div 6 = 44$억 원이며, 상반기 때보다 $44 - 26 = 18$억 원 증가하였다.

08 정답 ②

(1인당 하루 인건비)=(1인당 수당)+(산재보험료)+(고용보험료)
$= 50,000 + (50,000 \times 0.504\%) + (50,000 \times 1.3\%)$
$= 50,000 + 252 + 650 = 50,902$원
(하루에 고용할 수 있는 인원수)=[(본예산)+(예비비)]÷(하루 1인당 인건비)=$600,000 \div 50,902 ≒ 11.8$
따라서 하루 동안 고용할 수 있는 최대 인원은 11명이다.

02 ▶ 추리능력검사

01	02	03	04	05	06	07	08	09
③	④	③	④	②	③	②	②	①

01 정답 ③

홀수 항은 (앞의 홀수 항+5)×2, 짝수 항은 (앞의 짝수 항+4)×2인 수열이다.
따라서 ( )=(78+5)×2=166이다.

02 정답 ④

앞의 항에 ×(−3)을 하는 수열이다.
따라서 ( )=18×(−3)=−54이다.

03 정답 ③

앞의 항에 +15를 하는 수열이다.
따라서 ( )=46+15=61이다.

04 정답 ④

제시된 조건에 따르면 ♡=◉◉=♥♥이므로 ?에 들어갈 문자는 ④이다.

05 정답 ②

제시된 조건에 따르면 ♡♡=◉◉◉◉=숲숲이므로 ?에 들어갈 문자는 ②이다.

06 정답 ③

제시된 조건에 따르면 맘맘=감감=끝끝끝끝=끝끝맘이므로 ?에 들어갈 문자는 ③이다.

07 정답 ②

제시된 조건의 갑=끝끝과 갑=만만에 따라 만=끝이므로 ?에 들어갈 문자는 ②이다.

08 정답 ②

ⅰ) 민정이가 진실을 말한다면 영재가 거짓, 세희가 진실, 준수가 거짓, 성은이의 '민정이와 영재 중 1명만 진실만을 말한다.'가 진실이 되면서 모든 조건이 성립한다.
ⅱ) 민정이가 거짓을 말한다면 영재가 진실, 세희가 거짓, 준수가 진실, 성은이의 '민정이와 영재 중 1명만 진실만을 말한다.'가 거짓이 되면서 준수의 진술과 모순이 생긴다.
따라서 거짓을 말한 사람은 영재와 준수이다.

09 정답 ①

'삶의 목표가 분명하다.'를 p, '편안한 삶을 산다.'를 q, '적극적이다.'를 r이라고 하면, $p \to q$, $r \to p$에 따라 $r \to p \to q$임을 알 수 있다.
따라서 빈칸에 들어갈 명제로 $r \to q$ 또는 $\sim q \to \sim r$이 가장 적절하다.

03 ▶ 지각능력검사

01	02	03	04	05	06				
①	③	②	④	③	②				

01
정답 ①

♤은 1번째에 제시된 문자이므로 정답은 ①이다.

02
정답 ③

♧은 3번째에 제시된 문자이므로 정답은 ③이다.

03
정답 ②

♡은 2번째에 제시된 문자이므로 정답은 ②이다.

04
정답 ④

♥은 4번째에 제시된 문자이므로 정답은 ④이다.

05
정답 ③

좌측에서 보이는 블록의 개수는 다음과 같다.
- 1층 : 5개
- 2층 : 4개
- 3층 : 4개
- 4층 : 3개
- 5층 : 1개

∴ 5+4+4+3+1=17개

06
정답 ②

- 1층 : $6 \times 5 - 17 = 13$개
- 2층 : $30 - 7 = 22$개
- 3층 : $30 - 4 = 26$개
- 4층 : $30 - 2 = 28$개

∴ 13+22+26+28=89개

CHAPTER 07 | 2022년 상반기 기출복원문제

01 ▶ 수리능력검사

01	02	03	04	05
①	③	①	③	②

01 정답 ①

$655 \div 5 \times 3 + 27$
$= 131 \times 3 + 27$
$= 393 + 27$
$= 420$

02 정답 ③

$1,320 \div 20 - 427 \div 7$
$= 66 - 61$
$= 5$

03 정답 ①

$45 + 54 \times 3 \times 2 + 35$
$= 80 + 324$
$= 404$

04 정답 ③

- 2014 ~ 2015년의 평균 : $\frac{826.9 + 806.9}{2} = 816.9$만 명
- 2020 ~ 2021년의 평균 : $\frac{796.3 + 813.0}{2} = 804.65$만 명

따라서 $816.9 - 804.65 = 12.25$만 명이다.

05 정답 ②

매출평균이 22억 원이므로 3분기까지의 총매출은 $22 \times 9 = 198$억 원이다. 전체 총매출이 246억 원이므로 4분기의 매출은 $246 - 198 = 48$억 원이고, 4분기의 평균은 $\frac{48}{3} = 16$억 원이 된다.

02 ▶ 추리능력검사

01	02	03	04	05	06
④	②	③	②	④	①

01 정답 ④

제시된 조건에 따르면 ㄴㄴ=ㅜㅜㅜㅜㅜ=ㅊㅊㅜㅜㅜㅜ이므로 ?에 들어갈 문자는 ④이다.

02 정답 ②

제시된 조건에 따르면 ㅎ=ㄴㄴ=ㅜㅜㅜㅜㅜ이므로 ?에 들어갈 문자는 ②이다.

03 정답 ③

제시된 조건에 따르면 ○=↔↔⊕⊕=⊕⊕⊕⊕⊕⊕이므로 ?에 들어갈 문자는 ③이다.

04 정답 ②

제시된 조건에 따르면 ○=↔↔↔=⊕⊕⊕→이므로 ?에 들어갈 문자는 ②이다.

05 정답 ④

'p : A대학교에 다닌다, q : B시에 거주한다, r : 빨간 머리, s : 한나'라고 하자.
제시된 명제를 정리하면 다음과 같다.
- 첫 번째 명제 : $p \to q$
- 두 번째 명제 : $r \to \sim q$
- 세 번째 명제 : $s \to p$

어떤 명제가 참일 때 그 대우 명제도 참이다. 즉, 두 번째 명제의 대우 명제인 $q \to \sim r$도 참이다.
$s \to p \to q \to \sim r$이 성립하므로 $s \to \sim r$은 참인 명제이다.
따라서 '한나는 빨간머리가 아니다.'는 참인 명제이다.

06

B는 피자 두 조각을 먹은 A보다 적게 먹었으므로 피자 한 조각을 먹었다. 또한 네 사람 중 B가 가장 적게 먹었으므로 D는 반드시 두 조각 이상 먹어야 한다. 따라서 A는 두 조각, B는 한 조각, C는 세 조각, D는 두 조각의 피자를 먹었고 남는 피자는 없다.

정답 ①

03 ▶ 지각능력검사

01	02	03	04	05	06
④	②	②	③	①	①

01
정답 ④

√은 8번째에 제시된 문자이므로 정답은 ④이다.

02
정답 ②

♫은 2번째에 제시된 문자이므로 정답은 ②이다.

03
정답 ②

∀은 4번째에 제시된 문자이므로 정답은 ②이다.

04
정답 ③

†은 6번째에 제시된 문자이므로 정답은 ③이다.

05
정답 ①

- 1층 : $4 \times 5 - 4 = 16$개
- 2층 : $20 - 8 = 12$개
- 3층 : $20 - 14 = 6$개
- ∴ $16 + 12 + 6 = 34$개

06
정답 ①

- 1층 : $3 \times 4 = 12$개
- 2층 : $12 - 3 = 9$개
- 3층 : $12 - 4 = 8$개
- 4층 : $12 - 7 = 5$개
- ∴ $12 + 9 + 8 + 5 = 34$개

CHAPTER 08 | 2021년 하반기 기출복원문제

01 ▶ 수리능력검사

01	02	03	04	05					
④	④	④	②	④					

01 정답 ④

$0.32+0.45\times2\times4$
$=0.32+3.6$
$=3.92$

02 정답 ④

동생의 나이를 x살이라고 하면 수영이의 나이는 $(x+5)$살, 언니의 나이는 $2(2x+5)$살이다.
세 자매의 나이의 합이 39이므로 다음 식이 성립한다.
$x+(x+5)+2(2x+5)=39$
$\therefore x=4$
따라서 현재 언니의 나이는 26살이고, 3년 뒤 언니의 나이는 29살이다.

03 정답 ④

긴 빵의 길이를 $x$cm, 짧은 빵의 길이를 $(50-x)$cm라고 하자.
$2(50-x)+5=x \rightarrow 105=3x$
$\therefore x=35$

04 정답 ②

가장 구성비가 큰 항목은 국민연금으로 57%이며, 네 번째로 구성비가 큰 항목은 사적연금으로 8.5%이다. 따라서 가장 구성비가 큰 항목의 구성비 대비 네 번째로 구성비가 큰 항목의 구성비의 비율은 $\frac{8.5}{57}\times100≒14.9\%$이다.

05 정답 ④

B의 총점이 A보다 4점 낮으므로 다음 식이 성립한다.
$x+(x+3)+6=(8+5+6)+4 \rightarrow 2x+9=23$
$\therefore x=7$
따라서 A가 첫 번째 경기에서 획득한 점수는 7점이다.

02 ▶ 추리능력검사

01	02	03	04	05					
②	③	④	①	①					

01 정답 ②

D보다 등급이 높은 사람은 2명 이상이므로 D는 3등급 또는 4등급을 받을 수 있다. 그러나 D는 B보다 한 등급이 높아야 하므로 3등급만 가능하며, B는 4등급이 된다. 나머지 1, 2등급에서는 C보다 한 등급 높은 A가 1등급이 되며, C는 2등급이 된다. 따라서 'C는 수리 영역에서 3등급을 받았다.'는 거짓이다.

02 정답 ③

중국으로 출장을 간 사람은 일본으로 출장을 가지 않지만, 홍콩으로 출장을 간 사람이 일본으로 출장을 가는지 가지 않는지는 알 수 없다.

03 정답 ④

돼지 인형과 토끼 인형의 크기를 비교할 수 없으므로 크기가 큰 순서대로 나열하면 '돼지 – 토끼 – 곰 – 기린 – 공룡' 또는 '토끼 – 돼지 – 곰 – 기린 – 공룡'이 된다. 이때 가장 큰 크기의 인형을 정확히 알 수 없으므로 진영이가 좋아하는 인형 역시 알 수 없다.

04 정답 ①

제시된 조건에 따르면 ☐☐☐=☐☐☐=☐☐☐☐이므로 ?에 들어갈 문자는 ①이다.

05 정답 ①

제시된 조건에 따르면 ☐☐☐☐=☐☐☐☐=☐☐☐이므로 ?에 들어갈 문자는 ①이다.

03 ▶ 지각능력검사

01	02	03	04	05	06				
④	①	④	①	③	③				

01
정답 ④

• 상
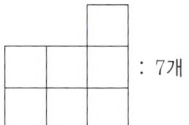 : 7개

• 전
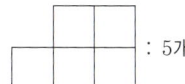 : 5개

• 후
 : 5개

• 좌
 : 5개

• 우
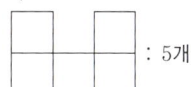 : 5개

∴ 7+5+5+5+5=27개

02
정답 ①

• 1층 : 5×4−4=16개
• 2층 : 20−10=10개
• 3층 : 20−17=3개
∴ 16+10+3=29개

03
정답 ④

은 8번째에 제시된 문자이므로 정답은 ④이다.

04
정답 ①

F5은 2번째에 제시된 문자이므로 정답은 ①이다.

05
정답 ③

▦은 6번째에 제시된 문자이므로 정답은 ③이다.

06
정답 ③

¼은 3번째에 제시된 문자이므로 정답은 ③이다.

CHAPTER 09 | 2021년 상반기 기출복원문제

01 ▶ 수리능력검사

01	02	03	04	05	06	07	08	09	10
③	①	②	①	④	③	③	①	①	③

01 정답 ③

$\frac{10}{37} \div 5 + 2$
$= \frac{10}{37} \times \frac{1}{5} + 2$
$= \frac{2}{37} + 2$
$= \frac{76}{37}$

02 정답 ①

$493 - 24 \times 5$
$= 493 - 120$
$= 373$

03 정답 ②

$9.4 \times 4.8 \div 1.2$
$= 45.12 \div 1.2$
$= 37.6$

04 정답 ①

$\frac{2}{3} \div 5 + \frac{2}{5} \times 2$
$= \frac{2}{3} \times \frac{1}{5} + \frac{4}{5}$
$= \frac{2}{15} + \frac{12}{15}$
$= \frac{14}{15}$

05 정답 ④

$1,462 + 1,305 \times 24$
$= 1,462 + 31,320$
$= 32,782$

06 정답 ③

$(3,000 - 1,008) \div 664$
$= 1,992 \div 664$
$= 3$

07 정답 ③

$454,469 \div 709 + 879$
$= 641 + 879$
$= 1,520$

08 정답 ①

$(48 + 48 + 48 + 48) \times \frac{11}{6} \div \frac{16}{13}$
$= 48 \times 4 \times \frac{11}{6} \times \frac{13}{16}$
$= 2 \times 11 \times 13 = 286$

09 정답 ①

$5.5 \times 4 + 3.6 \times 5$
$= 22 + 18$
$= 40$

10 정답 ③

$746 \times 650 \div 25$
$= 484,900 \div 25$
$= 19,396$

02 ▶ 추리능력검사

01	02	03	04	05	06	07	08	09	10
④	①	①	②	①	②	③	②	④	④

01 정답 ④

제시된 조건에 따르면 이므로 ?에 들어갈 문자는 ☺☺☺☺☺✈✈이다.

02 정답 ①

제시된 조건에 따르면 이므로 ?에 들어갈 문자는 ✈☺☺☺☺이다.

03 정답 ①

제시된 조건에 따르면 이므로 ?에 들어갈 문자는 ʙʙɴɴɴɴ이다.

04 정답 ②

제시된 조건에 따르면 이므로 ?에 들어갈 문자는 ʙʙʙʙ이다.

05 정답 ①

제시된 조건에 따르면 이므로 ?에 들어갈 문자는 ±₩±이다.

06 정답 ②

제시된 조건에 따르면 ÷=±이고, 이므로 ?에 들어갈 문자는 ±±±±이다.

07 정답 ③

제시된 조건에 따르면 이므로 ?에 들어갈 문자는 ☒☒☒☒이다.

08 정답 ②

제시된 조건에 따르면 이므로 ?에 들어갈 문자는 ☒☒☒☒이다.

09 정답 ④

제시된 조건에 따르면 ãã=ƅƅ이고, ãããã=ƅƅƅƅ=ɯ이므로 ?에 들어갈 문자는 ɯƅƅƅƅ이다.

10 정답 ④

제시된 조건에 따르면 ƅƅ=ɯ=ƅƅƅƅ이므로 ?에 들어갈 문자는 ƅƅƅƅƅƅƅƅ이다.

03 ▶ 지각능력검사

01	02	03	04	05	06	07	08
①	③	④	②	②	①	③	④

01　　　　　　　　　　　　　정답 ①
♤은 1번째에 제시된 문자이므로 정답은 ①이다.

02　　　　　　　　　　　　　정답 ③
♡은 3번째에 제시된 문자이므로 정답은 ③이다.

03　　　　　　　　　　　　　정답 ④
♥은 4번째에 제시된 문자이므로 정답은 ④이다.

04　　　　　　　　　　　　　정답 ②
♠은 2번째에 제시된 문자이므로 정답은 ②이다.

05　　　　　　　　　　　　　정답 ②
♣은 2번째에 제시된 문자이므로 정답은 ②이다.

06　　　　　　　　　　　　　정답 ①
♭은 1번째에 제시된 문자이므로 정답은 ①이다.

07　　　　　　　　　　　　　정답 ③
△은 3번째에 제시된 문자이므로 정답은 ③이다.

08　　　　　　　　　　　　　정답 ④
▲은 4번째에 제시된 문자이므로 정답은 ④이다.

CHAPTER 10 | 2020년 하반기 기출복원문제

01 ▶ 수리능력검사

01	02	03	04	05	06
①	③	①	①	④	④

01
정답 ①

$(984-216) \div 48$
$= 768 \div 48$
$= 16$

02
정답 ③

$27 \times 36 + 438$
$= 972 + 438$
$= 1,410$

03
정답 ①

$1,113 \div 371 + 175$
$= 3 + 175$
$= 178$

04
정답 ①

열차의 이동 거리는 200+40=240m/s이고, (속력)=$\frac{(거리)}{(시간)}$

이므로 열차의 속력은 $\frac{240}{10}=24$이다.

따라서 길이가 320m인 터널을 통과한다고 하였으므로, 총 이동 거리는 320+40=360이고, 속력은 24이므로, 열차가 터널을 통과하는 데 걸리는 시간은 $\frac{360}{24}=15$초이다.

05
정답 ④

학교에 갈 확률을 정리하여 식으로 나타내면 다음과 같다.

$\frac{1}{3} \times \left(\frac{1}{3} \times \frac{2}{3} \times 2\right) = \frac{4}{27}$

따라서 구하고자 하는 확률은 $\frac{4}{27}$이다.

06
정답 ④

2017년 인구성장률은 0.63%, 2020년 인구성장률은 0.39% 이다. 2020년 인구성장률은 2017년 인구성장률에서 40% 감소한 값인 $0.63 \times (1-0.4) = 0.378$%보다 값이 크므로 40% 미만으로 감소하였다.

오답분석

① 표를 보면 2017년 이후 인구성장률이 매년 감소하고 있으므로 옳은 설명이다.
② 인구성장률과 합계출산율은 모두 2016년에는 전년 대비 감소하고, 2017년에는 전년 대비 증가하였으므로 옳은 설명이다.
③ 인구성장률이 높은 순서대로 나열하면 2017년 - 2015년, 2018년 - 2016년 - 2019년 - 2020년이다. 합계출산율이 높은 순서대로 나열하면 2015년 - 2018년 - 2017년 - 2016년 - 2019년 - 2020년이다. 따라서 인구성장률과 합계출산율이 두 번째로 높은 해는 2018년이다.

02 ▶ 추리능력검사

01	02	03	04	05	06	07
④	③	③	④	④	③	①

01 정답 ④
+3, ×2를 반복하는 수열이다.
따라서 ( )=25×2=50이다.

02 정답 ③
나열된 수를 각각 A, B, C라고 하면
$\underline{A\ B\ C} \rightarrow (A+C) \times 2 = B$
따라서 ( )=(2+4)×2=12이다.

03 정답 ③
'(앞의 항)+(뒤의 항)=(다음 항)'인 피보나치 수열이다.

A	B	C	E	H	(M)
1	2	3	5	8	13

04 정답 ④
'(앞의 항)−3=(다음 항)'인 수열이다.

W	T	Q	(N)	K	H
23	20	17	14	11	8

05 정답 ④
고객만족도 점수를 정리하면 A회사는 90점, B회사는 95점, C회사는 (90+95)÷2=92.5점이므로 A회사의 점수가 가장 낮은 것을 알 수 있다.

06 정답 ③
제시된 조건에 따르면 ￥￥￥￥=₩₩=$₩이므로 ?에 들어갈 문자는 ③이다.

07 정답 ①
제시된 조건에 따르면 ₩=￥￥이고, ￥=£이므로 ?에 들어갈 문자는 ①이다.

03 ▶ 지각능력검사

01	02	03	04	05	06	07	08	09
②	④	①	④	④	①	④	②	④

01 정답 ②
제시된 문자를 오름차순으로 나열하면 'ㅁ − ㅇ − I − ㅌ − M − T'이므로 2번째 오는 문자는 'ㅇ'이다.

02 정답 ④
제시된 문자를 내림차순으로 나열하면 'ㅋ − ㅣ − ㅈ − ㅠ − ㄹ − ㄱ'이므로 1번째 오는 문자는 'ㅋ'이다.

03 정답 ①
제시된 문자를 내림차순으로 나열하면 '하 − 자 − 아 − 바 − 마 − 다'이므로 3번째에 오는 문자는 '아'이다.

04 정답 ④
HS1245는 2017년 9월에 생산된 엔진의 시리얼 번호이다.

[오답분석]
① O는 제조년 번호에 해당하지 않는다.
② I는 제조월 번호에 해당하지 않는다.
③ S는 제조년 번호에 해당하지 않는다.

05 정답 ④
DU6548은 2013년 10월에 생산된 엔진의 시리얼 번호이다.

[오답분석]
① FN4568 : 2015년 7월에 생산된 엔진의 시리얼 번호이다.
② HH2314 : 2017년 4월에 생산된 엔진의 시리얼 번호이다.
③ WS2356 : 1998년 9월에 생산된 엔진의 시리얼 번호이다.

06 정답 ①
- 1층 : 4×3−2=10개
- 2층 : 12−9=3개
- 3층 : 12−11=1개
∴ 10+3+1=14개

07 정답 ④

- 1층 : $4 \times 3 - 2 = 10$개
- 2층 : $12 - 5 = 7$개
- 3층 : $12 - 9 = 3$개

∴ $10 + 7 + 3 = 20$개

08 정답 ②

♡은 2번째에 제시된 문자이므로 정답은 ②이다.

09 정답 ④

♪은 4번째에 제시된 문자이므로 정답은 ④이다.

CHAPTER 11 | 2020년 상반기 기출복원문제

01 ▶ 수리능력검사

01	02	03	04	05	06
④	④	①	①	③	④

01 정답 ④

$14.9 \times (3.56 - 0.24)$
$= 14.9 \times 3.32$
$= 49.468$

02 정답 ④

$342 \div 6 \times 9 - 120$
$= 57 \times 9 - 120$
$= 513 - 120$
$= 393$

03 정답 ①

$211 \times 5 - 75 \div 15 + 30$
$= 1,055 - 5 + 30$
$= 1,080$

04 정답 ①

작년 사과의 개수를 x개라고 하면, 배의 개수는 $(500-x)$개 이다.
$\frac{1}{2}x + 2 \times (500-x) = 700$
$\rightarrow \frac{3}{2}x = 300$
$\therefore x = 200$
따라서 올해 생산한 사과의 개수는 $\frac{1}{2} \times 200 = 100$개이다.

05 정답 ③

두 사람이 x시간 후에 만난다고 하자.
$3x + 5x = 24$
$\therefore x = 3$
따라서 두 사람은 3시간 후에 만나게 된다.

06 정답 ④

2011년 대비 2019년 신장은 A가 22cm, B가 21cm, C가 28cm로, C가 가장 많이 증가하였다.

[오답분석]
① B의 2019년 체중은 2015년에 비해 감소하였다.
② 2019년의 신장 순위는 C-B-A 순서이지만, 체중 순위는 C-A-B로 동일하지 않다.
③ 2011년 대비 2015년 체중 증가는 A, B, C 모두 6kg으로 같다.

02 ▶ 추리능력검사

01	02	03	04	05	06				
②	③	③	②	②	①				

01 정답 ②

홀수 항은 +4, 짝수 항은 −7을 하는 수열이다.
따라서 ( ) = 27 + 4 = 31이다.

02 정답 ③

앞의 항에 ×2 − 1을 하는 수열이다.

C	E	I	Q	G	(M)
3	5	9	17	33 = (26 + 7)	65 = (52 + 13)

03 정답 ③

제시된 명제를 정리하면 냉장고>세탁기, 에어컨>냉장고, 세탁기>컴퓨터(3년)이므로 이를 A/S 기간이 짧은 순서로 나열하면 '컴퓨터 – 세탁기 – 냉장고 – 에어컨'이다. 따라서 컴퓨터의 A/S 기간이 가장 짧은 것을 알 수 있다.

04 정답 ②

$p=$계획을 세움, $q=$시간을 단축, $r=$야식을 먹음, $s=$공연을 봄, $t=$일을 빨리 마침일 때, 조건을 정리하면 '$p \to q \to t \to s \to r$'이다. 따라서 '$p \to r$'이므로 '계획을 세웠어도 야식을 먹지 못할 수 있다.'는 거짓이다.

05 정답 ②

제시된 조건에 따르면 ♣=▣=▦▦이므로 ?에 들어갈 문자는 ②이다.

06 정답 ①

제시된 조건에 따르면 ▣=♣=▦▦=▦∞이므로 ?에 들어갈 문자는 ①이다.

03 ▶ 지각능력검사

01	02	03	04	05	06	07	08
②	①	④	①	③	②	③	④

01 정답 ②

AutumnCrisp – AutummCrisp

02 정답 ①

제시된 문자열 같음

03 정답 ④

• 알파벳 모음을 변환하면 다음과 같다.

a	e	i	o	u
ㄲ	ㄸ	ㅃ	ㅆ	ㅉ

• 알파벳 자음을 변환하면 다음과 같다.

b	c	d	f	g	h	j	k	l	m	n
ㄱ	ㄴ	ㄷ	ㄹ	ㅁ	ㅂ	ㅅ	ㅇ	ㅈ	ㅊ	ㅋ
p	q	r	s	t	v	w	x	y	z	
ㅌ	ㅍ	ㅎ	1	2	3	4	5	6	7	

f=ㄹ, i=ㅃ, n=ㅋ, d=ㄷ, m=ㅊ, e=ㄸ
find와 me 사이에 0을 붙이고, 각 자음 쌍자음에 ㅏ, ㅑ, ㅓ, ㅕ, ㅗ, ㅛ를 붙이면, '랴빠커뎌0초뚀'이다.

04 정답 ①

1따꺄1쎠켜 → 1ㄸㄲ1ㅆㅋ → season으로 봄·여름·가을·겨울의 계절 이름이 아닌 계절 자체를 뜻하므로 적절하지 않다.

[오답분석]
② 1타햐뻐켜모 → 1ㅌㅎㅃㅋㅁ → spring, 봄
③ 1짜챠처떠호 → 1ㅉㅊㅊㄸㅎ → summer, 여름
④ 라꺄저져 → ㄹㄲㅈㅈ → fall, 가을

05 정답 ③

까0랴뼈켜또0됴꾸6 → ㄲ0ㄹㅃㅋㄸ0ㄷㄲ6 → a fine day

06 정답 ②

Disney Frozen → ㄷㅃsㅋㄸy0ㄹㅎㅆzㄸㅋ → 댜뺘s커뎌y0로효쑤z뚜크

07 정답 ③

ㅁ은 3번째에 제시된 문자이므로 정답은 ③이다.

08 정답 ④

◐은 4번째에 제시된 문자이므로 정답은 ④이다.

CHAPTER 12 | 2019년 하반기 기출복원문제

01 ▶ 수리능력검사

01	02	03	04	05	06
④	①	③	②	②	③

01 정답 ④

$(156-13) \div 11$
$= 143 \div 11$
$= 13$

02 정답 ①

$46 \times 51 - 63$
$= 2,346 - 63$
$= 2,283$

03 정답 ③

$0.46 \times 1.5 + 4.46$
$= 0.69 + 4.46$
$= 5.15$

04 정답 ②

서울에서 부산까지 무정차로 갈 때 걸리는 총 시간을 x시간이라고 하면 다음과 같은 식이 성립한다.
$x = \dfrac{400}{120} = \dfrac{10}{3}$ → 3시간 20분
9시에 출발해서 13시 10분에 도착했으므로 걸린 시간은 4시간 10분이다. 즉, 무정차일 때 시간과 비교하면 50분이 더 걸렸고, 각 역마다 정차한 시간은 10분이므로 정차한 역의 수는 $50 \div 10 = 5$개이다.

05 정답 ②

- 둘 다 흰 공을 꺼낼 확률 : $\dfrac{5}{9} \times \dfrac{4}{8} = \dfrac{5}{18}$
- 둘 다 검은 공을 꺼낼 확률 : $\dfrac{4}{9} \times \dfrac{3}{8} = \dfrac{1}{6}$

$\therefore \dfrac{5}{18} + \dfrac{1}{6} = \dfrac{5+3}{18} = \dfrac{4}{9}$

따라서 구하고자 하는 확률은 $\dfrac{4}{9}$이다.

06 정답 ③

2014 ~ 2018년의 남성 근로자 수와 여성 근로자 수 차이는 각각 다음과 같다.
- 2014년 : 9,061 − 5,229 = 3,832천 명
- 2015년 : 9,467 − 5,705 = 3,762천 명
- 2016년 : 9,633 − 5,902 = 3,731천 명
- 2017년 : 9,660 − 6,103 = 3,557천 명
- 2018년 : 9,925 − 6,430 = 3,495천 명

즉, 2014 ~ 2018년 남성과 여성의 근로자 수 차이는 매년 감소한다.

오답분석

① 제시된 자료를 통해 알 수 있다.
② 성별 2014년 대비 2018년 근로자 수의 증가율은 각각 다음과 같다.
- 남성 : $\dfrac{9,925-9,061}{9,061} \times 100 ≒ 9.54\%$
- 여성 : $\dfrac{6,430-5,229}{5,229} \times 100 ≒ 22.97\%$

따라서 여성의 증가율이 더 높다.
④ 제시된 자료를 통해 알 수 있다.

02 ▶ 추리능력검사

01	02	03	04	05				
④	④	③	④	④				

01 정답 ④
홀수 항은 +6, 짝수 항은 -3을 하는 수열이다.
따라서 ( )=10-3=7이다.

02 정답 ④
나열된 수를 각각 A, B, C라고 하면
$A \ B \ C \rightarrow A+C=B$
따라서 ( )=9-4=5이다.

03 정답 ③
1, 2, 2, 3, 3, 3, 4, 4, 4, 4, …로 이루어진 수열이다.

A	ㄴ	B	三	ㄷ	C	iv	四	(ㄹ)	D
1	2	2	3	3	3	4	4	4	4

04 정답 ④
홀수 항은 -2, 짝수 항은 +4를 하는 수열이다.

ㅜ	ㄷ	(ㅗ)	ㅅ	ㅓ	ㅋ
7	3	5	7	3	11

05 정답 ④
제시된 조건을 읽고 빠른 순서대로 나열하면 다음과 같다.
독수리>곰>노루>멧돼지
따라서 멧돼지가 가장 느리다.

03 ▶ 지각능력검사

01	02	03	04	05	06	07		
④	①	②	①	③	②	①		

01 정답 ④
제시된 문자를 오름차순으로 나열하면 'C-F-G-L-Q-W'이므로 6번째에 오는 문자는 'W'이다.

02 정답 ①
제시된 문자를 내림차순으로 나열하면 'm-ㅡ-ㅡ-e-ㅕ-ㅓ-ㅏ-a'이므로 4번째에 오는 문자는 'ㅕ'이다.

03 정답 ②
제시된 문자를 내림차순으로 나열하면 '호-코-오-보-모-로-도'이므로 2번째에 오는 문자는 '코'이다.

04 정답 ①
제조번호가 S1725030인 상품은 2017년에 제조되었으므로 기준일로부터 3년을 넘지 않아 처분대상이 아니다.

05 정답 ③
제조번호에서 마지막 두 자리가 생산라인을 의미하므로 마지막 두 자리가 '30'인 S13200030이 처분대상이다.

06 정답 ②
• 1층 : 3×4-4=8개
• 2층 : 12-10=2개
• 3층 : 12-11=1개
∴ 8+2+1=11개

07 정답 ①
• 1층 : 3×4-5=7개
• 2층 : 12-10=2개
• 3층 : 12-11=1개
∴ 7+2+1=10개

13 | 2019년 상반기 기출복원문제

01 ▶ 수리능력검사

01	02	03	04	05	06
③	①	③	①	③	②

01 정답 ③

$33+42\div3$
$=33+14$
$=47$

02 정답 ①

$76-16\times3$
$=76-48$
$=28$

03 정답 ③

$0.6\times0.24\div3$
$=0.6\times0.08$
$=0.048$

04 정답 ①

막내의 나이를 x살, 서로 나이가 같은 3명의 멤버 중 1명의 나이를 y살이라 하면 다음과 같은 식이 성립한다.
$y=105\div5=21(\because y=5$명의 평균 나이$)$
$24+3y+x=105$
$\rightarrow x+3\times21=81$
$\therefore x=18$
따라서 막내의 나이는 18살이다.

05 정답 ③

두 지점 A, B 사이의 거리를 x km라 하면,
(시간)$=\dfrac{(거리)}{(속력)}$이므로 다음과 같은 식이 성립한다.
$\dfrac{x}{60}-\dfrac{x}{80}=\dfrac{1}{2}$
$\therefore x=120$
따라서 두 지점 사이의 거리는 120km이다.

06 정답 ②

2016년과 2017년의 전년 대비 소각량 증가율은 다음과 같다.
- 2016년 : $\dfrac{11,604-10,609}{10,609}\times100≒9.4\%$
- 2017년 : $\dfrac{12,331-11,604}{11,604}\times100≒6.3\%$

전년 대비 2016년 소각량 증가율은 2017년 소각 증가율의 2배인 약 12.6%보다 작으므로 적절하지 않다.

오답분석
① 재활용량은 매년 전체 생활 폐기물 처리량 중 50% 이상을 차지한다.
③ 5년간 소각량 대비 매립량 비율은 다음과 같다.
- 2014년 : $\dfrac{9,471}{10,309}\times100≒91.9\%$
- 2015년 : $\dfrac{8,797}{10,609}\times100≒82.9\%$
- 2016년 : $\dfrac{8,391}{11,604}\times100≒72.3\%$
- 2017년 : $\dfrac{7,613}{12,331}\times100≒61.7\%$
- 2018년 : $\dfrac{7,813}{12,648}\times100≒61.8\%$

따라서 매년 소각량 대비 매립량 비율은 60% 이상임을 알 수 있다.
④ 2014년과 2017년 사이에 매립량은 계속 감소하고 있다.

02 ▶ 추리능력검사

01	02	03	04	05	06
②	①	④	④	②	①

01 정답 ②

앞의 항에 뒤의 항을 더한 값이 다음 항인 수열이다.
따라서 ( )=28+45=73이다.

02 정답 ①

×3과 −2가 반복되는 수열이다.
따라서 ( )=57−2=55이다.

03 정답 ④

나열된 수를 각각 A, B, C라고 하면
$A\ B\ C \to A+5=B+C$
따라서 ( )=19+5−12=12이다.

04 정답 ④

제시문을 다음과 같이 가정하자.
- A : 낚시를 좋아한다.
- B : 회를 좋아한다.
- C : 매운탕을 좋아한다.
- D : 생선구이를 좋아한다.
- E : 술을 좋아한다.

$A \to B$, $\sim C \to \sim A$, $D \to \sim E$, $B \to D$이고, 다시 정리하면 $A \to B \to D \to \sim E$, $A \to C$가 성립한다. 따라서 ④는 $\sim C \to \sim E$이고, 제시된 명제만으로는 매운탕(C)과 술(E)의 연관성을 구할 수 없으므로 옳지 않다.

05 정답 ②

- B서점이 문을 열지 않으면 A서점이 문을 연다($\sim B \to A$).
- B서점이 문을 열면 D서점은 문을 열지 않는다($B \to \sim D$).
- A서점이 문을 열면 C서점은 문을 열지 않는다($A \to \sim C$).
- C서점이 문을 열지 않으면 E서점이 문을 연다($\sim C \to E$).

모든 명제를 하나로 연결하면, D서점이 문을 열면 B서점이 문을 열지 않고, B서점이 문을 열지 않으면 A 서점은 문을 열고, A서점이 문을 열면 C서점은 문을 열지 않고, C서점이 문을 열지 않으면 E서점은 문을 연다.
즉, $D \to \sim B \to A \to \sim C \to E$가 참이고, 명제가 참일 경우 그 대우도 참이므로 $\sim E \to C \to \sim A \to B \to \sim D$도 참이다.
따라서 E서점이 공휴일에 문을 열지 않는다면, 위의 명제를 참고했을 때 C, B서점만이 문을 열게 되므로 공휴일에 문을 여는 서점은 2곳이다.

06 정답 ①

제시문을 다음과 같이 가정하자.
- A : 커피를 마신다.
- B : 치즈케이크를 먹는다.
- C : 마카롱을 먹는다.
- D : 요거트를 먹는다
- E : 초코케이크를 먹는다.
- F : 아이스크림을 먹는다.

따라서 $C \to \sim D \to A \to B \to \sim E \to F$가 성립하므로 마카롱을 먹으면 아이스크림을 먹는다.

03 ▶ 지각능력검사

01	02	03	04	05	06
①	②	②	④	③	②

01　　　　　　　　　　　　정답 ①

제시된 문자열 같음

02　　　　　　　　　　　　정답 ②

♩♬♪♩♭♪♩♪ - ♩♬♩♪♩♭♪♭♪

03　　　　　　　　　　　　정답 ②

あかさだなぶゆるんだ - あかざたなぶゆるんだ

04　　　　　　　　　　　　정답 ④

GKQRUbDLnMFQN

05　　　　　　　　　　　　정답 ③

위이우이잉외이윙옹윙

06　　　　　　　　　　　　정답 ②

ⅧⅨⅢⅡⅤⅡⅥⅦ

PART 2

기초능력검사

CHAPTER 01 수리능력검사
CHAPTER 02 추리능력검사
CHAPTER 03 지각능력검사

CHAPTER 01 | 수리능력검사 적중예상문제

01 ▶ 기본계산

01	02	03	04	05	06	07	08	09	10
④	③	④	②	④	④	②	①	①	①
11	12	13	14	15	16	17	18	19	20
④	②	②	④	④	③	①	①	④	③
21	22	23	24	25	26	27	28	29	30
④	③	②	①	②	①	②	③	④	③

01 정답 ④

$20.5 \times 0.13 + 1.185$
$= 2.665 + 1.185$
$= 3.85$

02 정답 ③

$27 \times \dfrac{12}{9} \times \dfrac{1}{3} \times \dfrac{3}{2}$
$= 3 \times 12 \times \dfrac{1}{2}$
$= 3 \times 6 = 18$

03 정답 ④

앞의 두 수와 그 다음 두 수를 묶어서 계산하면 다음과 같다.
$(14,465 - 3,354) + (1,989 - 878) + 1$
$= 11,111 + 1,111 + 1$
$= 12,223$

04 정답 ②

$4 \times 9 \times 16 \times 25 \times 36 \div 100$
$= 2^2 \times 3^2 \times 4^2 \times 5^2 \times 6^2 \div 100$
$= 720^2 \div 100 = 5,184$

05 정답 ④

$3,684 - 62.48 \div 0.55$
$= 3,684 - 113.6$
$= 3,570.4$

06 정답 ④

$206 + 644 + 677$
$= 850 + 677$
$= 1,527$

07 정답 ②

$(182,100 - 86,616) \div 146$
$= 95,484 \div 146$
$= 654$

08 정답 ①

$(984 - 216) \div 48$
$= 768 \div 48$
$= 16$

09 정답 ①

$(200,000 - 15,140) \div 237$
$= 184,860 \div 237$
$= 780$

10 정답 ①

$15 \times 108 - 303 \div 3 + 7$
$= 1,620 - 101 + 7$
$= 1,526$

11 정답 ④

$4,355 - 23.85 \div 0.15$
$= 4,355 - 159$
$= 4,196$

12 　　정답 ②

206+310+214
=516+214
=730

13 　　정답 ②

0.28+2.4682−0.9681
=2.7482−0.9681
=1.7801

14 　　정답 ④

315×69÷5
=21,735÷5
=4,347

15 　　정답 ④

572÷4+33−8=143+33−8=168

16 　　정답 ③

$7-\left(\dfrac{5}{3}\times\dfrac{21}{15}\times\dfrac{9}{4}\right)=7-\dfrac{21}{4}=\dfrac{28}{4}-\dfrac{21}{4}=\dfrac{7}{4}$

17 　　정답 ①

$491\times64-(2^6\times5^3)$
$=31,424-(2^6\times5^3)$
=31,424−8,000
=23,424

18 　　정답 ①

4.7+22×5.4−2
=4.7+118.8−2
=121.5

19 　　정답 ④

0.35×3.12−0.5÷4
=1.092−0.125
=0.967

20 　　정답 ③

2,620+1,600÷80
=2,620+20
=2,640

21 　　정답 ④

7,832÷44×6−1,060
=178×6−1,060
=1,068−1,060
=8

22 　　정답 ③

679÷7×5
=97×5
=485

23 　　정답 ④

$\dfrac{4}{13}-\dfrac{6}{26}-\dfrac{3}{39}+\dfrac{8}{52}$
$=\dfrac{4}{13}-\dfrac{3}{13}-\dfrac{1}{13}+\dfrac{2}{13}$
$=\dfrac{4-3-1+2}{13}$
$=\dfrac{2}{13}$

24 　　정답 ①

$212-978\div6-3^3$
=212−163−27
=22

25 　　정답 ②

4×4×3×3
=16×9
=144

26 　　정답 ①

214−675+811−302
=350−302
=48

27

정답 ②

$1,244+7,812-9,785+3,371$
$=12,427-9,785$
$=2,642$

28

정답 ③

$\dfrac{4}{5}+\dfrac{6}{20}+\dfrac{7}{15}$
$=\dfrac{48+18+28}{60}$
$=\dfrac{94}{60}=\dfrac{47}{30}$

29

정답 ④

8^2+5^2-80
$=64+25-80$
$=9$

30

정답 ③

$23,128\div56+27,589\div47$
$=413+587$
$=1,000$

02 ▶ 응용수리

01	02	03	04	05	06	07	08	09	10
②	③	④	③	③	①	②	④	④	③
11	12	13	14	15	16	17	18	19	20
③	③	③	②	②	④	④	②	④	④

01

정답 ②

시침은 1시간에 30°, 1분에 0.5°씩 움직이고, 분침은 1분에 6°씩 움직인다.
• 시침 : $30°\times4+0.5°\times20=120°+10°=130°$
• 분침 : $6°\times20=120°$
따라서 시침과 분침이 이루는 작은 각의 각도는 $130-120=10°$이다.

02

정답 ③

2주 동안 듣는 강연은 총 5회이다. 그러므로 금요일 강연이 없는 주의 월요일에 첫 강연을 들었다면 5주차 월요일 강연을 듣기 전까지 10개의 강연을 듣게 된다. 5주차 월요일, 수요일 강연을 듣고 6주차 월요일의 강연이 13번째 강연이 된다. 따라서 6주차 월요일이 13번째 강연을 듣는 날이므로 8월 1일 월요일을 기준으로 35일 후가 된다. 8월은 31일까지 있기 때문에 $1+35-31=5$일, 즉 9월 5일이 된다.

03

정답 ④

VIP 초대장을 만드는 일의 양을 1이라고 가정하자. 혼자서 만들 때 걸리는 기간은 A대리는 6일, B사원은 12일이므로 각각 하루에 끝낼 수 있는 일의 양은 각각 $\dfrac{1}{6}$, $\dfrac{1}{12}$이다. 두 사람이 함께 일하면 하루에 끝낼 수 있는 양은 $\dfrac{1}{6}+\dfrac{1}{12}=\dfrac{3}{12}=\dfrac{1}{4}$이다.
따라서 A대리와 B사원이 함께 초대장을 모두 만들 때 걸리는 시간은 4일이다.

04

정답 ③

7시간이 지났다면 용민이는 $7\times7=49$km, 효린이는 $3\times7=21$km를 걸은 것인데 용민이는 호수를 한 바퀴 돌고 나서 효린이가 걸은 21km까지 더 걸은 것이므로 호수의 둘레는 $49-21=28$km이다.

05 정답 ③

(시간)=$\frac{(거리)}{(속력)}=\frac{2}{4}=\frac{1}{2}$ 이므로, 민석이는 회사에 도착하는 데 30분이 걸린다.

06 정답 ①

경서의 속력은 0.6m/s이고, 슬기가 6초 후에 따라잡았으므로, 경서가 이동한 거리는 3.6m이다. 슬기는 경서보다 1.2m 뒤에 있었으므로 슬기가 이동한 총 거리는 3.6+1.2=4.8m 이고, 출발한지 6초 만에 경서를 따라잡았으므로 슬기의 속력은 $\frac{4.8}{6}=0.8$m/s이다.

07 정답 ②

240, 400의 최대공약수가 80이므로, 구역 한 변의 길이는 80m가 된다.
따라서 가로에는 3개, 세로에 5개 들어가므로 총 타일의 개수는 15개이다.

08 정답 ④

올해 지원부서원 25명의 평균 나이는 38세이므로, 내년 지원부서원 25명의 평균 나이는 $\frac{25\times38-52+27}{25}+1=38$세이다.

09 정답 ④

아버지, 은서, 지은이의 나이를 각각 x, $\frac{1}{2}x$, $\frac{1}{7}x$ 라고 하면
$\frac{1}{2}x-\frac{1}{7}x=15 \rightarrow 7x-2x=210$
∴ $x=42$세
따라서 아버지의 나이는 42세이다.

10 정답 ③

1월의 난방요금을 $7k$, 6월의 난방요금을 $3k$라 하면(단, k는 비례상수)
$(7k-2):3k=2:1 \rightarrow k=2$
따라서 1월의 난방요금은 14만 원이다.

11 정답 ③

5명이 입장할 때 추가 1명이 무료이기 때문에 6명씩 팀으로 계산하면 6×8=48명으로 총 8팀이 구성된다. 53명 중 팀을 이루지 못한 5명은 할인을 받을 수 없다.
따라서 5,000×8=40,000원의 할인을 받을 수 있게 된다.

12 정답 ③

제품의 원가를 x원이라고 하면, 제품의 정가는 $(1+0.2)x=1.2x$원이고, 판매가는 $1.2x(1-0.15)=1.02x$원이다.
50개를 판매한 금액이 127,500원이므로, 다음 식이 성립한다.
$1.02x\times50=127,500$
$1.02x=2,550$
∴ $x=2,500$
따라서 제품의 원가는 2,500원이다.

13 정답 ③

작은 톱니바퀴가 x바퀴 돌았다고 하면, 큰 톱니바퀴와 작은 톱니바퀴가 돈 길이는 같으므로
$27\pi\times10=15\pi\times x$
∴ $x=18$
따라서 작은 톱니바퀴는 분당 18바퀴를 돌았다.

14 정답 ②

A, B가 하루에 할 수 있는 일의 양은 각각 $\frac{1}{4}$, $\frac{1}{6}$ 이다. B가 x일 동안 일한다고 하면,
$\frac{1}{4}\times2+\frac{1}{6}\times x=1$
∴ $x=3$
따라서 B는 3일 동안 일을 해야 한다.

15 정답 ②

54와 78의 최소공배수는 702이다.
∴ (B의 회전수)=702÷78=9회전
따라서 두 톱니바퀴가 같은 곳에서 출발하여 다시 처음으로 같은 톱니끼리 맞물리는 것은 B톱니바퀴가 9회 회전한 후다.

16

정답 ④

농도 5% 설탕물에 들어있는 설탕의 양은 $100 \times \frac{5}{100} = 5g$이다. xg의 물을 증발시켜 10%의 농도가 되게 하려면 $\frac{5}{100-x} \times 100 = 10\%$이므로, 50g만큼 증발시켜야 한다. 따라서 한 시간에 2g씩 증발된다고 했으므로 50÷2=25시간이 소요된다.

17

정답 ④

넣어야 하는 설탕의 양을 xg이라고 하자. 농도 6%의 설탕물 100g에 녹아있는 설탕의 양은 $\frac{6}{100} \times 100 = 6g$이므로 다음 식이 성립한다.

$\frac{6+x}{100+x} \times 100 = 10 \rightarrow 600 + 100x = 1,000 + 10x$

$\therefore x = \frac{40}{9}$

따라서 $\frac{40}{9}g$의 설탕을 더 넣어야 한다.

18

정답 ②

증발한 물의 양을 xg이라고 하자. 증발되기 전과 후의 설탕의 양은 동일하다.

$\frac{4}{100} \times 400 = \frac{8}{100} \times (400-x)$

$\rightarrow 1,600 = 3,200 - 8x$

$\therefore x = 200$

따라서 남아있는 물의 양은 200g이다.

19

정답 ④

A, B 두 주머니에서 검정 공을 뽑을 확률은 전체 확률에서 흰 공만 뽑을 확률을 뺀 것과 같다.

따라서 두 주머니에서 흰 공을 뽑을 확률은 $\frac{3}{5} \times \frac{1}{5} = \frac{3}{25}$이므로 A, B 두 주머니에서 검은 공을 한 개 이상 꺼낼 확률은 $1 - \frac{3}{25} = \frac{22}{25}$이다.

20

정답 ④

ⅰ) 둘 다 호텔 방을 선택하는 경우 : $_3P_2 = 3 \times 2 = 6$가지
ⅱ) 둘 중 한 명만 호텔 방을 선택하는 경우 : 호텔 방을 선택하는 사람은 A, B 둘 중에 한 명이고, 한 명이 호텔 방을 선택할 수 있는 경우의 수는 3가지이므로 2×3=6가지

따라서 두 명이 호텔 방을 선택하는 경우의 수는 두 명 다 선택 안 하는 경우까지 6+6+1=13가지이다.

03 ▶ 자료해석

01	02	03	04	05	06	07	08	09	10
④	②	③	②	①	③	①	②	①	④

01

정답 ④

남성의 경제활동 참가율의 경우는 가장 높았던 때가 74.0%이고 가장 낮았던 때는 72.2%이지만, 여성의 경제활동 참가율의 경우는 가장 높았던 때가 50.8%이고 가장 낮았던 때는 48.1%이므로 2%p 이상 차이가 난다.

오답분석

① 2025년 1분기 여성 경제활동 참가율(48.5%)은 남성(72.3%)에 비해 낮지만, 전년 동기 48.1%에 비해 0.4%p 상승했다.
② 남녀 경제활동 참가율의 합이 가장 높았던 때는 73.8+50.8=124.6%인 2024년 2분기이다.
③ 조사 기간 중 경제활동 참가율이 가장 낮았을 때는 2024년 1분기로, 이때는 여성 경제활동 참가율 역시 48.1로 가장 낮았다.

02

정답 ②

전 직원의 주 평균 야간근무 빈도는 직급별 사원 수를 알아야 구할 수 있는 값이다. 단순히 직급별 주 평균 야간근무 빈도를 모두 더하여 평균을 구하는 것은 올바르지 않다.

오답분석

① 자료를 통해 알 수 있다.
③ 0.2시간은 60분×0.2=12분이다. 따라서 4.2시간은 4시간 12분이다.
④ 대리는 주 평균 1.8일, 6.3시간의 야간근무를 한다. 야근 1회 시 평균 6.3÷1.8=3.5시간 근무로 가장 긴 시간 동안 일한다.

03

정답 ③

A사와 B사의 전체 직원 수를 알 수 없으므로, 비율만으로는 판단할 수 없다.

오답분석

① 여직원 대비 남직원 비율은 여직원 비율이 높을수록, 남직원 비율이 낮을수록 값이 작아진다. 따라서 여직원 비율이 가장 높으면서, 남직원 비율이 가장 낮은 D사가 비율이 최저이고, 남직원 비율이 여직원 비율보다 높은 A사의 비율이 가장 높다.

② B, C, D사 각각 남직원보다 여직원의 비율이 높다. 따라서 B, C, D사 모두에서 남직원 수보다 여직원 수가 많다. 즉, B, C, D사의 직원 수를 다 합했을 때도 남직원 수는 여직원 수보다 적다.
④ A사의 전체 직원 수를 a명, B사의 전체 직원 수를 b명이라 하면, A사의 남직원 수는 $0.54a$, B사의 남직원 수는 $0.48b$이다.
$$\frac{0.54a+0.48b}{a+b}\times 100=52$$
→ $54a+48b=52(a+b)$
∴ $a=2b$

04 정답 ②

D사의 판매율이 가장 높은 연도는 2023년, G사의 판매율이 가장 높은 연도는 2021년으로 다르다.

오답분석
① D사와 G사는 2022년도만 감소하여 판매율 증감추이가 같다.
③ D사의 판매율이 가장 높은 연도는 2023년이고, U사의 판매율이 가장 낮은 연도도 2023년으로 동일하다.
④ G사의 판매율이 가장 낮은 연도는 2019년이고, U사의 판매율이 가장 높은 연도도 2019년으로 동일하다.

05 정답 ①

해상 교통서비스 수입액이 많은 국가부터 차례대로 나열하면 '인도 – 미국 – 한국 – 브라질 – 멕시코 – 이탈리아 – 튀르키예' 순이다.

06 정답 ③

해상 교통서비스 수입보다 항공 교통서비스 수입이 더 높은 국가는 미국과 이탈리아이다.

오답분석
① 튀르키예의 교통서비스 수입에서 항공 수입이 차지하는 비중은 $\frac{4,003}{10,157}\times 100 ≒ 39.4\%$이다.
② 교통서비스 수입액이 첫 번째(미국)와 두 번째(인도)로 높은 국가의 차이는 $94,344-77,256=17,088$백만 달러이다.
④ 제시된 자료를 통해 확인할 수 있다..

07 정답 ①

2019년 대비 2020년 기업체 수 증가율은 $\frac{360-344}{344}\times 100$
$=\frac{16}{344}\times 100 ≒ 4.7\%$이며, 2020년 대비 2021년 기업체 수 증가율은 $\frac{368-360}{360}\times 100=\frac{8}{360}\times 100 ≒ 2.2\%$이다.
따라서 두 증가율의 차이는 $4.7-2.2=2.5\%\text{p}$이다.

08 정답 ②

각 연도의 전년 대비 기업체 수의 증감량을 계산하면 다음과 같다.
- 2019년 : $344-346=-2$천 개
- 2020년 : $360-344=16$천 개
- 2021년 : $368-360=8$천 개
- 2022년 : $368-368=0$개
- 2023년 : $372-368=4$천 개
- 2024년 : $375-372=3$천 개

따라서 2019 ~ 2024년까지 전년 대비 기업체 수 증감량의 절댓값을 모두 합하면 $2+16+8+0+4+3=33$천 개다.

09 정답 ①

내일 날씨가 화창하고 사흘 뒤 비가 올 모든 경우는 다음과 같다.

내일	모레	사흘
화창	화	비
화창	비	비

- 첫 번째 경우의 확률 : $0.25\times 0.30=0.075$
- 두 번째 경우의 확률 : $0.30\times 0.15=0.045$

따라서 주어진 사건의 확률은 $0.075+0.045=0.12=12\%$이다.

10 정답 ④

- (가) : $\frac{2,574}{7,800}\times 100=33\%$
- (다) : $1,149\times 0.335 ≒ 385$천 명

CHAPTER 02 | 추리능력검사 적중예상문제

01 ▶ 수·문자추리

01	02	03	04	05	06	07	08	09	10
④	④	④	④	②	②	④	①	③	④
11	12	13	14	15					
④	①	①	④	①					

01 정답 ④
+3, ×3이 반복되는 수열이다.
따라서 ( )=−6×3=−18이다.

02 정답 ④
앞의 항에 −1, −2, −3, −4, …인 수열이다.
따라서 ( )=−23−6=−29이다.

03 정답 ④
앞의 항에 ×(−6), ×(−5), ×(−4), ×(−3), …인 수열이다.
따라서 ( )=−1,440×(−1)=1,440이다.

04 정답 ④
앞의 항에 -2, -2^2, -2^3, -2^4, -2^5, …인 수열이다.
따라서 ( )=$(-70)-2^6=-134$이다.

05 정답 ②
홀수 항은 ×3, 짝수 항은 ×(−3)인 수열이다.
따라서 ( )=45×(−3)=−135이다.

06 정답 ②
+2.7, ÷2가 반복되는 수열이다.
따라서 ( )=10.2÷2=5.1이다.

07 정답 ④
홀수 항은 $+\frac{1}{4}$, 짝수 항은 $-\frac{1}{6}$인 수열이다.
따라서 ( )=$\frac{5}{4}+\frac{1}{4}=\frac{6}{4}=\frac{3}{2}$이다.

08 정답 ①
나열된 수를 각각 A, B, C라고 하면
$\underline{A\ B\ C} \to B=A+C$
따라서 ( )=−14+16=2이다.

09 정답 ③
+3, ÷2가 반복되는 수열이다.

캐	해	새	채	매	애	(래)
11	14	7	10	5	8	4

10 정답 ④
홀수 항은 ×2, 짝수 항은 ÷2인 수열이다.

B	X	D	L	H	F	P	(C)
2	24	4	12	8	6	16	3

11 정답 ④
(앞의 항)−3=(뒤의 항)인 수열이다.

(A)	X	U	R	O	L
27 (I)	24	21	18	15	12

12

정답 ①

앞의 항에 +3, +4, +5, +6, +7, …인 수열이다.

ㄴ	ㅁ	ㅈ	ㅎ	ㅂ	(ㅍ)
2	5	9	14	20 (6)	27 (13)

13

정답 ①

홀수 항은 +2, 짝수 항은 +3인 수열이다.

ㅁ	ㅅ	ㅅ	ㅊ	ㅈ	ㅍ	ㅋ	(ㄴ)
5	7	7	10	9	13	11	16 (2)

14

정답 ④

홀수 항은 +2, 짝수 항은 −1인 수열이다.

E	F	G	E	I	D	K	C	(M)
5	6	7	5	9	4	11	3	13

15

정답 ①

앞의 항에 −1, −2, −3, −4, −5, …인 수열이다.

V	U	S	P	L	G	(A)
22	21	19	16	12	7	1

02 ▶ 기호추리

01	02	03	04	05	06	07	08	09	10
③	④	①	②	②	④	②	③	②	③
11	12	13	14	15	16	17	18	19	20
④	②	④	④	②	①	④	③	①	①
21	22	23	24						
④	④	③	④						

01

정답 ③

제시된 조건에 따르면 ▨▨=▨▨=▨▨▨▨이므로 ?에 들어갈 문자는 ③이다.

02

정답 ④

제시된 조건에 따르면 ▨=▨▨=▨▨▨이므로 ?에 들어갈 문자는 ④이다.

03

정답 ①

제시된 조건에 따르면 ♩♩=♪♪♪♪=♬♬♬=♩♬♬이므로 ?에 들어갈 문자는 ①이다.

04

정답 ②

제시된 조건에 따르면 ♩=♪♪=♪♪♪♪=♪♪♪이므로 ?에 들어갈 문자는 ②이다.

05

정답 ②

제시된 조건에 따르면 ◆=◆◆=◆이므로 ?에 들어갈 문자는 ②이다.

06

정답 ④

제시된 조건에 따르면 ➡=◆◆=◀◀◀◀이므로 ?에 들어갈 문자는 ④이다.

07 정답 ②
제시된 조건에 따르면 ❖=❖❖, ❖=❖❖, ❖=❖이므로 ?에 들어갈 문자는 ②이다.

08 정답 ③
제시된 조건에 따르면 ❖=❖❖=❖이므로 ?에 들어갈 문자는 ③이다.

09 정답 ②
제시된 조건에 따르면 ●=◐◐=ㅁㅁ이므로 ?에 들어갈 문자는 ②이다.

10 정답 ③
제시된 조건에 따르면 ●=◐◐=◇이므로 ?에 들어갈 문자는 ③이다.

11 정답 ④
제시된 조건에 따르면 æ=ÆÆ=ʒ이므로 ?에 들어갈 문자는 ④이다.

12 정답 ②
제시된 조건에 따르면 ØØ=ÆÆ=ʒ이므로 ?에 들어갈 문자는 ②이다.

13 정답 ④
제시된 조건에 따르면 Ħ=ŁŁŁ=Đ이므로 ?에 들어갈 문자는 ④이다.

14 정답 ④
제시된 조건에 따르면 IJ=ĐŁŁŁ=ŁŁŁŁŁŁ이므로 ?에 들어갈 문자는 ④이다.

15 정답 ②
제시된 조건에 따르면 И=33=φφ이므로 ?에 들어갈 문자는 ②이다.

16 정답 ①
제시된 조건에 따르면 Б=33=φφφφ이므로 ?에 들어갈 문자는 ①이다.

17 정답 ④
제시된 조건에 따르면 ヤヤ=ブ=キキ이므로 ?에 들어갈 문자는 ④이다.

18 정답 ③
제시된 조건에 따르면 ア=ブ=キキ이므로 ?에 들어갈 문자는 ③이다.

19 정답 ①
제시된 조건에 따르면 ㈑=㈚㈚=㈜이므로 ?에 들어갈 문자는 ①이다.

20 정답 ①
제시된 조건에 따르면 ㈙=㈚㈚=㈜이므로 ?에 들어갈 문자는 ①이다.

21 정답 ④
제시된 조건에 따르면 ☎=☏☏=♨이므로 ?에 들어갈 도형은 ♨☏☏이다.

22 정답 ④
제시된 조건에 따르면 ☏=♨=☏☏☏이므로 ?에 들어갈 도형은 ☏☏☏☏이다.

23 정답 ③
제시된 조건에 따르면 W=ＶＶ=ＵＵ이므로 ?에 들어갈 도형은 ＵＵＵＶＶ이다.

24 정답 ④
제시된 조건에 따르면 Y=ＶＶ=ＵＵ이므로 ?에 들어갈 도형은 ＵＵＶＶＵＵ이다.

03 ▶ 언어추리

01	02	03	04	05	06	07	08	09	10
③	②	①	①	①	③	①	①	③	②
11	12	13	14	15	16	17	18	19	20
①	③	②	①	④	③	③	④	③	③

01   정답 ③

미희는 매주 수요일마다 요가 학원에 가고, 요가 학원에 가면 항상 9시에 집에 온다. 그러나 미희가 9시에 집에 오는 날은 수요일일 수도 또는 다른 요일일 수도 있으므로 알 수 없다.

02   정답 ②

황도 12궁은 태양의 겉보기 운동경로인 황도가 통과하는 12개 별자리이며, 황도 전체를 30°씩 12등분 하였다고 했으므로 360°의 공간에 위치한다고 설명하는 것이 옳다.

03   정답 ①

아메리카노를 좋아하면 카페라테를 좋아하고, 카페라테를 좋아하면 에스프레소를 좋아하기 때문에, 결국 아메리카노를 좋아하는 선미는 에스프레소도 좋아한다.

04   정답 ①

안구 내 안압이 상승하면 시신경 손상이 발생하고, 시신경이 손상되면 주변 시야가 좁아지기 때문에 안구 내 안압이 상승하면 주변 시야가 좁아진다.

05   정답 ①

세 번째 조건에 따라 양 옆에 다른 사원이 앉아 있는 B, C, D사원만 자전거로 출근할 수 있다. 이때, A사원은 도보로 출근하므로 옆자리에 앉는 B사원은 자전거 출근자에서 제외되며, 자전거로 출근하지 않는 D사원 역시 제외된다. 따라서 C사원이 자전거로 출근하는 것을 알 수 있다.

06   정답 ③

C사원이 자전거로 출근하므로 C사원 양옆에 앉는 B, D사원이 시내버스 또는 시외버스로 출근하는 것을 알 수 있다. 그러나 B사원은 시내버스 또는 시외버스로 출근할 수 있으므로 B사원이 시내버스로 출근하는지는 알 수 없다.

07   정답 ①

A사원은 도보로, B사원과 D사원은 버스로, C사원은 자전거로 출근하므로 E사원은 지하철로 출근하는 것을 알 수 있다.

08   정답 ①

네 사람과 다른 상을 받은 D가 1명만 받는 최우수상을 받았음을 알 수 있다.

09   정답 ③

D가 최우수상을 받았으므로 A는 우수상 또는 장려상을 받았음을 알 수 있다. 그러나 A는 B, C와 다른 상을 받았을 뿐, 주어진 조건만으로 그 상이 우수상인지 장려상인지는 알 수 없다.

10   정답 ②

D가 최우수상을 받고, A는 B, C와 서로 다른 상을 받았으므로 B, C가 서로 같은 상을 받았음을 알 수 있다. 따라서 나머지 E는 B가 아닌 A와 같은 상을 받았음을 알 수 있다.

11   정답 ①

오답분석
②·③·④ 등수는 알 수 있지만 각 점수는 알 수 없기 때문에 점수 간 비교는 불가능하다. 따라서 영희가 전체 평균 점수로 1등을 했으므로 총점이 가장 높다.

12   정답 ③

명제가 참이면 대우 명제도 참이다. 즉, '유민이가 좋아하는 과일은 신혜가 싫어하는 과일이다.'가 참이면 '신혜가 좋아하는 과일은 유민이가 싫어하는 과일이다.'도 참이다. 따라서 신혜는 딸기를 좋아하고, 유민이는 사과와 포도를 좋아한다.

13   정답 ②

참인 명제는 그 대우 명제도 참이므로 두 번째 가정의 대우 명제인 '배를 좋아하지 않으면 귤을 좋아하지 않는다.' 역시 참이다. 이를 첫 번째, 세 번째 명제를 통해 '사과를 좋아함 → 배를 좋아하지 않음 → 귤을 좋아하지 않음 → 오이를 좋아함'이 성립한다. 따라서 '사과를 좋아하면 오이를 좋아한다.'가 성립한다.

14 정답 ①

'어떤 마케팅팀 사원 → 산을 좋아함 → 여행 동아리 → 솔로'이므로 '어떤 마케팅팀 사원 → 솔로'가 성립한다.

15 정답 ④

정현>재현(1997)으로 정현이가 1997년 이전에 태어났음을 알 수 있으며, 제시된 사실만으로는 민현이와 정현이의 출생 순서를 알 수 없다.

16 정답 ③

명제가 참이면 대우 명제도 참이다. 즉, '을이 좋아하는 과자는 갑이 싫어하는 과자이다.'가 참이면 '갑이 좋아하는 과자는 을이 싫어하는 과자이다.'도 참이다. 따라서 갑은 비스킷을 좋아하고, 을은 비스킷을 싫어한다.

17 정답 ③

a는 'A가 외근을 나감', b는 'B가 외근을 나감', c는 'C가 외근을 나감', d는 'D가 외근을 나감', e는 'E가 외근을 나감'이라고 할 때, 네 번째 조건과 다섯 번째 조건의 대우인 $b \to c$, $c \to d$에 따라 $a \to b \to c \to d \to e$가 성립한다. 따라서 'A가 외근을 나가면 E도 외근을 나간다.'는 항상 참이 된다.

18 정답 ④

측정 결과를 토대로 정리하면 A별의 밝기 등급은 3등급 이하이며, C별의 경우 A, B, E별보다 어둡고 D별보다는 밝으므로 C별의 밝기 등급은 4등급이다. 따라서 A별의 밝기 등급은 3등급이며, D별은 5등급, 나머지 E별과 B별은 각각 1등급, 2등급이 된다. 별의 밝기 등급에 따라 순서대로 나열하면 'E-B-A-C-D'의 순서가 된다.

19 정답 ③

영수와 재호의 시력을 비교할 수 없으므로 시력이 높은 순서대로 나열하면 '정수 – 영호 – 영수 – 재호 – 경호' 또는 '정수 – 영호 – 재호 – 영수 – 경호'가 된다. 따라서 어느 경우라도 정수의 시력이 가장 높은 것을 알 수 있다.

20 정답 ③

가장 큰 B종 공룡보다 A종 공룡은 모두 크다. 일부의 C종 공룡은 가장 큰 B종 공룡보다 작다. 따라서 일부의 C종 공룡은 A종 공룡보다 작다.

03 | 지각능력검사 적중예상문제

01 ▶ 사무지각

01	02	03	04	05	06	07	08	09	10
③	④	①	④	②	④	①	①	②	②
11	12	13	14	15	16	17	18	19	20
①	③	④	③	①	②	①	④	③	②
21	22	23	24	25	26	27	28	29	30
③	④	②	①	①	②	③	④	②	③
31	32	33	34	35	36	37	38	39	40
①	④	②	④	③	①	③	④	②	③

01 정답 ③
제시된 문자를 오름차순으로 나열하면 'ㄱ-B-E-ㅂ-ㅊ-K'이므로 3번째에 오는 문자는 'E'이다.

02 정답 ④
제시된 문자를 오름차순으로 나열하면 'e-f-m-16-24-z'이므로 2번째에 오는 문자는 'f'이다.

03 정답 ①
제시된 문자를 오름차순으로 나열하면 'ㅏ-D-E-ㅂ-ㅠ-ㅈ'이므로 3번째에 오는 문자는 'E'이다.

04 정답 ④
제시된 문자를 오름차순으로 나열하면 'ㅑ-ㅓ-ㅁ-ㅅ-ㅇ-ㅎ'이므로 4번째에 오는 문자는 'ㅅ'이다.

05 정답 ②
제시된 문자를 오름차순으로 나열하면 'ㄱ-B-ㅗ-ㅈ-ㅣ-R'이므로 3번째에 오는 문자는 'ㅗ'이다.

06 정답 ④
제시된 문자를 오름차순으로 나열하면 'ㄱ-ㅑ-ㅓ-ㅁ-ㅣ-ㅍ'이므로 5번째에 오는 문자는 'ㅣ'이다.

07 정답 ①
제시된 문자를 내림차순으로 나열하면 'U-S-K-ㅈ-ㅅ-A'이므로 2번째에 오는 문자는 'S'이다.

08 정답 ①
제시된 문자를 내림차순으로 나열하면 'Y-U-ㅎ-ㅌ-四-三'이므로 3번째에 오는 문자는 'ㅎ'이다.

09 정답 ②
제시된 문자를 내림차순으로 나열하면 '휴-튜-큐-뷰-뮤-뉴'이므로 5번째에 오는 문자는 '뮤'이다.

10 정답 ②
제시된 문자나 수를 내림차순으로 나열하면 '하-12-카-6-5-나'이므로 5번째에 오는 문자나 수는 '5'이다.

11 정답 ①
제시된 문자를 내림차순으로 나열하면 'ㅡ-ㅠ-ㅗ-ㅓ-ㅑ-ㅏ'이므로 4번째에 오는 문자는 'ㅓ'이다.

12 정답 ③
제시된 문자를 내림차순으로 나열하면 'ㅊ-ㅜ-ㅂ-ㅗ-ㅕ-ㄷ'이므로 6번째에 오는 문자는 'ㄷ'이다.

13 정답 ④
♋은 네 번째에 제시된 문자이므로 정답은 ④이다.

14 정답 ③
✊은 세 번째에 제시된 문자이므로 정답은 ③이다.

15 정답 ①
✊은 첫 번째에 제시된 문자이므로 정답은 ①이다.

16 정답 ②
✒은 두 번째에 제시된 문자이므로 정답은 ②이다.

17 정답 ①
↪은 첫 번째에 제시된 문자이므로 정답은 ①이다.

18 정답 ④
➴은 네 번째에 제시된 문자이므로 정답은 ④이다.

19 정답 ③
↗은 세 번째에 제시된 문자이므로 정답은 ③이다.

20 정답 ②
↘은 두 번째에 제시된 문자이므로 정답은 ②이다.

21 정답 ③
▨은 세 번째에 제시된 문자이므로 정답은 ③이다.

22 정답 ④
▩은 네 번째에 제시된 문자이므로 정답은 ④이다.

23 정답 ②
▥은 두 번째에 제시된 문자이므로 정답은 ②이다.

24 정답 ①
▤은 첫 번째에 제시된 문자이므로 정답은 ①이다.

25 정답 ①
⋉은 첫 번째에 제시된 문자이므로 정답은 ①이다.

26 정답 ②
⋊은 두 번째에 제시된 문자이므로 정답은 ②이다.

27 정답 ③
⋈은 세 번째에 제시된 문자이므로 정답은 ③이다.

28 정답 ④
⋋은 네 번째에 제시된 문자이므로 정답은 ④이다.

29 정답 ②
⊖은 두 번째에 제시된 문자이므로 정답은 ②이다.

30 정답 ③
⊕은 세 번째에 제시된 문자이므로 정답은 ③이다.

31 정답 ①
⊗은 첫 번째에 제시된 문자이므로 정답은 ①이다.

32 정답 ④
⊘은 네 번째에 제시된 문자이므로 정답은 ④이다.

33 정답 ②
≪은 두 번째에 제시된 문자이므로 정답은 ②이다.

34 정답 ④
◆은 네 번째에 제시된 문자이므로 정답은 ④이다.

35 정답 ③
■은 세 번째에 제시된 문자이므로 정답은 ③이다.

36 정답 ①
◎은 첫 번째에 제시된 문자이므로 정답은 ①이다.

37 정답 ①
⌀은 첫 번째에 제시된 문자이므로 정답은 ①이다.

38 정답 ④
♀은 네 번째에 제시된 문자이므로 정답은 ④이다.

39 정답 ②
☚은 두 번째에 제시된 문자이므로 정답은 ②이다.

40 정답 ③
㈏은 세 번째에 제시된 문자이므로 정답은 ③이다.

02 ▶ 공간지각

01	02	03	04	05	06	07	08	09	10
④	②	①	④	④	③	③	④	①	④
11	12	13	14	15	16	17	18	19	20
④	④	②	③	③	①	②	③	①	②
21	22								
①	②								

01 정답 ④
[오답분석]

①  ②

③

02 정답 ②
[오답분석]

①  ③

④

03 정답 ①
[오답분석]

②  ③

④

12
정답 ④

1층 : 10개, 2층 : 7개, 3층 : 3개
∴ 20개

13
정답 ②

1층 : 5개, 2층 : 3개, 3층 : 1개
∴ 9개

14
정답 ③

1층 : 7개, 2층 : 4개, 3층 : 3개
∴ 14개

15
정답 ③

1층 : 9개, 2층 : 6개, 3층 : 2개
∴ 17개

16
정답 ①

1층 : 6개, 2층 : 5개, 3층 : 3개, 4층 : 1개
∴ 15개

17
정답 ②

1층 : 5개, 2층 : 3개, 3층 : 1개
∴ 9개

18
정답 ③

1층 : 7개, 2층 : 4개, 3층 : 1개
∴ 12개

19
정답 ①

1층 : 7개, 2층 : 2개, 3층 : 1개
∴ 10개

20
정답 ②

1층 : 7개, 2층 : 3개, 3층 : 1개
∴ 11개

21
정답 ①

1층 : 5개, 2층 : 4개, 3층 : 1개
∴ 10개

22
정답 ②

1층 : 7개, 2층 : 2개
∴ 9개

PART 3

최종점검 모의고사

제1회 최종점검 모의고사

제2회 최종점검 모의고사

제1회 최종점검 모의고사

01 ▶ 수리능력검사

01	02	03	04	05	06	07	08	09	10
③	④	④	③	②	②	①	④	①	④
11	12	13	14	15	16	17	18	19	20
②	①	①	②	③	①	①	③	③	①
21	22	23	24	25	26	27	28	29	30
③	②	②	④	②	③	②	④	④	④
31	32	33	34	35	36	37	38	39	40
③	③	①	③	④	④	②	②	④	③

01 정답 ③

$6 \times \dfrac{21}{6} \times 2 \times \dfrac{5}{2} = 21 \times 5 = 105$

02 정답 ④

$342 \div 6 \times 13 - 101 = 57 \times 13 - 101 = 741 - 101 = 640$

03 정답 ④

$(6^3 - 3^4) \times 15 + 420 = (216 - 81) \times 15 + 420$
$= 135 \times 15 + 420 = 2{,}025 + 420 = 2{,}445$

04 정답 ③

$(0.8371 - 0.2823) \times 25 = 0.5548 \times 25 = 13.87$

05 정답 ②

$(59{,}378 - 36{,}824) \div 42 = 22{,}554 \div 42 = 537$

06 정답 ②

$0.901 + 5.468 - 2.166 = 6.369 - 2.166 = 4.203$

07 정답 ①

연속하는 5개의 정수의 합은 중간 값의 5배와 같다.
$(102 + 103 + 104 + 105 + 106) \div 5 = 104 \times 5 \div 5 = 104$

08 정답 ④

$14.9 \times (3.56 - 0.24) = 14.9 \times 3.32 = 49.468$

09 정답 ①

$291 - 14 \times 17 + 22 = 291 - 238 + 22 = 75$

10 정답 ④

$(79 + 79 + 79 + 79) \times 25 = 79 \times 4 \times 25 = 79 \times 100 = 7{,}900$

11 정답 ②

$12 \times 8 - 4 \div 2 = 96 - 2 = 94$

12 정답 ①

$13 \times 14 - 300 \div 3 + 5 = 182 - 100 + 5 = 87$

13 정답 ①

$\dfrac{27}{8} \times \dfrac{42}{9} + \dfrac{21}{8} \times \dfrac{36}{49} = \dfrac{63}{4} + \dfrac{27}{14} = \dfrac{441}{28} + \dfrac{54}{28} = \dfrac{495}{28}$

14 정답 ②

$79 = 80 - 1$, $799 = 800 - 1$, $7{,}999 = 8{,}000 - 1$, $79{,}999 = 80{,}000 - 1$임을 이용한다.
$79{,}999 + 7{,}999 + 799 + 79 = (80{,}000 - 1) + (8{,}000 - 1) + (800 - 1) + (80 - 1) = 88{,}876$

15 정답 ③

$(78,201+76,104) \div 405 = 154,305 \div 405 = 381$

16 정답 ①

$1,113 \div 371 + 175 = 3 + 175 = 178$

17 정답 ①

$214 - 9 \times 13 = 214 - 117 = 97$

18 정답 ③

$(14 + 4 \times 3) \div 2 = (14 + 12) \div 2 = 26 \div 2 = 13$

19 정답 ③

$(16 + 4 \times 5) \div 4 = (16 + 20) \div 4 = 36 \div 4 = 9$

20 정답 ①

$2,170 + 1,430 \times 6 = 2,170 + 8,580 = 10,750$

21 정답 ③

희경이가 본사에서 출발한 시각은 오후 3시에서 본사에서 지점까지 걸린 시간만큼을 제하면 된다.

본사에서 지점까지 가는데 걸린 시간은 $\frac{20}{60} + \frac{30}{90} = \frac{2}{3}$ 시간,

즉 40분이므로, 오후 2시 20분에 본사에서 나왔다는 것을 알 수 있다.

22 정답 ②

배의 일정 속력을 xm/s라고 가정하고 내려올 때의 속력이 올라갈 때의 속력의 1.5배와 같다는 방정식을 세우면 다음과 같다.

$x + 10 = 1.5 \times (x - 10)$
→ $x + 10 = 1.5x - 15$
→ $0.5x = 25$
∴ $x = 50$

따라서 유진이가 탑승한 배 자체의 속력은 50m/s이다.

23 정답 ③

x년 후의 아버지와 아들의 나이는 각각 $35+x$, $10+x$이다. 이를 방정식으로 세우면 다음과 같다.
$35 + x = 2(10 + x)$ → $35 + x = 20 + 2x$
∴ $x = 15$

따라서 아버지 나이가 아들 나이의 2배가 되는 것은 15년 후이다.

24 정답 ②

1에서 200까지의 숫자 중 소수인 수는 약수가 2개이다.
따라서 소수의 제곱은 약수가 3개이므로 2, 3, 5, 7, 11, 13의 제곱인 4, 9, 25, 49, 121, 169 총 6개이다.

25 정답 ④

농도 9% 소금물 200g에 들어있는 소금의 양은 $\frac{9}{100} \times 200 = 18$g이므로, 100g에 들어있는 소금의 양은 9g이다.

농도 4% 소금물 150g에 들어있는 소금의 양은 $\frac{4}{100} \times 150 = 6$g이다.

따라서 그릇 B에 들어있는 소금물의 농도는 $\frac{9+6}{100+150} \times 100 = 6\%$이다.

26 정답 ②

구입한 제품 A의 수를 a개, 제품 B의 개수를 b개라고 하자 $(a, b \geq 0)$.
$600a + 1,000b = 12,000$ → $3a + 5b = 60$
a와 b를 (a, b)의 순서쌍으로 나타내면 다음과 같다.
(0, 12), (5, 9), (10, 6), (15, 3), (20, 0)
따라서 모두 5가지의 방법이 있다.

27 정답 ③

- 다섯 사람이 일렬로 줄을 서는 경우의 수 : $5! = 5 \times 4 \times 3 \times 2 \times 1 = 120$가지
- 현호, 진수가 양 끝에 서는 경우의 수 : $2 \times$(민우, 용재, 경섭이가 일렬로 줄을 서는 경우의 수) $= 2 \times 3! = 12$가지

따라서 양 끝에 현호와 진수가 줄을 설 확률은 $\frac{12}{120} = \frac{1}{10}$이므로 $a + b = 11$이다.

28
정답 ②

움직인 시간을 x초라고 하면 두 사람이 동일한 위치에 있게 되는 층은 일차방정식을 통해 계산을 할 수 있다.
$x=15-2x \rightarrow 3x=15$
$\therefore x=5$
따라서 두 사람이 같은 층이 되는 층은 5층이다.

29
정답 ④

구입한 볼펜의 개수를 x자루, 색연필 개수는 y자루라고 하자.
$x+y=12 \cdots \text{㉠}$
$500x+700y+1,000=8,600 \rightarrow 5x+7y=76 \cdots \text{㉡}$
㉠과 ㉡을 연립방정식으로 계산하면 $x=4$, $y=8$이다.
따라서 볼펜은 4자루, 색연필은 8자루를 구입했다.

30
정답 ④

전체 5명에서 2명을 뽑는 방법은 $_5C_2 = \frac{5 \times 4}{2} = 10$가지이고, 여자 3명 중에서 2명이 뽑힐 경우는 $_3C_2 = \frac{3 \times 2}{2} = 3$가지이다.
따라서 대표가 모두 여자일 확률은 $\frac{3}{10} \times 100 = 30\%$이다.

31
정답 ③

일본은 2024년 평균 교육기간이 2023년 평균 교육기간보다 $12.8-12.7=0.1$년 높다.

오답분석

① 한국은 2022~2024년까지 평균 교육기간은 12.1년으로 동일하다.
② 2022년보다 2023년의 평균 교육기간이 높아진 국가는 중국, 인도, 인도네시아, 일본, 튀르키예이다.
④ 2022~2024년 동안 항상 평균 교육기간이 8년 이하인 국가는 중국, 인도, 인도네시아, 튀르키예이다.

32
정답 ③

2022년 평균 교육기간이 8년 이하인 국가는 중국, 인도, 인도네시아, 튀르키예로 4개국이다.
따라서 4개국의 평균 교육기간의 평균은
$\frac{7.7+6.3+7.9+7.8}{4} = \frac{29.7}{4} = 7.425$년이다.

33
정답 ①

60대 이상은 '읽음'의 비율이 '읽지 않음' 비율보다 낮다.

오답분석

② 여성이 남성보다 종이책 독서를 하는 비율이 $61.5-58.2=3.3\%\text{p}$ 높다.
③ 사례 수가 가장 적은 연령대는 20대이고, '읽지 않음'을 선택한 인원은 $1,070 \times 0.265 = 283.55 ≒ 284$명이다.
④ 40대의 '읽음'과 '읽지 않음'을 선택한 인원의 차이는 $1,218 \times (0.619-0.381) = 289.884 ≒ 290$명이다.

34
정답 ③

$3,000 \times (0.582+0.615) = 3,000 \times 1.197 = 3,591$명

35
정답 ④

전체 학생의 월간 총 교육비 대비 초등학생의 월간 총 교육비의 비율은 $\frac{800 \times 25.3}{1,500 \times 27.2} \times 100 = \frac{202.4}{408} \times 100 ≒ 49.6\%$이다.

36
정답 ④

ㄱ. 2020년 대비 2021년 고등학생 1인당 월평균 교육비 증가율은 $\frac{32.1-28.5}{28.5} \times 100 ≒ 12.6\%$이다.
ㄷ. 2020년 사교육 참여 학생 1인당 월평균 사교육비가 높은 순서대로 나열하면 '고등학교 – 중학교 – 초등학교'이고, 2021년에도 '고등학교 – 중학교 – 초등학교' 순이다. 따라서 2020~2021년 동안 사교육 참여 학생 1인당 월평균 사교육비는 상급학교일수록 많다고 할 수 있다.

오답분석

ㄴ. 사교육 참여 학생 중 2021년 중학생 1인당 월평균 사교육비(44.8만 원)는 2020년 고등학생 1인당 월평균 사교육비(51만 원)보다 적다.

37
정답 ②

$\frac{600 \times 0.4 \times 44.8}{600 \times 31.2} \times 100 = \frac{0.4 \times 44.8}{31.2} \times 100 ≒ 57.4\%$

38
정답 ②

과학 분야를 선호하는 남학생 비율은 10%, 여학생은 4%이다.
따라서 과학 분야를 선호하는 총 학생 수는 $500 \times 0.1 + 450 \times 0.04 = 50+18 = 68$명이다.

39 정답 ④

기타를 제외한 도서 선호 분야 중 비율이 가장 낮은 분야는 남학생은 예술 분야 1%, 여학생은 철학 분야 2%이다. 따라서 두 분야의 총 학생 수의 10배는 $(500 \times 0.01 + 450 \times 0.02) \times 10 = (5+9) \times 10 = 140$명이다.

40 정답 ③

역사 분야의 남학생 비율은 13%로, 여학생 비율의 2배인 $8 \times 2 = 16$%보다 낮다.

오답분석
① 여학생은 철학 분야(2%)보다 예술 분야(4%)를 더 선호한다.
② 과학 분야는 남학생 비율(10%)이 여학생 비율(4%)보다 높다.
④ 동화 분야의 여학생 비율은 12%로, 남학생 비율의 2배인 $7 \times 2 = 14$%보다 낮다.

02 ▶ 추리능력검사

01	02	03	04	05	06	07	08	09	10
④	③	④	③	②	①	③	②	④	③
11	12	13	14	15	16	17	18	19	20
①	①	④	②	②	③	②	①	③	④
21	22	23	24	25	26	27	28	29	30
①	①	②	①	③	①	①	①	②	②
31	32	33	34	35	36	37	38	39	40
③	④	②	②	③	②	③	④	①	④

01 정답 ④

홀수 항에 $\times 7$, 짝수 항에 $\times 8$인 수열이다.
따라서 (   ) $= -147 \times 7 = 1,029$이다.

02 정답 ③

앞의 항에 $+16, -15, +14, -13, +12, \cdots$인 수열이다.
따라서 (   ) $= 18 + 10 = 28$이다.

03 정답 ④

앞의 항에 $+10, +9, +8, +7, +6, +5, \cdots$인 수열이다.
따라서 (   ) $= 46 + 5 = 51$이다.

04 정답 ③

$+3, +6, +9, +12, +15, \cdots$인 수열이다.
따라서 (   ) $= 86 + 15 = 101$이다.

05 정답 ②

알파벳을 숫자로 변환하면, 1, 4, 3, 6, 5, 8, 7, (   )이다. 이는 $+3, -1$이 반복되는 수열이므로 빈칸에 들어갈 수는 $7+3=10$이다. 제시된 규칙은 알파벳으로만 표기되어 있으므로 빈칸에 들어갈 문자는 J이다.

06 정답 ①

알파벳을 숫자로 변환하면 26, 25, 23, 20, 16, 11, (   )이다. 이는 앞에 항에 $-1, -2, -3, \cdots$인 수열이므로 빈칸에 들어갈 수는 $11-6=5$이다. 제시된 규칙은 알파벳으로만 표기되어 있으므로 빈칸에 들어갈 문자는 E이다.

07 정답 ③

알파벳을 숫자로 변환하면 1, 7, 4, 10, 7, 13, 10, 16, (   ) 이다. 이는 앞에 항에 +6과 −3을 반복하는 수열이므로 빈칸에 들어갈 수는 16−3=13이다. 제시된 규칙은 알파벳으로만 표기되어 있으므로 빈칸에 들어갈 문자는 M이다.

08 정답 ②

알파벳을 숫자로 변환하면 4, 5, 7, 10, 11, 13, 16, (   )이다. 이는 앞의 항에 +1, +2, +3을 더하는 것을 반복하는 수열이므로 빈칸에 들어갈 수는 16+1=17이다. 제시된 규칙은 알파벳으로만 표기되어 있으므로 빈칸에 들어갈 문자는 Q이다.

09 정답 ④

제시된 조건에 따르면 ✗✗=✓✓✓✓=✓✓✓✓✓✓이므로 ?에 들어갈 문자는 ④이다.

10 정답 ③

제시된 조건에 따르면 ✗✓=✓✓✓이므로 ?에 들어갈 문자는 ③이다.

11 정답 ①

제시된 조건에 따르면 ♥♥=♠♠=♡♣♡♣이므로 ?에 들어갈 문자는 ①이다.

12 정답 ①

제시된 조건에 따르면 ☘=♡♣=♠이므로 ?에 들어갈 문자는 ①이다.

13 정답 ④

제시된 조건에 따르면 ♩=♬♬=♪이므로 ?에 들어갈 문자는 ④이다.

14 정답 ②

제시된 조건에 따르면 ♭=♬♬=♪이므로 ?에 들어갈 문자는 ②이다.

15 정답 ②

제시된 조건에 따르면 Σ=∀∀=∈∈이므로 ?에 들어갈 문자는 ②이다.

16 정답 ③

제시된 조건에 따르면 °F=∀∀=∈∈이므로 ?에 들어갈 문자는 ③이다.

17 정답 ②

제시된 조건에 따르면 ✗=▽=✚✚이므로 ?에 들어갈 문자는 ②이다.

18 정답 ①

제시된 조건에 따르면 ΩΩ=▽▽=✚✚✚✚이므로 ?에 들어갈 문자는 ①이다.

19 정답 ③

제시된 조건에 따르면 ●●=▽▽=□□□□이므로 ?에 들어갈 문자는 ③이다.

20 정답 ④

제시된 조건에 따르면 ○=▽▽=□□□□이므로 ?에 들어갈 문자는 ④이다.

21 정답 ①

단호박을 좋아하면 흑임자를 좋아하고, 흑임자를 좋아하면 팥을 좋아하기 때문에, 결국 단호박을 좋아하는 진실이는 팥도 좋아한다.

22 정답 ①

- a : 아침잠이 많은 사람
- b : 지각을 자주하는 사람
- c : 지각 벌점이 높은 사람

a → b, b → c가 성립한다.
따라서 a → c이므로 [제시문 B]는 참이다.

23　정답 ①

- a : 영화관에 간다.
- b : 팝콘을 먹는다.
- c : 놀이동산에 간다.

a → b, c → ~b이며, 두 번째 명제의 대우는 b → ~c가 성립한다.
따라서 a → ~c이므로 [제시문 B]는 참이다.

24　정답 ②

차가운 물로 샤워를 하면 순간적으로 몸의 체온이 내려가나, 몸의 체온이 내려가면 다시 일정한 체온을 유지하기 위해 열이 발생하므로 몸의 체온을 낮게 유지할 수는 없다.

25　정답 ①

월요일은 A사원과 C사원이 휴가로 사용할 예정이므로 세 번째 조건에 따라 더 이상 다른 사원이 휴가로 선택할 수 없다. 따라서 'B사원은 월요일에 휴가를 쓸 수 없다.'는 참이 된다.

26　정답 ③

주어진 조건에 따라 A ~ D사원이 휴가를 사용할 수 있는 날을 정리하면 다음과 같다.

- 경우 1

구분	월	화	수	목	금
A	O	O	×	×	×
B	×	O	×	O	×
C	O	×	×	×	O
D	×	×	×	O	O

- 경우 2

구분	월	화	수	목	금
A	O	O	×	×	×
B	×	×	×	O	O
C	O	×	×	×	O
D	×	O	×	O	×

경우 1에 따르면 B사원이 목요일에 휴가를 사용하더라도 또 다른 휴가를 화요일에 사용한다면, D사원은 목요일, 금요일 연달아 이틀을 휴가로 사용할 수 있다. 그러나 B사원이 남은 하루의 휴가를 어느 요일에 사용할지 알 수 없으므로 D사원이 연달아 이틀을 휴가로 사용할 수 없는지 역시 알 수 없다.

27　정답 ①

26번 해설에 따라 D가 화요일에 휴가를 사용한다면 경우 2에 해당하므로 B는 목요일, 금요일을 연달아 휴가로 사용할 수 있다.

28　정답 ①

목요일은 수요일보다 1시간 연장하여 진료하므로 진료 시간이 오후 7시까지임을 알 수 있다. 따라서 목요일은 오후 6시 이후에도 진료하므로 '목요일은 야간 진료를 한다.'는 참이 된다.

29　정답 ②

토요일은 진료 시간이 6시까지인 금요일보다 4시간 빨리 진료를 마감하므로 진료 시간이 오후 2시까지임을 알 수 있다.

30　정답 ②

주어진 조건에 따라 병원의 요일별 진료 시간을 정리하면 다음과 같다.

월	화	수	목	금	토
~ 18:00	~ 19:30	~ 18:00	~ 19:00	~ 18:00	~ 14:00

따라서 가장 늦은 시간까지 진료하는 요일은 진료 시간이 오후 7시 30분까지인 화요일이다.

31　정답 ③

오답분석

①・②・④ 주어진 명제만으로는 추론할 수 없다.

32　정답 ④

'사람'을 p, '빵도 먹고 밥도 먹음'을 q, '생각을 함'을 r, '인공지능'을 s, 'T'를 t라 하면, 순서대로 $p \to q$, $\sim p \to \sim r$, $s \to r$, $t \to s$이다. 두 번째 명제의 대우와 첫 번째・세 번째・네 번째 명제를 연결하면 $t \to s \to r \to p \to q$이므로, $t \to q$가 성립한다. 따라서 ④는 참이다.

오답분석

① $t \to p$의 역이므로 참인지 거짓인지 알 수 없다.
② $s \to r$의 역이므로 참인지 거짓인지 알 수 없다.
③ $s \to q$의 이이므로 참인지 거짓인지 알 수 없다.

33
정답 ④

명제를 기호로 나타내면 다음과 같다.
- p : 도보로 걸음
- q : 자가용 이용
- r : 자전거 이용
- s : 버스 이용

$p \rightarrow \sim q$, $r \rightarrow q$, $\sim r \rightarrow s$이며, 두 번째 명제의 대우인 $\sim q \rightarrow \sim r$이 성립함에 따라 $p \rightarrow \sim q \rightarrow \sim r \rightarrow s$가 성립한다. 따라서 '도보로 걷는 사람은 버스를 탄다.'는 명제는 반드시 참이다.

34
정답 ②

주어진 조건에 따라 머리가 긴 순서대로 나열하면 '슬기 – 민경 – 경애 – 정서 – 수영'이 된다.
따라서 슬기의 머리가 가장 긴 것을 알 수 있으며, 경애가 단발머리인지는 주어진 조건만으로 알 수 없다.

35
정답 ③

주어진 조건에 따라 A~E의 시험 결과를 정리하면 다음과 같다.

구분	맞힌 문제의 수	틀린 문제의 수
A	19개	1개
B	10개	10개
C	20개	0개
D	9개 이하	11개 이상
E	16개 이상 19개 이하	1개 이상 4개 이하

따라서 B는 D보다 많은 문제의 답을 맞혔지만, E보다는 적게 답을 맞혔다.

36
정답 ②

제시된 명제만으로는 진실 여부를 판별할 수 없다.

[오답분석]
① 1번째와 2번째 명제에 의해 참이다.
③ 2번째 명제로부터 참이라는 것을 알 수 있다.
④ 2번째와 3번째 명제를 통해 참이라는 것을 알 수 있다.

37
정답 ③

- 운동을 좋아하는 사람 → 담배를 좋아하지 않음 → 커피를 좋아하지 않음 → 주스를 좋아함
- 과일을 좋아하는 사람 → 커피를 좋아하지 않음 → 주스를 좋아함

[오답분석]
① 1번째 명제와 2번째 명제의 대우로 추론할 수 있다.
② 3번째 명제의 대우와 2번째 명제로 추론할 수 있다.
④ 1번째 명제, 2번째 명제 대우, 3번째 명제로 추론할 수 있다.

38
정답 ④

- 깔끔한 사람 → 정리정돈을 잘함 → 집중력이 좋음 → 성과 효율이 높음
- 주변이 조용함 → 집중력이 좋음 → 성과 효율이 높음

[오답분석]
① 3번째 명제와 1번째 명제로 추론할 수 있다.
② 2번째 명제와 4번째 명제로 추론할 수 있다.
③ 3번째 명제, 1번째 명제, 4번째 명제로 추론할 수 있다.

39
정답 ①

'p : 딸기를 좋아한다, q : 가지를 좋아한다, r : 바나나를 좋아한다, s : 감자를 좋아한다'라 하자.
제시된 명제를 정리하면 다음과 같다.
- 1번째 명제 : $p \rightarrow \sim q$
- 2번째 명제 : $r \rightarrow q$
- 3번째 명제 : $\sim q \rightarrow s$

즉, $p \rightarrow \sim q \rightarrow \sim r$ 또는 $p \rightarrow \sim q \rightarrow s$는 반드시 참이다.
따라서 r과 s의 관계를 알 수 없으므로 ①이 답이다.

40
정답 ④

적극적인 사람은 활동량이 많으며 활동량이 많을수록 잘 다치고 면역력이 강화된다는 것을 알 수 있다. 즉, 활동량이 많지 않은 사람은 적극적이지 않은 사람이며, 적극적이지 않은 사람은 영양제를 챙겨먹는다는 것을 알 수 있다.
따라서 영양제를 챙겨먹으면 면역력이 강화되는지는 알 수 없다.

[오답분석]
① 1번째 명제, 2번째 명제 대우를 통해 추론할 수 있다.
② 1번째 명제, 3번째 명제를 통해 추론할 수 있다.
③ 2번째 명제, 1번째 명제 대우, 4번째 명제를 통해 추론할 수 있다.

03 ▶ 지각능력검사

01	02	03	04	05	06	07	08	09	10
④	③	④	④	④	④	②	④	③	④
11	12	13	14	15	16	17	18	19	20
①	②	②	④	③	①	②	①	③	④
21	22	23	24	25	26	27	28	29	30
③	①	④	④	③	③	①	③	③	④
31	32	33	34	35	36	37	38	39	40
③	③	②	③	①	②	③	③	④	③

01   정답 ④
제시된 문자를 오름차순으로 나열하면 'A − ⅲ − ⅷ − K − Q − U'이므로 3번째에 오는 문자는 'ⅷ'이다.

02   정답 ③
제시된 문자를 오름차순으로 나열하면 'ㅑ − ㄹ − ㅗ − ㅅ − ㅇ − ㅣ'이므로 4번째에 오는 문자는 'ㅅ'이다.

03   정답 ④
제시된 문자를 오름차순으로 나열하면 'ㅏ − ㅑ − ㅜ − L − Q − R'이므로 2번째에 오는 문자는 'ㅑ'이다.

04   정답 ④
제시된 문자를 오름차순으로 나열하면 'ⅴ − ⅵ − ⅶ − ㅊ − ㅌ − ㅍ'이므로 4번째에 오는 문자는 'ㅊ'이다.

05   정답 ④
제시된 문자를 내림차순으로 나열하면 'O − J − ㅡ − H − F − ㅓ'이므로 5번째에 오는 문자는 'F'이다.

06   정답 ④
제시된 문자를 내림차순으로 나열하면 'ⅸ − ㅠ − ㅛ − ㅕ − ⅲ − ㅏ'이므로 2번째에 오는 문자는 'ㅠ'이다.

07   정답 ②
제시된 문자를 내림차순으로 나열하면 'ㅎ − ㅣ − ㅠ − ㅅ − ㅕ − ㄷ'이므로 3번째에 오는 문자는 'ㅠ'이다.

08   정답 ④
제시된 문자를 내림차순으로 나열하면 'W − Q − J − ⅷ − ⅲ − B'이므로 4번째에 오는 문자는 'ⅷ'이다.

09   정답 ③
♬은 세 번째에 제시된 문자이므로 정답은 ③이다.

10   정답 ④
♩은 네 번째에 제시된 문자이므로 정답은 ④이다.

11   정답 ①
♩은 첫 번째에 제시된 문자이므로 정답은 ①이다.

12   정답 ②
♩은 두 번째에 제시된 문자이므로 정답은 ②이다.

13   정답 ②
◉은 두 번째에 제시된 문자이므로 정답은 ②이다.

14   정답 ④
◓은 네 번째에 제시된 문자이므로 정답은 ④이다.

15   정답 ③
▲은 세 번째에 제시된 문자이므로 정답은 ③이다.

16   정답 ①
❂은 첫 번째에 제시된 문자이므로 정답은 ①이다.

17   정답 ②
▲은 두 번째에 제시된 문자이므로 정답은 ②이다.

18 정답 ①
□은 첫 번째에 제시된 문자이므로 정답은 ①이다.

19 정답 ③
◨은 세 번째에 제시된 문자이므로 정답은 ③이다.

20 정답 ④
★은 네 번째에 제시된 문자이므로 정답은 ④이다.

21 정답 ③

22 정답 ①
제시된 도형을 시계 방향으로 90° 회전한 것이다.

23 정답 ④
제시된 도형을 180° 회전한 것이다.

24 정답 ④
별도의 회전 없이 제시된 도형과 같음을 확인할 수 있다.

25 정답 ③
제시된 도형을 시계 반대 방향으로 90° 회전한 것이다.

31   정답 ③

- 1층 : $7 \times 4 - 2 = 26$개
- 2층 : $28 - 9 = 19$개
- 3층 : $28 - 14 = 14$개
- ∴ $26 + 19 + 14 = 59$개

32   정답 ③

- 1층 : $4 \times 4 - 2 = 14$개
- 2층 : $16 - 8 = 8$개
- 3층 : $16 - 11 = 5$개
- ∴ $14 + 8 + 5 = 27$개

33   정답 ②

- 1층 : $5 \times 4 - 2 = 18$개
- 2층 : $20 - 5 = 15$개
- 3층 : $20 - 8 = 12$개
- 4층 : $20 - 12 = 8$개
- ∴ $18 + 15 + 12 + 8 = 53$개

34   정답 ③

- 1층 : $5 \times 4 = 20$개
- 2층 : $20 - 5 = 15$개
- 3층 : $20 - 8 = 12$개
- 4층 : $20 - 11 = 9$개
- ∴ $20 + 15 + 12 + 9 = 56$개

35   정답 ①

- 1층 : $4 \times 5 - 1 = 19$개
- 2층 : $20 - 6 = 14$개
- 3층 : $20 - 8 = 12$개
- 4층 : $20 - 10 = 10$개
- ∴ $19 + 14 + 12 + 10 = 55$개

36   정답 ②

- 1층 : $5 \times 5 = 25$개
- 2층 : $25 - 4 = 21$개
- 3층 : $25 - 9 = 16$개
- 4층 : $25 - 10 = 15$개
- ∴ $25 + 21 + 16 + 15 = 77$개

37   정답 ③

- 1층 : $5 \times 5 - 1 = 24$개
- 2층 : $25 - 4 = 21$개
- 3층 : $25 - 7 = 18$개
- 4층 : $25 - 13 = 12$개
- ∴ $24 + 21 + 18 + 12 = 75$개

38   정답 ③

- 1층 : $6 \times 3 = 18$개
- 2층 : $18 - 4 = 14$개
- 3층 : $18 - 5 = 13$개
- 4층 : $18 - 10 = 8$개
- ∴ $18 + 14 + 13 + 8 = 53$개

39   정답 ④

- 1층 : $6 \times 4 - 2 = 22$개
- 2층 : $24 - 5 = 19$개
- 3층 : $24 - 6 = 18$개
- 4층 : $24 - 12 = 12$개
- ∴ $22 + 19 + 18 + 12 = 71$개

40   정답 ③

- 1층 : $7 \times 4 - 2 = 26$개
- 2층 : $28 - 9 = 19$개
- 3층 : $28 - 14 = 14$개
- ∴ $26 + 19 + 14 = 59$개

제2회 최종점검 모의고사

01 ▶ 수리능력검사

01	02	03	04	05	06	07	08	09	10
②	③	①	①	④	①	④	④	④	④
11	12	13	14	15	16	17	18	19	20
③	①	③	②	④	④	①	④	①	④
21	22	23	24	25	26	27	28	29	30
④	③	④	①	④	④	③	③	③	②
31	32	33	34	35	36	37	38	39	40
②	③	①	②	③	④	②	③	③	③

01   정답 ②

$67 \times 428 \times 26 = 28,676 \times 26 = 745,576$

02   정답 ③

$27 \times 36 + 438 = 972 + 438 = 1,410$

03   정답 ①

$32 \times \dfrac{4,096}{256} - 26 \times \dfrac{361}{19} = 32 \times 16 - 26 \times 19$
$= 512 - 494$
$= 18$

04   정답 ①

$2,634 + 3,341 + 4,604 + 5,497 = 5,975 + 10,101 = 16,076$

05   정답 ④

$678 + 1,485 \div 55 - 587 = 91 + 27 = 118$

06   정답 ①

$43 \times 34 - 1,020 - 45 = 1,462 - 1,020 - 45 = 397$

07   정답 ④

$(8^2 + 4^2) \div 16 + 78 = 80 \div 16 + 78$
$= 5 + 78 = 83$

08   정답 ④

$543 + 34 \times 34 - 354 = 189 + 1,462 = 1,651$

09   정답 ④

$41 + 414 + 4,141 - 141 = 4,596 - 141 = 4,455$

10   정답 ④

$54 + 132 \div 12 + 16 = 54 + 11 + 16 = 81$

11   정답 ③

$1,495 \div 23 \times 3 \div 15 = 65 \times 3 \div 15 = 195 \div 15 = 13$

12   정답 ①

$655 \div 5 \times 3 + 27 = 131 \times 3 + 27 = 393 + 27 = 420$

13   정답 ③

$424 \times 5 \times 9^2 = 424 \times 405 = 171,720$

14   정답 ②

$64 + 11 - 3 \times (12 \div 6) = 75 - 3 \times 2 = 75 - 6 = 69$

15   정답 ④

$65 + 6 \times 34 + 56 = 121 + 204 = 325$

16 　정답 ④

$4,587-5\times6\times7-77=4,510-210=4,300$

17 　정답 ①

$5.6-0.3\times6-1.5\div3=5.6-1.8-0.5=3.8-0.5=3.3$

18 　정답 ④

$65\div5-45\div5=13-9=4$

19 　정답 ①

$\dfrac{1}{4}+\dfrac{1}{9}+\dfrac{5}{6}=\dfrac{9+4+30}{36}=\dfrac{43}{36}$

20 　정답 ④

$7\times9+3\times7\times2=63+42=105$

21 　정답 ④

(시간)=$\dfrac{(거리)}{(속력)}$이므로, 다음 식이 성립한다.

- 올라갈 때 걸린 시간 : $12\div3=4$시간
- 내려올 때 걸린 시간 : $12\div(3\times2)=2$시간

따라서 정상까지 갔다가 돌아오는 데 걸린 시간은 6시간이다.

22 　정답 ③

농도 13% 식염수의 양을 xg이라고 하면 농도 8% 식염수의 양은 $(500-x)$g이다.

$\dfrac{8}{100}\times(500-x)+\dfrac{13}{100}\times x=\dfrac{10}{100}\times500$

$4,000-8x+13x=5,000$

$5x=1,000$

$\therefore x=200$

따라서 농도 13%의 식염수는 200g이 필요하다.

23 　정답 ④

정가를 x원이라고 하자.

$0.8x\times6=8(x-400)$

$4.8x=8x-3,200$

$3.2x=3,200$

$\therefore x=1,000$

따라서 사과의 정가는 1,000원이다.

24 　정답 ①

현재 현식이의 나이를 x세라고 하면 아버지의 나이는 $(x+18)$세이다.

$3(x+4)=x+18+4$

$\therefore x=5$

따라서 현식이의 2년 전 나이는 3세이다.

25 　정답 ④

합격한 사람의 수를 x명이라 하면, 불합격한 사람의 수는 $(200-x)$명이다.

$55\times200=70\times x+40\times(200-x)$

→ $11,000=30x+8,000$

→ $30x=3,000$

$\therefore x=100$

따라서 합격한 사람은 100명이다.

26 　정답 ④

지하철이 A, B, C역에 동시에 도착하였다가 다시 동시에 도착하는 데까지 걸리는 시간은 3, 2, 4의 최소공배수인 12분이다.

따라서 세 지하철역에 5번째로 지하철이 동시에 도착하는 시각은 $12\times4=48$분 후인 5시 18분이다.

27 　정답 ③

A팀이 우승하지 못할 경우는 5, 6, 7번째 경기를 모두 질 경우이다.

따라서 A팀이 우승할 확률은 $1-\left(\dfrac{1}{2}\times\dfrac{1}{2}\times\dfrac{1}{2}\right)=1-\dfrac{1}{8}=\dfrac{7}{8}$이다.

28 　정답 ③

책의 전체 쪽수를 x쪽이라고 하자.

$x-\dfrac{1}{3}x-\dfrac{1}{4}\left(x-\dfrac{1}{3}x\right)-100=92$

$\therefore x=384$

따라서 책의 전체 쪽수는 384쪽이다.

29 정답 ③

B톱니바퀴와 C톱니바퀴의 톱니 수를 각각 b개, c개라 하자. A톱니바퀴는 B, C톱니바퀴와 서로 맞물려 돌아가므로 A, B, C톱니바퀴의 (톱니 수)×(회전수)의 값은 같다.
즉, $90 \times 8 = 15b = 18c$이므로
$15b = 720 \to b = 48$
$18c = 720 \to c = 40$
$\therefore b + c = 88$
따라서 톱니 수의 합은 88개이다.

30 정답 ②

백의 자리에 올 수 있는 숫자는 0을 제외한 4개이다.
십의 자리와 일의 자리에 0이 몇 개 포함되는지를 기준으로 경우를 나누어 계산한다.
ⅰ) 0이 포함되지 않거나 1개 포함될 때 : $_4P_2$
ⅱ) 0이 2개 포함될 때 : 1
따라서 세 자리 수는 $4 \times (_4P_2 + 1) = 4 \times 13 = 52$개를 만들 수 있다.

31 정답 ②

1991년 대비 2021년 벼농사 작업별로 가장 크게 기계화율이 증가한 작업은 건조 / 피복(93.9−9.5=84.4%p)이며, 가장 낮게 증가한 작업은 방제(98.1−86.7=11.4%p)이다.
따라서 두 증가량의 차이는 84.4−11.4=73%p이다.

32 정답 ③

2021년 밭농사 작업의 기계화율 평균은
$\dfrac{99.8 + 9.5 + 71.1 + 93.7 + 26.8}{5} = 60.18\%$이다.

33 정답 ①

65세 이상 인구 비중이 높은 지역은 '전남 – 경북 – 전북 – 강원 – 충남 – …' 순서이다. 따라서 전북의 64세 이하 비중은 100−19=81%이다.

34 정답 ②

인천 지역의 총 인구가 300만 명이라고 할 때, 65세 이상 인구는 300×0.118=35.4만 명이다.

오답분석

① 울산의 40세 미만 비율과 대구의 40세 이상 64세 이하 비율 차이는 48.5−40.8=7.7%p이다.
③ 40세 미만 비율이 높은 다섯 지역을 차례로 나열하면 '세종(56.7%) – 대전(49.7%) – 광주(49.4%) – 경기(48.8%) – 울산(48.5%)'이다.
④ 조사 지역의 인구가 모두 같을 경우 40세 이상 64세 이하 인구가 두 번째로 많은 지역은 그 비율이 두 번째로 높은 지역을 찾으면 된다. 따라서 첫 번째는 41.5%인 울산이며, 두 번째는 40.8%인 대구이다.

35 정답 ③

2022년 8월에 이동한 총 인구수를 x천 명이라 하자.
$\dfrac{628}{x} \times 100 = 14.4 \to x = \dfrac{62,800}{14.4} \to x \fallingdotseq 4,361$
따라서 총 인구수는 4,361천 명이다.

36 정답 ④

8월 이동률이 16% 이상인 연도는 2014년과 2016년이다.

오답분석

① 2022 ~ 2024년 동안 8월 이동자의 평균 인구수를 구하면
$\dfrac{628 + 592 + 566}{3} = \dfrac{1,786}{3} \fallingdotseq 595$명이다.
② 8월 이동자가 700천 명 이상인 연도는 704천 명인 2016년이다.
③ 2024년 8월 이동률은 13%이다.

37 정답 ④

ㄴ. 2023년 대비 2024년 외국인 관람객 수의 감소율
: $\frac{3,849-2,089}{3,849}\times100 ≒ 45.73\%$
따라서 2024년 외국인 관람객 수는 전년 대비 43% 이상 감소하였다.

ㄹ. 제시된 그래프를 보면 2022년과 2024년 전체 관람객 수는 전년보다 감소했으며, 증가폭은 2021년이 2023년보다 큼을 확인할 수 있다.
그래프에 제시되지 않은 2018년, 2019년, 2020년의 전년 대비 전체 관람객 수 증가폭과 2021년의 전년 대비 전체 관람객 수 증가폭을 비교하면 다음과 같다.
- 2018년 : $(6,805+3,619)-(6,688+3,355)$
  $=381$천 명
- 2019년 : $(6,738+4,146)-(6,805+3,619)$
  $=460$천 명
- 2020년 : $(6,580+4,379)-(6,738+4,146)$
  $=75$천 명
- 2021년 : $(7,566+5,539)-(6,580+4,379)$
  $=2,146$천 명

따라서 전체 관람객 수가 전년 대비 가장 많이 증가한 해는 2021년이다.

[오답분석]

ㄱ. 제시된 자료를 통해 확인할 수 있다.
ㄷ. 제시된 그래프를 보면 2021 ~ 2024년 전체 관람객 수와 유료 관람객 수는 증가 – 감소 – 증가 – 감소의 추이를 보인다.

38 정답 ②

- 2025년 예상 유료 관람객 수 : $5,187\times1.24≒6,431$천 명
- 2025년 예상 무료 관람객 수 : $3,355\times2.4=8,052$천 명
∴ 2025년 예상 전체 관람객 수 : $6,431+8,052=14,483$천 명
- 2025년 예상 외국인 관람객 수 : $2,089+35=2,124$천 명

39 정답 ③

5만 미만에서 10만 ~ 50만 미만의 투자건수 비율을 합하면 된다.
따라서 $28+20.9+26=74.9\%$이다.

40 정답 ③

100만 ~ 500만 미만에서 500만 미만의 투자건수 비율을 합하면 $11.9+4.5=16.4\%$이다.

02 ▶ 추리능력검사

01	02	03	04	05	06	07	08	09	10
④	④	④	③	①	④	①	③	④	④
11	12	13	14	15	16	17	18	19	20
①	④	④	①	③	①	④	③	③	③
21	22	23	24	25	26	27	28	29	30
③	②	①	①	②	①	①	②	①	③
31	32	33	34	35	36	37	38	39	40
④	④	④	①	④	②	④	④	①	②

01 정답 ④

앞의 항에 -6, -12, -18, -24, -30, -36, …인 수열이다.
따라서 ( )$=40-36=4$이다.

02 정답 ④

홀수 항에 $\times6$, 짝수 항에 $÷2$인 수열이다.
따라서 ( )$=72\times6=432$이다.

03 정답 ④

앞의 항에 $+2$, $+4$, $+6$, $+8$, $+10$, $+12$, …인 수열이다.
따라서 ( )$=34+12=46$이다.

04 정답 ③

-3, -3^2, -3^3, -3^4, -3^5, …인 수열이다.
따라서 ( )$=(-104)-3^5=-347$이다.

05 정답 ①

한글 자음을 숫자로 변환하면 14, 12, 11, 9, 8, 6, 5, ( )이다. 이는 -2, -1을 빼는 것을 반복하는 수열이므로 빈칸에 들어갈 수는 $5-2=3$이다. 제시된 규칙은 한글 자음으로만 표기되어 있으므로 빈칸에 들어갈 문자는 ㄷ이다.

06 정답 ④

한글 자음을 숫자로 변환하면 1, 2, 4, 5, 7, 8, 10, ( )이다. 이는 $+1$, $+2$가 반복되는 수열이므로 빈칸에 들어갈 수는 $10+1=11$이다. 제시된 규칙은 한글 자음으로만 표기되어 있으므로 빈칸에 들어갈 문자는 ㅋ이다.

07 정답 ①

홀수 항은 +2, 짝수 항은 +3으로 나열된 문자열이다.

ㅁ	ㅅ	ㅅ	ㅊ	ㅈ	ㅍ	ㅋ	(ㄴ)
5	7	7	10	9	13	11	16

08 정답 ③

앞의 항에 2씩 곱하는 문자열이다.

A	B	D	H	P	(F)
1	2	4	8	16	(32)

09 정답 ④

제시된 조건에 따르면 ⏮⏮=⏫⏫=⏭⏭=⏩⏩⏩⏩이므로 ?에 들어갈 문자는 ④이다.

10 정답 ④

제시된 조건에 따르면 ⏬=⏫⏫=⏩⏩⏩⏩이므로 ?에 들어갈 문자는 ④이다.

11 정답 ①

제시된 조건에 따르면 ◐◐=◻◻=◼◐=◑◑◑◑이므로 ?에 들어갈 문자는 ①이다.

12 정답 ④

제시된 조건에 따르면 ∀=◐◐=◑◑◑◑이므로 ?에 들어갈 문자는 ④이다.

13 정답 ④

제시된 조건에 따르면 ＝＝=∫∫=∫∫∫∫=∫∫∫이므로 ?에 들어갈 문자는 ④이다.

14 정답 ①

제시된 조건에 따르면 ＝=∫∫∫∫=ΣΣ이므로 ?에 들어갈 문자는 ①이다.

15 정답 ③

제시된 조건에 따르면 あ=かか=さ=かかかか이므로 ?에 들어갈 문자는 ③이다.

16 정답 ①

제시된 조건에 따르면 さ=かか=やややや이므로 ?에 들어갈 문자는 ①이다.

17 정답 ④

제시된 조건에 따르면 O=ㅋㅋ=Q이므로 ?에 들어갈 문자는 ④이다.

18 정답 ③

제시된 조건에 따르면 Q=ㅋㅋ=PP이므로 ?에 들어갈 문자는 ③이다.

19 정답 ③

제시된 조건에 따르면 ∩=∪∪=∧∧이므로 ?에 들어갈 문자는 ③이다.

20 정답 ③

제시된 조건에 따르면 ∩∩=∪∪∪∪=∪∪∨이므로 ?에 들어갈 문자는 ③이다.

21 정답 ③

효진이는 화분을 수진이보다는 많이 샀지만 지은이보다는 적게 샀으므로 효진이는 3~5개를 샀을 것이다. 그러나 주어진 제시문만으로는 몇 개의 화분을 샀는지 정확히 알 수 없다.

22 정답 ②

D보다 등급이 높은 사람은 2명 이상이므로 D는 3등급 또는 4등급을 받을 수 있다. 그러나 D는 B보다 한 등급이 높아야 하므로 3등급만 가능하며, B는 4등급이 된다. 나머지 1, 2등급에서는 C보다 한 등급 높은 A가 1등급이 되며, C는 2등급이 된다.
따라서 'C는 수리 영역에서 3등급을 받았다.'는 거짓이다.

23 정답 ①

주어진 명제를 정리하면 다음과 같다.
- a : 바이올린을 연주할 수 있는 사람
- b : 피아노를 연주할 수 있는 사람
- c : 플루트를 연주할 수 있는 사람
- d : 트럼펫을 연주할 수 있는 사람

a → b, c → d, ~b → ~d로 ~b → ~d의 대우는 d → b이므로 c → d → b에 따라 c → b가 성립한다.
따라서 '플루트를 연주할 수 있는 사람은 피아노를 연주할 수 있다.'는 참이 된다.

24 정답 ①

주어진 명제를 정리하면 다음과 같다.
- a : 단거리 경주에 출전한다.
- b : 장거리 경주에 출전한다.
- c : 농구 경기에 출전한다.
- d : 배구 경기에 출전한다.

a → b, b → ~c, c → d로 대우는 각각 ~b → ~a, c → ~b, ~d → ~c이다. c → ~b → ~a에 따라 c → ~a가 성립한다.
따라서 '농구 경기에 출전한 사람은 단거리 경주에 출전하지 않는다.'는 참이 된다.

25 정답 ②

이대리의 퇴근 시간을 x분이라고 할 때, 주어진 조건에 따라 퇴근 시간을 정리하면 다음과 같다.
- 김사원 : $x-30$분
- 박주임 : $x-30+20$분
- 최부장 : $x-10$분
- 임차장 : $x-30$분 이전

따라서 임차장은 이대리보다 30분 이상 먼저 퇴근하였으므로 거짓이 된다.

26 정답 ①

보건용 마스크의 'KF' 뒤 숫자가 클수록 미세입자 차단 효과가 더 크므로 KF80보다 KF94 마스크의 미세입자 차단 효과가 더 크다. 또한 모든 사람들은 미세입자 차단 효과가 더 큰 마스크를 선호하므로 '민호는 KF80의 보건용 마스크보다 KF94의 보건용 마스크를 선호한다.'는 참이 된다.

27 정답 ①

B는 A보다 위층에 살고 있고, C와 D가 이웃한 층에 살고 있으려면 3~5층 중에 두 층을 차지해야 하므로 1층에 사는 사람은 E이다.

28 정답 ②

B가 4층에 살면 C와 D가 이웃한 층에 살 수 없다. 따라서 B는 4층에 살 수 없다.

29 정답 ①

D가 4등일 경우에는 C − E − A − D − F − B 순서로 들어오게 된다. 따라서 E는 2등이다.

30 정답 ③

29번 문제와 같이 D가 4등이라는 조건이 있다면 C가 1등이 되지만, 주어진 제시문으로는 C가 1등인지 4등인지 정확하지 않아 알 수 없다.

31 정답 ④

'축산산업이 발전'을 P, '소득이 늘어남'을 Q, '해외수입이 줄어듦'을 R이라고 하면
- 첫 번째 조건 : P → Q
- 두 번째 조건 : R → P

따라서 R → P → Q의 관계가 성립하므로 R → Q인 ④가 정답이 된다.

32 정답 ④

- 내구성을 따지지 않는 사람 → 속도에 관심이 없는 사람 → 디자인에 관심 없는 사람
- 연비를 중시하는 사람 → 내구성을 따지는 사람

따라서 내구성을 따지지 않는 사람은 디자인에도 관심이 없다.

33 정답 ④

재호의 월별 관리비를 지출액이 적은 순으로 나열하면 '2월 − 4월 − 3월'이므로 2월에 가장 적은 관리비를 낸 것을 알 수 있다.

34 정답 ①

천자포의 사거리는 1,500보, 현자포의 사거리는 800보, 지자포의 사거리는 900보로, 사거리 길이가 긴 순서에 따라 나열하면 '천자포 − 지자포 − 현자포'의 순이다.
따라서 천자포의 사거리가 가장 긴 것을 알 수 있다.

35
정답 ④

B를 주문한 손님들만 D를 추가로 주문할 수 있으므로 A를 주문한 사람은 D를 주문할 수 없다. 즉, 이와 같은 진술인 ④가 옳은 추론이다.

36
정답 ④

'커피를 좋아한다'를 A, '홍차를 좋아한다'를 B, '탄산수를 좋아한다'를 C, '우유를 좋아한다'를 D, '녹차를 좋아한다'를 E라고 하면 'A → ~B → ~E → C'와 '~C → D'가 성립한다.

37
정답 ②

명제를 정리하면 다음과 같다.
여름은 겨울보다 비가 많이 내림 → 비가 많이 내리면 습도가 높음 → 습도가 높으면 먼지와 정전기가 잘 일어나지 않음
따라서 비가 많이 내리면 습도가 높고, 습도가 높으면 먼지가 잘 나지 않으므로 비가 많이 오지 않는 겨울이 여름보다 먼지가 잘 난다.

38
정답 ④

명제들을 통해서 컴퓨터 게임과 모바일 게임을 잘하면 똑똑하고, 똑똑한 사람은 상상력이 풍부하며, 상상력이 풍부하면 수업에 방해되는 것을 알 수 있다. 따라서 컴퓨터 게임을 잘하는 사람은 수업에 방해가 되므로 ④는 참이 아니다.

오답분석
① 2번째 명제, 1번째 명제, 3번째 명제, 4번째 명제를 통해 추론할 수 있다.
② 3번째 명제, 4번째 명제를 통해 추론할 수 있다.
③ 2번째 명제, 1번째 명제를 통해 추론할 수 있다.

39
정답 ④

• 자유시간이 많음 → 책을 읽음 → 어휘력이 풍부함 → 발표를 잘함
• 끝말잇기를 잘하는 사람 → 어휘력이 풍부함 → 발표를 잘함
따라서 자유시간이 많으면 끝말잇기를 잘하는 것은 아니다.

40
정답 ②

세 번째 명제에서 규민이가 수정과를 마시면 경화는 커피를 마시지 않는데 네 번째 명제에서 지금 규민이가 수정과를 마시므로 경화는 커피를 마시지 않는다. 따라서 시험기간인지 아닌지는 알 수 없으며 민환이가 도서관에 간다고 반드시 시험기간인 것은 아니므로 반드시 참은 아니다.

오답분석
① 두 번째 명제의 대우인 '경화가 커피를 마시면 시험기간이다.'가 성립하므로 언제나 참이다.
③ 위의 ①과 동일하게 두 번째 명제의 대우인 '경화가 커피를 마시면 시험기간이다.'가 성립하므로 언제나 참이다.
④ ②에 의해서 증명이 된 명제이다.

03 ▶ 지각능력검사

01	02	03	04	05	06	07	08	09	10
②	①	④	②	④	③	③	①	③	②
11	12	13	14	15	16	17	18	19	20
④	①	①	③	④	②	③	②	④	①
21	22	23	24	25	26	27	28	29	30
③	④	②	④	④	①	②	②	①	④
31	32	33	34	35	36	37	38	39	40
③	④	④	②	①	①	③	④	③	③

01 정답 ②
제시된 문자를 오름차순으로 나열하면 'ㅇ – ㅊ – ㅋ – ㅌ – T – U – V – Y'이므로 6번째에 오는 문자는 'U'이다.

02 정답 ①
제시된 문자를 오름차순으로 나열하면 'ㅑ – ㅕ – ㅁ – ㅛ – ㅠ – ㅈ – ㅊ'이므로 2번째에 오는 문자는 'ㅕ'이다.

03 정답 ④
제시된 문자를 오름차순으로 나열하면 'v – G – x – K – N – P – R'이므로 3번째에 오는 문자는 'x'이다.

04 정답 ②
제시된 문자를 오름차순으로 나열하면 '六 – 八 – L – O – R – S – X'이므로 4번째에 오는 문자는 'O'이다.

05 정답 ④
제시된 문자를 내림차순으로 나열하면 'ㅍ – ㅌ – 九 – O – ㅂ – 五 – ㄹ'이므로 4번째에 오는 문자는 'O'이다.

06 정답 ③
제시된 문자를 내림차순으로 나열하면 'W – T – R – P – M – ix – iv'이므로 5번째에 오는 문자는 'M'이다.

07 정답 ③
제시된 문자를 내림차순으로 나열하면 'ㅎ – ㅍ – ㅌ – ㅋ – ㅣ – ㅠ – ㅕ'이므로 3번째에 오는 문자는 'ㅌ'이다.

08 정답 ①
제시된 문자를 내림차순으로 나열하면 'Z – W – U – R – x – ix – v'이므로 6번째에 오는 문자는 'ix'이다.

09 정답 ③
v은 세 번째에 제시된 문자이므로 정답은 ③이다.

10 정답 ②
iv은 두 번째에 제시된 문자이므로 정답은 ②이다.

11 정답 ④
xii은 네 번째에 제시된 문자이므로 정답은 ④이다.

12 정답 ①
ix은 첫 번째에 제시된 문자이므로 정답은 ①이다.

13 정답 ①
◐은 첫 번째에 제시된 문자이므로 정답은 ①이다.

14 정답 ③
◖은 세 번째에 제시된 문자이므로 정답은 ③이다.

15 정답 ④
◐은 네 번째에 제시된 문자이므로 정답은 ④이다.

16 정답 ②
◐은 두 번째에 제시된 문자이므로 정답은 ②이다.

17 정답 ③
㉯은 세 번째에 제시된 문자이므로 정답은 ③이다.

18 정답 ②
㉰은 두 번째에 제시된 문자이므로 정답은 ②이다.

19 정답 ④
⊞은 네 번째에 제시된 문자이므로 정답은 ④이다.

20 정답 ①
⊠은 첫 번째에 제시된 문자이므로 정답은 ①이다.

21 정답 ③

22 정답 ④

23 정답 ②

24 정답 ④

25 정답 ④

26 정답 ①
제시된 도형을 시계 반대 방향으로 90° 회전한 것이다.

27 정답 ②
제시된 도형을 시계 방향으로 90° 회전한 것이다.

28 정답 ②
제시된 도형을 시계 방향으로 90° 회전한 것이다.

29 정답 ①
제시된 도형을 시계 반대 방향으로 90° 회전한 것이다.

30 정답 ④
제시된 도형을 180° 회전한 것이다.

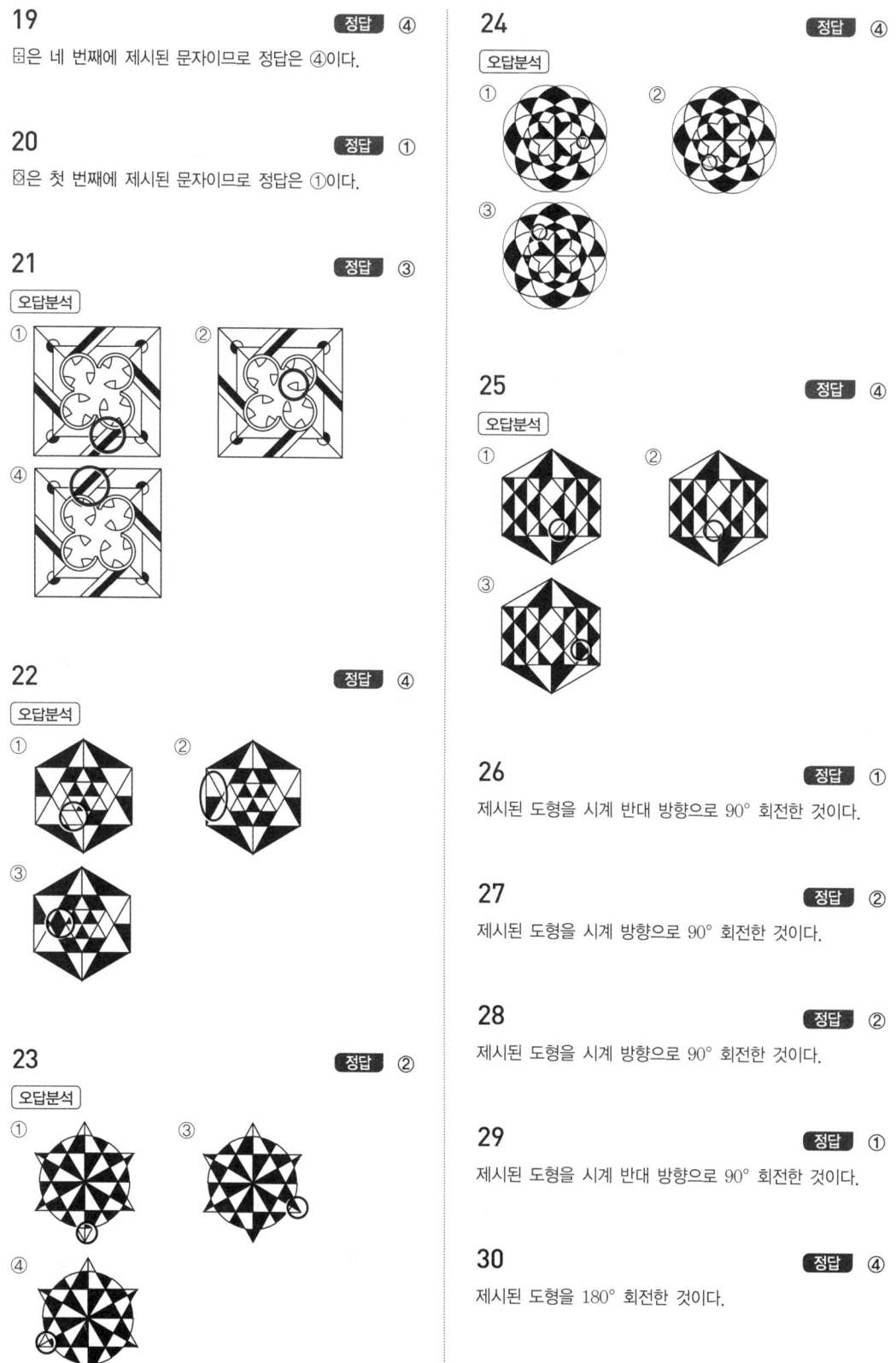

31 정답 ③
- 1층 : 6×3=18개
- 2층 : 18−4=14개
- 3층 : 18−5=13개
- 4층 : 18−10=8개
∴ 18+14+13+8=53개

32 정답 ④
- 1층 : 5×4−3=17개
- 2층 : 20−4=16개
- 3층 : 20−11=9개
∴ 17+16+9=42개

33 정답 ④
- 1층 : 5×5−6=19개
- 2층 : 25−11=14개
- 3층 : 25−19=6개
- 4층 : 25−21=4개
- 5층 : 25−23=2개
∴ 19+14+6+4+2=45개

34 정답 ②
- 1층 : 3×4−1=11개
- 2층 : 12−3=9개
- 3층 : 12−5=7개
- 4층 : 12−8=4개
∴ 11+9+7+4=31개

35 정답 ①
- 1층 : 3×4=12개
- 2층 : 12−3=9개
- 3층 : 12−4=8개
- 4층 : 12−7=5개
∴ 12+9+8+5=34개

36 정답 ①
- 1층 : 4×4−2=14개
- 2층 : 16−4=12개
- 3층 : 16−5=11개
- 4층 : 16−9=7개
∴ 14+12+11+7=44개

37 정답 ③
- 1층 : 4×4−1=15개
- 2층 : 16−3=13개
- 3층 : 16−5=11개
- 4층 : 16−10=6개
∴ 15+13+11+6=45개

38 정답 ④
- 1층 : 4×4−2=14개
- 2층 : 16−3=13개
- 3층 : 16−8=8개
- 4층 : 16−12=4개
∴ 14+13+8+4=39개

39 정답 ③
- 1층 : 6개
- 2층 : 2개
- 3층 : 1개
∴ 6+2+1=9개

40 정답 ③
- 1층 : 6개
- 2층 : 4개
- 3층 : 2개
∴ 6+4+2=12개

삼성 온라인 GSAT 5급 고졸채용 모의고사 답안지

삼성 온라인 GSAT 5급 고졸채용 모의고사 답안지

삼성 온라인 GSAT 5급 고졸채용 모의고사 답안지

삼성 온라인 GSAT 5급 고졸채용 모의고사 답안지

2026 최신판 시대에듀 All-New
삼성 온라인 GSAT 5급 고졸채용 통합기본서

개정23판1쇄 발행	2025년 11월 20일 (인쇄 2025년 10월 13일)
초 판 발 행	2012년 04월 20일 (인쇄 2012년 03월 19일)
발 행 인	박영일
책 임 편 집	이해욱
편 저	SDC(Sidae Data Center)
편 집 진 행	안희선 · 구본주
표지디자인	김경모
편집디자인	김경원 · 장성복
발 행 처	(주)시대고시기획
출 판 등 록	제10-1521호
주 소	서울시 마포구 큰우물로 75 [도화동 538 성지 B/D] 9F
전 화	1600-3600
팩 스	02-701-8823
홈 페 이 지	www.sdedu.co.kr
I S B N	979-11-434-0017-8 (13320)
정 가	23,000원

※ 이 책은 저작권법의 보호를 받는 저작물이므로 동영상 제작 및 무단전재와 배포를 금합니다.
※ 잘못된 책은 구입하신 서점에서 바꾸어 드립니다.

GSAT

5급 고졸채용

온라인 삼성직무적성검사

통합기본서

최신 출제경향 전면 반영

고졸 / 전문대졸 취업 기초부터 합격까지! 취업의 문을 여는 **Master Key!**

고졸/전문대졸 필기시험 시리즈

삼성
GSAT 4급

포스코그룹
생산기술직 / 직업훈련생

현대자동차
생산직 / 기술인력

SK그룹 생산직
고졸 / 전문대졸

SK이노베이션
생산직 / 기술직 / 교육·훈련생

SK하이닉스
고졸 / 전문대졸

※ 도서의 이미지 및 구성은 변동될 수 있습니다.

NEXT STEP

시대에듀가 합격을 준비하는
당신에게 제안합니다.

성공의 기회
시대에듀를 잡으십시오.

시대에듀

기회란 포착되어 활용되기 전에는 기회인지조차 알 수 없는 것이다.
- 마크 트웨인 -